广视角·全方位·多品种

权威·前沿·原创

皮书系列为
"十二五"国家重点图书出版规划项目

北京蓝皮书

BLUE BOOK OF BEIJING

北京市社会科学院/编 谭维克/总 编 许传玺 赵 弘/副总编

北京社会治理发展报告
（2013~2014）

ANNUAL REPORT ON SOCIAL GOVERNANCE DEVELOPMENT OF BEIJING (2013-2014)

主 编/殷星辰
副主编/袁振龙 姚 兵 马晓燕

社会科学文献出版社
SOCIAL SCIENCES ACADEMIC PRESS (CHINA)

图书在版编目(CIP)数据

北京社会治理发展报告. 2013~2014/殷星辰主编. —北京：社会科学文献出版社，2014.4
（北京蓝皮书）
ISBN 978-7-5097-5830-4

Ⅰ.①北… Ⅱ.①殷… Ⅲ.①社会管理-研究报告-北京市-2013~2014 Ⅳ.①D671

中国版本图书馆 CIP 数据核字（2014）第 058632 号

北京蓝皮书
北京社会治理发展报告（2013~2014）

主　　编/殷星辰
副 主 编/袁振龙　姚　兵　马晓燕

出 版 人/谢寿光
出 版 者/社会科学文献出版社
地　　址/北京市西城区北三环中路甲 29 号院 3 号楼华龙大厦
邮政编码/100029

责任部门/皮书出版分社 (010) 59367127　　责任编辑/周映希　李舒雅
电子信箱/pishubu@ssap.cn　　　　　　　　责任校对/赵敬敏
项目统筹/周映希　　　　　　　　　　　　　责任印制/岳　阳
经　　销/社会科学文献出版社市场营销中心 (010) 59367081　59367089
读者服务/读者服务中心 (010) 59367028

印　　装/北京季蜂印刷有限公司
开　　本/787mm×1092mm　1/16　　　　　印　张/22.5
版　　次/2014 年 4 月第 1 版　　　　　　　字　数/364 千字
印　　次/2014 年 4 月第 1 次印刷
书　　号/ISBN 978-7-5097-5830-4
定　　价/79.00 元

本书如有破损、缺页、装订错误，请与本社读者服务中心联系更换
▲ 版权所有　翻印必究

北京蓝皮书编委会

主　任　谭维克

副主任　许传玺　赵　弘

委　员　谭维克　周　航　殷爱平　许传玺　赵　弘

《北京社会治理发展报告（2013~2014）》编委会

主　编　殷星辰

副主编　袁振龙　姚　兵　马晓燕

编委会　殷星辰　袁振龙　姚　兵　马晓燕　左袖阳
　　　　　熊　炎　杨锦炎

主要编撰者简介

殷星辰 北京市社会科学院首都社会管理综合治理研究所所长、研究员。研究方向为社会管理、社会稳定、社会治安等。主持完成"平安北京建设研究""构建首都特色的社会管理体系研究""首都群体性事件媒体应对措施研究"等多项课题,出版《城市反恐研究》(三卷本)、《城市反恐怖行动概论》、《天网:北京奥运社会安保遗产研究》等多部著作,发表学术论文和研究报告60余篇,多次获得北京市委市政府领导的批示。

袁振龙 北京市社会科学院首都社会管理综合治理研究所副所长、研究员、社会学博士。研究方向为社会安全、社会管理、社会治安、应急管理等。主持完成"北京城乡结合部社区安全问题研究""北京城乡结合部网络化治理研究""首都社会管理法治化研究"等课题30余项。出版《社会资本与社区治安》《社区安全的理论与实践》《社会管理与合作治理》等多部著作。发表学术论文和研究报告70余篇,多次获得北京市委市政府领导的批示。

姚 兵 北京市社会科学院首都社会管理综合治理研究所副所长、副研究员、法学博士。研究方向为犯罪学、社会管理。主持完成"北京市青少年犯罪团伙实证研究""北京市实施居住证制度研究""北京市应急管理体制机制创新研究"等多项课题,出版《未成年人团伙犯罪研究》专著1部,合著、参编著作8部;发表学术论文50余篇。多次获得北京市委市政府领导的批示。

马晓燕 北京市社会科学院首都社会管理综合治理研究所副研究员,社会学博士。研究方向为城市社会学、人口管理、社区治理。主持完成"世界城市建设中的北京市外国人口管理研究""北京市城乡结合部基层社会管理研究""北京市社会管理的公众参与研究"等多项课题，出版《移民适应的行为策略研究》，合著、参编著作5部；发表学术论文20余篇，多次获得北京市委市政府领导的批示。

摘　要

《北京社会治理发展报告》是由北京市社会科学院首都社会管理综合治理研究所主持编撰的年度系列报告。由北京市社会科学院首都综治研究所联合北京市相关政府部门、首都高校、科研机构相关专家及社会组织人员撰写的关于北京社会治理发展的研究成果。

本书分为总报告、人口管理篇、基层治理篇、治安管理篇、网络管理篇、组织管理篇，运用定性分析和定量分析的方法，对2013年北京社会治理各领域的进展情况、问题及成因进行了全面阐述和深入分析，并对2014年发展趋势进行了预测。

2013年是北京市全面贯彻党的十八大精神的重要一年。北京市紧紧围绕"五位一体"的总体布局，按照社会治理精细化和社会治理现代化的思路稳步推进，实有人口服务管理开始启动，"四个实有"的理念开始在朝阳、海淀等区县得到实践；社会组织管理体制改革全面推进，政府购买社会组织服务规模不断扩大；特殊群体帮扶关爱工作稳步推进，社会关爱程度不断提升；社会治安防控网络不断调整，北京社会治安形势持续好转；社会矛盾多元化解工作体系正常运转，社会矛盾总体得到控制；虚拟社会治理不断深入，互联网络秩序显著好转，等等。

北京社会治理工作尽管取得了明显的进展，创造了许多好的经验，取得了较好的社会效果，但不可否认，北京社会治理工作依然面临人口规模持续增大带来的巨大压力，承受着社会持续分化给社会治理工作带来的诸多困难，环境持续恶化、社会期待不断提升给社会治理工作提出了更高的要求。

要进一步提高北京社会治理精细化和现代化治理水平，就必须按照党的十八届三中全会关于全面深化改革的要求部署，持续不断地改进北京社会治理工作，不断推动社会领域制度创新，加快形成科学有效的社会治理体制，确保北京社会安全有序、充满活力。

目录

BⅠ 总报告

B.1 2013年北京社会治理发展报告：进展、
形势与对策 …………… 袁振龙 殷星辰 姚 兵 马晓燕 / 001
    一 2013年北京社会治理发展新进展……………………………… / 002
    二 北京社会治理工作面临的形势……………………………… / 014
    三 进一步推进北京社会治理工作的对策建议………………… / 017

BⅡ 人口管理篇

B.2 北京市人口增长情况分析和对策建议 ……………… 韩秀记 / 021
B.3 北京市实有人口服务管理模式创新
    ——海淀区的实践分析 ……………………………… 马晓燕 / 036
B.4 北京市流动人口社会融合研究 ……………………… 靳永爱 / 047
B.5 北京市精神疾病患者管控立法现状及完善建议 …… 左袖阳 / 064
B.6 北京市预防青少年毒品滥用的制度现状、
    模式与完善 ………………………………………………… 包 涵 / 073
B.7 人口新二元结构与首都社会稳定
    ——由"京温商城事件"引发的思考 ……………… 姚 兵 / 084

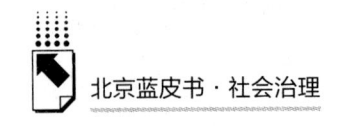

BⅢ 基层治理篇

B.8 2013年北京市劳动争议特点与趋势 …………… 黄乐平 韩 旭 / 095

B.9 北京物业纠纷的主要类型分析 …………………………… 蔡若焱 / 109

B.10 北京市西城区"全响应"网格化社会服务
内涵特征和实践思考 …………………… 孙 晶 岳占菊 王 辉 / 121

B.11 北京市朝阳区全模式社会服务管理系统的
实践探索和思考 ……………………………………………… 皮定均 / 130

B.12 进一步完善村庄社区化管理模式的调研与思考
——以北京市大兴区为研究对象 ………………… 殷星辰 / 141

B.13 北京市东城区东直门街道网格化社会服务
管理模式研究 ……………………………………………… 徐珊珊 / 151

B.14 北京市西城区民间纠纷形势与特点
——以人民调解员协会数据为基础
………………………………… 刘跃新 刘艳云 牛艳艳 / 160

BⅣ 治安管理篇

B.15 2013年北京市报复社会型犯罪规律分析与应对策略 …… 操宏均 / 174

B.16 北京市刑释解教工作机制现状及完善建议 ……………… 吴照美 / 183

B.17 北京社区矫正程序基本问题研究 ………………………… 司绍寒 / 191

B.18 "环首都"警务合作研究 ………………………………… 刘为军 / 204

B.19 北京市海淀区未成年人抢劫犯罪实证研究
………………………………… 杨新娥 刘 莎 吴乐乐 / 215

BⅤ 网络管理篇

B.20 国际社会化媒体中北京城市形象传播与管理 …………… 徐 翔 / 227

B.21 北京虚拟社会法律保护与法律规制研究 ………………… 张 苏 / 237

B.22 北京虚拟社区管理实践与探索
　　——以北京市朝阳区双井街道为例
　　………………………………………………………… 郭　斌　吴景刚　金　晶 / 249
B.23 网络问政的民意诉求与政府规制
　　——基于对北京"7·21"特大自然灾害网络问政的分析
　　………………………………………………………………………… 刘　波 / 258
B.24 谣传活跃度与北京居民认知：潜在关联实证研究 ……… 熊　炎 / 266

BⅥ 组织管理篇

B.25 北京市社会组织建设管理现状与问题
　　…………………………………………………… 侯新毅　任国锋　张　哲 / 279
B.26 北京市社会组织服务管理创新的实践与思考 …………… 汤道刚 / 293
B.27 北京市朝阳区社会组织综合服务中心培育
　　实践与探索 ………………………………………………… 黄　锂 / 306
B.28 北京市海淀区社会组织发展：现状、问题及对策
　　…………………………………………………………… 杨　丽　蓝煜昕 / 313

Abstract ……………………………………………………………………… / 329
Contents ……………………………………………………………………… / 331

总报告

General Report

B.1
2013年北京社会治理发展报告：
进展、形势与对策

袁振龙　殷星辰　姚兵　马晓燕*

摘　要：

2013年，北京社会治理工作按照精细化的思路稳步推进，在实有人口服务管理、社会组织管理体制改革、特殊群体关怀帮扶、社会治安防控、社会矛盾多元化解、虚拟社会治理等方面取得了明显进展。本文在分析北京社会治理工作面临形势的基础上，提出了进一步加强和创新北京社会治理工作的对策建议。

关键词：

北京　社会治理　新进展　形势

---

* 袁振龙，北京市社会科学院首都社会管理综合治理研究所副所长、研究员，社会学博士，研究方向为社会管理、社会治安、城市社会学；殷星辰，北京市社会科学院首都社会管理综合治理研究所所长、研究员，研究方向为社会管理、社会稳定、社会治安；姚兵，北京市社会科学院首都社会管理综合治理研究所副所长、副研究员、法学博士，研究方向为犯罪学；马晓燕，北京市社会科学院首都社会管理综合治理研究所副研究员、社会学博士，研究方向为城市社会学、社区研究。

2013年是北京市全面贯彻落实党的十八大精神的重要一年，也是全面推进"十二五"规划的期中之年，更是北京加强和创新社会治理承前启后、继往开来的一年。2013年，北京市紧紧围绕着"五位一体"的总体布局，着力推进社会治理创新发展，取得了明显进展。

一 2013年北京社会治理发展新进展

2013年，北京市社会治理工作按照精细化的思路稳步推进，在实有人口服务管理、社会组织管理体制改革、特殊群体关怀帮扶、社会治安防控、社会矛盾多元化解、虚拟社会治理等方面取得了较为突出的进展。主要表现在：

（一）实有人口服务管理开始启动，"四个实有"理念在朝阳、海淀等开始实践

按照北京市开展实有人口服务管理的统一部署，由北京市委相关领导同志任组长，北京市公安局牵头，开始探索适应首都发展需要的人口服务管理体系。探索建立全市人口基础信息库，形成覆盖全部实有人口的动态管理体系，统筹协调全市流动人口服务管理工作，北京实有人口服务管理工作正式启动。所谓实有人口是指一个行政区域内实际居住的人口，一般包括本地户籍人口、流动人口和境外人口。实有人口服务管理就是强调要把流动人口、境外人口等作为北京实有人口的重要组成部分，在基础设施建设、公共服务改善、财政资金投入等方面按照实有人口标准进行规划，为流动人口、境外人口属地化管理、市民化服务提供基础保障。在满足流动人口在城镇安心就业、安定生活新期待的基础上，制定出台适应世界城市建设要求，按照国家有关法律法规和政策，结合北京实际的劳动保障、住房保障、子女教育、社会福利、卫生防疫、司法援助等有关流动人口服务工作的配套规章和政策措施，切实依法维护流动人口合法权益。

北京市朝阳区、海淀区等作为北京实有人口总量最多的两个区，对实有人口服务管理开展了有益的探索。北京市朝阳区作为北京出租房屋总量最多的区县，在探索"以房管人"方面进行了很好的探索。据统计，朝阳区出租房屋

建筑类型主要由楼房、平房和地下空间三部分构成，出租房屋总量其中楼房约占78%、平房占21%、地下空间占1%①。从出租方式分析，以直接出租为主，占89%，通过中介出租的占10%，通过转租、委托出租的占1%。根据房屋出租的这些特点，朝阳区制定健全了"四规融合"的调控机制，即以人口规划为核心，加强人口规划和产业规划、空间规划和土地利用规划的衔接，前瞻性地控制出租房屋赖以存在的土地和空间，坚决遏制新增违法建筑和非法占地行为，对出租房屋的建筑安全、防火安全以及房屋出租标准等进行了规范界定，努力为流动人口提供符合基本卫生、安全条件的住房条件，实现城市的适度发展。

按照全市决策部署，海淀区明确提出"推动实有人口服务管理工作走在全市前列"的目标。2013年2月，海淀区发出《关于成立海淀区实有人口服务管理委员会及其办公室的通知》，正式公布了海淀区实有人口服务管理委员会及其办公室的构成及职责。"通知"明确提出，海淀区实有人口服务管理委员会主任由海淀区委副书记、区长担任，常务副主任由海淀区委副书记担任，区委、区政府、区人大、区政协、区政法委相关领导同志担任副主任，区委区政府各委办局、各镇街行政负责人为成员。"通知"明确要求，区实有人口委在海淀区委区政府的领导下，统筹规划、组织协调和指导推动全区实有人口服务管理工作，具体承担五项工作职责。围绕"四个实有"②基础信息平台建设和人口规模调控目标，海淀区明确了区实有人口委各成员单位的具体工作职责，以公安局"双实"信息平台为载体，整合公安、计生、房管、工商等系统的信息库，依托网格化综合数据库建设完成"实有人口、实有房屋、实有单位、实有用工"的"四个实有"基础信息平台，海淀区实有人口办牵头制定"四个实有"数据集中核实和补充采集工作方案，以"属地为主，条块结合"原则，根据统一规范的部门信息资源标准，完成数据的核实与补充采集，形成覆盖全区的"四个实有"信息数据库，实现实有人口一口进、一口出的目标，解决以往数出多门的问题。海淀区实有人口委下设办公室，办公地点设

---

① 首都综治办、市流管办：《实践与创新：首都综治办、市流管办重点调研成果选辑》2013年8月，第204页。

② "四个实有"是指"实有人口、实有房屋、实有单位和实有用工"。

在区流管办，下设四个工作组：调研组、信息组、推进组、综合组。区实有人口办设主任一名，由区流管办主任兼任，副主任9名，由区经信办、区流管办、区发改委、区人口计生委、区社会办、区委农工委（区农委）、公安海淀分局、区房管局相关负责同志兼任，工作人员由区流管办现有工作人员和相关部门抽调人员组成，具体负责10项工作职责。为了确保实有人口服务管理各项工作的顺利推进，海淀区还建立了区实有人口委全会制度、区实有人口委成员单位会商制度、区实有人口办主任例会制度。海淀区在街道乡镇成立实有人口委及其办公室，负责贯彻落实区实有人口委及其办公室和本级党（工）委、政府（办事处）关于实有人口服务管理工作的决策和部署，组织领导、统筹协调辖区内实有人口服务管理工作；按照网格化社会服务管理的要求，进一步明确新居民服务中心和实有人口管理员的职责任务，并整合多方力量，规范工作运行机制，确保将实有人口服务管理责任落实到网格。各街镇实有人口办与流管办合署办公，确定专人负责实有人口服务管理工作。

（二）社会组织管理体制改革全面推进，政府购买社会组织服务渐成规模

党的十八大报告明确提出，"加快形成政社分开、权责明确、依法自治的现代社会组织体制"。2013年是北京社会组织管理体制的改革之年，北京市明确提出，要以深化登记管理制度改革为突破口，以加强顶层设计、强化监督管理、扶持社会组织发展、创新社会组织动员体系、加强思想文化建设为重点，积极推进社会组织管理体制机制创新，充分激发社会组织参与社会治理和公共服务的活力。在2011年2月28日率先对工商经济类、社会福利类、社会服务类社会组织实行民政部门直接登记的基础上，2013年4月1日，北京市又率先对行业协会商会类、科技类、公益慈善类、城乡社区服务类"四类组织"实行民政部门直接登记。据统计，截至2013年9月底，全市社会组织登记数量为8438个，其中社会团体3536个、民办非企业单位4642个、基金会260个；备案登记社区社会组织14653个[①]。自2009年国务院批复同意中关村建设

---

① 参见北京市社会团体管理办公室《北京市社会组织建设管理的现状与问题》，2013年11月。

国家自主创新示范区以来，中关村社会组织发展工作取得突破性进展。中关村社会组织利用会员资源和行业优势，搭建了促进创新资源对接的公共服务平台68个，如投融资服务平台、人才服务类平台、知识产权服务平台、国际化服务平台及综合服务类平台，聚合了更多的行业资源，进一步推动了中关村高科技企业的创新发展，创新型社会组织已经发展成为中关村创新的第三极力量。目前，有72家中关村社会组织已经直接登记，32家产业联盟办理了备案手续。

为更好地发挥各类社会组织在社会建设管理中的积极作用，北京市进一步完善健全社会组织分类发展、分类监管机制，主动把各类社会组织纳入党委政府主导的社会治理体系。按照北京市委、市政府的要求，北京市继续利用社会建设专项基金，向社会组织购买服务项目，社会组织培育扶持取得新进展。2013年3月，北京市社工委公布了"北京市2013年政府购买社会组织服务项目指南"，正式启动2013年政府购买社会组织服务项目工作。"指南"明确提出，2013年主要围绕"社会基本公共服务、社区便民服务、社会治理服务、社会建设决策信息咨询服务"五个方面，社区基本公共服务推进项目、扶老助残服务项目、支教助学服务项目等45个类别购买500个服务项目。服务项目采取网上申报、市级枢纽型社会组织所属社会组织经枢纽型社会组织同意，各区县社会组织经各区县社会建设工作领导小组办公室同意，分别向市社会建设领导小组办公室提交报送项目。申请项目全部采取专家通讯初评，初评采用活页匿名方式。服务项目主要围绕北京市情、区情和市民关注的问题，集中力量办几件百姓关注的大事要事，如社会矛盾化解、城乡结合部社会服务管理、流动人口服务管理、村庄社区化服务管理、志愿服务、特殊群体服务管理等。

北京市政府购买社会组织服务推行3年多来，带动16个区县和社会各界向社会组织购买服务项目。据初步统计，2013年，北京市向社会组织购买服务项目资金规模超过1亿元，带动区县、街道乡镇向社会组织购买服务项目的资金近3亿元，全市共向社会组织购买3000个服务项目。在政府购买服务项目资金的培育扶持下，北京市社会组织发展环境得到进一步优化，社会组织迎来了快速发展的时期，特别是北京市的社工事务所从无到有，从2009年的东城区正式成立第一家社工事务所发展到2013年的60余家。据初步统计，截至

2013年9月，北京市社工事务所已达60余家，专业专职社工队伍已发展到600余人。

（三）特殊群体关怀帮扶工作稳步推进，社会关爱程度不断提升

北京市通过加强组织领导，突出服务关爱，规范政策措施，夯实基层基础，特殊群体服务管理机制逐步形成，北京特殊群体关爱程度不断提升。在北京市分管副市长领导下，北京市成立了市司法局牵头，18个部门参加的特殊人群专项组，下设社区矫正和安置帮教工作、戒毒工作、精神病人和艾滋病危险人群防控工作三个小组，分别由市司法局、市公安局和市卫生局牵头，全面负责"五类"特殊群体的服务管理工作，各区县、各街道乡镇也相继成立相应的特殊群体专项工作小组，初步形成了全市上下贯通、覆盖完整的特殊群体服务管理工作体系。按照《首都综治委特殊人群专项组及办公室职责任务》《特殊人群专项组议事规则》《特殊人群专项组办公室工作规则》等的要求，北京市普遍建立健全了特殊群体关怀帮扶工作例会、联络员、请示报告、督促检查、信息简报等工作制度，各区县、各部门特殊群体关怀帮扶工作有序推进。2013年，北京市特殊人群关怀帮扶工作稳步推进。一是进一步提高社区矫正工作规范化水平。出台《北京市社区矫正实施细则》补充规定，逐步形成完善配套的制度体系。出台社区矫正执法行为准则，完善社区矫正执法监督机制，促进严格规范执法。认真落实《关于进一步加强社区矫正和刑释解教人员就业与社会保障工作的意见》，做好"三无"和"老病伤残"刑释解教人员安置衔接工作，进一步增强安置帮教工作实效。二是进一步完善矫正帮教工作体系建设。健全首都综治委特殊人群专项组及各小组工作机制，发挥综合协调职能，切实形成党委政府统一领导、司法行政部门牵头组织、相关部门密切配合的特殊人群管理服务工作格局。拓展阳光中途之家的功能使用，使阳光中途之家真正成为促进"两类"人员平稳融入社会的"加油站"和"助力器"。深化区县司法局与监狱、劳教所的工作协作，完善矫正帮教互考互评机制，组织矫正业务骨干到刑罚执行岗位实践锻炼，使全市社区矫正和安置帮教衔接工作更加有力、更加有效。全面总结十年来北京社区矫正的实践经验，开展集中专题宣传，扩大社区矫正工作的社会知晓度。

为进一步强化特殊群体关怀帮扶工作的基层基础工作，北京市一是依托社区普遍建立了专群结合、专兼结合的"3+N"帮教工作模式。"3"即是由司法助理员、矫正干警、社会工作者三支专业专职力量，"N"，即由若干名社区干部、社区居民和家属等群众组成的群众兼职力量。北京市司法局专门从监狱、劳教局等抽调389名民警会同司法所共同开展社区矫正和安置帮教工作，形成了一（司法）所一警的布局，进一步壮大了基层特殊人群服务管理力量。市司法局联合市财政局等部门出台专门政策，为社区矫正和刑释解教人员的就业、住房、医疗和生活保障提供全方位的政策保障。二是在全市16个公安分（县）局设置禁毒直属中队，解决了人员编制、中队长职务高配及指导员配备等问题，按照公安部禁毒警力要达到总警力数的1%以上的要求，配齐配强了专职警力。各街道乡镇以"向日葵社区"为载体，设立禁毒工作办公室，通过政府购买服务的形式，加强基层社区戒毒、社区康复工作的人员保障体系建设，公开招聘禁毒专职社工113名，形成了专业化和社会化相结合的禁毒模式。在全市建立了两所集生理脱毒、心理康复和技能培训于一体的戒毒康复中心，累计安置就业1500余名。三是志愿者队伍成为北京艾滋病防控工作的重要力量，北京市建立了来自社区、学校、工厂、娱乐场所、非政府组织等不同行业群体组成的艾滋病防治志愿者队伍。目前，北京共有60余家民间组织参与艾滋病防控工作，广泛宣传、普及艾滋病防治知识，有针对性地进行行为干预，为艾滋病人和感染者提供心理关怀，帮助感染者开展自救互救等项工作，帮助更多的艾滋病人和感染者回归社会。提出了艾滋病人和感染者"四位一体"工作模式，综合服务工作全面铺开，病人生活质量有所提高。四是按照服务人口的1∶20000的比例配置，为辖区内重性精神疾病患者提供药物治疗、社区和家庭康复技术指导、随访和社区居民精神卫生知识宣传教育等精神卫生服务，16个区县全部按照标准完成精神卫生防治工作人员配备工作。目前，全市1万余名重性精神病患者已经享受基本药物免费治疗。尽管2013年仍出现了重性精神病人肇事肇祸案件，但全市重性精神病人肇事肇祸率有所下降。

（四）社会治安防控网络不断织密，北京社会治安形势持续好转

经历过第二十九届夏季奥运会和历次重大活动安保工作的检验后，北京市已经初步形成了以公安机关为主体，各部门、各单位各负其责，武警、民兵、巡防队员、治安志愿者、单位保卫干部、保安员等共同参与，实现分时等级防控和分区域防控的社会治安防控体系。2013年，北京市以全面深化平安建设为主题，社会治安防控网络进一步织密。主要表现在：一是推动等级防控和城市管理网格的深度融合，建立完善交巡警联勤联动工作机制，强力推进全市视频监控资源整合和视频巡控与街头巡逻同步联动，深入开展派出所规范化管理达标活动，提升和基层平安创建能力，大力开展群防群治多元化建设，努力强化北京社会治安防控能力。二是以深入开展交通、治安、环境"三大秩序"整治为载体，健全民意走访机制和治安情报分析机制，进一步加强对城中村、城乡结合部等治安重点地区的整治，努力净化北京社会治安环境。三是积极构建多警种合成作战、多手段同步上案的打击工作格局，对重特大敏感案件实行快侦快破，对影响群众安全感的多发性侵财案件实行规模打击，进一步加大追赃减损力度。四是健全完善多层次安全监管措施，深化完善高峰交通勤务和应急交通勤务机制，强化消防基层基础建设和网格化安全隐患排查，努力防止发生重特大道路交通、火灾等安全事故。

针对社会治安案件高发势头的特点，北京市根据群众反映梳理出114个存在突出治安、交通、消防安全问题的重点地区，并对海淀区中关村等19处治安重点地区（见表1）进行了重点打击整治，取得了明显成效。据报道，2013年1~6月，北京市治安秩序平稳有序，刑事案件破案数、治安案件受理和查处数、交通事故伤亡数、火灾死亡人数等各项数据同比均有明显下降。其中，刑事案件立案6.05万起，同比下降9.2%，破案总量5.4万起，同比上升11.7%；受理治安案件16.3万起，同比下降7.7%；交通事故起数和死亡人数同比分别下降5.3%和3.9%；全市火灾死亡人数、直接财产损失同比分别下降65%和26.7%[①]。

2013年夏季，北京接连发生了一些社会关注的重大治安案件，如北京朝阳大悦城7·18伤人案、西城马连道家乐福7·22精神病人伤人案、大兴7·23摔女童案等，引起人们对北京社会治安状况的担忧。针对突出治安案件有

---

① 黄洁：《北京发布上半年治安总体数据》，《法制日报》2013年7月10日。

表 1　2013 年北京市 19 个重点整治地区

单位：个

所在区县	重点整治地区	数量
东城区	永定门外	1
西城区	大栅栏、广安门外马连道茶城、动物园批发市场	3
朝阳区	十八里店十里河、小红门肖村	2
海淀区	中关村、海淀区锦绣大地市场	2
丰台区	看丹村、大红门商城、新发地市场	3
石景山区	金顶阳光小区	1
房山区	长阳长营	1
通州区	宋庄艺术区	1
大兴区	青云店镇北八村	1
昌平区	回龙观北四村、水屯市场	2
怀柔区	杨宋镇群众演员聚集区	1
平谷区	上纸寨村	1
门头沟区		0
顺义区		0
密云县		0
延庆县		0
合计		19

资料来源：北京市公安局。

所上升的特点，从 2013 年 7 月 25 日开始，北京警方又开展了为"夏秋社会治安打击整治百日专项行动"。"百日专项行动"取得了明显的成效，期间共破获各类危害严重刑事案件 2100 余件，打掉有组织犯罪团伙 170 余个，破获毒品犯罪案件 570 余起，抓获赌博违法人员 4000 余人，卖淫嫖娼违法人员 1300 余人，抓获黑车扰序违法人员 1.8 万余人，查获各类黑车 1.7 万余辆，抓获盗销自行车人员 740 余人，医院号贩子违法人员 300 余人[1]。经过专项打击整治行动，北京各类警情持续下降，社会治安秩序明显好转[2]（见表 2）。

---

[1] 北京市公安局"平安北京微博"，《夏秋社会治安打击整治百日专项行动工作情况》，2013 年 11 月 17 日，http：//e.weibo.com/pinganbeijing? ref = http%3A%2F%2Fweibo.com%2Fu%2F1451100472%2Fhome%3Ftopnav%3D1%26wvr%3D5。

[2] 北京市公安局：《北京警方通报夏秋社会治安打击整治百日专项行动 80 天工作情况》，2013 年 10 月 22 日，http：//www.bjgaj.gov.cn。

表2　2013年北京夏秋社会治安打击整治百日专项行动治安成效

单位：%

措施成效	同比	环比
接报刑事类警情	-21	-18
接报秩序类警情	-45	-27
一般类交通事故	-14	-12
火灾类事故	-16	-12
刑事拘留犯罪嫌疑人	+16	
行政拘留嫌疑人	+27	
当场处罚（2万元起）	+13	
刑事案件立案	-4	-11
刑事案件破案	+8	

数据来源：北京市公安局网站。

2013年10月28日中午12点05分，一辆吉普车从北京市南池子南口闯入长安街便道，由东向西行驶撞向金水桥护栏后起火，行驶过程中造成多名游客和民警受伤，北京市公安、应急、卫生等相关部门迅速启动应急预案，开展工作并组织施救，受伤人员被全部送往医院抢救，据初步统计，事件造成5人死亡，38人受伤[①]。后经北京警方查明，这是一起由极端宗教组织策划的有组织有预谋的暴力恐怖袭击案件。这种危及社会正常秩序和普通市民生命安全的严重暴力犯罪行为应该受到社会的严厉谴责和法律的严厉制裁！

针对夜间占路摆摊、酒后驾车、货车遗撒、摩托车无牌无证上路等问题，北京市组织开展了16次全市集中夜查和6次午查，同时对东城区前门东路、朝阳区朝阳公园南门、海淀区香山地区、丰台区大红门批发市场等黑车黑摩的、无照游商占路经营突出点位开展了集中打击，取得了明显成效[②]（见表3）。

---

① 《北京迅速处置一起吉普车冲撞金水桥事件》，千龙网，2013年10月28日。
② 北京市公安局：《北京警方通报夏秋社会治安打击整治百日专项行动80天工作情况》，2013年10月22日，http：//www.bjgaj.gov.cn。

表3　2013年北京夏秋社会治安打击整治百日专项行动秩序成效统计

单位：%

整治专项		同比	环比
查处影响交通、治安、环境三大秩序类违法行为	80.9万起		
查扣黑车、黑摩的、人力三轮车	近7300辆		
依法拘留黑车、黑摩的、人力三轮车驾驶人	680人		
抓获赌博人员	2700余人		
抓获卖淫嫖娼违法犯罪人员	900余人		
抓获盗销自行车人员	600余人	+57	+63
查处医院号贩子	200余人	+6	+35
消除火灾隐患	15万余件		
查封火灾隐患	2000余处		
火灾隐患"三停"	1600余家		
发生社区可防性案件		-26	-25
巡警系统检查车辆	78.8万余辆		
巡警系统检查人员	184万余人		
抓获拘留以上处理各类违法犯罪嫌疑人	4700余人		
全市接报110街头警情			-14
检查/处罚旅店(含洗浴)、娱乐场所及特种行业、危险物品销售单位	检查8.2万余家(次)/处罚400余家(次)		

资料来源：北京市公安局网站。

2013年，北京市警方积极创新社会治理方式，坚持严打严整、保持打击强劲势头，侵害群众切身利益的违法犯罪得到有效遏制。全年，北京打击破案总量同比上升10.6%，连续三年保持两位数以上增长，命案破案率达到99.16%，连续三年保持全国第一，绑架案件侦破率连续六年保持100%。针对电信诈骗犯罪，北京警方共破获各类电信诈骗案件4395起，同比上升47.53%，为群众挽回损失6000余万元。侵财案件连续两年保持发案减少、破案上升。全市全年侵财案件立案10.44万起，同比下降5.2%；破获各类侵财案件7.8万起，同比上升15.9%。刑事案件破案总量连续四年保持两位数增长，2013年1~12月，全市共破获刑事案件11.26万起，同比上升10.6%，全年八类危害严重刑事案件立案总数下降5.5%。2013年，北京警方共处理违法人员35.63万余人次，同比下降5.5%，全市秩序类警情大幅下降，全年共接报秩序类警情5.95万余件，同比下降32.5%[①]。

（五）社会矛盾多元化解体系运作正常，社会矛盾总体得到控制

2013年，北京市紧紧围绕服务首都建设和谐大局，充分发挥人民调解"第一道防线"作用，努力推动社会矛盾多元化解工作，北京社会矛盾多元化解体系实现常规化运作。一是继续夯实社会矛盾多元化解工作基础。做好全市农村两委换届中调解组织的组建工作，选好配强基层人民调解员。继续开展500个规范化调委会创建和千名人民调解员培训活动，提升基层人民调解委员会的调解能力。加强社会矛盾的信息研判和分析预警，提升社会矛盾调解工作的前瞻性与针对性。做强做优"第三调解室"栏目，大力提升人民调解工作的社会影响力。二是完善社会矛盾多元化解组织体系。做实村居调委会、做强街乡调委会、做专行业性专业性调委会，构建以"村居为基础，街乡和专业性行业性调委会为骨干，企事业和其他类型调委会为补充"的社会矛盾多元化解组织体系。三是健全社会矛盾多元化解工作机制。加强区县、街乡社会矛盾多元调解平台建设，发挥多种力量对重大疑难矛盾纠纷的协调化解作用。积极推动"以案定补"保障机制落实，探索建立调解员管理工作机制。认真总结"人民调解进立案庭""行政机关共设联合调委会"等成功做法，完善人民调解、行政调解、司法调解衔接联动机制，提高社会矛盾调解工作效能。

经过持续努力，2013年北京社会矛盾多元化解工作出现诸多亮点，北京社会矛盾总体有所缓和。一是北京医疗纠纷人民调解委员会已经发展成为北京社会矛盾调解的第三方调解组织品牌。经过两年多运行，北京医疗纠纷人民调解委员会已经形成了较为完善的衔接机制、调解流程、运行机制和工作制度。在北京市十六个区县的52家中央、厂矿企业、市属三级医院和6304家其他各级各类医疗机构，医疗纠纷人民调解委员会的52名人民调解员不停地忙碌着，北京医患纠纷有所缓和。二是充分利用电视媒体优势，打造"第三调解室"法律服务品牌。北京市司法局与北京电视台合作建立了"第三调解室"，建立了

---

① 王建琦：《北京警方公布年度治安地图　今晨向市民汇报工作》，《法制晚报》2014年1月23日。

全国首个以电视栏目命名、接受司法行政机关指导、公开调解过程的人民调解委员会，积极引导广大群众通过人民调解的方式化解矛盾纠纷，产生了积极的社会效果。三是充分利用律师熟悉法律的资源优势，建立了律协重大民间纠纷人民调解委员会。2013年5月11日，北京市顺义区律协重大民间纠纷人民调解委员会正式成立。顺义区充分利用律师专业资源，设立由律师组成的律协人民调解委员会，主要负责本区范围内村居、街乡调解组织调解不了的法律关系复杂的重大民间矛盾纠纷。四是人民调解进入批发市场。北京市新发地农产品批发市场人民调解委员会经过几年的运行，已经探索形成了"4+4"工作机制，即整合四方资源、建立四方联动、加强四项建设、强化四项措施，积极排查化解矛盾纠纷，维护市场秩序。五是人民调解进入消费纠纷领域。北京市东城区消费纠纷人民调解委员会经过两年多的运行，探索形成了"3+3"工作模式，创建了规范化调解的基本框架和运行模式，在调解优化、强化调解结案的基础上，形成了优化调解、诉讼托底、调诉结合的"一站式"消费纠纷调解工作机制。

（六）虚拟社会治理不断深入，互联网络秩序显著好转

为进一步加强对互联网信息的服务管理，2013年5月，北京市在原有互联网管理办公室基础上设立互联网信息办公室。2013年8月1日，北京市推出全国首个网络联合辟谣平台。在北京互联网信息办公室和首都互联网协会的指导下，千龙·中国首都网、搜狗、新浪微博、搜狐、网易、百度等6家网站共同发起的"北京地区网站联合辟谣平台"（py.qianlong.com）正式上线，这是中国互联网史上第一次成立联合辟谣平台，该平台基于大数据结构，以开放平台方式，由行业领军网站联合建设的辟谣平台。此平台由千龙·中国首都网负责内容搭建；搜狗负责数据整合；新浪微博、搜狐、网易、百度提供辟谣信息，将谣言以统一的形式进行汇集，再以统一的数据平台进行呈现。对于不能确定的北京本地事件，将由千龙网记者向相关区县及委办局核实，确为谣言的将予以曝光。各网站均在本网突出位置对平台进行推荐。目前，北京网络联合辟谣平台一期工程已完成，由各网站提供信息，滚动发布的"谣言曝光台"和"钓鱼网站曝光台"已上线，共整合数据量超过10万条；平台为各网站提供了各自辟谣产品的专区，包括搜狗"识图搜索"、搜狐新闻《谣言终结者》、新浪微博《社区公约》、网易邮箱智能反垃圾系统以及百度"阳光行动",并汇集了北京地区主要网站的举报方式,便于社会公众使用。

2013年8月,北京警方打掉一个在互联网蓄意制造传播谣言的网络推手公司:北京尔玛互动营销策划公司,"秦火火""立二拆四"等被刑拘,掀开了全国集中打击网络有组织造谣传谣等违法犯罪专项行动序幕。这是北京警方按照公安部的统一部署,集中开展打击网络有组织造谣传谣等违法犯罪专项行动,严厉打击该违法犯罪活动。2013年9月,北京警方再度发力,开展打击非法生产、销售、使用窃听窃照器材违法犯罪专项工作。9月4日,北京警方开展统一行动,集中查处非法销售窃听窃照器材公司28家,抓获犯罪嫌疑人53名,收缴各类窃听窃照器材3600余件。2013年9月9日,最高人民法院正式发布《最高人民法院、最高人民检察院关于办理利用信息网络实施诽谤等刑事案件适用法律若干问题的解释》,并于2013年9月10日起开始施行。通过明确网络秩序规范和严厉打击网络违法犯罪行为,北京互联网络秩序明显好转。

二 北京社会治理工作面临的形势

尽管2013年北京社会治理工作取得了一些明显的成绩和成效,但客观地说,北京社会治理工作依然面临着极为严峻的形势,社会治理工作任务重,压力大的态势并没有发生根本性改变。特别是北京社会治理工作面临着人口规模持续增大、社会持续分化、环境不断恶化、社会期待持续提升等形势,社会治安态势依然严峻,如何适应新形势对北京社会治理工作的新要求,进一步推动北京社会治理工作向前推进,是北京社会治理工作面临的重要课题。

(一)人口规模持续增大给北京社会治理工作带来压力

社会治理指为促进社会的公正公平,维护正常的社会秩序,保障社会的有序运转,政府与社会组织及其他群体依据法律法规政策共同对社会公共事务进行规划、组织、规范、引导、协调、服务、监督、控制和治理的过程①。无论

---

① 袁振龙等:《社会管理与合作治理》,知识产权出版社,2013,第33页。

是参与社会治理的各方主体，还是社会治理涉及的社会公共事务，都无一例外地涉及大量的人口问题特别是人口规模的问题。改革开放以来，中国城市化进程明显加快，北京作为国家首都和政治、文化、教育、经济、对外交往的中心，对周边人口有着极大的吸引力，城市化呈快速推进之势。随着北京城市规模的不断扩张，北京的人口规模也在不断地扩大，北京城市结构已经从以前以中心城区为主的单中心城市结构逐步向多中心的城市空间结构演变，北京的人口规模也从改革开放初期的400万人左右增长到现在2000万余人，本市户籍人口、本市人户分离人口、流动人口、散居境外人员、散居外国人在一个特大型城市中共存。从理论上讲，人口规模越大，参与社会治理的主体就越复杂，社会公共事务就越庞杂，城市的运行管理也愈加复杂，相应地要求社会治理水平也必须相应地提升。从目前看，还没有发现北京人口逐步减少的迹象，因此，北京人口继续增多、人口规模继续扩大是短期内难以逆转的趋势，这对北京社会治理的各项工作提出了更多更高的要求，也给北京从事社会治理的各责任主体带来了较大的压力。如何适应特大型城市社会治理的规律和要求，探索完善形成适应首都特点的社会治理工作体系和工作机制，是北京社会治理工作必须面对的一个重要课题，也是提升北京社会治理工作水平的客观需要。

（二）社会分化给北京社会治理工作带来诸多困难

社会公共事务的良好治理既涉及社会不同阶层的团结与合作，也涉及不同行业之间的良性竞争与合作。改革开放以来，中国社会获得了前所未有的活力和空间，市场成为资源配置的主要方式，新的经济组织、社会组织不断产生，人们的就业方式发生了很大变化，人们的经济地位、政治地位、文化地位等发生了很大变化，形成了不同的社会阶层，城乡之间、地区之间、行业之间都存在着很大的差距。北京的社会分化现象十分严重，不同社会阶层之间的人们存在着一些隔阂和误解，也给北京社会治理工作带来了差异化的要求。在这种情形下，一些人希望加强某一领域的社会治理，另一部分人则希望放松同一领域的社会治理。由于人们的利益诉求和安全期待存在着明显的差异，导致很多社会治理工作难以形成社会共识，一些社会治理行为比如城管的一些执法行为、居民楼的一些防范设施，经常收不到预期的良好效果，结果两头都不讨好，社会评价也很不一致。良好的社会治理工作必须促进社会不同阶层的团结与合作，推动不同行业之间的合作与竞争，而不是激化社会不同阶层的矛盾，更不能扩大不同行业的分歧。因此，在多元化的时代里，如何最大限度地汇集民意，寻找社会共识的最大公约数，完善能够得到最大接受程度的社会治理行为和政策，是当前北京社会治理工作必须思考和探索的课题。

（三）环境恶化给北京社会治理工作带来新挑战

社会人口必须依托一定的环境生存和发展，当社会人口规模比较小的时候，环境的约束性体现得不太明显。但当北京城市人口达到2000万人口以上时，北京市所处的地理位置、气候条件、资源禀赋等环境资源条件的局限性便开始凸显出来。特别是当北京汽车拥有量突破500万辆时，北京城市的环境问题愈加凸显。如今，北京面临着越来越严重的大气污染、水污染、土壤污染、环境污染等问题，面临着越来越沉重的垃圾填埋处理的压力。这些问题的处理解决关系到全市所有人口的生活生存问题，广受社会各界的关注，如果处理不力，这些问题将越来越突出，直接影响北京城市的正常运行和城市形象，最终影响北京城市的综合竞争力。如果北京为了治理这些问题采取越来越严厉的治理和限制措施，也必然对北京经济社会的正常运行带来一定的阻力和障碍，必然引发市民心理的变化和情绪的变动，也对北京经济运行造成一定影响，因此造成的社会不稳定因素也有可能增加，北京社会治理工作可能直接承受着由此带来的各种挑战。

（四）社会期待的提升给北京社会治理工作提出新要求

当前社会治理工作面临的另一个重要问题就是社会期待在不断变化和提升。如今，人们生活在一个越来越自由平等的全媒体时代，人们越来越有机会发出属于自己的声音和想法，因此，社会治理工作面临的对象已经不再是过去的"沉默的大多数"，而是有着独立自由思想、有着畅通表达渠道的一个个"人"，这些一个个的"人"对北京城市建设和发展、对北京城市管理与治理有着更多更高的期待，对社会公正公平有着更多的期待和要求。北京社会治理工作尽管并不能直接解决这些问题，但必须面对这些期待和要求，社会治理工作必须顺应这些期待和要求，而不是拒绝和无视这些期待和要求。如果拒绝和无视这些期待和要求，社会治理工作就可能走向与绝大多数人相对的危险方向，这是难以持续的。如果顺应这些期待和要求，这就要求北京社会治理工作进一步走向精细化、责任化、信息化和社会化。

三 进一步推进北京社会治理工作的对策建议

党的十八届三中全会强调指出，"全面深化改革的总目标是完善和发展中国特色社会主义制度，推进国家治理体系和治理能力现代化"[①]。创新社会治理体制，改进社会治理方式，激发社会组织活力，创新有效预防和化解社会矛盾体制，健全公共安全体系，加强和创新北京社会治理工作，进一步提升北京社会治理精细化和现代化水平，是未来北京社会治理工作的重要任务。根据党的十八届三中全会精神及北京社会治理工作面临的形势，提出以下对策建议。

（一）研究制定北京社会治理工作规划

推进北京社会治理工作精细化和现代化，就必须对北京社会治理工作开展具有前瞻性的研究，在深入细致把握北京社会治理工作规律和发展趋势的基础上，研究制定北京社会治理工作专项规划。为提前做好北京市"十三五"经济社会发展规划，建议2014年启动北京社会治理工作规划的前期调研工作，制定北京社会治理工作规划。通过北京社会治理工作专项规划的制定，进一步明确北京社会治理工作的目标原则、工作任务、工作要求、工作制度、保障制度、职责落实等，从而勾画出北京社会治理工作的行动框架和美好蓝图，通过广泛的宣传使北京社会治理工作的目标为广大市民所知、所

[①] 参见《中共中央关于全面深化改革若干重大问题的决定》，新华社2013年11月15日北京电。

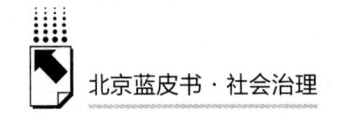

想、所思，从而更好地凝聚更多市民的共识，吸引社会各界和广大市民广泛参与北京社会治理工作，形成北京社会治理工作的强大合力，从而更好地维护最广大人民利益，最大限度地增加和谐因素，增强社会发展活力，提高社会治理水平。

（二）制定北京社会治理工作年度计划

北京社会治理工作要有计划有步骤地有序推进，就必须把北京社会治理工作规划确定的工作任务和工作目标进一步细化落实到每年的工作计划中。坚持"系统治理"，各级党委政府通过制定和落实北京社会治理工作年度计划，紧紧围绕年度社会治理工作目标和工作任务，有序地整合政府、企业和社会资源，明确年度工作重点、工作要求和完成时限，明确年度社会治理各项工作的责任单位和责任人，层层细化、级级落实，最终具体为每一个单位、每一个部门、每一个组织、每一个人的工作任务、工作职责和工作目标，并通过自查、定期检查和抽查等方式，督促社会治理工作年度计划的贯彻落实。

（三）明确推出北京社会治理系列项目

紧紧围绕年度北京社会治理中心工作、重点工作和难点工作，根据北京社会治理工作规划和年度工作计划，科学合理设计一批社会治理工作项目，比如重大项目、重点项目、一般项目、小型项目等，围绕项目设计，进一步加强各工作项目的人、财、物保障，明确社会治理工作项目推进的目标要求，制定社会治理工作项目管理办法和保障办法，明确社会治理工作项目的责任单位和责任人，并明确向社会各界公示，接受人大、政协、纪委、审计、监察等部门及媒体和社会各界的监督，确保社会治理各项目在阳光下运行，防止由于社会治理工作的违法违规运作导致企业和市民合法权益受侵犯的现象发生，防止由于社会治理工作项目的违规运作腐败案件的发生。

（四）研究细化北京社会治理工作标准

结合网格化社会服务管理工作的进一步推进，根据北京社会治理工作实际，逐步明确划定北京社会治理工作的内容和边界，并对北京社会治理工作实行分类管理，根据不同社会治理工作的工作性质、工作任务、工作特点等，研究细化北京实有人口服务管理、社会组织培育扶持、社会矛盾多元化解、虚拟社会治理、特殊群体关怀帮扶、社会治安防控、科技创安等北京社会治理工作标准，逐步形成北京社会治理工作标准体系，指导各部门、各区县、各街道乡镇进一步做细做实社会服务管理工作，为社会单位和广大市民提供更为细致、更为合理、更为舒心的社会服务管理，不断提升北京社会治理工作标准化工作水平，不断改善政府服务绩效，提升政府公信力，进一步促进社会团结和社会和谐。

（五）制定北京社会治理工作评估体系

根据北京社会治理工作的推进情况，按照社会治理工作分类管理的要求，适时总结北京社会治理工作的经验做法和工作标准，研究制定北京社会治理工作评估体系，以部门、领域、街道乡镇、区县等为单位对北京社会治理工作进行定期评估，重点听取社会各界和广大市民对北京社会治理工作的评价和建议，不断推动北京社会治理工作的精细化、制度化、规范化、标准化、法治化、长效化、社会化。通过自查和定期评估查找北京社会治理工作存在的突出问题和面临的主要困难，不断改进北京社会治理工作，不断提升北京社会治理工作水平，不断改善北京社会治理工作的社会效果，从而提高广大市民对北京社会治理工作的满意度和支持度。

（六）提升北京社会治理工作信息化水平

适应全球信息通信技术不断向前发展的新趋势，按照智慧城市的先进理念，进一步推动现代传感技术、物联网技术、云存储和云计算技术在北京社会治理各个领域的广泛应用，进一步实现北京社会治理主体和管理对象的全面感知、互联互通，进一步提高对北京社会治理海量信息的统计分析和分析研判，充分利用现代信息技术对异常情况自动示警，进一步提高北京社会治理工作的预防能力、预警能力、反应处置能力和善后恢复能力，通过信息化手段推动北京社会治理工作不断提高工作水平。

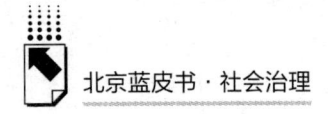

参考文献

《中共中央关于全面深化改革若干重大问题的决定》,新华社 2013 年 11 月 15 日北京电。

龚维斌:《在社会体制改革中发展社会组织》,2013 年 9 月 16 日,http://www.bjshjs.gov.cn。

李培林:《我国社会组织体制的改革与未来》,《社会》2013 年第 3 期。

袁振龙:《社会管理与合作治理》,知识产权出版社,2013。

人口管理篇

Population Management Report

B.2
北京市人口增长情况分析和对策建议

韩秀记*

摘　要： 近年来，北京市常住人口数量快速增长，在地域、年龄、职业、受教育程度等方面表现出鲜明的特征，这给城市环境、社会治理带来一系列挑战，对城市发展产生复杂的影响。现有的城市人口调控政策效果有限。治理北京市人口问题根本出路在于改变过去行政主导的方式，明确市场机制在人口治理中的作用，加快推进社会建设，改革和创新城市治理方式。

关键词： 人口膨胀　市场机制　社会建设

---

* 韩秀记，社会学博士，北京工业大学人文社会科学学院助理研究员，研究方向为社会管理和社区建设。

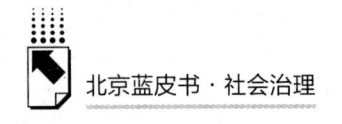

北京市常住人口包括户籍人口和外来常住人口两部分。其中户籍人口是指具有北京市城市和农村户籍的人口，而外来常住人口则是指在迁入地（北京）居住半年以上的非迁入地户籍的外省市人口及外籍人口。

一 改革开放以来北京市常住人口变化情况

改革开放以来，北京市城市建设和发展快速推进，人口不断增多。尤其是进入21世纪后，加速增长的常住人口总量逐渐引发城市管理者的担忧。北京市常住人口在过去几十年中的变化情况如何，当前又有哪些表现？本文将利用相关统计数据、研究报告等资料，对北京市常住人口的人口数量、性别特征、地域和年龄分布特征、受教育程度、流动原因等做出分析说明。这既有对一段时期的历时性分析，也有对某一年份的横切面分析。

（一）常住外来人口剧增引起常住人口总量增加

截至2012年底，北京市常住人口规模达到2069.3万人，这是北京市自2011年人口首次超过2000万后的继续增长阶段。如图1所示，北京市常住人口总量变化趋势可以划分为三个阶段：第一阶段，1978～1994年缓慢增长阶段。1978年改革开放初期，北京市常住人口871.5万人，而其中常住外来人口仅有21.8万人。这种户籍人口占主导的常住人口分布格局一直延续到1994年。1994年，北京市常住人口总量1125万人。1978～1994年17年间，户籍人口和常住外来人口经历了缓慢的增长，但人口类型的基本数量格局并没有发生明显的变化，常住人口年均增长率仅为1.51%。第二阶段，1995～1999年人口增长徘徊阶段。1995～1999年的北京市常住人口虽然要比之前一个阶段有了明显的增加，但是受到国家政策和对城市化认识的限制，人口增长出现徘徊，常住人口总量基本维持在1250万人左右，甚至常住外来人口有一定量的减少。第三阶段，2000～2012年北京市常住人口增长加速阶段。2000年北京市常住人口总量为1363.6万人，其中常住外来人口量为256.1万人（较上一年增加了近100万），占总人口的比重为18.78%。到2012年，北京市常住人口总量为2069.3万人，其中常住外来人口量为773.8万人，占总人口的比重为37.39%（即每三个北京人，至少有一个是外来人口），比重比2000年大幅提高。从2000年到2012年，北京市常住人口年均增速为3.26%，整体增速比1978~1994年阶段提高了1倍多，其中主要表现为常住外来人口的快速增加，其年均增速高达8.88%，整体增幅高达202.15%，常住外来人口翻了一番半，尤其是2007年开始连续三年以至少100万人·年左右的速度急速增长。而同期户籍人口增长则相对缓慢，仅从1107.5万增加到1297.5万人，增幅为17.15%。

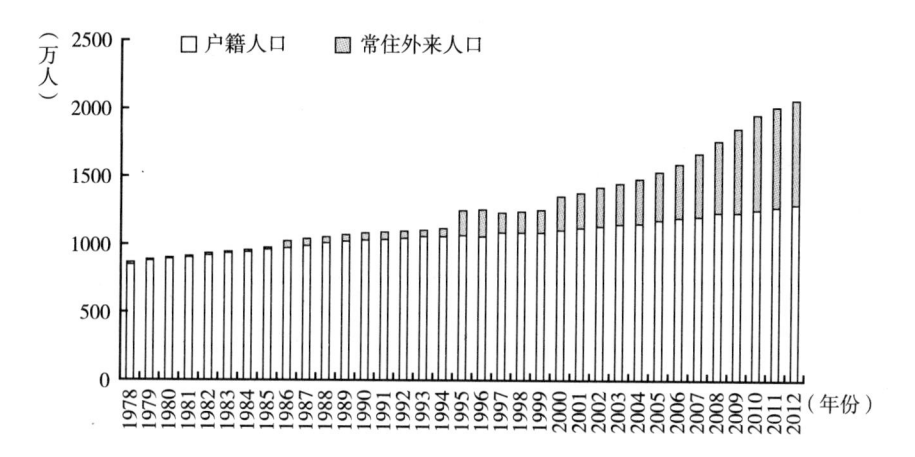

图1　1978~2012年北京市常住人口增长趋势

资料来源：根据《北京统计年鉴》（2013年）整理获得。

通过对北京市常住人口增加量的分析可以发现，北京市户籍人口在过去30多年间一直保持比较缓慢的增长，人口增长波动并不明显，而同期常住外来人口的增长却经历了一个复杂的过程，即在早期的缓慢增长和徘徊反复，到进入21世纪的急速增长期。正是由于常住外来人口在2000年以来的急剧增加，导致北京市常住人口的膨胀。因此，在某种程度上来说，常住外来人口是北京市人口暴增的主要因素。

常住外来人口急速增长的趋势与北京市户籍人口较低的自然增长率形成了鲜明的对比。某一地区人口数量的增长表现为自然增长，或机械增长，抑或是两者混合作用的结果。人口自然增长是由人口生育引起的，当出生人口数大于死亡人口数时，便出现自然增长的情况；而机械增长是由人口迁徙引起的，当迁入人口数大于迁出人口数时，便出现机械增长的情况。如表1所示，自1981年以来的部分代表性年份中，北京市的人口出生率和死亡率都低于全国平均水平，户籍人口呈现出缓慢增长的趋势，户籍人口的增加速度远低于全国平均水平。由此可以推论，当前北京市人口急速增长是一种人口机械增长，由人口迁徙引起。

表1 全国与北京市户籍人口出生率和死亡率比较

单位：‰

年份	出生率		死亡率	
	全国	北京	全国	北京
1981	20.91	17.65	6.36	6.02
1990	21.06	13.01	6.67	5.81
2000	14.03	8.39	6.45	6.99
2005	12.40	6.29	6.51	5.20
2009	12.13	8.06	7.08	4.56
2010	11.90	7.48	7.11	4.41

资料来源：根据《中国卫生统计年鉴》(2011)整理获得。

（二）常住外来人口增长呈现区域分布差异

北京市根据城市地域的功能定位差异，将北京市区县划分为首都功能核心区（东城区、西城区）、城市功能拓展区（朝阳、丰台区、石景山区、海淀区）、城市发展新区（房山区、通州区、顺义区、昌平区、大兴区）和生态涵养发展区（门头沟区、怀柔区、平谷区、密云县、延庆县）等。北京市人口分布存在明显的区域差异，如图2所示，首都功能核心区和生态涵养发展区的人口总量在过去12年没有显著增长；而与此形成鲜明对比的是城市功能拓展区和城市发展新区人口总量呈现了快速增长趋势，其中朝阳区和海淀区引领了北京市常住人口激增的势头，人口总量和增加量都很高。由此可见，不同区域间的人口分布在数量和增速上存在显著差异。

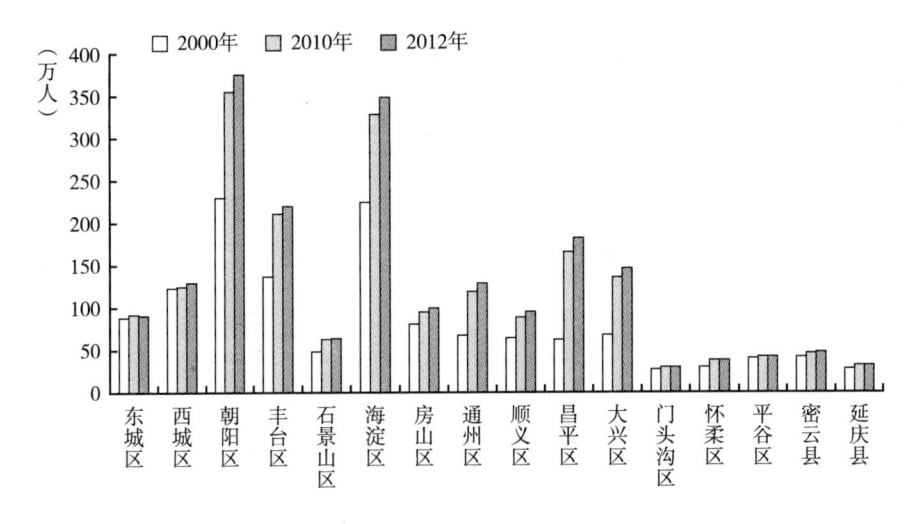

图 2　2000~2012 年北京市常住人口分区域分布

资料来源：根据历年《北京统计年鉴》整理获得。

北京市常住人口的区域分布特征更进一步体现在人口密度方面。常住人口密度是指每平方公里土地上居住的常住人口数。从表 2 可以看出，从 2000 年以来，北京市不同功能区域的人口密度情况是：①首都功能核心区的人口密度存在波动变化，并表现出降低的趋势，但总体上其人口仍旧保持高密度分布，在 20000 人/平方公里以上（万人级），远高于其他城市功能区。②城市功能拓展区依托其庞大的地域面积和近核心城区的优势，人口密度也保持比较高的水平分布，在 1000~3500 人/平方公里（千人级），且伴随着城市核心区人口向城市功能拓展区的转移，功能拓展区的人口继续增长趋势依旧十分明显。③城市发展新区的人口增长分布依赖的是各个区域中的大城市卫星城实现的。卫星城的快速建设和发展容纳了大量城市新增人口，人口密度从 2000 年的 500 人/平方公里左右（百人级），增加到 2012 年的 1000 人/平方公里左右（初步千人级）。城市发展新区在房价和生活成本相对较低等市场因素左右下，依托便利的公共交通设施，构成了城市新增人口的主要聚居区。④生态涵养发展区的城市功能定位决定了其低密度的人口分布格局。在北京市人口爆炸式增长的同期，生态涵养区的人口密度相对保持稳定（百人级），并没有剧烈的增长，而且今后这种低密度的人口分布格局不会发生太大的变化。

表 2 北京市分区域人口密度分布

单位：人/平方公里

区域 \ 年份		2000	2010	2012	2012年比2000年增加人数(人)
全 市		807	1195	1261	454
首都功能核心区	东城区	21724	21960	21691	-33
	西城区	26516	24605	25470	-1046
城市功能拓展区	朝阳区	4864	7790	8229	3365
	丰台区	4500	6907	7240	2740
	石景山区	5978	7306	7578	1600
	海淀区	5258	7617	8089	2831
城市发展新区	房山区	436	475	496	60
	通州区	775	1307	1425	650
	顺义区	650	860	934	284
	昌平区	430	1236	1362	932
	大兴区	664	1317	1418	754
生态涵养发展区	门头沟区	201	200	205	4
	怀柔区	116	176	178	62
	平谷区	369	438	442	73
	密云县	180	210	213	33
	延庆县	139	159	159	20

资料来源：根据历年《北京统计年鉴》整理获得。

（三）大量常住外来人口改变了北京市的人口年龄结构变化趋势

北京市人口年龄结构在过去20多年中，发生了比较大的变化，从1990年的"土"字形结构过渡到2000年的橄榄形结构，到2010年又形成"纸飞机"结构。可以看出，伴随城市化的快速推进，在低生育率政策和意愿作用下，北京市户籍人口老龄化越来越明显。这在图3的对比中体现明显，20世纪90年代北京市出现的婴儿潮极大地推迟了老龄化进程，当时机械增加的外来人口比较少，并未有效改变户籍人口的年龄分布格局；但是到了2000年，生育率开始降低，劳动年龄人口在总人口分布中占绝对比例，人口分布比较合理。而到2010年，一方面户籍人口的生育率非常低，另一方面大量外来人口进入北京市极大改变了人口年龄分布格局，这就形成了"纸飞机"型的人口结构——

低年龄组人口比重骤减，劳动年龄人口由于外来人口的增加而呈现出年龄组人口明显失衡。由此可见，大量机械增加的常住外来人口改变了北京市人口年龄分布格局。若没有迁入人口的影响，过度城市化的北京市户籍人口的老龄化问题将更加突出，很可能会引起劳动年龄人口供给不足。反过来，大量外来劳动年龄人口对产业发展和生产生活产生了重要影响。

从图3还可以发现，2010年北京市常住外来人口在年龄分布上以中青年人口为主。中青年人口改变了北京市的常住人口分布格局。北京市常住外来人口主要集中在20~44岁，约507万人，占常住外来人口的72%，而年龄分布的两端人口数量十分少，且男女性别分布比较均衡。这说明常住外来人口来北京的主要原因是工作就业的缘故，反过来也表明北京的劳动力工资水平具有比较高的市场竞争力。

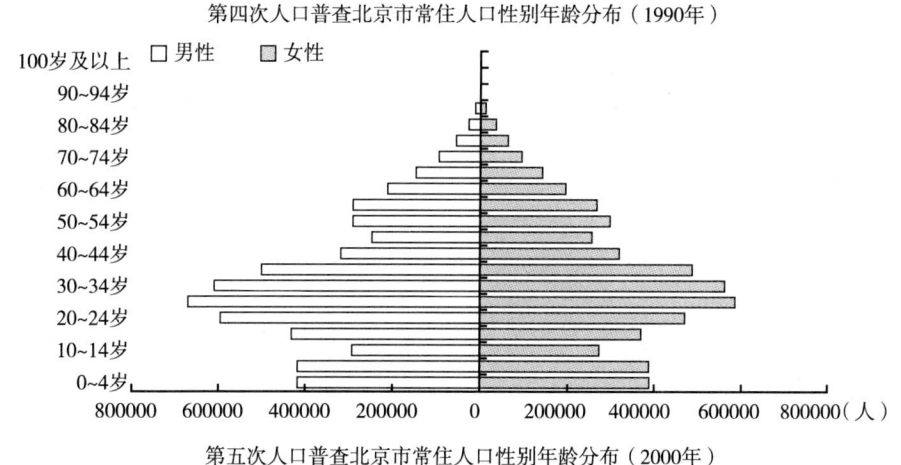

第四次人口普查北京市常住人口性别年龄分布（1990年）

第五次人口普查北京市常住人口性别年龄分布（2000年）

第六次人口普查北京市常住人口性别年龄分布（2010年）

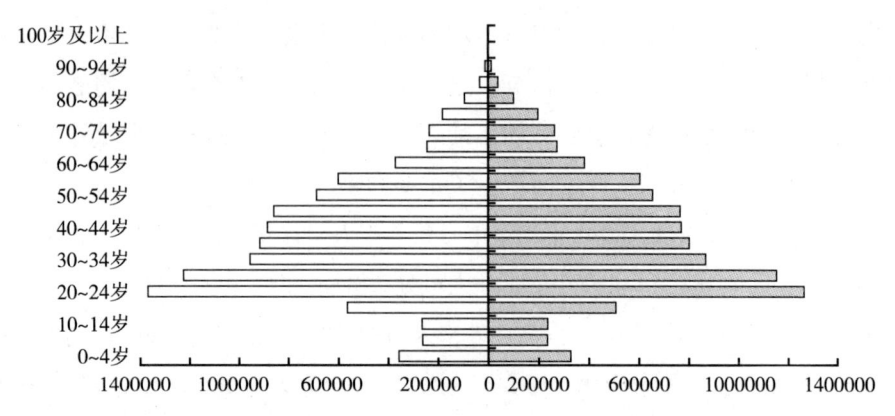

图3　1990～2010年三次人口普查中北京市常住人口性别年龄分布

资料来源：根据历次人口普查数据整理获得。

（四）常住外来人口受教育程度以中学为主，且表现出随社会发展而学历提高的趋势

根据表3所示，2010年北京市常住外来人口中，6岁及以上年龄人口约681万人（占常住外来人口总量的比重为96.65%）。其中，具有高中学历的约占65%，具有大学学历的则占到约23%。两者占了接受教育年龄的人口近90%。而从男女性别分布来看，男性的受教育程度要普遍高于女性。

表3　2010年北京市跨省市人户分离人口受教育情况

单位：人，%

受教育程度	总计	男	女
未上过学	0.80	27.90	72.10
小学	9.38	50.69	49.31
初中	45.92	58.83	41.17
高中	19.55	52.08	47.92
大学专科	11.02	47.20	52.80
大学本科	11.88	51.61	48.39
研究生	1.46	54.20	45.80
6岁及以上人口	6808673	3696734	3111939

资料来源：根据《北京市2010年人口普查资料：外来人口卷》整理获得。

常住外来人口的受教育程度很大程度上决定了他们所从事的工作类型。一半以上常住外来人口只接受过中学教育，通常这部分人群多从事一些劳动密集型和低端服务型产业；而大学生和研究生占外来人口的近1/4，他们多从事一些技术和资本密集型的产业，还有一些高端服务业。

这种受教育程度分布也体现在外来人口的农业户口/非农业户口的分布中。2010年第六次人口普查数据表明，当年北京市常住外来人口中农业户口者有4768145人，占外来人口总量（7044533人）的67.69%（见图4）。这表明，常住外来人口中一半多是进城打工的农民工。同时，结合前面的常住外来人口的年龄和教育分布来看，具有高中学历的新生代农民工占了很大的比重。

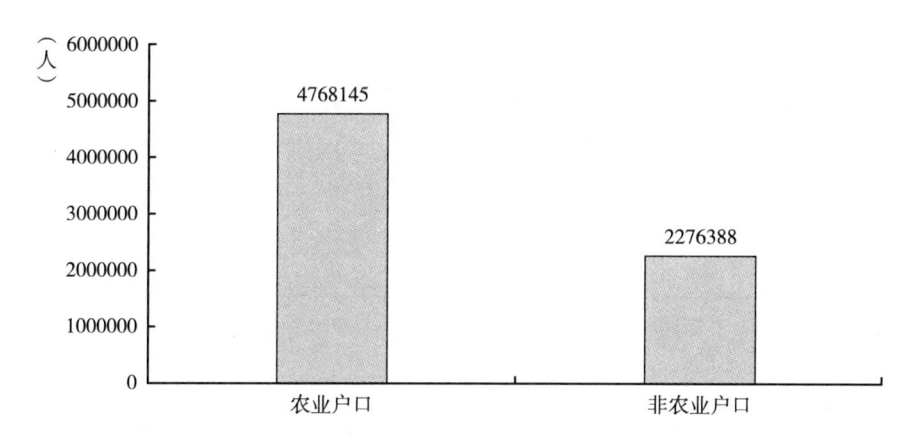

图4　根据户籍划分的北京市2010年常住外来人口数量对比

资料来源：根据《北京市2010年人口普查资料·外来人口卷》整理获得。

（五）常住外来人口迁移原因的多元化

如表4所示，首先，2010年常住外来人口共有704万余人，其中男性占54.39%，女性占45.68%，男性多于女性。其次，在北京务工经商成为常住外来人口离开户口登记地的主要原因，约占73.90%；而随迁家属仅占8.03%，其他原因所占比重更低。如果将务工经商、工作调动、学习培训视为工作学习类原因，其他情形可归结为家庭情感类原因，那么工作学习类原因构成了常住外来人口发生迁移的主导性原因。最后，在婚姻嫁娶原因中，女性比重要远高于男性比重，这表明外地女性进入北京的一个重要方式便是婚姻，这通常表现为外地女同北京原住民结婚，以及同为外来人口的男方逐渐获得北京市户口后的妻子随迁行为。

表4　2010年北京市常住外来人口离开户口登记地原因

单位：%

原　　因	占比	男	女
务工经商	73.90	58.01	41.99
工作调动	3.64	53.78	46.22
学习培训	4.66	50.73	49.27
随迁家属	8.03	44.90	55.10
投亲靠友	4.50	42.80	57.20
拆迁搬家	0.67	46.06	53.94
寄挂户口	0.15	49.22	50.78
婚姻嫁娶	2.92	15.36	84.64
其　　他	1.54	54.21	45.19
合　　计	100	54.39	45.68

资料来源：根据《北京市2010年人口普查资料：外来人口卷》整理获得。

二　大量常住外来人口对北京城市发展的复杂影响

人口流动是城市化的必然结果。伴随全国的快速城市化发展和市场化进程的推进，拥有众多市场就业机会和较高待遇的大城市成为人口迁移的重要目的地。大量迁入人口给城市发展带来复杂的影响，一方面，大量迁入人口为城市的经济发展、城市化进程、劳动力供给、人力资本提升、城市环境改善等做出了重要贡献；另一方面，常住外来人口的急速增长对城市的水资源、土地资源、大气环境、交通设施、住房建设、垃圾处理以及医疗和教育等公共服务资源供给、产业发展和经济增长等造成了很大不利影响，对城市基层社会治理和政府公共管理提出了严峻挑战。北京市作为全国的首都，在政治、经济、社会、文化等方面拥有比较优势，成为全国的重要迁移人口聚集地。大量常住外来人口给北京市带来过度城市化的困境。

（一）大量常住外来人口嵌入北京市现有的产业布局中，为城市发展提供充足的劳动力资源和智力资源，成为经济增长的重要基础

如表5所示，北京市三大产业从业人员比重在过去30多年中发生了显著变化，第一产业从业人员比重下降最为明显，由1978年的28.3%降低到2012年的5.2%，就业比重和经济贡献率在国民经济中已经非常低；第二产业由1978年的40.1%降低到2012年19.2%，产业比重降低了一半；而第三产业则在过去30年中成长为北京市的支柱产业，2012年第三产业从业人口比重达75.6%，远远超过第一和第二产业的从业人口总和。

表5 历年北京市三大产业从业人员比重

单位：%

年份	第一产业	第二产业	第三产业
1978	28.3	40.1	31.6
1983	21.2	43.5	35.3
1988	15.1	45.8	39.1
1993	10.4	44.5	45.1
1998	11.5	36.3	52.2
2003	8.9	32.1	59.0
2008	6.4	21.2	72.4
2012	5.2	19.2	75.6

资料来源：根据历年《北京统计年鉴》整理获得。

同时，第三产业的蓬勃发展又吸引了大量外地人口迁入北京。这些迁入人口在北京庞大的第三产业中寻求更好的职业发展，谋求更多的工作机会，获得更高的薪资收入。同时，伴随快速的经济增长，就业市场广阔，经济增长对就业的拉大作用明显，需要新增大量劳动力，而本市新增劳动力有限，客观上形成了对外来劳动力的大量需求。如表6所示，按就业行业划分（常

住外来人口从事行业比重排名前十位），从事批发和零售业的比重是29.53%，数量最多；接下来依次是制造业（17.73%），住宿和餐饮业（9.37%），建筑业（9.18%），租赁和商业服务业（4.99%），居民服务和其他服务业（4.97%），信息传输、计算机服务和软件业（4.25%），交通运输、仓储与邮政业（3.78%），房地产业（3.42%），文化、体育和娱乐业（2.47%）。可以看出，前十大就业行业中，除了制造业和建筑业，其他都属于第三产业的范畴。如果按职业大类划分，常住外来人口有近一半从事商业、服务业等第三产业。

表6 2010年北京市按行业和职业大类划分的常住外来人口从业比重排序

单位：%

排序	按就业行业划分	占被调查的常住外来人口比重	按职业大类划分	占被调查的常住外来人口比重
1	批发和零售业	29.53	商业、服务业人员	48.10
2	制造业	17.73	生产、运输设备操作人员及有关人员	24.77
3	住宿和餐饮业	9.37	专业技术人员	13.09
4	建筑业	9.18	办事人员和有关人员	10.21
5	租赁和商业服务业	4.99	国家机关、党群组织、企业、事业单位负责人	2.30
6	居民服务和其他服务业	4.97	农林牧渔水利业生产人员	1.52
7	信息传输、计算机服务和软件业	4.25	不便分类的其他从业人员	0.00
8	交通运输、仓储与邮政业	3.78	—	—
9	房地产业	3.42	—	—
10	文化、体育和娱乐业	2.47	—	—

资料来源：根据《北京市2010年人口普查资料·外来人口卷》整理获得。

因此，可以认为市场经济规律是造成北京市常住人口膨胀的推动力。只有在自由公开的市场竞争中，人们对职业和工作的选择，甚至工作地点的选择才会遵循经济规律。简单地说，北京市在产业发展和经济增长过程中蕴含的巨大市场产值和劳动回报，促使全国各地的人们来北京寻找机会，实现价值。因此，要对北京市的人口做出调控，采取的基本手段应是市场机制，否则可能陷入"头痛医头，脚痛医脚"的桎梏中。

（二）大量外来人口聚集在北京市的街道和社区，给城市基层社会管理带来挑战，但恰恰又是这些常住外来人口，作为社区服务和生活便利的提供者，使得城市生活离不开他们

调查表明，像城乡结合部这种常住外来人口大量聚集的地方，社会治安、计划生育管理、安全管理、卫生管理、租房市场等都遭受着巨大的压力。城乡结合部是治安犯罪案件的高发地。无论是上层的政府管理人员，还是下层的社区管理者，都对常住外来人口充满了担忧，因为后者更容易成为城市管理麻烦的制造者，挑战着城市的整洁和有序，挑战着城里人的"文明"。

然而，城里人的体面生活又离不开这些常住外来人口所提供的服务。如前所述，北京的常住外来人口中有一多半人只达到中学教育程度，大多是农业户口，他们是全国农民工群体的一部分。他们在城市中多从事一些城里人不屑于做的脏累差的职业，比如贩卖蔬菜、水果的零售业，城市搬家运输行业，洗车，废品回收，小饭馆老板，酒店服务员，物业和家政服务者，马路交通协管员，等等。这些常住外来农民工大多处于受雇用或自雇佣的地位，起早贪黑，辛苦工作，还要躲避城市管理者的反复检查。他们为城市人服务的同时，却遭受了"二等公民"的不合理待遇。

（三）人口的过度膨胀给城市的资源消耗和供给造成巨大压力。城市"超负荷"运行必然产生一系列问题，诸如水资源短缺、土地与住房短缺、空气污染、交通拥堵、垃圾回收和处理能力持续不足、公共服务资源短缺等

以交通问题为例，北京市是世界著名的"首堵之城"，交通拥堵以及由此引发的空气污染问题成为当前困扰北京居民的首要问题。人口膨胀，城市人口过载引发交通拥堵——上下班高峰期乘坐公共交通拥挤不堪，难存体面；私家车长时间堵在路上，苦不堪言——交通拥堵和大量机动车引发环境问题，北京市的雾霾天气在最近几年愈发严重。于是，常住外来人口再一次扮演起"沉默的羔羊"，成为城市规划和基础设施建设滞后的替罪羊。事实上，从发达国家和地区的经验来看，便捷舒适发达的公共交通是解决交通拥堵的主要方式，

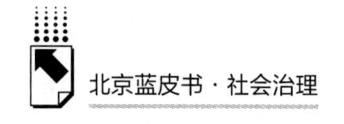

人口数量因素只是造成拥堵的次要原因。

教育、医疗、文化等基本公共服务是社会成员要求享有的基本权利，是政府等公共组织理应承担的社会责任。同样以常住外来人口过量引发政府公共服务能力不足，或以保障城里人的公共福利需求等借口，排斥常住外来人口的福利获取权利，是典型的城乡二元体制的做法。目前北京市对基层社区的公共服务配置标准是建立在社区户籍人口数量基础上的，并没有将常住外来人口纳入基本公共福利保障范围。

换言之，并不是人多引起了交通拥堵和环境污染，引起福利短缺。问题的根源是城市建设和公共服务长期滞后于经济发展所产生的不平衡。因此，以城市容纳能力有限、资源短缺等借口而排斥常住外来人口，无疑存在着巨大的道德争议。

三 北京市人口问题治理的基本策略

北京市的城市常住人口过度膨胀问题，暴露出城市建设、城市服务、城市管理滞后等根源性问题。当然，超大城市也不可能无限量膨胀。因此，对北京市这样的超大城市的人口过载问题进行治理，需要从根源上找出症结所在，对症下药，而不能单纯的头痛医头，脚痛医脚。当前人口管控的行政主导方式，如以业限人、以房管人的做法，缺乏持续的效果，还使政府投入了巨大的行政资源，引发常住外地人口的不满。治理北京市人口超载问题，有必要重新思考基本方向和对策。

第一，把市场机制作为人口治理的基本方式，通过市场主导、行政为辅的方式完善人口治理机制。市场机制讲的是市场在资源配置中发挥主导性作用。北京市的人口膨胀问题，归根到底是个市场规律引发的社会问题，它的产生、发展和消失绝不是一朝一夕就能实现的，而是有着深刻的内在逻辑，即各种资源高度集中的北京吸引人们来此创业谋生，这种吸引力就是相对公平开放、大量存在的市场机会。因此，北京市人口问题治理的基本方式是发挥市场这只"看不见的手"的积极作用，调整产业结构，提高行业劳动生产率，合理规划和布局第三产业发展。同时，政府则要通过产业政策制定、市场准入资格提高、劳动力市场保护等"看得见的手",逐步改变过去那种廉价劳动力的使用策略,提高劳动力成本,进而提高住房、交通、衣食住行等基本生活成本支出,借助市场机制引导劳动者合理分流。高昂的生活成本支出和较高的市场准入门槛,必然会促使大量常住外来人口离开北京。

第二,加快完善城市基础设施建设,增加公共服务供给,积极推进社会建设。北京市人口超量问题表现为过多的人口数量与城市发展滞后之间的矛盾。一方面,市场创造了北京市庞大的人口数量;另一方面,现有的城市基础设施、公共服务供给、社会管理体制发展滞后,难以覆盖到全部常住人口。于是,在庞大的人口总量面前,资源短缺问题必然而生。归根到底这是社会建设长期滞后于经济发展造成的失衡问题。因此,解决北京市人口问题的根本出路在于加快推进社会建设,创新社会治理体系,改革城乡二元体制,发挥社会组织在社会治理和服务供给中的积极作用。

需要特别说明的是,坚持市场机制的基本方式和加快推进社会建设,是相辅相成的。它们在人口治理问题中发挥不同的作用,前者重在"迁离",后者重在"疏导",因此是不矛盾的。两种策略背后反映的是市场与社会的两种运行机制,相辅相成,并行不悖。

B.3 北京市实有人口服务管理模式创新

——海淀区的实践分析

马晓燕*

摘　要： 创新人口管理模式是社会管理创新的重要课题。面对经济社会结构的深刻变革，传统的城市人口管理体制面临严峻挑战。北京市海淀区在管理体制、工作机制和工作内容上以实有人口理念统筹全区流动人口管理服务工作，以行政区实际居住人口规划全区经济社会协调发展的实有人口服务管理模式，成为实现新时期有效社会管理和公共服务的创新性做法。

关键词： 实有人口管理　模式创新　公共服务　社会管理

近年来，北京城市人口数量不断增大，人口结构日趋复杂，主要表现在：流动人口数量庞大、户籍人口中人户分离现象愈益普遍、外国籍人口规模大等。复杂的人口结构已给城市居住、就业、教育、卫生、财政、城市建设等造成了较大的压力。伴随着新时期政府职能的转变，在"服务型政府"理念下提出"以人为本、服务为民"的管理思想，有效提高城市综合竞争和综合管理能力，在战略上创新政府人口与社会管理模式势在必行。

---

* 马晓燕，北京市社会科学院副研究员，社会学博士。

一 实有人口服务管理内涵与特征

"实有人口"是一个相对于"户籍人口"而提出的概念，指一个行政区域内实际居住的人口，包括户籍常住人口、流动人口、人户分离人口和外籍人口①。实有人口服务管理就是将行政区域内所有实际常住的户籍人口、流动人口、人户分离人口和境外人口纳入统一的人口管理体系，并以此为基础统筹配置全区社会管理和公共服务资源。以实有人口理念统筹流动人口管理服务工作，体现了向新的人口管理理念的转变。这种转变的特征表现在：

一是实现了由"户籍地"管理向"居住地"管理的转变。传统人口管理的一个基本特点是将居民区分为户籍人口和流动人口，并以户籍人口为基础配置区域社会管理和公共服务资源。随着城市经济社会结构的深刻转型和变化，这种传统的服务管理体制已经不能适应现实的经济社会发展环境。流动人口向城市的大规模涌入，给城市公共资源配置带来巨大压力，也对政府社会管理和公共服务带来挑战。改变过去户籍人口和流动人口二元分离的人口管理模式，将实际居住在特定行政区域内的居民纳入统一的人口管理体系，开始以行政区实际居住人口规划区域内经济社会协调发展的实有人口服务管理模式，实现了由传统的"户籍地"人口管理向"居住地"人口服务管理理念的转变，成为新时期有效社会管理和公共服务的创新性做法。

二是由"静态管理"向"动态管理"的转变。传统的人口管理是以户籍制度为基础的静态管理。在今天社会大转型、人口大流动背景下，静态人口管理模式已经不能适应形势发展的需要。实有人口管理将大都市常住流动人口、人户分离人口、外籍人口纳入服务管理的范围，通过全面、及时地把握区域内实有人口数量波动变化和空间分布、居住迁移和就业变动状态，为政府按照实有人口规模结构规划区域经济社会发展与配置社会管理、公共服务资源等方面工作提供重要依据，展示出灵活、高效的动态人口管理模式。

三是由"注重管理"向"融合发展"的理念转变。实有人口服务管理模

---

① 吴鹏森：《大城市实有人口管理的难点及其破解》，《人文杂志》2012年第5期，第169~177页。

式摆脱了过去对流动人口防范式管理的理念，对常住流动人口和户籍人口逐步给予无差别的服务管理待遇，开始了对常住流动人口向实有人口的城市统筹规划、综合服务管理模式的转变，更好地体现了中央关于流动人口管理"促进融合"的理念，也更好地代表了中国未来人口与社会管理体制改革的走向。

在城乡二元经济社会结构没有根本性改变的前提下，未来北京流动人口的数量还将持续增长。大量在京有固定职业、稳定收入和住所的流动人口，已经成为事实上的北京人。这种现象，是新时期首都经济社会发展最显著的阶段性特征。只有做好人口与社会管理的工作，构建起以"大人口观"① 为支撑的实有人口服务管理体系，把户籍人口、流动人口和外籍人口纳入各级各部门服务管理的范围，纳入城市建设和经济社会发展的总体规划，统筹考虑城市规划、住房建设、公共服务和社区管理等各项工作，才能符合国家人口政策发展的趋势，符合区域经济与社会协调发展的要求。

二 海淀区实有人口服务管理模式的创新

海淀区是流动人口大区，流动人口数量在北京市区县中位居第二。截至2012年底，海淀区共有常住人口340万，其中流动人口131.5万。和北京市其他区县相比，海淀区流动人口具有如下三个特征：一是文化素质相对较高。海淀区受过高中及大学以上文化教育程度的流动人口总数为60.15万人，占流动人口总数的45.71%，比全市平均水平高出8.7个百分点。二是年龄结构偏轻。35岁以下流动青年86.53万人，占流动人口总数的65.78%。三是在京居住时间日趋延长。在海淀居住时间超过3年的流动人口有108.12万人，占流动人口总数的82.2%。高素质、年轻化、日趋稳定的流动人口特征在一定程度上反映了北京市流动人口的未来发展趋势，也符合北京城市的功能定位和未来城市发展规划。

为了突破人口服务管理瓶颈，进一步推动社会服务管理创新，海淀区结合

---

① 肖周燕、郭开军、尹德挺：《我国流动人口管理体制改革的决定机制及路径选择》，《人口研究》2009年第6期，第94~101页。

本区经济社会发展规划和全区流动人口特征，以实有人口服务管理理念，着力推动体制创新，在确保流动人口基本生存权益和发展权益，破除城市新二元结构、促进平安建设方面做了大量工作，探索总结出具有海淀特色、适应海淀经济社会发展的流动人口服务管理新模式，为促进北京市经济社会协调发展和维护首都社会稳定做出了重要贡献。

（一）成立区实有人口服务管理委员会，创新实有人口管理体制

为全面推进海淀区实有人口服务管理工作，海淀区加强顶层设计，架构起高规格的区实有人口服务管理组织体系。

一是在区一级成立了由区长任主任的区实有人口服务管理委员会，统筹规划、指导推动全区实有人口服务管理工作的开展。区实有人口委下设实有人口办，负责协调组织、推进落实全区实有人口服务管理的具体工作。在街镇一级成立相应的实有人口委及其办公室，落实属地责任，组织领导、整合力量、统筹协调辖区实有人口服务管理工作，实现辖区内人口资源环境的协调可持续发展。

二是扩展成员单位，明确落实各部门职责任务。在进一步强化流管委成员单位工作职责的基础上，吸纳全区48家党委、政府职能部门作为实有人口委成员单位，根据各成员单位的工作职能，围绕"四个实有"基础信息平台建设和人口规模调控的创新目标和任务，确定各成员单位具体职责，并在区实有人口委及其办公室的部署和要求下落实本单位的职责。

三是制定工作制度，健全实有人口服务管理工作机制。全区制定了明确的实有人口服务管理工作制度：①每年召开一次以上由全体成员单位参加的区实有人口委大会，研究决定涉及实有人口服务管理的全局性重大问题，部署全区实有人口服务管理工作并听取各成员单位职责任务的落实和完成情况等。②定期召开实有人口委会商制度，主要任务是针对实有人口服务管理中的专项工作和难点问题，研究确定相关部门之间的协调、协作机制，推进工作落实和问题解决。③区实有人口办主任例会，主要任务是落实全区实有人口服务管理的具体工作。通过明确的实有人口委全会制度、实有人口委会商制度和实有人口办主任例会制度，形成"三位一体"的海淀区实有人口统筹协调工作机制。

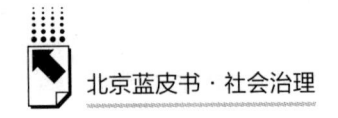

（二）建立"四个实有"信息平台，加强人口与社会管理的信息化工作

信息化是当今世界经济和社会发展的大趋势，人口信息也是加强人口与社会管理的基础工作。目前政府部门所拥有的人口信息是建立在以户籍人口和流动人口分类管理基础上的各部门专用数据库。部门数据库存在的问题是：数据不统一，信息不准、缺乏权威，更新维护机制不完备，信息的交换和共享尚未实现，应用服务匮乏。为全面提高政府及其部门有针对性地进行人口管理的信息支撑能力，必须建立实有人口综合信息数据库。

1. 搭建"四个实有"信息数据库

海淀区"四个实有"信息平台的建设是针对数出多门、信息失真的现实问题，在区实有人口委领导下，协调区流管办、经信委、公安分局、人口计生委、房管局、质监局、工商分局、人力社保局等部门，以公安局的"实有人口、实有房屋"信息平台为载体，整合公安、计生、房管、工商等系统的信息库，形成全区集"实有人口、实有房屋、实有单位、实有用工"的"四个实有"基础数据库。

实有人口数据库。实有人口数据库是在充分考虑全区"人在户在""户在人不在""人在户不在"现象的情况下，将海淀行政区域内所有实际常住的户籍人口、流动人口、人户分离人口和境外人口纳入统一的人口信息体系之内，形成一个包含辖区内实际居住的全部户籍人口、流动人口和外籍人口在内的人口信息集合。

实有房屋数据库。实有房屋底数清是落实实有人口服务管理的关键要素。针对以往实有房屋信息不全、"管房"与"管人"脱节的问题，对所辖区域内所有的可供人居住的建筑物，包括各类产权住房、居住公房、部队家属住房以及其他实际用于居住但性质、权属关系不明确的房屋、地下空间、违章建筑等，按照统一标准进行全面的采集、登记、核对和数据运用，做实基础信息采集、登记，形成真实的实有房屋数据库，有效落实实有人口的居所管理，达到"以房找人、以人找房，查房知人、查人知住"的服务管理效果。

实有单位数据库。海淀区是首都功能拓展区，也是北京市的高科技园区和文化大区。区域内高科技产业园、技术开发区、高等院校、商业圈、商务楼等大型实有单位数量集中，情况复杂，对社会服务和管理形成的挑战大。通过对全区"实有单位"信息集中调查、核对、采集、录入，形成全面的实有单位信息数据库，有助于有效推进社会管理和实有人口服务管理工作。

实有用工数据库。随着海淀区快速的城市化进程和城乡一体化改造，愈益增多的重大工程建设项目会产生大规模的劳动用工需求。完备的劳动用工信息，包括用工登记、劳动合同签订、解除、终止等相关内容全面的实有用工数据库的形成，有助于减少劳动纠纷、缓解社会矛盾，在增强区域社会和谐有序发展的同时，确保按照符合全区产业发展规划和人口规模调控的方向实现合理用工，避免人口无序流动。

"四个实有"信息平台建设的总体目标是通过整合各部门分条建立的人口、房屋、单位、用工等信息资源，统一数据标准、管理载体和共享平台，将目前分布在各部门的零散人口信息逐步转变成统一的、规范的、相对准确和完整的人口综合信息，提高决策的科学性，为海淀区加强和创新社会管理、推进城市经济社会协调发展提供基础保障和制度保障。

2. 建立信息数据库的更新维护机制

在全区"四个实有"信息平台原始数据库建设完成后，根据"四个实有"信息平台建设的总体目标，海淀区制定了"四个实有"信息平台的运行机制。按照"权威部门维护权威数据，普通数据多部门维护，业务过程产生数据优先"的原则，健全完善以社区（村）网格力量实地信息采集为主、部门整合专项业务信息为辅、社会化单位集中采集报送为补充、信息数据系统支撑的动态多元化信息采集更新维护机制。

第一，网格力量实时采集。网格力量按照"居住地采集"和"工作地采集"并行、"移动终端核实"和"采集表登记"相结合的方式开展日常基础信息采集的录入、核实更新。对部门共享并通过平台对比发现的漏采、漏登信息进行调查核实，确保通过平台实现全区"四个实有"底数清、情况明、信息准。网格力量采集的信息数据由各街镇负责组织直接录入区"四个实有"信息平台，并通过数据容器自动导入北京市流管平台和公安人口信息系统。

第二，网格事件驱动补充。通过数据更新接口，政府各部门的社会管理子系统、政务服务子系统自动驱动"四个实有"信息的更新。如网格人员上报事件信息时，通过综合数据中心人口数据接口进行检索、核实、补偿和修改，实现综合数据中心的实有人口数据及时更新。

第三，社会化单位采集补充。街镇及属地派出所通过提升流动人口和出租房屋的日常管理水平，为信息采集工作提供保障。一是加大对流动人口和出租房主的宣传教育，引导其主动到公安机关办理暂住证或进行暂住登记。同时，以签订《治安责任书》的形式约束房主自觉履责，并加大对违法出租房主的处罚力度，逐步规范出租房主的经营管理行为。二是对国家机关单位、大中专院校等流动人口从业集中，以及出租大院、地下空间、群租房等流动人口聚居部位，指导用工单位和出租房经营者设立流动人口管理信息员，建立定期向公安机关报送流动人口信息制度。三是房管部门组建中介行业流动人口管理协调小组，推动建立行业协会。通过定期召开工作例会，开展法制教育，正确引导中介机构依法履责，规范管理，有序经营。固化定期向公安机关报送新签订租赁合同的流动人口和出租房屋信息制度，不断强化其主动配合公安机关开展流动人口和出租房主的日常管理。

（三）创新工作内容，提供个性化服务，满足不同流动人口群体的特殊需求

海淀区人口数量规模大，人口结构特征复杂，为将结构差异大的不同人口群体纳入实有人口服务管理范畴，海淀区政府采取了多种方式，通过提供个性化服务满足不同人口群体的特殊需求。

一是针对海淀区青年流动人口多的特点，重点开展以社区青年汇为核心的青年流动人口服务管理工作。海淀区35岁以下流动人口近85万，约占流动人口总量的65%。为做好青年流动人口服务管理工作，海淀区重点推动"社区青年汇"建设工作。首先，加大资金投入，配套专门工作经费，高标准建设社区青年汇，夯实工作基础。其次，加大统筹力度，强化各单位在支持青年流动人口管理服务工作中的职责和任务，为社区青年汇建设提供强有力支持和保障。再次，成立加强生活困难青年流动人口帮扶试点工作协调小组，通过调研深入流动青年内部，了解青年的实际困难，由各部门协同配合加强帮扶工作。

最后，通过法律法规政策讲座、文体活动、职业规划培训、心理辅导、志愿服务等各类活动的开展，加强对流动青年的思想引导和服务保障，推动流动青年这一社会上最为活跃的群体加快融合步伐。目前，海淀区已建立社区青年汇97家，覆盖全区29个街镇，开展各类活动1000余次，直接联系服务青年3万人次，辐射带动10万人次，在引领思想、促进流动青年融入、维护地区和谐稳定等方面取得了积极成效。

二是针对海淀区高科技产业多的特点，加强对高新技术从业人员的服务管理工作。首先，通过加强非公企业党组织建设，将高科技企业流动人口党员纳入组织生活。海淀区是文化大区和高科技创新园区，高科技园区的从业人员以流动人口为主。为夯实党在非公有制高科技产业领域的执政基础，发挥党组织在流动人口队伍中的领导核心作用，海淀区以行业协会、产业联盟、专业园区等为行政依托，积极加强高科技企业党组织建设。高科技企业党组织在贯彻落实党的路线方针政策、推动园区和企业发展、凝聚员工群众、维护和谐稳定等方面发挥出战斗堡垒作用。目前，在中关村科技园区，海淀园工委所属基层党组织现已发展到470个，支部总数801个，管理党员19500名，全园规模以上高科技企业基本实现了党的组织和工作全覆盖。其次，采取多种途径，为高新技术企业员工提供住房。例如，积极推进人才特区建设，通过对重点企业的房源需求征集，为高科技人才提供公租房。2012年，为海淀园161家高新企业配租4400余套人才租赁住房；从中关村管委会申请到公租房租金补贴573万元，贷款贴息1098万元。又如，通过采取趸租的方式筹集农民富余的定向安置房源，由区公租房中心定向配租给高科技企业，满足了企业高管及员工的住房需求，既为园区企业提供了服务又有效优化了流动人口的结构。目前这一出租房屋集中管理的模式正逐步向唐家岭、八家等地区的拆迁腾退安置项目中推广，成效显著。

三是针对境外人员增多的现象，加强对外籍人口服务管理工作。随着北京建设世界城市的步伐不断加快，北京市的外国人出入境人数呈逐年增长的态势。海淀区是全市第二大外国人聚集区和全市第一大留学生聚集区，现有各类境外人员共计26090名。为加强外籍人口的服务管理工作，提升海淀区的国际化水平，海淀区积极尝试，不断探索，形成了一些对外籍人员服务管理工作的新做法。①推出网上预约办证服务,实现申请人通过互联网专用平台进行出入境证件申领分时预约、网上信息填报、现场单独流程办理的功能,相关程序已在研发中。②开辟绿色通道,方便具有特殊需求和特殊身份的外籍人群,一站式完成所有受理程序,更好地服务海淀区高新技术企业和科研院所。③增设领导接待岗,由值班领导贴近一线,第一时间处理办事人员的意见建议,监控受理量变化,科学合理调配服务力量,提升外籍人口服务管理的效率。④开通双语服务,对外籍人口服务工作受理流程、办理手续、咨询电话、监督投诉电话等服务项目,采用双语服务。⑤加强宣传引导,在涉外事务办理区增设电视机、报纸杂志栏和宣传栏,充分利用电视、网络、报刊、宣传材料等,进行安全提示,宣传执法理念,充分展示海淀区涉外服务管理的风采。⑥强化评议监督,定期召开交流座谈会,邀请高校、高新技术企业人员及外籍人员对大厅工作进行评议监督,提高服务质量。

四是针对少数民族聚集类型多的特征,重点加强来京少数民族服务管理工作。海淀区是全市少数民族成分最为齐全的区县,各少数民族都有人在海淀区居住生活。海淀区流动人口中的少数民族有3万多人,占流动人口总数的2.31%,其中来自新疆的少数民族有900多人。为贯彻落实中央、北京市关于进一步做好少数民族群众在京务工经商服务管理工作的指示要求,海淀区重点加强了对少数民族群众在京务工经商的服务。①搭建平台,做好清真餐饮副食网点服务管理工作。少数民族流动人口中的回族、维吾尔族,有相当一部分从事清真餐饮行业,海淀区从确保清真市场秩序方面考虑,发挥民族政策监督员作用,主动上门为回、维吾尔、保安等少数民族提供服务,帮助他们办理清真专用标志牌和年检手续。②强化培训,增强少数民族合法经营意识。为少数民族企业管理人员举办民族政策法规和卫生法规培训,增强了少数民族经营者的法规意识。③加强服务,为少数民族解决实际问题。例如解决在京务工少数民族子女入学问题,帮助少数民族贫困学生完成学业等。④联合新疆驻京联络处,建立海淀区新疆来京少数民族群众服务工作站,协助海淀区共同为新疆来京群众提供服务,有效解决因语言不通、沟通不畅而带来的服务管理不力问题,有利于及时收集掌握新疆来京群众的思想动态和诉求,及时提供相关服务、帮助解决困难和问题,维护民族团结和社会稳定。

三 海淀区实有人口服务管理工作取得的成效

一是破解了体制难题,搭建起全新的实有人口服务管理工作平台。以行政区实有人口统筹全区经济社会发展规划和服务管理资源,突破了以往户籍人口和流动人口分割管理"就流动人口说流动人口"的体制限制,形成"区委区政府统一领导,实有人口委统筹指挥,实有人口办协调组织,成员单位具体实施"的实有人口服务管理工作格局,流动人口成为海淀区实有人口的重要组成部分,海淀区流动人口管理服务工作跨上一个新台阶。

二是提升了基本公共服务均等化水平,保障了流动人口基本权益。海淀区以实有人口理念统筹服务管理,完善了劳动保障、子女教育、社会福利、卫生防疫、司法援助等有关流动人口服务工作的配套规章和政策措施,推进了基本公共服务均等化,有效维护了流动人口基本权益。例如,在社会保障上,海淀区流动人口务工人员不仅享有和户籍人口同等的劳动保障权利,而且可以参加全区基本养老保险、基本医疗保险、失业保险、工伤保险和生育保险,并在缴费基数、缴费标准和享受待遇上与全区城镇职工完全相同。在劳动就业政策上,在全区范围内为流动人员搭建就业平台,提供就业信息,促进流动人员便捷、稳定就业。同时,开设绿色通道,为流动人口提供无障碍化、精细化就业服务和权益维护服务。2012年,海淀区共组织开展了31场"来京务工人员专场招聘会",为流动人口开发就业岗位22473个。在为流动人口解决子女入学问题上,海淀区强化联席会议制度,通过部门通力配合,大力拓展学位资源,安排流动人口随迁子女入读公办学校。2012年,流动人口随迁子女在海淀入学就读的有68851人,其中一年级新生有9561人,占当年一年级新生的38%。

三是整合了社会资源,提高了流动人口服务管理的效率。海淀区围绕实有人口服务管理的目标和任务,明确了各成员单位的具体职责和工作流程,并通过实有人口委组织协调各部门落实,改变了以往部门职能交叉、职责不清、缺乏工作合力的局面,使流动人口管理服务工作具体化、责任化,提高了对流动人口服务管理的效率。同时,在坚持政府主导的原则下,引导社会组织、企业、事业单位和社区等社会主体参与公共服务设施的建设与运营管理,实现了全区基础设施和公共服务资源的合理调整与有效利用，提升了流动人口享有公共服务的整体水平，符合公共服务社会化的发展方向。

四是丰富了工作方法，推进了流动人口的有序融合。在实有人口服务管理体制机制创新实践中，海淀区探索实践了一系列经验性做法，有效地推动了流动人口的有序融合。例如，海淀区积极鼓励和引导流动人口成立志愿者组织，在提高流动人口自我管理的同时，加强了流动人口与社区居民的沟通与交流，促进了相互的理解与融合。又如，为培养流动人口的社会责任感和主人翁意识，吸引流动人口参与到基层社会公共事务的管理当中，海淀区青龙桥街道部分社区聘请流动人口担任社区主任助理工作，引导流动人口参与社区管理和公共服务，在为流动人口提供更好的服务的同时，提高了流动人口对社区的认同感和自律意识，在促进"新居民"与当地居民的融入方面发挥了积极的作用。

B.4
北京市流动人口社会融合研究

靳永爱*

摘 要： 利用2012年北京市流动人口状况调查以及其他相关流动人口调查数据，从制度隔离、经济融入、行为适应、文化接纳、心理感受五个维度分析了北京市流动人口社会融合现状，发现流动人口社会融合状况较差。在此基础上，就制约北京市流动人口社会融合因素进行了探究，并提出了促进北京市流动人口社会融合的政策建议。

关键词： 流动人口 社会融合 原因 对策

大规模的人口流动是我国改革开放以后尤其是近20年来出现的重要社会现象。日益活跃的人口流动必将伴随我国城镇化进程的加速和深入持续扩大规模。北京市作为全国首都和政治、经济、文化中心，更是因其多元化的功能定位、高水平的经济发展和就业机会、工资水平、发展空间、信息集散等多方面的优势而吸引了大量流动人口的流入，来京生活、就业。根据2013年北京统计年鉴，1978~2012年，北京市常住外来人口从21.8万增长到了773.8万，绝对规模增长了34.5倍，年均增长率达11%①。

大规模流动人口的流入在推动北京市社会经济发展的过程中起到了重要作用，但同时他们本身的发展也面临诸多问题。社会融合是继讨论了流动人口就

---

* 靳永爱，中国人民大学社会与人口学院博士生，研究方向为人口学。
① 北京市统计局、国家统计局北京调查总队：《北京统计年鉴（2013）》，中国统计出版社，2013。

业、生活环境、社会保障、子女教育等一系列问题后最近由研究者提出的，因为他们意识到了流动人口的"不流动性"①，进而意识到促进流动人口社会融合才是真正解决问题的关键。

流动人口社会融入过程和结果能够反映他们的生存环境，反映社会转型过程中不同人群是否享受到公平的社会发展成果，关系到社会公平正义。同时，从国家层面看，流动人口的社会融合是构建社会主义和谐社会的坚实基础，是推进经济社会结构转型、城乡统筹发展的一个具有全局性、前瞻性、战略性的重大问题。

规模庞大的流动人口能不能跨越横亘在外地与本地之间的"鸿沟"、能不能实现由外地到本地的身份认同、能不能完全融入北京社会，不仅关乎北京的和谐和稳定，更关系到北京经济社会的长期健康发展。北京市作为吸收大规模流动人口的大城市之一，其流动人口的社会融合现状不仅关系它自身的健康发展，它制定的政策也将对全国其他城市起到重要的示范作用。本文在对北京市流动人口的社会融合度现状进行分析的基础上，探讨影响社会融合度的原因，并提出了促进北京市流动人口社会融合的政策建议。

一 社会融合概念

社会融合作为一个社会政策概念起源于欧洲学者对社会排斥的研究。随着社会排斥研究的深入和反社会排斥计划及行动的实践，社会融合概念逐渐得到学者和政府的广泛使用。20世纪末21世纪初，无论政府机构还是社会政策研究者都在使用社会融合这一概念。社会融合逐渐成为西方社会政策研究和社会政策实践的核心概念。②

对社会融合程度进行定量分析比较困难，因为并没有一个标准统一的指标体系。国内学者在研究流动人口社会融合状况时，使用的维度也不一致。如风笑天在研究三峡移民迁入地的融入状况时使用了经济、心理、环境、生活4个

---

① 即在流入地长期定居，这一概念由中国人民大学段成荣提出。
② 嘎日达、黄匡时：《西方社会融合概念探析及其启发》，《理论视野》2008年第1期。

维度9个指标测量①。王桂新等认为流动人口在流入地的社会融合包括心理、身份、文化和经济等因素②。也有学者将本地户籍状况、语言文化价值观、社交网络、身份认同、生活满意度（职业、住房等）、购置住房意愿等作为考察流动人口社会融合的指标③。更进一步，有学者试图全方位构建流动人口社会融合指标体系。杨菊华（2009、2010）④ 在社会融入理论的指导下，从经济整合、行为适应、文化接纳、身份认同等四个维度构建了流动人口在流入地的社会融入指标体系。经济整合反映个体社会经济地位，包括劳动就业、职业声望、工作条件、经济收入、社会福利、居住环境、教育培训等一些指标。行为适应表现在人际交往、生活习惯、婚育行为、社区参与等方面。文化接纳则是对当地的风土人情、价值观念等的尊重或排斥度。身份认同则是归属感问题。

借鉴其他学者的研究成果，本文将社会融合定义为不同群体之间差异消减、相互适应的过程。根据现有研究，这种适应涵盖经济、行为、文化、心理等多个层面，既包括平等的就业机会、均等的公共资源和社会福利等基本经济需求，也包括社会交往、文化和风俗习惯的适应等更高层次的文化需求，更包括心理上的交融、身份上的认同等精神上的认同和感受。因此，本文认为流动人口社会融合的分析应该从制度、经济、行为、文化、心理等五个维度展开分析。其中，制度是政策保障，经济是立足基础，行为、文化和心理是不同的融合过程，反映融合深度。这五大维度又分别包含一些子维度，围绕五大主要维度和13个子维度，构建社会融合分析框架如下（见表1）。

本部分主要利用2012年中国人民大学在北京组织开展的流动人口生存状况调查数据，结合其他来源的流动人口专项调查数据，分析北京市流动人口的社会融合状况。

---

① 风笑天：《"落地生根"？——三峡农村移民的社会适应》，《社会学研究》2004年第5期。
② 王桂新、沈建法、刘建波：《中国城市农民工市民化研究》，《人口与发展》2008年第1期。
③ 张文宏、雷开春：《城市新移民社会融合的结构、现状与影响因素分析》，《社会学研究》2008年第5期。
④ 杨菊华：《从隔离、选择融入到融合：流动人口社会融入问题的理论思考》，《人口研究》2009年第1期；杨菊华：《流动人口在流入地社会融入的指标体系——基于社会融入理论的进一步研究》，《人口与经济》2010年第2期。

表1 流动人口社会融合分析框架

主要维度	子维度	参考指标
制度隔离	户籍	流动人口是否可以在当地落户、落户有哪些限制性条件、户籍与哪些权益有关
	子女教育	流动人口子女是否可以在当地公立学校就学、在当地就学需要满足什么条件
经济融入	就业	流动人口是否享有平等的就业机会、是否签订劳动合同、职业类型、就业环境、劳动强度
	住房	住房状态（买房还是租房）、居住环境、住房位置、居住条件等
	收支状况	月收入、支出、支出占收入的比例
	社会保障	"五险一金"参与情况、当地城市是否具有针对流动人口的社会救助措施、流动人口是否享有最低生活保障和社会救助、是否接受过相关资助或救助
行为适应	社区参与	是否参与社区政治活动、是否参与社区娱乐活动、是否会主动邻里互助
	社交网络	与谁交往、交往频度、交往模式、交往范围
	生活方式	消费行为、言行举止、业余生活是否与本地人接近、通婚行为
文化接纳	文化适应	是否能够接受并主动适应本地的风俗和生活习惯、掌握本地语言情况、对本地文化的价值认同情况
心理感受	满意度	对目前的工作现状是否满意、对目前的居住状况是否满意、对目前的生活状态是否满意
	对所在城市的接纳度	是否喜欢现在所在的城市、是否关注现在所在的城市、是否愿意融入本地、是否有受歧视感
	身份认同	流动人口是否认为自己是本地人、本地人是否认同流动人口是当地人

（一）制度隔离

进入21世纪之后，北京市本着"以人为本"的人口管理理念开始重新审视和调整本市人口政策，逐步终止了《北京市外地来京人员务工管理规定》《北京市外地来京人员经商管理规定》等一批对流动人口带有歧视性的规章和制度，并不断完善流动人口就业、子女就学、社会保障等方面制度，有效促进了流动人口的社会融合，但在户籍、子女入学等制度方面尚没有关键性突破。

1. 户籍制度依然森严

随着外来人口的大量涌入，截至2012年末，北京市常住人口已达到2069.3万人，这已超出国务院批复的"2004~2020年北京市城市总体规划"

所要求的"到2020年北京市实际居住人口控制在1800万人"的目标。过快的人口增长和过大的人口规模对北京的资源、环境等造成巨大压力。为了有效调控人口规模，北京实行严格的户籍管理制度，不仅严格控制户籍准入，而且逐年压缩进京户籍指标。

北京户口的"含金量"非常高，与户籍捆绑在一起的是依附于户籍制度的种种福利和待遇。比如非京籍人员子女进入公立学校困难、不能享受本地低保、无法购买保障性住房等。而在调控房价、控制机动车数量的大背景下，户籍直接与买房、买车资格挂钩。如"京十五条"就明确规定："持有本市有效暂住证在本市没有住房且连续5年（含）以上在本市缴纳社会保险或个人所得税的非本市户籍居民家庭，限购1套住房。"户籍及依附在户籍之上的福利和权益就如一道隐形之墙将700多万流动人口阻挡在城市之外。

2. 子女受教育依然困难

流动儿童随父母流入城市后，主要有三类就学渠道：公立学校、民办学校和打工子弟学校。2011年流动人口动态监测调查数据显示，在北京，6~14岁在校流动儿童中进入公立学校的有80.32%，在打工子弟学校就学的有8.31%，在私立学校上学的有11.37%。虽然大部分流动儿童能够在公立学校就学，但流动人口子女教育公平仍是一个不可忽视的问题。一方面，公立学校有较高的入学门槛，如入学需家长提供的证明手续多、程序繁杂，有些学校以其他名义收取高额的赞助费，即使同在公立学校上学，流动儿童和户籍儿童也可能会受到老师的区别对待；另一方面，打工子弟学校条件简陋，教学质量较差，在打工子弟学校上学的儿童无法享受像公立学校一样优越的学习环境和师资力量。

（二）经济融合

经济融合是实现社会融合的基础和保障。而在经济领域，流动人口具有明显的职业声望低、劳动时间长、收入水平低和居住隔离强等特点[①]。经济上难

---

① 杨菊华：《社会排斥与青年乡—城流动人口经济融入的三重弱势》，《人口研究》2012年第5期。

以融入本地生活也带来了其他方面融入的重重困难。

1. 流动人口就业率高，但就业环境差

北京的流动人口就业率较高，多项流动人口调查数据显示，流动人口就业比例均在80%以上。流动人口就业率高与他们本身的流动目的密切相关，绝大部分流动人口来到北京是为了赚钱养家糊口，所以他们只要是在北京长期生存下去，一定会找到一个职业。

但是，高就业率并不意味着流动人口的生存状况更好。事实上，他们多从事收入低、工作时间长、劳动强度大、就业环境差的低端行业。北京市第六次人口普查数据结果表明，北京市流动人口的职业主要集中在第二产业的制造业、建筑业和第三产业的批发零售、住宿餐饮业，这些行业占流动人口中就业人口的66%。从2012年流动人口生存状况调查数据中流动人口从事的行业结构也可以看出，批发零售是流动人口最集中的行业，其他较为集中的行业是住宿餐饮、社会服务、制造业、建筑业（见表2）。

表2　流动人口从事的行业结构

单位：%

行业结构	样本量	比例
批发和零售业	1370	29.32
制造业	832	17.8
住宿和餐饮业	439	9.39
建筑业	429	9.18
租赁和商业服务业	244	5.22
居民服务和其他服务业	251	5.37
信息传输、计算机和软件业	201	4.3
交通运输、仓储和邮政业	173	3.7
其他	734	15.71
总　计	4673	100

流动人口的劳动保障状况不容乐观。其中，未跟单位签订劳动合同的比例达到30.86%，而户籍人口该比例仅为13.02%[①]，非正式就业情况非常普遍。

---

① 数据来源于2010年流动人口动态监测调查。

皮书数据库
www.pishu.com.cn

皮书数据库三期即将上线

- 皮书数据库（SSDB）是社会科学文献出版社整合现有皮书资源开发的在线数字产品，全面收录"皮书系列"的内容资源，并以此为基础整合大量相关资讯构建而成。

- 皮书数据库现有中国经济发展数据库、中国社会发展数据库、世界经济与国际政治数据库等子库，覆盖经济、社会、文化等多个行业、领域，现有报告30000多篇，总字数超过5亿字，并以每年4000多篇的速度不断更新累积。2009年7月，皮书数据库荣获"2008～2009年中国数字出版知名品牌"。

- 2011年3月，皮书数据库二期正式上线，开发了更加灵活便捷的检索系统，可以实现精确查找和模糊匹配，并与纸书发行基本同步，可为读者提供更加广泛的资讯服务。

更多信息请登录

中国皮书网
http://www.pishu.cn

皮书微博
http://weibo.com/pishu

皮书博客
http://blog.sina.com.cn/pishu

皮书微信
皮书说

请到各地书店皮书专架/专柜购买，也可办理邮购

咨询/邮购电话：010-59367028 59367070   邮　　箱：duzhe@ssap.cn
邮购地址：北京市西城区北三环中路甲29号院3号楼华龙大厦13层读者服务中心
邮　　编：100029
银行户名：社会科学文献出版社
开户银行：中国工商银行北京北太平庄支行
账　　号：0200010019200365434
网上书店：010-59367370   qq：1265056568
网　　址：www.ssap.com.cn   www.pishu.cn

皮书大事记

☆ 2012年12月,《中国社会科学院皮书资助规定(试行)》由中国社会科学院科研局正式颁布实施。

☆ 2011年,部分重点皮书纳入院创新工程。

☆ 2011年8月,2011年皮书年会在安徽合肥举行,这是皮书年会首次由中国社会科学院主办。

☆ 2011年2月,"2011年全国皮书研讨会"在北京京西宾馆举行。王伟光院长(时任常务副院长)出席并讲话。本次会议标志着皮书及皮书研创出版从一个具体出版单位的出版产品和出版活动上升为由中国社会科学院牵头的国家哲学社会科学智库产品和创新活动。

☆ 2010年9月,"2010年中国经济社会形势报告会暨第十一次全国皮书工作研讨会"在福建福州举行,高全立副院长参加会议并做学术报告。

☆ 2010年9月,皮书学术委员会成立,由我院李扬副院长领衔,并由在各个学科领域有一定的学术影响力、了解皮书编创出版并持续关注皮书品牌的专家学者组成。皮书学术委员会的成立为进一步提高皮书这一品牌的学术质量、为学术界构建一个更大的学术出版与学术推广平台提供了专家支持。

☆ 2009年8月,"2009年中国经济社会形势分析与预测暨第十次皮书工作研讨会"在辽宁丹东举行。李扬副院长参加本次会议,本次会议颁发了首届优秀皮书奖,我院多部皮书获奖。

皮书系列 2014全品种

国别与地区类

葡语国家蓝皮书
巴西发展与中巴关系报告2014（中英文）
著(编)者：张曙光 David T. Ritchie
2014年8月出版 / 估价：69.00元

日本经济蓝皮书
日本经济与中日经贸关系发展报告（2014）
著(编)者：王洛林 张季风 2014年5月出版 / 估价：79.00元

日本蓝皮书
日本发展报告（2014）
著(编)者：李薇 2014年2月出版 / 估价：69.00元

上海合作组织黄皮书
上海合作组织发展报告（2014）
著(编)者：李进峰 吴宏伟 李伟 2014年9月出版 / 估价：98.00元

世界创新竞争力黄皮书
世界创新竞争力发展报告（2014）
著(编)者：李建平 2014年1月出版 / 估价：148.00元

世界能源黄皮书
世界能源分析与展望（2013~2014）
著(编)者：张宇燕 等 2014年1月出版 / 估价：69.00元

世界社会主义黄皮书
世界社会主义跟踪研究报告（2014）
著(编)者：李慎明 2014年5月出版 / 估价：189.00元

泰国蓝皮书
泰国国情报告（2014）
著(编)者：邹春萌 2014年6月出版 / 估价：79.00元

亚太蓝皮书
亚太地区发展报告（2014）
著(编)者：李向阳 2013年12月出版 / 估价：69.00元

印度蓝皮书
印度国情报告（2014）
著(编)者：吕昭义 2014年1月出版 / 估价：69.00元

印度洋地区蓝皮书
印度洋地区发展报告（2014）
著(编)者：汪戎 万广华 2014年6月出版 / 估价：79.00元

越南蓝皮书
越南国情报告（2014）
著(编)者：吕余生 2014年8月出版 / 估价：65.00元

中东黄皮书
中东发展报告No.15（2014）
著(编)者：杨光 2014年10月出版 / 估价：59.00元

中欧关系蓝皮书
中国与欧洲关系发展报告（2014）
著(编)者：周弘 2013年12月出版 / 估价：69.00元

中亚黄皮书
中亚国家发展报告（2014）
著(编)者：孙力 2014年9月出版 / 估价：79.00元

中国皮书网
www.pishu.cn

栏目设置：

- □ 资讯：皮书动态、皮书观点、皮书数据、皮书报道、皮书新书发布会、电子期刊
- □ 标准：皮书评价、皮书研究、皮书规范、皮书专家、编撰团队
- □ 服务：最新皮书、皮书书目、重点推荐、在线购书
- □ 链接：皮书数据库、皮书博客、皮书微博、出版社首页、在线书城
- □ 搜索：资讯、图书、研究动态
- □ 互动：皮书论坛

皮书系列
2014全品种

地方发展类·国别与地区类

郑州蓝皮书
2014年郑州文化发展报告
著(编)者：王哲　2014年7月出版／估价:69.00元

中国省会经济圈蓝皮书
合肥经济圈经济社会发展报告No.4(2013~2014)
著(编)者：董昭礼　2014年4月出版／估价:79.00元

国别与地区类

G20国家创新竞争力黄皮书
二十国集团(G20)国家创新竞争力发展报告（2014）
著(编)者：李建平　李闽榕　赵新力
2014年9月出版／估价:118.00元

澳门蓝皮书
澳门经济社会发展报告（2013~2014）
著(编)者：吴志良　郝雨凡　2014年3月出版／估价:79.00元

北部湾蓝皮书
泛北部湾合作发展报告（2014）
著(编)者：吕余生　2014年7月出版／估价:79.00元

大湄公河次区域蓝皮书
大湄公河次区域合作发展报告（2014）
著(编)者：刘稚　2014年8月出版／估价:79.00元

大洋洲蓝皮书
大洋洲发展报告（2014）
著(编)者：魏明海　喻常森　2014年7月出版／估价:69.00元

德国蓝皮书
德国发展报告（2014）
著(编)者：李乐曾　郑春荣等　2014年5月出版／估价:69.00元

东北亚黄皮书
东北亚地区政治与安全报告（2014）
著(编)者：黄凤志　刘雪莲　2014年6月出版／估价:69.00元

东盟黄皮书
东盟发展报告（2014）
著(编)者：黄兴球　庄国土　2014年12月出版／估价:68.00元

东南亚蓝皮书
东南亚地区发展报告（2014）
著(编)者：王勤　2014年11月出版／估价:59.00元

俄罗斯黄皮书
俄罗斯发展报告（2014）
著(编)者：李永全　2014年7月出版／估价:79.00元

非洲黄皮书
非洲发展报告No.15（2014）
著(编)者：张宏明　2014年7月出版／估价:79.00元

港澳珠三角蓝皮书
粤港澳区域合作与发展报告（2014）
著(编)者：梁庆寅　陈广汉　2014年6月出版／估价:59.00元

国际形势黄皮书
全球政治与安全报告（2014）
著(编)者：李慎明　张宇燕　2014年1月出版／估价:69.00元

韩国蓝皮书
韩国发展报告（2014）
著(编)者：牛林杰　刘宝全　2014年6月出版／估价:69.00元

加拿大蓝皮书
加拿大国情研究报告（2014）
著(编)者：仲伟合　唐小松　2013年12月出版／估价:69.00元

柬埔寨蓝皮书
柬埔寨国情报告（2014）
著(编)者：毕世鸿　2014年6月出版／估价:79.00元

拉美黄皮书
拉丁美洲和加勒比发展报告（2014）
著(编)者：吴白乙　刘维广　2014年4月出版／估价:89.00元

老挝蓝皮书
老挝国情报告（2014）
著(编)者：卢光盛　方芳　吕星　2014年6月出版／估价:79.00元

美国蓝皮书
美国问题研究报告（2014）
著(编)者：黄平　倪峰　2014年5月出版／估价:79.00元

缅甸蓝皮书
缅甸国情报告（2014）
著(编)者：李晨阳　2014年4月出版／估价:79.00元

欧亚大陆桥发展蓝皮书
欧亚大陆桥发展报告（2014）
著(编)者：李忠民　2014年10月出版／估价:59.00元

欧洲蓝皮书
欧洲发展报告（2014）
著(编)者：周弘　2014年3月出版／估价:79.00元

皮书系列 2014全品种 地方发展类

内蒙古蓝皮书
内蒙古经济发展蓝皮书(2013~2014)
著(编)者：黄育华　2014年7月出版 / 估价：69.00元

内蒙古蓝皮书
内蒙古反腐倡廉建设报告No.1
著(编)者：张志华　无极　2013年12月出版 / 估价：69.00元

浦东新区蓝皮书
上海浦东经济发展报告（2014）
著(编)者：左学金　陆沪根　2014年1月出版 / 估价：59.00元

侨乡蓝皮书
中国侨乡发展报告（2014）
著(编)者：郑一省　2013年12月出版 / 估价：69.00元

青海蓝皮书
2014年青海经济社会形势分析与预测
著(编)者：赵宗福　2014年2月出版 / 估价：69.00元

人口与健康蓝皮书
深圳人口与健康发展报告（2014）
著(编)者：陆杰华　江捍平　2014年10月出版 / 估价：98.00元

山西蓝皮书
山西资源型经济转型发展报告（2014）
著(编)者：李志强　容和平　2014年3月出版 / 估价：79.00元

陕西蓝皮书
陕西经济发展报告（2014）
著(编)者：任宗哲　石英　裴成荣　2014年3月出版 / 估价：65.00元

陕西蓝皮书
陕西社会发展报告（2014）
著(编)者：任宗哲　石英　江波　2014年1月出版 / 估价：65.00元

陕西蓝皮书
陕西文化发展报告（2014）
著(编)者：任宗哲　石英　王长寿　2014年3月出版 / 估价：59.00元

上海蓝皮书
上海传媒发展报告（2014）
著(编)者：强荧　焦雨虹　2014年1月出版 / 估价：59.00元

上海蓝皮书
上海法治发展报告（2014）
著(编)者：潘世伟　叶青　2014年1月出版 / 估价：59.00元

上海蓝皮书
上海经济发展报告（2014）
著(编)者：沈开艳　2014年1月出版 / 估价：69.00元

上海蓝皮书
上海社会发展报告（2014）
著(编)者：卢汉龙　周海旺　2014年1月出版 / 估价：59.00元

上海蓝皮书
上海文化发展报告（2014）
著(编)者：蒯大申　2014年1月出版 / 估价：59.00元

上海蓝皮书
上海文学发展报告（2014）
著(编)者：陈圣来　2014年1月出版 / 估价：59.00元

上海蓝皮书
上海资源环境发展报告（2014）
著(编)者：周冯琦　汤庆合　王利民　2014年1月出版 / 估价：59.00元

上海社会保障绿皮书
上海社会保障改革与发展报告（2013~2014）
著(编)者：汪泓　2014年1月出版 / 估价：65.00元

社会建设蓝皮书
2014年北京社会建设分析报告
著(编)者：宋贵伦　2014年4月出版 / 估价：69.00元

深圳蓝皮书
深圳经济发展报告（2014）
著(编)者：吴忠　2014年6月出版 / 估价：69.00元

深圳蓝皮书
深圳劳动关系发展报告（2014）
著(编)者：汤庭芬　2014年6月出版 / 估价：69.00元

深圳蓝皮书
深圳社会发展报告（2014）
著(编)者：吴忠　余智晟　2014年7月出版 / 估价：69.00元

四川蓝皮书
四川文化产业发展报告（2014）
著(编)者：向宝云　2014年1月出版 / 估价：69.00元

温州蓝皮书
2014年温州经济社会形势分析与预测
著(编)者：潘忠强　王春光　金浩　2014年4月出版 / 估价：69.00元

温州蓝皮书
浙江温州金融综合改革试验区发展报告（2013~2014）
著(编)者：钱水土　王去非　李义超
2014年4月出版 / 估价：69.00元

扬州蓝皮书
扬州经济社会发展报告（2014）
著(编)者：张爱军　2014年1月出版 / 估价：78.00元

义乌蓝皮书
浙江义乌市国际贸易综合改革试验区发展报告（2013~2014）
著(编)者：马淑琴　刘文革　周松强
2014年4月出版 / 估价：69.00元

云南蓝皮书
中国面向西南开放重要桥头堡建设发展报告（2014）
著(编)者：刘绍怀　2014年12月出版 / 估价：69.00元

长株潭城市群蓝皮书
长株潭城市群发展报告（2014）
著(编)者：张萍　2014年10月出版 / 估价：69.00元

地方发展类

海淀蓝皮书
海淀区文化和科技融合发展报告(2014)
著(编)者:陈名杰 孟景伟　2014年5月出版 / 估价:75.00元

海峡经济区蓝皮书
海峡经济区发展报告(2014)
著(编)者:李闽榕 王秉安 谢明辉(台湾)
2014年10月出版 / 估价:78.00元

海峡西岸蓝皮书
海峡西岸经济区发展报告(2014)
著(编)者:福建省人民政府发展研究中心
2014年9月出版 / 估价:85.00元

杭州蓝皮书
杭州市妇女发展报告(2014)
著(编)者:魏颖 揭爱花　2014年2月出版 / 估价:69.00元

河北蓝皮书
河北省经济发展报告(2014)
著(编)者:马树强 张贵　2013年12月出版 / 估价:69.00元

河北蓝皮书
河北经济社会发展报告(2014)
著(编)者:周文夫　2013年12月出版 / 估价:69.00元

河南经济蓝皮书
2014年河南经济形势分析与预测
著(编)者:胡五岳　2014年3月出版 / 估价:65.00元

河南蓝皮书
2014年河南社会形势分析与预测
著(编)者:刘道兴 牛苏林　2014年1月出版 / 估价:59.00元

河南蓝皮书
河南城市发展报告(2014)
著(编)者:林宪斋 王建国　2014年1月出版 / 估价:69.00元

河南蓝皮书
河南经济发展报告(2014)
著(编)者:喻新安　2014年1月出版 / 估价:59.00元

河南蓝皮书
河南文化发展报告(2014)
著(编)者:谷建全 卫绍生　2014年1月出版 / 估价:69.00元

河南蓝皮书
河南工业发展报告(2014)
著(编)者:龚绍东　2014年1月出版 / 估价:59.00元

黑龙江产业蓝皮书
黑龙江产业发展报告(2014)
著(编)者:于渤　2014年10月出版 / 估价:79.00元

黑龙江蓝皮书
黑龙江经济发展报告(2014)
著(编)者:曲伟　2014年1月出版 / 估价:59.00元

黑龙江蓝皮书
黑龙江社会发展报告(2014)
著(编)者:艾书琴　2014年1月出版 / 估价:69.00元

湖南城市蓝皮书
城市社会管理
著(编)者:罗海藩　2014年10月出版 / 估价:59.00元

湖南蓝皮书
2014年湖南产业发展报告
著(编)者:梁志峰　2014年5月出版 / 估价:89.00元

湖南蓝皮书
2014年湖南法治发展报告
著(编)者:梁志峰　2014年5月出版 / 估价:79.00元

湖南蓝皮书
2014年湖南经济展望
著(编)者:梁志峰　2014年5月出版 / 估价:79.00元

湖南蓝皮书
2014年湖南两型社会发展报告
著(编)者:梁志峰　2014年5月出版 / 估价:79.00元

湖南县域绿皮书
湖南县域发展报告No.2
著(编)者:朱有志 袁准 周小毛　2014年7月出版 / 估价:69.00元

沪港蓝皮书
沪港发展报告(2014)
著(编)者:尤安山　2014年9月出版 / 估价:89.00元

吉林蓝皮书
2014年吉林经济社会形势分析与预测
著(编)者:马克　2014年1月出版 / 估价:69.00元

江苏法治蓝皮书
江苏法治发展报告No.3(2014)
著(编)者:李力 龚廷泰 严海良　2014年8月出版 / 估价:88.00元

京津冀蓝皮书
京津冀区域一体化发展报告(2014)
著(编)者:文魁 祝尔娟　2014年3月出版 / 估价:89.00元

经济特区蓝皮书
中国经济特区发展报告(2014)
著(编)者:陶一桃　2014年3月出版 / 估价:89.00元

辽宁蓝皮书
2014年辽宁经济社会形势分析与预测
著(编)者:曹晓峰 张晶 张卓民　2014年1月出版 / 估价:69.00元

流通蓝皮书
湖南省商贸流通产业发展报告No.2
著(编)者:柳思维　2014年10月出版 / 估价:75.00元

皮书系列 2014全品种 — 地方发展类

服务业蓝皮书
广东现代服务业发展报告（2014）
著(编)者:祁明 程晓　2014年1月出版 / 估价:69.00元

甘肃蓝皮书
甘肃舆情分析与预测（2014）
著(编)者:陈双梅 郝树声　2014年1月出版 / 估价:69.00元

甘肃蓝皮书
甘肃县域社会发展评价报告（2014）
著(编)者:魏胜文　2014年1月出版 / 估价:69.00元

甘肃蓝皮书
甘肃经济发展分析与预测（2014）
著(编)者:魏胜文　2014年1月出版 / 估价:69.00元

甘肃蓝皮书
甘肃社会发展分析与预测（2014）
著(编)者:安文华　2014年1月出版 / 估价:69.00元

甘肃蓝皮书
甘肃文化发展分析与预测（2014）
著(编)者:周小华　2014年1月出版 / 估价:69.00元

广东蓝皮书
广东省电子商务发展报告（2014）
著(编)者:黄建明 祁明　2014年11月出版 / 估价:69.00元

广东蓝皮书
广东社会工作发展报告（2014）
著(编)者:罗观翠　2013年12月出版 / 估价:69.00元

广东外经贸蓝皮书
广东对外经济贸易发展研究报告（2014）
著(编)者:陈万灵　2014年3月出版 / 估价:65.00元

广西北部湾经济区蓝皮书
广西北部湾经济区开放开发报告（2014）
著(编)者:广西北部湾经济区规划建设管理委员会办公室 广西社会科学院 广西北部湾发展研究院
2014年7月出版 / 估价:69.00元

广州蓝皮书
2014年中国广州经济形势分析与预测
著(编)者:庾建设 郭志勇 沈奎　2014年6月出版 / 估价:69.00元

广州蓝皮书
2014年中国广州社会形势分析与预测
著(编)者:易佐永 杨秦 顾涧清　2014年5月出版 / 估价:65.00元

广州蓝皮书
广州城市国际化发展报告（2014）
著(编)者:朱名宏　2014年9月出版 / 估价:59.00元

广州蓝皮书
广州创新型城市发展报告（2014）
著(编)者:李江涛　2014年8月出版 / 估价:59.00元

广州蓝皮书
广州经济发展报告（2014）
著(编)者:李江涛 刘江华　2014年6月出版 / 估价:65.00元

广州蓝皮书
广州农村发展报告（2014）
著(编)者:李江涛 汤锦华　2014年8月出版 / 估价:59.00元

广州蓝皮书
广州青年发展报告（2014）
著(编)者:魏国华 张强　2014年9月出版 / 估价:65.00元

广州蓝皮书
广州汽车产业发展报告（2014）
著(编)者:李江涛 杨再高　2014年10月出版 / 估价:69.00元

广州蓝皮书
广州商贸业发展报告（2014）
著(编)者:陈家成 王旭东 荀振英
2014年7月出版 / 估价:69.00元

广州蓝皮书
广州文化创意产业发展报告（2014）
著(编)者:甘新　2014年10月出版 / 估价:59.00元

广州蓝皮书
中国广州城市建设发展报告（2014）
著(编)者:董皞 冼伟雄 李俊夫
2014年8月出版 / 估价:69.00元

广州蓝皮书
中国广州科技与信息化发展报告（2014）
著(编)者:庾建设 谢学宁　2014年8月出版 / 估价:59.00元

广州蓝皮书
中国广州文化创意产业发展报告（2014）
著(编)者:甘新　2014年10月出版 / 估价:59.00元

广州蓝皮书
中国广州文化发展报告（2014）
著(编)者:徐俊忠 汤应武 陆志强
2014年8月出版 / 估价:69.00元

贵州蓝皮书
贵州法治发展报告（2014）
著(编)者:吴大华　2014年3月出版 / 估价:69.00元

贵州蓝皮书
贵州社会发展报告（2014）
著(编)者:王兴骥　2014年3月出版 / 估价:59.00元

贵州蓝皮书
贵州农村扶贫开发报告（2014）
著(编)者:王朝新 宋明　2014年3月出版 / 估价:69.00元

贵州蓝皮书
贵州文化产业发展报告（2014）
著(编)者:李建国　2014年3月出版 / 估价:69.00元

文化传媒类・地方发展类

文化建设蓝皮书
中国文化建设发展报告（2014）
著(编)者:江畅 孙伟平　2014年3月出版 / 估价:69.00元

文化品牌蓝皮书
中国文化品牌发展报告（2014）
著(编)者:欧阳友权　2014年5月出版 / 估价:75.00元

文化软实力蓝皮书
中国文化软实力研究报告（2014）
著(编)者:张国祚　2014年7月出版 / 估价:79.00元

文化遗产蓝皮书
中国文化遗产事业发展报告（2014）
著(编)者:刘世锦　2014年3月出版 / 估价:79.00元

文学蓝皮书
中国文情报告（2014）
著(编)者:白烨　2014年5月出版 / 估价:59.00元

新媒体蓝皮书
中国新媒体发展报告No.5（2014）
著(编)者:唐绪军　2014年6月出版 / 估价:69.00元

移动互联网蓝皮书
中国移动互联网发展报告（2014）
著(编)者:官建文　2014年4月出版 / 估价:79.00元

游戏蓝皮书
中国游戏产业发展报告（2014）
著(编)者:卢斌　2014年4月出版 / 估价:79.00元

舆情蓝皮书
中国社会舆情与危机管理报告（2014）
著(编)者:谢耘耕　2014年8月出版 / 估价:85.00元

粤港澳台文化蓝皮书
粤港澳台文化创意产业发展报告（2014）
著(编)者:丁未　2014年4月出版 / 估价:69.00元

地方发展类

安徽蓝皮书
安徽社会发展报告（2014）
著(编)者:程桦　2014年4月出版 / 估价:79.00元

安徽社会建设蓝皮书
安徽社会建设分析报告（2014）
著(编)者:黄家海 王开玉 蔡宪　2014年4月出版 / 估价:69.00元

北京蓝皮书
北京城乡发展报告（2014）
著(编)者:黄序　2014年4月出版 / 估价:59.00元

北京蓝皮书
北京公共服务发展报告（2014）
著(编)者:张耘　2014年3月出版 / 估价:65.00元

北京蓝皮书
北京经济发展报告（2014）
著(编)者:赵弘　2014年4月出版 / 估价:59.00元

北京蓝皮书
北京社会发展报告（2014）
著(编)者:缪青　2014年10月出版 / 估价:59.00元

北京蓝皮书
北京文化发展报告（2014）
著(编)者:李建盛　2014年5月出版 / 估价:69.00元

北京蓝皮书
中国社区发展报告（2014）
著(编)者:于燕燕　2014年8月出版 / 估价:59.00元

北京蓝皮书
北京公共服务发展报告（2014）
著(编)者:施昌奎　2014年8月出版 / 估价:59.00元

北京旅游绿皮书
北京旅游发展报告（2014）
著(编)者:鲁勇　2014年7月出版 / 估价:98.00元

北京律师蓝皮书
北京律师发展报告No.2（2014）
著(编)者:王隽 周塞军　2014年9月出版 / 估价:79.00元

北京人才蓝皮书
北京人才发展报告（2014）
著(编)者:于淼　2014年10月出版 / 估价:89.00元

城乡一体化蓝皮书
中国城乡一体化发展报告·北京卷（2014）
著(编)者:张宝秀 黄序　2014年6月出版 / 估价:59.00元

创意城市蓝皮书
北京文化创意产业发展报告（2014）
著(编)者:张京成 王国华　2014年10月出版 / 估价:69.00元

创意城市蓝皮书
青岛文化创意产业发展报告（2014）
著(编)者:马达　2014年5月出版 / 估价:69.00元

创意城市蓝皮书
无锡文化创意产业发展报告（2014）
著(编)者:庄若江 张鸣年　2014年8月出版 / 估价:75.00元

文化传媒类

传媒蓝皮书
中国传媒产业发展报告（2014）
著(编)者：崔保国　　2014年4月出版 / 估价：79.00元

传媒竞争力蓝皮书
中国传媒国际竞争力研究报告（2014）
著(编)者：李本乾　　2014年9月出版 / 估价：69.00元

创意城市蓝皮书
武汉市文化创意产业发展报告（2014）
著(编)者：张京成　黄永林　2014年10月出版 / 估价：69.00元

电视蓝皮书
中国电视产业发展报告（2014）
著(编)者：卢斌　　2014年4月出版 / 估价：79.00元

电影蓝皮书
中国电影出版发展报告（2014）
著(编)者：卢斌　　2014年4月出版 / 估价：79.00元

动漫蓝皮书
中国动漫产业发展报告（2014）
著(编)者：卢斌　郑玉明　牛兴侦　2014年4月出版 / 估价：79.00元

广电蓝皮书
中国广播电影电视发展报告（2014）
著(编)者：庞井君　杨明品　李岚
2014年6月出版 / 估价：88.00元

广告主蓝皮书
中国广告主营销传播趋势报告NO.8
著(编)者：中国传媒大学广告主研究所
　　　　中国广告主营销传播创新研究课题组
　　　　黄升民　杜国清　邵华冬等
2014年5月出版 / 估价：98.00元

国际传播蓝皮书
中国国际传播发展报告（2014）
著(编)者：胡正荣　李继东　姬德强
2014年1月出版 / 估价：69.00元

纪录片蓝皮书
中国纪录片发展报告（2014）
著(编)者：何苏六　2014年10月出版 / 估价：89.00元

两岸文化蓝皮书
两岸文化产业合作发展报告（2014）
著(编)者：胡惠林　肖夏勇　2014年6月出版 / 估价：59.00元

媒介与女性蓝皮书
中国媒介与女性发展报告（2014）
著(编)者：刘利群　2014年8月出版 / 估价：69.00元

全球传媒蓝皮书
全球传媒产业发展报告（2014）
著(编)者：胡正荣　　2014年12月出版 / 估价：79.00元

视听新媒体蓝皮书
中国视听新媒体发展报告（2014）
著(编)者：庞井君　　2014年6月出版 / 估价：148.00元

文化创新蓝皮书
中国文化创新报告（2014）No.5
著(编)者：于平　傅才武　2014年7月出版 / 估价：79.00元

文化科技蓝皮书
文化科技融合与创意城市发展报告（2014）
著(编)者：李凤亮　于平　2014年7月出版 / 估价：79.00元

文化蓝皮书
2014年中国文化产业发展报告
著(编)者：张晓明　胡惠林　章建刚
2014年3月出版 / 估价：69.00元

文化蓝皮书
中国文化产业供需协调增长测评报（2013）
著(编)者：高书生　王亚楠　2014年5月出版 / 估价：79.00元

文化蓝皮书
中国城镇文化消费需求景气评价报告（2014）
著(编)者：王亚南　张晓明　祁述裕
2014年5月出版 / 估价：79.00元

文化蓝皮书
中国公共文化服务发展报告（2014）
著(编)者：于群　李国新　2014年10月出版 / 估价：98.00元

文化蓝皮书
中国文化消费需求景气评价报告（2014）
著(编)者：王亚南　　2014年5月出版 / 估价：79.00元

文化蓝皮书
中国乡村文化消费需求景气评价报告（2014）
著(编)者：王亚南　　2014年5月出版 / 估价：79.00元

文化蓝皮书
中国中心城市文化消费需求景气评价报告（2014）
著(编)者：王亚南　　2014年5月出版 / 估价：79.00元

文化蓝皮书
中国少数民族文化发展报告（2014）
著(编)者：武翠英　张晓明　张学进
2014年3月出版 / 估价：69.00元

行业报告类 皮书系列 2014全品种

体育蓝皮书·公共体育服务
中国公共体育服务发展报告（2014）
著(编)者：戴健　2014年12月出版 / 估价：69.00元

投资蓝皮书
中国投资发展报告（2014）
著(编)者：杨庆蔚　2014年4月出版 / 估价：79.00元

投资蓝皮书
中国企业海外投资发展报告（2013~2014）
著(编)者：陈文晖　薛誉华　2013年12月出版 / 估价：69.00元

物联网蓝皮书
中国物联网发展报告（2014）
著(编)者：龚六堂　2014年1月出版 / 估价：59.00元

西部工业蓝皮书
中国西部工业发展报告（2014）
著(编)者：方行明　刘方健　姜凌等
2014年9月出版 / 估价：69.00元

西部金融蓝皮书
中国西部金融发展报告（2014）
著(编)者：李忠民　2014年10月出版 / 估价：69.00元

新能源汽车蓝皮书
中国新能源汽车产业发展报告（2014）
著(编)者：中国汽车技术研究中心
　　　　日产（中国）投资有限公司
　　　　东风汽车有限公司
2014年9月出版 / 估价：69.00元

信托蓝皮书
中国信托业研究报告（2014）
著(编)者：中建投信托研究中心　中国建设建投研究院
2014年9月出版 / 估价：59.00元

信托蓝皮书
中国信托投资报告（2014）
著(编)者：杨金龙　刘屹　2014年7月出版 / 估价：69.00元

信息化蓝皮书
中国信息化形势分析与预测（2014）
著(编)者：周宏仁　2014年7月出版 / 估价：98.00元

信用蓝皮书
中国信用发展报告（2014）
著(编)者：章政　田侃　2014年4月出版 / 估价：69.00元

休闲绿皮书
2014年中国休闲发展报告
著(编)者：刘德谦　唐兵　宋瑞
2014年6月出版 / 估价：59.00元

养老产业蓝皮书
中国养老产业发展报告（2013~2014年）
著(编)者：张车伟　2014年1月出版 / 估价：69.00元

移动互联网蓝皮书
中国移动互联网发展报告（2014）
著(编)者：官建文　2014年5月出版 / 估价：79.00元

医药蓝皮书
中国药品市场报告（2014）
著(编)者：程锦锥　朱恒鹏　2014年12月出版 / 估价：79.00元

中国林业竞争力蓝皮书
中国省域林业竞争力发展报告No.2（2014）
（上下册）
著(编)者：郑传芳　李闽榕　张春霞　张会儒
2014年8月出版 / 估价：139.00元

中国农业竞争力蓝皮书
中国省域农业竞争力发展报告No.2（2014）
著(编)者：郑传芳　宋洪远　李闽榕　张春霞
2014年7月出版 / 估价：128.00元

中国信托市场蓝皮书
中国信托业市场报告（2013~2014）
著(编)者：李旸　2014年10月出版 / 估价：69.00元

中国总部经济蓝皮书
中国总部经济发展报告（2014）
著(编)者：赵弘　2014年9月出版 / 估价：69.00元

珠三角流通蓝皮书
珠三角商圈发展研究报告（2014）
著(编)者：王先庆　林至颖　2014年8月出版 / 估价：69.00元

住房绿皮书
中国住房发展报告（2013~2014）
著(编)者：倪鹏飞　2013年12月出版 / 估价：79.00元

资本市场蓝皮书
中国场外交易市场发展报告（2014）
著(编)者：高亮　2014年3月出版 / 估价：79.00元

资产管理蓝皮书
中国信托业发展报告（2014）
著(编)者：智信资产管理研究院　2014年7月出版 / 估价：69.00元

支付清算蓝皮书
中国支付清算发展报告（2014）
著(编)者：杨涛　2014年4月出版 / 估价：45.00元

皮书系列 2014全品种 行业报告类

抗衰老医学蓝皮书
抗衰老医学发展报告（2014）
著(编)者：罗伯特·高德曼 罗纳德·科莱兹
　　　　尼尔·布什 朱敏 金大鹏 郭弋
2014年3月出版 / 估价:69.00元

客车蓝皮书
中国客车产业发展报告（2014）
著(编)者：姚蔚　　2014年12月出版 / 估价:69.00元

科学传播蓝皮书
中国科学传播报告（2014）
著(编)者：詹正茂　　2014年4月出版 / 估价:69.00元

流通蓝皮书
中国商业发展报告（2014）
著(编)者：荆林波　　2014年5月出版 / 估价:89.00元

旅游安全蓝皮书
中国旅游安全报告（2014）
著(编)者：郑向敏 谢朝武　　2014年6月出版 / 估价:79.00元

旅游绿皮书
2013~2014年中国旅游发展分析与预测
著(编)者：宋瑞　　2013年12月出版 / 估价:69.00元

旅游城市绿皮书
世界旅游城市发展报告（2013~2014）
著(编)者：张辉　　2014年1月出版 / 估价:69.00元

贸易蓝皮书
中国贸易发展报告（2014）
著(编)者：荆林波　　2014年5月出版 / 估价:49.00元

民营医院蓝皮书
中国民营医院发展报告（2014）
著(编)者：朱幼棣　　2014年10月出版 / 估价:69.00元

闽商蓝皮书
闽商发展报告（2014）
著(编)者：李闽榕 王日根　　2014年12月出版 / 估价:69.00元

能源蓝皮书
中国能源发展报告（2014）
著(编)者：崔民选 王军生 陈义和
2014年10月出版 / 估价:59.00元

农产品流通蓝皮书
中国农产品流通产业发展报告（2014）
著(编)者：贾敬敦 王炳南 张玉玺 张鹏毅 陈丽华
2014年9月出版 / 估价:89.00元

期货蓝皮书
中国期货市场发展报告（2014）
著(编)者：荆林波　　2014年6月出版 / 估价:98.00元

企业蓝皮书
中国企业竞争力报告（2014）
著(编)者：金碚　　2014年11月出版 / 估价:89.00元

汽车安全蓝皮书
中国汽车安全发展报告（2014）
著(编)者：赵福全 孙小端 等　　2014年1月出版 / 估价:69.00元

汽车蓝皮书
中国汽车产业发展报告（2014）
著(编)者：国务院发展研究中心产业经济研究部
　　　　中国汽车工程学会 大众汽车集团（中国）
2014年7月出版 / 估价:79.00元

清洁能源蓝皮书
国际清洁能源发展报告（2014）
著(编)者：国际清洁能源论坛（澳门）
2014年9月出版 / 估价:89.00元

人力资源蓝皮书
中国人力资源发展报告（2014）
著(编)者：吴江　　2014年9月出版 / 估价:69.00元

软件和信息服务业蓝皮书
中国软件和信息服务业发展报告（2014）
著(编)者：洪京一 工业和信息化部电子科学技术情报研究所
2014年6月出版 / 估价:98.00元

商会蓝皮书
中国商会发展报告 No.4（2014）
著(编)者：黄孟复　　2014年4月出版 / 估价:59.00元

商品市场蓝皮书
中国商品市场发展报告（2014）
著(编)者：荆林波　　2014年7月出版 / 估价:59.00元

上市公司蓝皮书
中国上市公司非财务信息披露报告（2014）
著(编)者：钟宏武 张旺 张蒽 等
2014年12月出版 / 估价:59.00元

食品药品蓝皮书
食品药品安全与监管政策研究报告（2014）
著(编)者：唐民皓　　2014年7月出版 / 估价:69.00元

世界能源蓝皮书
世界能源发展报告（2014）
著(编)者：黄晓勇　　2014年9月出版 / 估价:99.00元

私募市场蓝皮书
中国私募股权市场发展报告（2014）
著(编)者：曹和平　　2014年4月出版 / 估价:69.00元

体育蓝皮书
中国体育产业发展报告（2014）
著(编)者：阮伟 钟秉枢　　2013年2月出版 / 估价:69.00元

行业报告类

皮书系列
2014全品种

餐饮产业蓝皮书
中国餐饮产业发展报告（2014）
著(编)者：中国烹饪协会 中国社会科学院财经战略研究院
2014年5月出版 / 估价：59.00元

测绘地理信息蓝皮书
中国地理信息产业发展报告（2014）
著(编)者：徐德明 2014年12月出版 / 估价：98.00元

茶业蓝皮书
中国茶产业发展报告（2014）
著(编)者：李闽榕 杨江帆 2014年4月出版 / 估价：79.00元

产权市场蓝皮书
中国产权市场发展报告（2014）
著(编)者：曹和平 2014年1月出版 / 估价：69.00元

产业安全蓝皮书
中国出版与传媒安全报告（2014）
著(编)者：北京交通大学中国产业安全研究中心
2014年1月出版 / 估价：59.00元

产业安全蓝皮书
中国医疗产业安全报告（2014）
著(编)者：北京交通大学中国产业安全研究中心
2014年1月出版 / 估价：59.00元

产业安全蓝皮书
中国医疗产业安全报告（2014）
著(编)者：李孟刚 2014年7月出版 / 估价：69.00元

产业安全蓝皮书
中国文化产业安全蓝皮书(2013~2014)
著(编)者：高海涛 刘益 2014年3月出版 / 估价：69.00元

产业安全蓝皮书
中国出版传媒产业安全报告（2014）
著(编)者：孙万军 王玉海 2014年12月出版 / 估价：69.00元

典当业蓝皮书
中国典当行业发展报告(2013~2014)
著(编)者：黄育华 王力 张红地
2014年10月出版 / 估价：69.00元

电子商务蓝皮书
中国城市电子商务影响力报告（2014）
著(编)者：荆林波 2014年5月出版 / 估价：69.00元

电子政务蓝皮书
中国电子政务发展报告（2014）
著(编)者：洪毅 王长胜 2014年2月出版 / 估价：59.00元

杜仲产业绿皮书
中国杜仲橡胶资源与产业发展报告（2014）
著(编)者：杜红岩 胡文臻 俞瑞
2014年9月出版 / 估价：99.00元

房地产蓝皮书
中国房地产发展报告No.11
著(编)者：魏后凯 李景国 2014年4月出版 / 估价：79.00元

服务外包蓝皮书
中国服务外包产业发展报告（2014）
著(编)者：王晓红 李皓 2014年4月出版 / 估价：89.00元

高端消费蓝皮书
中国高端消费市场研究报告
著(编)者：依绍华 王雪峰 2013年12月出版 / 估价：69.00元

会展经济蓝皮书
中国会展经济发展报告（2014）
著(编)者：过聚荣 2014年9月出版 / 估价：65.00元

会展蓝皮书
中外会展业动态评估年度报告（2014）
著(编)者：张敏 2014年8月出版 / 估价：68.00元

基金会绿皮书
中国基金会发展独立研究报告（2014）
著(编)者：基金会中心网 2014年8月出版 / 估价：58.00元

交通运输蓝皮书
中国交通运输服务发展报告（2014）
著(编)者：林晓言 卜伟 武剑红
2014年10月出版 / 估价：69.00元

金融监管蓝皮书
中国金融监管报告（2014）
著(编)者：胡滨 2014年9月出版 / 估价：65.00元

金融蓝皮书
中国金融中心发展报告（2014）
著(编)者：中国社会科学院金融研究所
中国博士后特华科研工作站 王力 黄育华
2014年10月出版 / 估价：59.00元

金融蓝皮书
中国商业银行竞争力报告（2014）
著(编)者：王松奇 2014年5月出版 / 估价：79.00元

金融蓝皮书
中国金融发展报告（2014）
著(编)者：李扬 王国刚 2013年12月出版 / 估价：69.00元

金融蓝皮书
中国金融法治报告（2014）
著(编)者：胡滨 全先银 2014年3月出版 / 估价：65.00元

金融蓝皮书
中国金融产品与服务报告（2014）
著(编)者：殷剑峰 2014年6月出版 / 估价：59.00元

金融信息服务蓝皮书
金融信息服务业发展报告（2014）
著(编)者：鲁广锦 2014年11月出版 / 估价：69.00元

皮书系列 2014全品种

社会政法类·行业报告类

区域人才蓝皮书
中国区域人才竞争力报告No.2
著(编)者：桂昭明 王辉耀　2014年6月出版／估价：69.00元

人才蓝皮书
中国人才发展报告（2014）
著(编)者：潘晨光　2014年10月出版／估价：79.00元

人权蓝皮书
中国人权事业发展报告No.4（2014）
著(编)者：李君如　2014年7月出版／估价：98.00元

世界人才蓝皮书
全球人才发展报告No.1
著(编)者：孙学玉 张冠梓　2013年12月出版／估价：69.00元

社会保障绿皮书
中国社会保障发展报告（2014）No.6
著(编)者：王延中　2014年4月出版／估价：69.00元

社会工作蓝皮书
中国社会工作发展报告（2013~2014）
著(编)者：王杰秀 邹文开　2014年8月出版／估价：59.00元

社会管理蓝皮书
中国社会管理创新报告No.3
著(编)者：连玉明　2014年9月出版／估价：79.00元

社会蓝皮书
2014年中国社会形势分析与预测
著(编)者：李培林 陈光金 张翼　2013年12月出版／估价：69.00元

社会体制蓝皮书
中国社会体制改革报告（2014）No.2
著(编)者：龚维斌　2014年5月出版／估价：59.00元

社会心态蓝皮书
2014年中国社会心态研究报告
著(编)者：王俊秀 杨宜音　2014年1月出版／估价：59.00元

生态城市绿皮书
中国生态城市建设发展报告（2014）
著(编)者：李景源 孙伟平 刘举科　2014年6月出版／估价：128.00元

生态文明绿皮书
中国省域生态文明建设评价报告（ECI 2014）
著(编)者：严耕　2014年9月出版／估价：98.00元

世界创新竞争力黄皮书
世界创新竞争力发展报告（2014）
著(编)者：李建平 李闽榕 赵新力　2014年11月出版／估价：128.00元

水与发展蓝皮书
中国水风险评估报告（2014）
著(编)者：苏杨　2014年9月出版／估价：69.00元

危机管理蓝皮书
中国危机管理报告（2014）
著(编)者：文学国 范正青　2014年8月出版／估价：79.00元

小康蓝皮书
中国全面建设小康社会监测报告（2014）
著(编)者：潘璠　2014年11月出版／估价：59.00元

形象危机应对蓝皮书
形象危机应对研究报告（2014）
著(编)者：唐钧　2014年9月出版／估价：118.00元

政治参与蓝皮书
中国政治参与报告（2014）
著(编)者：房宁　2014年7月出版／估价：58.00元

政治发展蓝皮书
中国政治发展报告（2014）
著(编)者：房宁 杨海蛟　2014年6月出版／估价：98.00元

宗教蓝皮书
中国宗教报告（2014）
著(编)者：金泽 邱永辉　2014年8月出版／估价：59.00元

社会组织蓝皮书
中国社会组织评估报告（2014）
著(编)者：徐家良　2014年3月出版／估价：69.00元

政府绩效评估蓝皮书
中国地方政府绩效评估报告（2014）
著(编)者：贠杰　2014年9月出版／估价：69.00元

行业报告类

保健蓝皮书
中国保健服务产业发展报告No.2
著(编)者：中国保健协会 中共中央党校
2014年7月出版／估价：198.00元

保健蓝皮书
中国保健食品产业发展报告No.2
著(编)者：中国保健协会
　　　中国社会科学院食品药品产业发展与监管研究中心
2014年7月出版／估价：198.00元

保健蓝皮书
中国保健用品产业发展报告No.2
著(编)者：中国保健协会　2014年3月出版／估价：198.00元

保险蓝皮书
中国保险业竞争力报告（2014）
著(编)者：罗忠敏　2014年1月出版／估价：98.00元

社会政法类 · 皮书系列 2014全品种

妇女发展蓝皮书
福建省妇女发展报告（2014）
著(编)者：刘群英　2014年10月出版／估价：58.00元

妇女发展蓝皮书
中国妇女发展报告No.5
著(编)者：王金玲　高小贤　2014年5月出版／估价：65.00元

妇女教育蓝皮书
中国妇女教育发展报告No.3
著(编)者：张李玺　2014年10月出版／估价：69.00元

公共服务满意度蓝皮书
中国城市公共服务评价报告（2014）
著(编)者：胡伟　2014年11月出版／估价：69.00元

公共服务蓝皮书
中国城市基本公共服务力评价（2014）
著(编)者：侯惠勤　辛向阳　易定宏
2014年10月出版／估价：55.00元

公民科学素质蓝皮书
中国公民科学素质调查报告（2013~2014）
著(编)者：李群　许佳军　2014年2月出版／估价：69.00元

公益蓝皮书
中国公益发展报告（2014）
著(编)者：朱健刚　2014年5月出版／估价：78.00元

国际人才蓝皮书
中国海归创业发展报告（2014）No.2
著(编)者：王辉耀　路江涌　2014年10月出版／估价：69.00元

国际人才蓝皮书
中国留学发展报告（2014）No.3
著(编)者：王辉耀　2014年9月出版／估价：59.00元

行政改革蓝皮书
中国行政体制改革报告（2014）No.3
著(编)者：魏礼群　2014年3月出版／估价：69.00元

华侨华人蓝皮书
华侨华人研究报告（2014）
著(编)者：丘进　2014年5月出版／估价：128.00元

环境竞争力绿皮书
中国省域环境竞争力发展报告（2014）
著(编)者：李建平　李闽榕　王金南
2014年12月出版／估价：148.00元

环境绿皮书
中国环境发展报告（2014）
著(编)者：刘鉴强　2014年4月出版／估价：69.00元

基本公共服务蓝皮书
中国省级政府基本公共服务发展报告（2014）
著(编)者：孙德超　2014年1月出版／估价：69.00元

基金会透明度蓝皮书
中国基金会透明度发展研究报告（2014）
著(编)者：基金会中心网　2014年7月出版／估价：79.00元

教师蓝皮书
中国中小学教师发展报告（2014）
著(编)者：曾晓东　2014年4月出版／估价：59.00元

教育蓝皮书
中国教育发展报告（2014）
著(编)者：杨东平　2014年3月出版／估价：69.00元

科普蓝皮书
中国科普基础设施发展报告（2014）
著(编)者：任福君　2014年6月出版／估价：79.00元

口腔健康蓝皮书
中国口腔健康发展报告（2014）
著(编)者：胡德渝　2014年12月出版／估价：59.00元

老龄蓝皮书
中国老龄事业发展报告（2014）
著(编)者：吴玉韶　2014年2月出版／估价：59.00元

连片特困区蓝皮书
中国连片特困区发展报告（2014）
著(编)者：丁建军　冷志明　游俊　2014年3月出版／估价：79.00元

民间组织蓝皮书
中国民间组织报告（2014）
著(编)者：黄晓勇　2014年8月出版／估价：69.00元

民族发展蓝皮书
中国民族区域自治发展报告（2014）
著(编)者：郝时远　2014年6月出版／估价：98.00元

女性生活蓝皮书
中国女性生活状况报告No.8（2014）
著(编)者：韩湘景　2014年3月出版／估价：78.00元

汽车社会蓝皮书
中国汽车社会发展报告（2014）
著(编)者：王俊秀　2014年1月出版／估价：59.00元

青年蓝皮书
中国青年发展报告（2014）No.2
著(编)者：廉思　2014年6月出版／估价：59.00元

全球环境竞争力绿皮书
全球环境竞争力发展报告（2014）
著(编)者：李建平　李闽榕　王金南　2014年11月出版／估价：69.00元

青少年蓝皮书
中国未成年人新媒体运用报告（2014）
著(编)者：李文革　沈杰　季为民　2014年6月出版／估价：69.00元

皮书系列 2014全品种 经济类·社会政法类

人口与劳动绿皮书
中国人口与劳动问题报告No.15
著(编)者：蔡昉　　2014年6月出版 / 估价：69.00元

生态经济（建设）绿皮书
中国经济（建设）发展报告（2013~2014）
著(编)者：黄浩涛 李周　　2014年10月出版 / 估价：69.00元

世界经济黄皮书
2014年世界经济形势分析与预测
著(编)者：王洛林 张宇燕　　2014年1月出版 / 估价：69.00元

西北蓝皮书
中国西北发展报告（2014）
著(编)者：张进海 陈冬红 段庆林　2014年1月出版 / 定价：65.00元

西部蓝皮书
中国西部发展报告（2014）
著(编)者：姚慧琴 徐璋勇　　2014年7月出版 / 估价：69.00元

新型城镇化蓝皮书
新型城镇化发展报告（2014）
著(编)者：沈体雁 李伟 宋敏　2014年3月出版 / 估价：69.00元

新兴经济体蓝皮书
金砖国家发展报告（2014）
著(编)者：林跃勤 周文　　2014年3月出版 / 估价：79.00元

循环经济绿皮书
中国循环经济发展报告（2013~2014）
著(编)者：齐建国　　2014年12月出版 / 估价：69.00元

中部竞争力蓝皮书
中国中部经济社会竞争力报告（2014）
著(编)者：教育部人文社会科学重点研究基地
　　　　　南昌大学中国中部经济社会发展研究中心
2014年7月出版 / 估价：59.00元

中部蓝皮书
中国中部地区发展报告（2014）
著(编)者：朱有志　　2014年10月出版 / 估价：59.00元

中国科技蓝皮书
中国科技发展报告（2014）
著(编)者：陈劲　　2014年4月出版 / 估价：69.00元

中国省域竞争力蓝皮书
中国省域经济综合竞争力发展报告（2012~2013）
著(编)者：李建平 李闽榕 高燕京　2014年3月出版 / 估价：188.00元

中三角蓝皮书
长江中游城市群发展报告（2013~2014）
著(编)者：秦尊文　　2014年6月出版 / 估价：69.00元

中小城市绿皮书
中国中小城市发展报告（2014）
著(编)者：中国城市经济学会中小城市经济发展委员会
　　　　　《中国中小城市发展报告》编纂委员会
2014年10月出版 / 估价：98.00元

中原蓝皮书
中原经济区发展报告（2014）
著(编)者：刘怀廉　　2014年6月出版 / 估价：68.00元

社会政法类

殡葬绿皮书
中国殡葬事业发展报告（2014）
著(编)者：朱勇 副主编 李伯森　2014年3月出版 / 估价：59.00元

城市创新蓝皮书
中国城市创新报告（2014）
著(编)者：周天勇 旷建伟　　2014年7月出版 / 估价：69.00元

城市管理蓝皮书
中国城市管理报告2014
著(编)者：谭维克 刘林　2014年7月出版 / 估价：98.00元

城市生活质量蓝皮书
中国城市生活质量指数报告（2014）
著(编)者：张平　　2014年7月出版 / 估价：59.00元

城市政府能力蓝皮书
中国城市政府公共服务能力评估报告（2014）
著(编)者：何艳玲　　2014年7月出版 / 估价：59.00元

创新蓝皮书
创新型国家建设报告（2014）
著(编)者：詹正茂　　2014年7月出版 / 估价：69.00元

慈善蓝皮书
中国慈善发展报告（2014）
著(编)者：杨团　　2014年6月出版 / 估价：69.00元

法治蓝皮书
中国法治发展报告No.12（2014）
著(编)者：李林 田禾　2014年2月出版 / 估价：98.00元

反腐倡廉蓝皮书
中国反腐倡廉建设报告No.3
著(编)者：李秋芳　　2013年12月出版 / 估价：79.00元

非传统安全蓝皮书
中国非传统安全研究报告（2014）
著(编)者：余潇枫　　2014年5月出版 / 估价：69.00元

权威 前沿 原创

经济类

皮书系列 2014全品种

产业蓝皮书
中国产业竞争力报告（2014）No.4
著（编）者：张其仔　2014年5月出版 / 估价：79.00元

长三角蓝皮书
2014年率先基本实现现代化的长三角
著（编）者：刘志彪　2014年6月出版 / 估价：120.00元

城市竞争力蓝皮书
中国城市竞争力报告No.12
著（编）者：倪鹏飞　2014年5月出版 / 估价：89.00元

城市蓝皮书
中国城市发展报告No.7
著（编）者：潘家华　魏后凯　2014年7月出版 / 估价：69.00元

城市群蓝皮书
中国城市群发展指数报告(2014)
著（编）者：刘士林　刘新静　2014年10月出版 / 估价：59.00元

城乡统筹蓝皮书
中国城乡统筹发展报告（2014）
著（编）者：程志强、潘晨光　2014年3月出版 / 估价：59.00元

城乡一体化蓝皮书
中国城乡一体化发展报告（2014）
著（编）者：汝信　付崇兰　2014年8月出版 / 估价：59.00元

城镇化蓝皮书
中国城镇化健康发展报告（2014）
著（编）者：张占斌　2014年10月出版 / 估价：69.00元

低碳发展蓝皮书
中国低碳发展报告（2014）
著（编）者：齐晔　2014年7月出版 / 估价：69.00元

低碳经济蓝皮书
中国低碳经济发展报告（2014）
著（编）者：薛进军　赵忠秀　2014年5月出版 / 估价：79.00元

东北蓝皮书
中国东北地区发展报告（2014）
著（编）者：鲍振东　曹晓峰　2014年8月出版 / 估价：79.00元

发展和改革蓝皮书
中国经济发展和体制改革报告No.7
著（编）者：邹东涛　2014年7月出版 / 估价：79.00元

工业化蓝皮书
中国工业化进程报告（2014）
著（编）者：黄群慧　吕铁　李晓华　等
2014年11月出版 / 估价：89.00元

国际城市蓝皮书
国际城市发展报告（2014）
著（编）者：屠启宇　2014年1月出版 / 估价：69.00元

国家创新蓝皮书
国家创新发展报告（2013~2014）
著（编）者：陈劲　2014年3月出版 / 估价：69.00元

国家竞争力蓝皮书
中国国家竞争力报告No.2
著（编）者：倪鹏飞　2014年10月出版 / 估价：98.00元

宏观经济蓝皮书
中国经济增长报告（2014）
著（编）者：张平　刘霞辉　2014年10月出版 / 估价：69.00元

减贫蓝皮书
中国减贫与社会发展报告
著（编）者：黄承伟　2014年7月出版 / 估价：69.00元

金融蓝皮书
中国金融发展报告（2014）
著（编）者：李扬　王国刚　2013年12月出版 / 定价：69.00元

经济蓝皮书
2014年中国经济形势分析与预测
著（编）者：李扬　2013年12月出版 / 估价：69.00元

经济蓝皮书春季号
中国经济前景分析——2014年春季报告
著（编）者：李扬　2014年4月出版 / 估价：59.00元

经济信息绿皮书
中国与世界经济发展报告（2014）
著（编）者：王长胜　2013年12月出版 / 定价：69.00元

就业蓝皮书
2014年中国大学生就业报告
著（编）者：麦可思研究院　2014年6月出版 / 估价：98.00元

民营经济蓝皮书
中国民营经济发展报告No.10（2013～2014）
著（编）者：黄孟复　2014年9月出版 / 估价：69.00元

民营企业蓝皮书
中国民营企业竞争力报告No.7（2014）
著（编）者：刘迎秋　2014年1月出版 / 估价：79.00元

农村绿皮书
中国农村经济形势分析与预测（2014）
著（编）者：中国社会科学院农村发展研究所
　　　　　国家统计局农村社会经济调查司　著
2014年4月出版 / 估价：59.00元

企业公民蓝皮书
中国企业公民报告No.4
著（编）者：邹东涛　2014年7月出版 / 估价：69.00元

企业社会责任蓝皮书
中国企业社会责任研究报告（2014）
著（编）者：黄群慧　彭华岗　钟宏武　等
2014年11月出版 / 估价：59.00元

气候变化绿皮书
应对气候变化报告（2014）
著（编）者：王伟光　郑国光　2014年11月出版 / 估价：79.00元

区域蓝皮书
中国区域经济发展报告（2014）
著（编）者：梁昊光　2014年4月出版 / 估价：69.00元

皮书系列 重点推荐

地方发展类·文化传媒类

广州蓝皮书
广州经济发展报告（2014）（赠阅读卡）

李江涛 刘江华/主编　2014年6月出版　估价:65.00元

◆ 本书是由广州市社会科学院主持编写的"广州蓝皮书"系列之一，本报告对广州2013年宏观经济运行情况作了深入分析，对2014年宏观经济走势进行了合理预测，并在此基础上提出了相应的政策建议。

文化传媒类

文化传媒类皮书透视文化领域、文化产业，探索文化大繁荣、大发展的路径

新媒体蓝皮书
中国新媒体发展报告No.4(2013)（赠阅读卡）

唐绪军/主编　2014年6月出版　估价:69.00元

◆ 本书由中国社会科学院新闻与传播研究所和上海大学合作编写，在构建新媒体发展研究基本框架的基础上，全面梳理2013年中国新媒体发展现状，发表最前沿的网络媒体深度调查数据和研究成果，并对新媒体发展的未来趋势做出预测。

舆情蓝皮书
中国社会舆情与危机管理报告（2014）（赠阅读卡）

谢耘耕/主编　2014年8月出版　估价:85.00元

◆ 本书由上海交通大学舆情研究实验室和危机管理研究中心主编，已被列入教育部人文社会科学研究报告培育项目。本书以新媒体环境下的中国社会为立足点，对2013年中国社会舆情、分类舆情等进行了深入系统的研究,并预测了2014年社会舆情走势。

地方发展类　皮书系列 重点推荐

广州蓝皮书

2014年中国广州社会形势分析与预测（赠阅读卡）

易佐永　杨　秦　顾涧清 / 主编　　2014年5月出版　　估价：65.00元

◆ 本书由广州大学与广州市委宣传部、广州市人力资源和社会保障局联合主编，汇集了广州科研团体、高等院校和政府部门诸多社会问题研究专家、学者和实际部门工作者的最新研究成果，是关于广州社会运行情况和相关专题分析与预测的重要参考资料。

河南经济蓝皮书

2014年河南经济形势分析与预测（赠阅读卡）

胡五岳 / 主编　　2014年4月出版　　估价：59.00元

◆ 本书由河南省统计局主持编纂。该分析与展望以2013年最新年度统计数据为基础，科学研判河南经济发展的脉络轨迹、分析年度运行态势；以客观翔实、权威资料为特征，突出科学性、前瞻性和可操作性，服务于科学决策和科学发展。

陕西蓝皮书

陕西社会发展报告（2014）（赠阅读卡）

任宗哲　石　英　江　波 / 主编　　2014年1月出版　　估价：65.00元

◆ 本书系统而全面地描述了陕西省2013年社会发展各个领域所取得的成就、存在的问题、面临的挑战及其应对思路，为更好地思考2014年陕西发展前景、政策指向和工作策略等方面提供了一个较为简洁清晰的参考蓝本。

上海蓝皮书

上海经济发展报告（2014）（赠阅读卡）

沈开艳 / 主编　　2014年1月出版　　估价：69.00元

◆ 本书系上海社会科学院系列之一，报告对2014年上海经济增长与发展趋势的进行了预测，把握了上海经济发展的脉搏和学术研究的前沿。

皮书系列重点推荐　地方发展类

地方发展类

地方发展类皮书关注大陆各省份、经济区域，提供科学、多元的预判与咨政信息

社会建设蓝皮书
2014年北京社会建设分析报告（赠阅读卡）

宋贵伦 / 主编　2014年4月出版　估价:69.00元

◆ 本书依据社会学理论框架和分析方法，对北京市的人口、就业、分配、社会阶层以及城乡关系等社会学基本问题进行了广泛调研与分析，对广受社会关注的住房、教育、医疗、养老、交通等社会热点问题做了深刻了解与剖析，对日益显现的征地搬迁、外籍人口管理、群体性心理障碍等进行了有益探讨。

温州蓝皮书
2014年温州经济社会形势分析与预测（赠阅读卡）

潘忠强　王春光　金浩 / 主编　2014年4月出版　估价:69.00元

◆ 本书是由中共温州市委党校与中国社会科学院社会学研究所合作推出的第七本"温州经济社会形势分析与预测"年度报告，深入全面分析了2013年温州经济、社会、政治、文化发展的主要特点、经验、成效与不足，提出了相应的政策建议。

上海蓝皮书
上海资源环境发展报告（2014）（赠阅读卡）

周冯琦　汤庆合　王利民 / 著　2014年1月出版　估价:59.00元

◆ 本书在上海所面临资源环境风险的来源、程度、成因、对策等方面作了些有益的探索，希望能对有关部门完善上海的资源环境风险防控工作提供一些有价值的参考，也让普通民众更全面地了解上海资源环境风险及其防控的图景。

皮书系列 重点推荐

国别与地区类

拉美黄皮书
拉丁美洲和加勒比发展报告（2013~2014）（赠阅读卡）
吴白乙 / 主编　2014年4月出版　估价：89.00元

◆ 本书是中国社会科学院拉丁美洲研究所的第13份关于拉丁美洲和加勒比地区发展形势状况的年度报告。本书对2013年拉丁美洲和加勒比地区诸国的政治、经济、社会、外交等方面的发展情况做了系统介绍，对该地区相关国家的热点及焦点问题进行了总结和分析，并在此基础上对该地区各国2014年的发展前景做出预测。

澳门蓝皮书
澳门经济社会发展报告（2013~2014）（赠阅读卡）
吴志良　郝雨凡 / 主编　2014年3月出版　估价：79.00元

◆ 本书集中反映2013年本澳各个领域的发展动态，总结评价近年澳门政治、经济、社会的总体变化，同时对2014年社会经济情况作初步预测。

日本经济蓝皮书
日本经济与中日经贸关系研究报告（2014）（赠阅读卡）
王洛林　张季风 / 主编　2014年5月出版　估价：79.00元

◆ 本书对当前日本经济以及中日经济合作的发展动态进行了多角度、全景式的深度分析。本报告回顾并展望了2013~2014年度日本宏观经济的运行状况。此外，本报告还收录了大量来自于日本政府权威机构的数据图表，具有极高的参考价值。

美国蓝皮书
美国问题研究报告（2014）（赠阅读卡）
黄平　倪峰 / 主编　2014年6月出版　估价：89.00元

◆ 本书是由中国社会科学院美国所主持完成的研究成果，它回顾了美国2013年的经济、政治形势与外交战略，对2013年以来美国内政外交发生的重大事件以及重要政策进行了较为全面的回顾和梳理。

皮书系列
重点推荐

国别与地区类

国别与地区类

国别与地区类皮书关注全球重点国家与地区，提供全面、独特的解读与研究

亚太蓝皮书

亚太地区发展报告（2014）（赠阅读卡）

李向阳 / 主编　　2013年12月出版　　定价：69.00元

◆ 本书是由中国社会科学院亚太与全球战略研究院精心打造的又一品牌皮书，关注时下亚太地区局势发展动向里隐藏的中长趋势，剖析亚太地区政治与安全格局下的区域形势最新动向以及地区关系发展的热点问题，并对2014年亚太地区重大动态作出前瞻性的分析与预测。

日本蓝皮书

日本研究报告（2014）（赠阅读卡）

李　薇 / 主编　　2014年2月出版　　估价：69.00元

◆ 本书由中华日本学会、中国社会科学院日本研究所合作推出，是以中国社会科学院日本研究所的研究人员为主完成的研究成果。对2013年日本的政治、外交、经济、社会文化作了回顾、分析与展望，并收录了该年度日本大事记。

欧洲蓝皮书

欧洲发展报告(2013~2014)（赠阅读卡）

周　弘 / 主编　　2014年3月出版　　估价：89.00元

◆ 本年度的欧洲发展报告，对欧洲经济、政治、社会、外交等面的形式进行了跟踪介绍与分析。力求反映作为一个整体的欧盟及30多个欧洲国家在2013年出现的各种变化。

权威 前沿 原创

行业报告类 皮书系列 重点推荐

企业蓝皮书
中国企业竞争力报告（2014）（赠阅读卡）

金 碚 / 主编　　2014 年 11 月出版　　估价 :89.00 元

◆ 中国经济正处于新一轮的经济波动中，如何保持稳健的经营心态和经营方式并进一步求发展，对于企业保持并提升核心竞争力至关重要。本书利用上市公司的财务数据，研究上市公司竞争力变化的最新趋势，探索进一步提升中国企业国际竞争力的有效途径，这无论对实践工作者还是理论研究者都具有重大意义。

食品药品蓝皮书
食品药品安全与监管政策研究报告（2014）（赠阅读卡）

唐民皓 / 主编　　2014 年 7 月出版　　估价 :69.00 元

◆ 食品药品安全是当下社会关注的焦点问题之一，如何破解食品药品安全监管重点难点问题是需要以社会合力才能解决的系统工程。本书围绕安全热点问题、监管重点问题和政策焦点问题，注重于对食品药品公共政策和行政监管体制的探索和研究。

流通蓝皮书
中国商业发展报告（2013~2014）（赠阅读卡）

荆林波 / 主编　　2014 年 5 月出版　　估价 :89.00 元

◆《中国商业发展报告》是中国社会科学院财经战略研究院与香港利丰研究中心合作的成果，并且在 2010 年开始以中英文版同步在全球发行。蓝皮书从关注中国宏观经济出发，突出中国流通业的宏观背景反映了本年度中国流通业发展的状况。

住房绿皮书
中国住房发展报告（2013~2014）（赠阅读卡）

倪鹏飞 / 主编　　2013 年 12 月出版　　估价 :79.00 元

◆ 本报告从宏观背景、市场主体、市场体系、公共政策和年度主题五个方面，对中国住宅市场体系做了全面系统的分析、预测与评价，并给出了相关政策建议，并在评述 2012~2013 年住房及相关市场走势的基础上，预测了 2013~2014 年住房及相关市场的发展变化。

皮书系列 重点推荐 | 行业报告类

行业报告类

行业报告类皮书立足重点行业、新兴行业领域，提供及时、前瞻的数据与信息

房地产蓝皮书

中国房地产发展报告No.11（赠阅读卡）

魏后凯 李景国/主编　　2014年4月出版　　估价:79.00元

◆ 本书由中国社会科学院城市发展与环境研究所组织编写，秉承客观公正、科学中立的原则，深度解析2013年中国房地产发展的形势和存在的主要矛盾，并预测2014年及未来10年或更长时间的房地产发展大势。观点精辟，数据翔实，对关注房地产市场的各阶层人士极具参考价值。

旅游绿皮书

2013~2014年中国旅游发展分析与预测（赠阅读卡）

宋 瑞/主编　　2013年12月出版　　定价:69.00元

◆ 如何从全球的视野理性审视中国旅游，如何在世界旅游版图上客观定位中国，如何积极有效地推进中国旅游的世界化，如何制定中国实现世界旅游强国梦想的线路图？本年度开始，《旅游绿皮书》将围绕"世界与中国"这一主题进行系列研究，以期为推进中国旅游的长远发展提供科学参考和智力支持。

信息化蓝皮书

中国信息化形势分析与预测（2014）（赠阅读卡）

周宏仁/主编　　2014年7月出版　　估价:98.00元

◆ 本书在以中国信息化发展的分析和预测为重点的同时，反映了过去一年间中国信息化关注的重点和热点，视野宽阔，观点新颖，内容丰富，数据翔实，对中国信息化的发展有很强的指导性，可读性很强。

社会政法类　　皮书系列 重点推荐

社会保障绿皮书

中国社会保障发展报告（2014）No.6（赠阅读卡）

王延中 / 主编　2014 年 9 月出版　估价：69.00 元

◆ 社会保障是调节收入分配的重要工具，随着社会保障制度的不断建立健全、社会保障覆盖面的不断扩大和社会保障资金的不断增加，社会保障在调节收入分配中的重要性不断提高。本书全面评述了 2013 年以来社会保障制度各个主要领域的发展情况。

环境绿皮书

中国环境发展报告（2014）（赠阅读卡）

刘鉴强 / 主编　　2014 年 4 月出版　　估价：69.00 元

◆ 本书由民间环保组织"自然之友"组织编写，由特别关注、生态保护、宜居城市、可持续消费以及政策与治理等版块构成，以公共利益的视角记录、审视和思考中国环境状况，呈现 2013 年中国环境与可持续发展领域的全局态势，用深刻的思考、科学的数据分析 2013 年的环境热点事件。

教育蓝皮书

中国教育发展报告（2014）（赠阅读卡）

杨东平 / 主编　2014 年 3 月出版　估价：69.00 元

◆ 本书站在教育前沿，突出教育中的问题，特别是对当前教育改革中出现的教育公平、高校教育结构调整、义务教育均衡发展等问题进行了深入分析，从教育的内在发展谈教育，又从外部条件来谈教育，具有重要的现实意义，对我国的教育体制的改革与发展具有一定的学术价值和参考意义。

反腐倡廉蓝皮书

中国反腐倡廉建设报告 No.3（赠阅读卡）

中国社会科学院中国廉政研究中心 / 主编
2013 年 12 月出版　　估价：79.00 元

◆ 本书抓住了若干社会热点和焦点问题，全面反映了新时期新阶段中国反腐倡廉面对的严峻局面，以及中国共产党反腐倡廉建设的新实践新成果。根据实地调研、问卷调查和舆情分析，梳理了当下社会普遍关注的与反腐败密切相关的热点问题。

皮书系列 重点推荐　社会政法类

社会政法类

社会政法类皮书聚焦社会发展领域的热点、难点问题，提供权威、原创的资讯与视点

社会蓝皮书

2014年中国社会形势分析与预测（赠阅读卡）

李培林　陈光金　张　翼/主编　2013年12月出版　估价:69.00元

◆ 本报告是中国社会科学院"社会形势分析与预测"课题组2014年度分析报告，由中国社会科学院社会学研究所组织研究机构专家、高校学者和政府研究人员撰写。对2013年中国社会发展的各个方面内容进行了权威解读，同时对2014年社会形势发展趋势进行了预测。

法治蓝皮书

中国法治发展报告No.12（2014）（赠阅读卡）

李　林　田　禾/主编　2014年2月出版　估价:98.00元

◆ 本年度法治蓝皮书一如既往秉承关注中国法治发展进程中的焦点问题的特点，回顾总结了2013年度中国法治发展取得的成就和存在的不足，并对2014年中国法治发展形势进行了预测和展望。

民间组织蓝皮书

中国民间组织报告（2014）（赠阅读卡）

黄晓勇/主编　2014年8月出版　估价:69.00元

◆ 本报告是中国社会科学院"民间组织与公共治理研究"课题组推出的第五本民间组织蓝皮书。基于国家权威统计数据、实地调研和广泛搜集的资料，本报告对2012年以来我国民间组织的发展现状、热点专题、改革趋势等问题进行了深入研究，并提出了相应的政策建议。

经济类 | 皮书系列 重点推荐

西部蓝皮书

中国西部经济发展报告（2014）（赠阅读卡）

姚慧琴 徐璋勇/主编 2014年7月出版 估价：69.00元

◆ 本书由西北大学中国西部经济发展研究中心主编，汇集了源自西部本土以及国内研究西部问题的权威专家的第一手资料，对国家实施西部大开发战略进行年度动态跟踪，并对2014年西部经济、社会发展态势进行预测和展望。

气候变化绿皮书

应对气候变化报告（2014）（赠阅读卡）

王伟光 郑国光/主编 2014年11月出版 估价：79.00元

◆ 本书由社科院城环所和国家气候中心共同组织编写，各篇报告的作者长期从事气候变化科学问题、社会经济影响，以及国际气候制度等领域的研究工作，密切跟踪国际谈判的进程，参与国家应对气候变化相关政策的咨询，有丰富的理论与实践经验。

就业蓝皮书

2014年中国大学生就业报告（赠阅读卡）

麦可思研究院/编著 王伯庆 郭娇/主审
2014年6月出版 估价：98.00元

◆ 本书是迄今为止关于中国应届大学毕业生就业、大学毕业生中期职业发展及高等教育人口流动情况的视野最为宽广、资料最为翔实、分类最为精细的实证调查和定量研究；为我国教育主管部门的教育决策提供了极有价值的参考。

企业社会责任蓝皮书

中国企业社会责任研究报告（2014）（赠阅读卡）

黄群慧 彭华岗 钟宏武 张蒽/编著
2014年11月出版 估价：69.00元

◆ 本书系中国社会科学院经济学部企业社会责任研究中心组织编写的《企业社会责任蓝皮书》2014年分册。该书在对企业社会责任进行宏观总体研究的基础上，根据2013年企业社会责任及相关背景进行了创新研究，在全国企业中观层面对企业健全社会责任管理体系提供了弥足珍贵的丰富信息。

皮书系列
重点推荐

经济类

金融蓝皮书
中国金融发展报告（2014）（赠阅读卡）

李扬 王国刚/主编　2013年12月出版　定价:69.00元

◆ 由中国社会科学院金融研究所组织编写的《中国金融发展报告（2014）》，概括和分析了2013年中国金融发展和运行中的各方面情况，研讨和评论了2013年发生的主要金融事件。本书由业内专家和青年精英联合编著，有利于读者了解掌握2013年中国的金融状况，把握2014年中国金融的走势。

城市竞争力蓝皮书
中国城市竞争力报告No.12（赠阅读卡）

倪鹏飞/主编　2014年5月出版　估价:89.00元

◆ 本书由中国社会科学院城市与竞争力研究中心主任倪鹏飞主持编写，汇集了众多研究城市经济问题的专家学者关于城市竞争力研究的最新成果。本报告构建了一套科学的城市竞争力评价指标体系，采用第一手数据材料，对国内重点城市年度竞争力格局变化进行客观分析和综合比较、排名，对研究城市经济及城市竞争力极具参考价值。

中国省域竞争力蓝皮书
中国省域经济综合竞争力发展报告（2012~2013）（赠阅读卡）

李建平　李闽榕　高燕京/主编　2014年3月出版　估价:188.00元

◆ 本书充分运用数理分析、空间分析、规范分析与实证分析相结合、定性分析与定量分析相结合的方法，建立起比较科学完善、符合中国国情的省域经济综合竞争力指标评价体系及数学模型，对2011~2012年中国内地31个省、市、区的经济综合竞争力进行全面、深入、科学的总体评价与比较分析。

农村经济绿皮书
中国农村经济形势分析与预测(2013~2014)（赠阅读卡）

中国社会科学院农村发展研究所　国家统计局农村社会经济调查司/著
2014年4月出版　估价:59.00元

◆ 本书对2013年中国农业和农村经济运行情况进行了系统的分析和评价，对2014年中国农业和农村经济发展趋势进行了预测，并提出相应的政策建议，专题部分将围绕某个重大的理论和现实问题进行多维、深入、细致的分析和探讨。

经济类 | 皮书系列 重点推荐

经 济 类

经济类皮书涵盖宏观经济、城市经济、大区域经济，提供权威、前沿的分析与预测

经济蓝皮书
2014年中国经济形势分析与预测（赠阅读卡）

李 扬 / 主编　　2013年12月出版　　估价：69.00元

◆ 本书课题为"总理基金项目"，由著名经济学家李扬领衔，联合数十家科研机构、国家部委和高等院校的专家共同撰写，对2013年中国宏观及微观经济形势，特别是全球金融危机及其对中国经济的影响进行了深入分析，并且提出了2014年经济走势的预测。

世界经济黄皮书
2014年世界经济形势分析与预测（赠阅读卡）

王洛林　张宇燕 / 主编　　2014年1月出版　　估价：69.00元

◆ 2013年的世界经济仍旧行进在坎坷复苏的道路上。发达经济体经济复苏继续巩固，美国和日本经济进入低速增长通道，欧元区结束衰退并呈复苏迹象。本书展望2014年世界经济，预计全球经济增长仍将维持在中低速的水平上。

工业化蓝皮书
中国工业化进程报告（2014）（赠阅读卡）

黄群慧　吕 铁　李晓华 等 / 著　　2014年11月出版　　估价：89.00元

◆ 中国的工业化是事关中华民族复兴的伟大事业，分析跟踪研究中国的工业化进程，无疑具有重大意义。科学评价与客观认识我国的工业化水平，对于我国明确自身发展中的优势和不足，对于经济结构的升级与转型，对于制定经济发展政策，从而提升我国的现代化水平具有重要作用。

社会科学文献出版社　　皮书系列

"皮书"起源于十七、十八世纪的英国，主要指官方或社会组织正式发表的重要文件或报告，多以"白皮书"命名。在中国，"皮书"这一概念被社会广泛接受，并被成功运作、发展成为一种全新的出版形态，则源于中国社会科学院社会科学文献出版社。

皮书是对中国与世界发展状况和热点问题进行年度监测，以专家和学术的视角，针对某一领域或区域现状与发展态势展开分析和预测，具备权威性、前沿性、原创性、实证性、时效性等特点的连续性公开出版物，由一系列权威研究报告组成。皮书系列是社会科学文献出版社编辑出版的蓝皮书、绿皮书、黄皮书等的统称。

皮书系列的作者以中国社会科学院、著名高校、地方社会科学院的研究人员为主，多为国内一流研究机构的权威专家学者，他们的看法和观点代表了学界对中国与世界的现实和未来最高水平的解读与分析。

自20世纪90年代末推出以经济蓝皮书为开端的皮书系列以来，至今已出版皮书近1000余部，内容涵盖经济、社会、政法、文化传媒、行业、地方发展、国际形势等领域。皮书系列已成为社会科学文献出版社的著名图书品牌和中国社会科学院的知名学术品牌。

皮书系列在数字出版和国际出版方面成就斐然。皮书数据库被评为"2008~2009年度数字出版知名品牌"；经济蓝皮书、社会蓝皮书等十几种皮书每年还由国外知名学术出版机构出版英文版、俄文版、韩文版和日文版，面向全球发行。

2011年，皮书系列正式列入"十二五"国家重点出版规划项目，一年一度的皮书年会升格由中国社会科学院主办；2012年，部分重点皮书列入中国社会科学院承担的国家哲学社会科学创新工程项目。

社长致辞

我们是图书出版者，更是人文社会科学内容资源供应商；

我们背靠中国社会科学院，面向中国与世界人文社会科学界，坚持为人文社会科学的繁荣与发展服务；

我们精心打造权威信息资源整合平台，坚持为中国经济与社会的繁荣与发展提供决策咨询服务；

我们以读者定位自身，立志让爱书人读到好书，让求知者获得知识；

我们精心编辑、设计每一本好书以形成品牌张力，以优秀的品牌形象服务读者，开拓市场；

我们始终坚持"创社科经典，出传世文献"的经营理念，坚持"权威、前沿、原创"的产品特色；

我们"以人为本"，提倡阳光下创业，员工与企业共享发展之成果；

我们立足于现实，认真对待我们的优势、劣势，我们更着眼于未来，以不断的学习与创新适应不断变化的世界，以不断的努力提升自己的实力；

我们愿与社会各界友好合作，共享人文社会科学发展之成果，共同推动中国学术出版乃至内容产业的繁荣与发展。

社会科学文献出版社社长
中国社会学会秘书长

2014 年 1 月

社会科学文献出版社
SOCIAL SCIENCES ACADEMIC PRESS (CHINA)

社会科学文献出版社成立于1985年，是直属于中国社会科学院的人文社会科学专业学术出版机构。

成立以来，特别是1998年实施第二次创业以来，依托于中国社会科学院丰厚的学术出版和专家学者两大资源，坚持"创社科经典，出传世文献"的出版理念和"权威、前沿、原创"的产品定位，社科文献立足内涵式发展道路，从战略层面推动学术出版的五大能力建设，逐步走上了学术产品的系列化、规模化、数字化、国际化、市场化经营道路。

先后策划出版了著名的图书品牌和学术品牌"皮书"系列、"列国志"、"社科文献精品译库"、"中国史话"、"全球化译丛"、"气候变化与人类发展译丛""近世中国"等一大批既有学术影响又有市场价值的系列图书。形成了较强的学术出版能力和资源整合能力，年发稿3.5亿字，年出版新书1200余种，承印发行中国社科院院属期刊近70种。

2012年，《社会科学文献出版社学术著作出版规范》修订完成。同年10月，社会科学文献出版社参加了由新闻出版总署召开加强学术著作出版规范座谈会，并代表50多家出版社发起实施学术著作出版规范的倡议。2013年，社会科学文献出版社参与新闻出版总署学术著作规范国家标准的起草工作。

依托于雄厚的出版资源整合能力，社会科学文献出版社长期以来一直致力于从内容资源和数字平台两个方面实现传统出版的再造，并先后推出了皮书数据库、列国志数据库、中国田野调查数据库等一系列数字产品。

在国内原创著作、国外名家经典著作大量出版，数字出版突飞猛进的同时，社会科学文献出版社在学术出版国际化方面也取得了不俗的成绩。先后与荷兰博睿等十余家国际出版机构合作面向海外推出了《经济蓝皮书》《社会蓝皮书》等十余种皮书的英文版、俄文版、日文版等。

此外，社会科学文献出版社积极与中央和地方各类媒体合作，联合大型书店、学术书店、机场书店、网络书店、图书馆，逐步构建起了强大的学术图书的内容传播力和社会影响力，学术图书的媒体曝光率居全国之首，图书馆藏率居于全国出版机构前十位。

作为已经开启第三次创业梦想的人文社会科学学术出版机构，社会科学文献出版社结合社会需求、自身的条件以及行业发展，提出了新的创业目标：精心打造人文社会科学成果推广平台，发展成为一家集图书、期刊、声像电子和数字出版物为一体，面向海内外高端读者和客户，具备独特竞争力的人文社会科学内容资源供应商和海内外知名的专业学术出版机构。

权威·前沿·原创

社会科学文献出版社

皮书系列

2014年

盘点年度资讯 预测时代前程

社会科学文献出版社 学术传播中心 编制

在未签订劳动合同的人群中,有 4.24% 的人表示本人要求签合同但雇主不答应,37.48% 是因为雇主从没提起过,17.29% 的人根本不知道应该签合同,而认为没有必要签合同的人达到 34.2%。市场体制不健全,劳动市场双方权利和义务意识薄弱是导致流动人口就业缺乏保障的主要原因。

再看劳动强度,流动人口工作时间偏长。他们每周平均工作 6.38 天、平均每天工作 9.68 小时,有 55.6% 的人一周 7 天均在工作,21.5% 的人每天工作在 12 个小时及以上。可见,流动人口的工作强度非常大。

2. 收入低,主要支出为食品支出

流动人口中虽然有少数人收入高,但绝大部分的工资处在较低的水平(见表3)。其中,有一半的人上个月收入在 2800 元及以下,90% 的人在 5000 元及以下,平均收入为 3348 元。较低的收入水平使得流动人口的居住环境和生活质量难以提高,尤其是伴随着北京近几年房价不断上涨,大部分流动人口只能租住条件简陋、环境差的平房或地下室。调查显示,有 1/3 以上(36.08%)的人表示在北京生活的最大困难是收入低,还有近 20% 的人表示居住条件差是最大的困难(见表4)。

流动人口主要支出为食品支出。其中,80% 的流动人口其食品支出占总支出在 50% 及以上,有 53% 的流动人口食品支出占总支出在 66.67% 以上。食品支出比例高,说明流动人口生活水平较低。

3. 流动人口社会保障状况堪忧

北京市流动人口的社会保障状况较差,"五险一金"参加率较低。参与率最高的是医疗保险,也仅为 33.33%,其他社会保险都在 30% 以下,尤其是生育保险和住房公积金参与率不足 10%(见图1)。综合各项社会保险看,60% 左右的在京流动人口未参加任何一项社会保险,不在"五险"中任何一种的覆盖范围。而与此同时,可以看到,户籍人口各项社会保险参与率都远远高于流动人口,尤其是养老保险和医疗保险。流动人口中有 8% 的人认为缺乏医疗保障是在北京生活的最大困难(见表4)。社会保险参与率低,意味着流动人口在遇到突发状况时缺乏社会支持和制度支持,因此面临各类突发事件时将非常脆弱(见图1)。

表3　流动人口收入分布

单位：%

行业结构	样本量	比例
1500元及以下	607	13.01
1501~2500元	1643	35.23
2501~3500元	1169	25.06
3501~5000元	842	18.05
5001~8000元	253	5.42
8001~10000元	74	1.59
10001元以上	76	1.63
总　计	4664	100

表4　流动人口在北京生活的主要困难

单位：%

北京生活的主要困难分类	样本量	比例
人身安全没有保障	112	2.40
财产安全没有保障	39	0.83
居住条件差	870	18.62
购房困难	417	8.92
没有稳定的经营场所	100	2.14
收入太低	1686	36.08
工资被拖欠克扣	22	0.47
子女上学难	247	5.29
受歧视	82	1.75
服务态度和质量差	32	0.68
办证手续繁琐	61	1.31
落户难	54	1.16
没有医疗保障	374	8.00
没有就业保障	87	1.86
没有养老保障	36	0.77
找不到合适的结婚对象	20	0.43
没困难	342	7.32
其他	92	1.97
总　计	4673	100.00

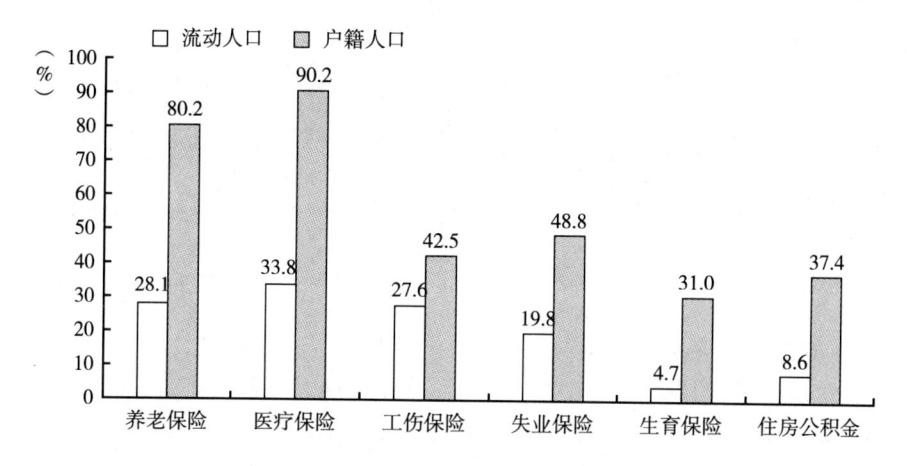

图1 流动人口"五险一金"参与状况

说明：数据来源于2010年流动人口动态监测调查数据。

4. 流动人口居住条件差

流动人口居住多以房屋租赁为主，租房费用是其生活支出的重要组成部分。北京流动人口居住环境较差，居住条件简陋。数据显示，51.35%的北京流动人口居住在城乡结合部，30.3%居住在城郊农村。从住房类型上看，有一半的人住在平房、临时建筑或地下室/半地下室中。

同时，流动人口住房内的生活条件也非常简陋，各类配套的基础设施拥有率低（见表5）。除自来水外，卫生间、厨房、洗澡设施作为基本的生活配套设施，拥有率不足50%，远远低于户籍人口的拥有率水平。在其他电器设施拥有率上，略好于基本生活配套设施，但与户籍人口相比仍有相当大的差距。

表5 流动人口住房内配套设施拥有率

单位：%

配套设施	流动人口	户籍人口	配套设施	流动人口	户籍人口
独立管道自来水	53.8	91.5	空调	44.2	82.7
独立卫生间	39.1	80.0	冰箱	46.1	95.4
独立厨房	40.1	85.9	洗衣机	51.3	92.0
独立洗澡设施	33.6	70.5	微波炉	27.1	72.3
彩电	85.4	98.7	电脑	50.7	76.6

注：数据来源于2010年流动人口动态监测调查。

（三）行为适应

行为适应指的是流动人口在行为上逐渐融入所在的社区，主动融入本地人的生活和文化中，参与当地活动，与当地人打交道，在各种社会行为上都逐渐与本地人趋同。鉴于动态监测数据调查收集的问题有限，难以测量流动人口在哪些行为上与本地人趋同，所以本部分主要讨论流动人口的社区参与度、社交网络与通婚。

1. 流动人口社区参与度低

社区是流动人口融入城市的立足点，然而流动人口融入社区的程度却相对较低。社区生活包括文化参与和政治参与。从文化参与上看，流动人口大多不会主动寻求参加社区活动，他们甚至对社区服务站提供的针对流动人口的专项服务不了解、不接受。大部分流动人口属于游离于社区生活之外的"边缘人"。他们参与最多的是社区公益活动，如献血、义工、募捐等，而其他类型的社区活动参与率均在15%以下（见图2）。

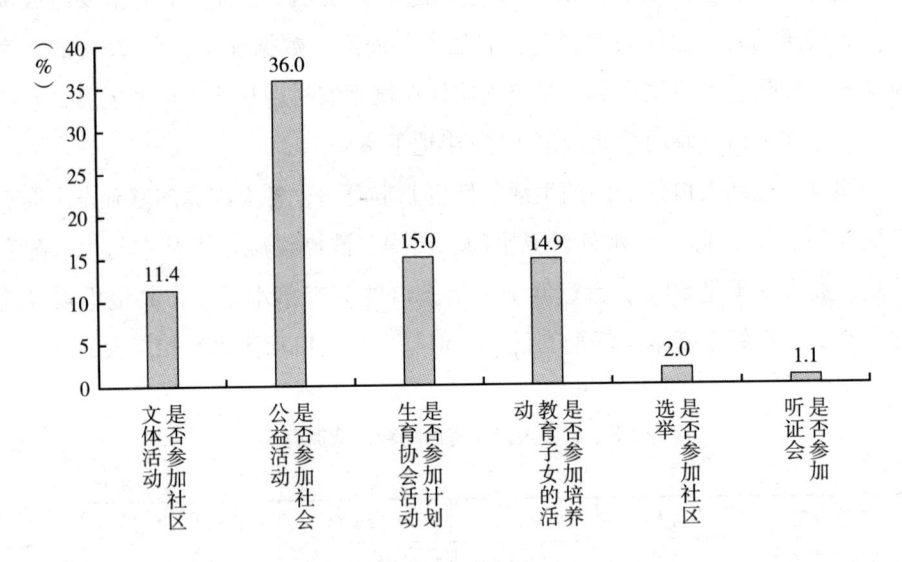

图2 流动人口社区活动参与状况

说明：数据来源于2010年流动人口动态监测调查。

对流动人口而言，政治参与几乎没有，流动人口很少参与社区的选举和社区的听证会（见图2）。政治参与率低与现行制度有关，他们一方面已经脱离了户籍地的政治体系；另一方面因为没有流入地市民的身份，所以无法行使政治权利。但要促进流动人口融入社区，政治参与也是一个关键指标。

另外，在问到对社区集体工作的关注程度时，有约70%的流动人口回答不太关注。流动人口社会参与度低，既反映了政府部门鼓励和引导流动人口参与社区活动的制度不健全，也反映了流动人口自身主动融入社区生活的意识不强。

2. 流动人口的社交圈窄

北京市流动人口的社会关系、社会网络和人际交往趋同性强、异质性低，主要存在于老乡、亲戚等同样的流动人口群体之中，或者围绕血缘、地缘等同质关系构成，而与北京本地人的交往很少。2012年北京市流动人口生存状态调查对流动人口的交往对象进行了明确区分，结果显示，60%的人业余时间跟老乡来往最多，接近30%跟其他外地人来往最多，而跟北京本地人来往比例非常少（见图3）。另一项调查①显示，有约2/3（65.7%）的北京市流动人口跟本地居民没有任何来往。

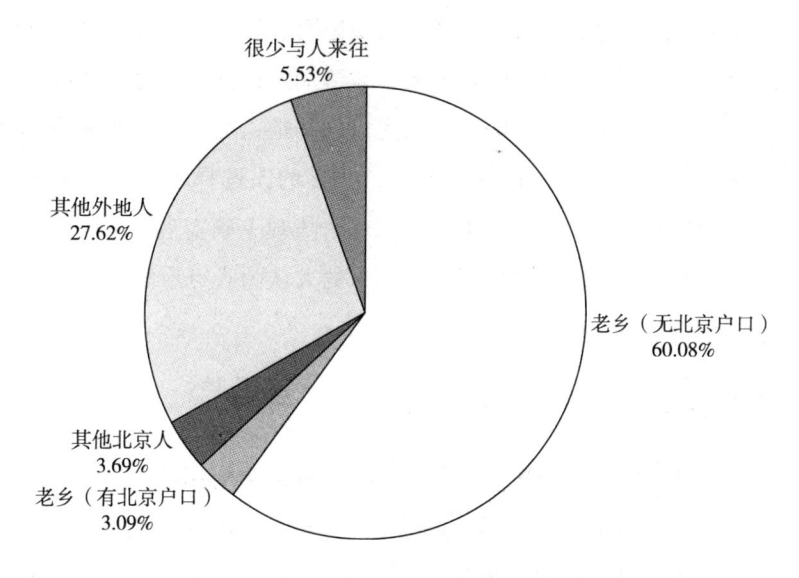

图3 流动人口业余时间来往最多性别人群

- 很少与人来往 5.53%
- 其他外地人 27.62%
- 其他北京人 3.69%
- 老乡（有北京户口）3.09%
- 老乡（无北京户口）60.08%

---

① 2009年中国人民大学人口与发展研究中心组织了流动人口调查，北京是其中的一个调查点。

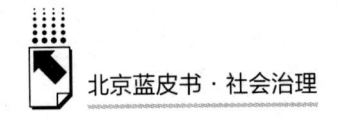

3. 流动人口很少与北京本地人通婚

通婚通常作为社会融合的最高程度，因为通婚意味着两个群体完全互相接纳。根据目前的数据，流动人口跟本地人通婚的现象比较少，在问到"您的熟人中，与本地人恋爱/结婚的多不多"，90%的人回答很少。

（四）文化接纳

正因为流动人口的社交网络围绕血缘、地缘等同质关系构成而与北京本地人交流较少，所以形成了一个相对封闭的圈子，他们的文化仍以乡土文化为主，而对北京的本地文化、主流文化缺少了解和融入。

文化接纳是个难以直接测量的指标，它体现在行为和观念的变迁上，是一个渐进的过程，需要综合多项指标进行分析评估。已有的流动人口调查中对流动人口文化接纳程度相关问题设置较少，2010年流动人口动态监测数据调查问到了流动人口对本地生活方式的态度，结果显示，大部分人（58.4%）能够认可并接受一部分，34.6%的人喜欢并完全接受，但也有7%的人完全不接受。生活方式只是文化的一部分，其他诸如婚育、教育、健康观念等价值观点还需要进行专门调查。但是从已有结果看，流动人口社会融合程度最大的障碍仍然在经济融合上，例如，在回答流动人口与本地人的差别主要表现在哪些方面时，前三项中有80%的人选择了住房，40%的人选择了收入。与此同时也可以看出，流动人口和本地人在生活习惯和价值观上确实也存在较大差别，有34.7%的人认为生活习惯存在差别，25.5%的人认为观点看法存在差别，还有11.65%的人认为语言差别大。

（五）心理感受

归属感和满意度是衡量流动人口社会融合度的重要指标，只有流动人口对所在地具有较强的归属感和较高的满意度，才能真正融入当地社会。

1. 工作满意度和生活满意度较高

从满意度看，对目前的工作或生活，表示不满意的在10%左右。另一项调查让流动人口对生活现状进行总体评分，平均得分为6.61，评分在5分及以下占24%，选择6~8分的人较多，合计占2/3，平均得分跟户籍人口一致。流动人口社会经济条件与本地人的差距为什么没有导致生活满意度明显偏低呢？这可能是由于流动人口所选择的参照组不同，他们把在流入地的生活与自己过去的农村生活以及现在仍在农村生活的同龄群体比较，会觉得生活条件更好，满意度也较高。有研究也证明，流动人口的参照组是可能发生变化的，当他们转而以当地户籍人口为参照组时，幸福感会明显下降，他们的幸福感比城市和农村人口都低①。

2. 流动人口融入城市的心理意愿强

2012 年北京市流动人口生存状况调查显示，90% 以上的流动人口喜欢自己所在的城市，近 90% 的人愿意融入到本地人中间去，85% 的人认为北京人愿意接受他们成为其中的一员。但是，另外有针对户籍人口的调查结果显示，有一半的人表示不喜欢这个城市的外地人，35.15% 的人不愿意与流动人口一起工作，59.35% 的人不愿意流动人口住在自家隔壁。流动人口较强的融入意愿和遭受到的本地人较强的排斥相互冲突，最终可能导致流动人口心理上的冲突和不适应，滋生失落感、挫败感和被剥夺感，对城市社会失去信心，无法真正融入城市社会。

3. 流动人口身份认同度低

身份认同是流动人口是否真正实现融合的关键性指标。但大部分流动人口根本不认为自己是北京人，而且也不认为自己会成为北京人。他们认为北京只是一个为了生存赚钱的"暂住地"，他们的家不在北京。2012 年流动人口生存状况调查有一道题为"我认为自己是北京居民"，约 70% 的人表示不同意。而另一项调查中②，80% 的人认为自己是"外地人"，而认为自己是"北京人"的仅占 6%。

同时，流动人口感受到的歧视程度也较高，超过 50% 的人感觉北京人总是瞧不起外地人，说明北京当地人还是有一定的排外心理，这也会进一步增加流动人口融入本地的难度。他们本身的社会经济地位比本地人低、价值观念和行为习惯与本地人有差别，加上遭受歧视和排斥，导致他们在心理上很难融入

---

① John Knight and Ramnat Gunatilaka. Great Expectations? The Subjective Well-being of Rural-Urban Migrants in China. *World Development*, 2009, 38 (1): 113 – 124.
② 见 2009 年中国人民大学人口与发展研究中心组织的流动人口调查。

本地。有近一半的人认为无论挣多少钱，也不可能成为本地的一员，说明流动人口在心理上的距离感还是非常强的。

制约北京市流动人口社会融合的主要因素：

流动人口社会融合较差并不是北京市遇到的特殊问题，我国各城市，尤其是流动人口规模大的城市都面临这个问题。这既与制度、政策有关，也与城市本身的社会管理、文化包容等有一定关系。对于北京，制约流动人口社会融合的因素主要有：

1. 户籍壁垒造成的二元隔离

以户籍制度为核心的城乡二元制度是产生于我国计划经济时代并一直延续至今的重要制度。虽然大规模的人口流动使这种制度受到冲击，但户籍制度与其捆绑在一起的就业、教育、医疗、社保等制度共同发挥作用，直接制约了流动人口与流入地的社会融合。尤其对于户籍制度严格的北京来说，户籍与更多切身利益挂钩、与各种利益捆绑更紧，户籍的含金量更高。而这种严格的户籍制度及与户籍相关的各种利益就直接将流动人口隔离在外，使流动人口在经济、社会、文化和心理上的融合举步维艰。

2. "分行并立"体制下的政府缺位

当前，北京市实行的是户籍人口与流动人口"分行并立"的管理体制，即户籍人口由户籍所在地负责全方位的日常管理和服务，流动人口则由街道、乡镇流动人口管理办公室负责提供以治安防范和出租房屋管理为主的有限的管理和服务。在这种管理体制下，政府往往充分考虑本地居民的利益而忽视流动人口，本地居民的各种利益保障健全，而流动人口的各种权益保障则相对薄弱甚至缺失。政府在流动人口权益保护上处于缺位状态，这就造成了流动人口在多方面处于不平等的弱势地位，从而极大影响了流动人口对本地的认同和融入。

3. 现行控制型管理方式

目前，北京市对流动人口的管理以控制型为主，形成了市、区县、乡镇（街道）、村（社区）四级较为健全的管理体系和较为成熟的管理模式，但这种控制型管理重管理轻服务，服务项目主要停留在信息采集、办证、验证、政策法规宣传等层面，而针对流动人口就业、子女就学、就医、社会救助等真正能够惠及流动人口的服务并不多。虽然控制型管理确实能够确保治安稳定和北京本地的发展，却不利于流动人口实现真正意义上的社会融合。

4. 北京人的"傲慢与偏见"

多年来，北京因其政策、区位、资源等优势而率先发展成为现代化城市，北京当地人也有较强的身份意识，甚至是优越感。他们并不喜欢外地人，认为流动人口挤占了公共资源，对外地人的排斥感较强。再加上流动人口和当地人在社会经济地位上的差距，居住上的隔离，导致流动人口与本地居民沟通交流少，两个群体很难相互融合。

5. 流动人口自身的弱势

流动人口自身职业技能低，人力资本、社会资本缺乏，是阻碍他们融入城市的另一大壁垒。人力资本弱直接表现在受教育程度上，2010年北京市第六次人口普查数据资料显示，在现有的北京市流动人口中，有一半以上的人只有初中及以下的文化程度，接受过高中教育的仅占1/5，而接受过大专及以上教育的仅占1/4（24.4%）。另外，流动人口接受的政府、单位或其他形式的职业培训也非常少，2010年流动人口动态监测调查数据显示，仅有26%的人接受过技能培训。

由于受教育水平低，职业技能不足，流动人口的就业、收入、居住、社交等受到直接的影响。大部分流动人口只能从事脏、累、苦的低技术含量工作，收入低、工作环境差，因而他们也只能负担条件差、生活设施简陋的住房费用，维持较低的生活水平。

四 推动北京市流动人口社会融合的政策建议

在统筹城乡发展、全面建成小康社会的新时期，推动流动人口的社会融合具有非常重要的意义。但流动人口的社会融合又是一项长期、艰难、复杂的过程，不可能一蹴而就。因此，我们必须做好长期准备，逐步完善相关制度设计、构建管理模式和创新管理方法，积极稳妥地分阶段有序推进相关工作，有效提高北京市流动人口的社会融合水平，从而为北京经济社会的长久健康发展创造良好的人口环境。具体来说，促进北京市流动人口社会融合，从政策角度看，应着重从以下几个方面努力。

（一）破除制度"樊篱"，降低户籍含金量

在户籍改革的大背景下，对于取消户籍制度的呼声越来越高。但就北京而言，一步到位完全废除户籍制度不现实而且作用有限。真正将流动人口阻隔在城市之外的不单单是户籍，更重要的是与户籍捆绑在一起的各种附加权益。因此，逐步剥离附加在户籍制度之上的就业、就医、子女上学、住房及社会保障等权益，从而降低户籍的含金量，远比放开户籍本身更有意义。在户籍制度本身改革选择上，北京应加快研究并实行居住证制度；以居住证作为流动人口享受各种权益和公共服务的有效凭证，保证流动人口可以享受与北京市民同样的资源、待遇和福利，真正从制度上清除流动人口市民化的阻碍。

（二）完善制度建设，保障流动人口权益

在逐步剥离附加在户籍制度上的各项权益的同时，还必须通过制度设计确保流动人口能够享受相应的权益。当前，流动人口最迫切需要解决的是就业、子女上学、医疗、住房等民生问题，因此，应优先完善流动人口就业、子女上学、医疗、住房等方面的制度。同时，要逐步扩大流动人口社会保障和社会救助的覆盖面，完善流动人口医疗保险、工伤保险、养老保险及最低生活困难补助等社会保障体系，并逐步过渡到统一的社会保障制度，真正消除流动人口社会融合的政策障碍。

（三）加强社会化管理方法的探索和创新

随着北京市流动人口规模的不断增长，单靠政府进行流动人口管理已远远不够，必须加快社会化管理方法的探索步伐。一方面，将社区打造成流动人口管理和服务的前沿阵地。社区是流动人口的立足之所，也是流动人口进行交流和实现融入的有效载体。应充分发挥社区的组织作用，利用社区开拓多元的沟通渠道、组织多彩的社区活动，将流动人口吸纳到社区活动中来，促进流动人口与本地人口的交流，实现二者的良性互动。另一方面，鼓励和引导流动人口建立自治组织，通过自我管理实现对个人行为的约束、对流动人口权益的有效维护和对流动人口社交圈子的有效扩展。

（四）加强正面宣传引导，营造促进融合的氛围

一方面，通过宣传教育引导北京本地人消除对流动人口的误解和偏见，促使他们从内心深处接纳流动人口，积极与流动人口沟通交流；另一方面，鼓励和引导流动人口主动参与社区活动、主动扩大人际交往网络、主动学习北京文化，培养"主人翁"意识，增强归属感和幸福感，从而从心底深处融入北京生活。

参考文献

John Knight and Ramnat Gunatilaka, Great Expectations? The Subjective Well-being of Rural-Urban Migrants in China, *World Development*, 2009, 38（1）：113 – 124.

北京市第六次全国人口普查领导小组办公室、北京市统计局、国家统计局北京调查总队：《北京市 2010 年人口普查资料》，中国统计出版社，2012。

北京市统计局、国家统计局北京调查总队：《2013 北京统计年鉴》，中国统计出版社，2013。

风笑天：《"落地生根"？——三峡农村移民的社会适应》，《社会学研究》2004 年第 5 期。

嘎日达、黄匡时：《西方社会融合概念探析及其启发》，《理论视野》2008 年第 1 期。

王桂新、沈建法、刘建波：《中国城市农民工市民化研究》，《人口与发展》2008 年第 1 期。

杨菊华：《从隔离、选择融入到融合：流动人口社会融入问题的理论思考》，《人口研究》2009 年第 1 期。

杨菊华：《流动人口在流入地社会融入的指标体系——基于社会融入理论的进一步研究》，《人口与经济》2010 年第 2 期。

杨菊华：《社会排斥与青年乡—城流动人口经济融入的三重弱势》，《人口研究》2012 年第 5 期。

张文宏、雷开春：《城市新移民社会融合的结构、现状与影响因素分析》，《社会学研究》2008 年第 5 期。

B.5 北京市精神疾病患者管控立法现状及完善建议

左袖阳*

摘　要： 北京近期发生的精神疾患肇事反映出对非京籍精神疾病患者管控的"真空"和对京籍精神疾病患者管控的部分"失效"问题。目前的法律责任不足以督促监护人勤勉履行监护职责。对精神疾病患者管控的立法完善，应该包括增加分类管理、调整监管主体范围和明确强制医疗实体条件。

关键词： 精神疾患　立法完善　责任定位

2013年7月17日，一名27岁山东籍男子孝某在北京市朝阳区大悦城广场东侧用刀先后捅伤一男一女（其中一名系外籍人士），二人均不幸当场死亡。行凶男子自称有精神病。① 2013年7月22日，一名50岁北京籍男子王某在北京市西城区马连道家乐福超市持刀杀伤四人，一名女性受害人因抢救无效死亡。② 一个月中连续发生2起精神病人伤人事件，精神病人的管控工作进入北京公众视野。

一　精神疾病患者管控的现实难题

其实在这两起事件之前，每年北京市都要处理一批精神疾病患者肇事案

---

* 左袖阳，北京市社会科学院副研究员，法学博士。
① 《北京大悦城一男子捅死1男1女　自称有精神病》，http://news.163.com/13/0718/02/941H7SP800011229.html，访问时间：2013年10月31日。
② 《北京警方：马连道持刀伤人者有精神病史》，http://news.163.com/13/0723/07/94EURI2A00014JB6.html，访问时间：2013年10月31日。

件。据西城区检察院统计，2009年12月至2013年6月，该院共审理精神病人犯罪案件20起20人，涉及罪名包括故意伤害罪8起8人、寻衅滋事罪4起4人、故意杀人罪2起2人、强奸罪2起2人。犯罪精神病人有四大共性：文化水平较低、无业、外地来京者居多、有前科劣迹者少，精神病人犯罪极少有预谋，多系偶发性犯罪。① 这两起连续精神疾病患者肇事案件，突出反映了当前北京市精神疾病患者管控的两方面问题，一是对非京籍精神疾病患者管控的"真空"，二是对基层（社区、家庭层面）精神疾病患者管控的部分"失效"。

目前指导北京市精神疾病患者管控工作的专门性立法，主要包括《中华人民共和国精神卫生法》和《北京市精神卫生条例》，后者作为地方性立法，规定北京精神卫生工作要遵循属地管理原则，坚持预防为主、防治结合、重点干预、广泛覆盖、依法管理的方针。

据从事过精神病人管理工作的人士介绍，大部分精神病人发病前是有异常表现的，比如不睡觉、不吃饭、情绪暴躁。精神病人肇事的，多半是因为监管机构或个人没有尽到监护责任。尽管《中华人民共和国精神卫生法》对医疗机构和其他社会组织的不作为或者乱作为规定了相应的法律责任，但对于监护人的法律责任，则仅包括民事责任：第78条："给精神障碍患者或者其他公民造成人身、财产或者其他损害的，依法承担赔偿责任……精神障碍患者的监护人遗弃患者，或者有不履行监护职责的其他情形的"，第79条："医疗机构出具的诊断结论表明精神障碍患者应当住院治疗而其监护人拒绝，致使患者造成他人人身、财产损害的，或者患者有其他造成他人人身、财产损害情形的，其监护人依法承担民事责任。"② 北京市2006年制定了《北京市精神卫生条例》③ 虽然在第33条中规定，"精神疾病患者的监护人或者近亲属应当履行下列职责：（一）妥善看管、照顾精神疾病患者，防止其伤害自身、危害他人或

---

① 北京检察官建议备案管理精神病人，http：//www.chinapeace.org.cn/2013 - 07/29/content_8437682.htm，访问时间：2013年10月31日。
② 王建琦：《精神病人伤人曝立法缺失》，《法制晚报》2013年7月23日。
③ 该部立法出台之前，北京市卫生局对全市精神疾病患者医疗管理状况进行了调研，结果显示，全市70%的精神疾病病人处于医疗管理失控状态。本立法虽然经过了数年的实施，但精神疾病患者的管理状况仍然不是十分乐观。尤其是北京人口成分复杂，相当部分属于外来流动人口，其中混杂的精神疾病患者无法纳入到本地管理体系中，脱管、漏管形势更为严峻。

者社会；（二）根据医嘱，督促精神疾病患者接受治疗，为需要住院治疗的患者办理住院手续；（三）为经诊断可以出院的精神疾病患者办理出院手续；（四）帮助精神疾病患者接受康复治疗或者职业技能培训；（五）法律、法规规定的其他职责"，但在法律责任部分没有强调监护人或者近亲属未履行职责的相应责任，仅规定"违反本条例的规定，有下列行为之一，给精神疾病患者的人身、财产造成损害的，应当依法承担民事责任；构成犯罪的，依法追究刑事责任：……（二）监护人未履行职责的……"因此，精神疾病患者的监护人或者近亲属不履行或者不充分履行监护职责的，所形成的法律责任主要是民事上的。

从重症精神病人的监护主体来看，要么是监护人监护，要么是政府监护。我国《民法通则》规定，无民事行为能力或者限制民事行为能力的精神病人，由下列人员担任监护人：（一）配偶；（二）父母；（三）成年子女；（四）其他近亲属；（五）关系密切的其他亲属、朋友愿意承担监护责任，经精神病人的所在单位或者住所地的居民委员会、村民委员会同意的。没有上述监护人的，由精神病人所在单位或者住所地的居民委员会、村民委员会或者民政部门担任监护人。从法律的规定来看，对精神病人的监护主体规定得十分周延，直系亲属、其他近亲属、有监护意愿的亲朋，几乎囊括了精神病人身边的所有人，在上述主体都不能履行监护职责时，作为兜底的居民委员会、村民委员会或者民政部门充当精神病人的监护人。然而这些规定存在着一个比较大的漏洞，即现行体制下的居民委员会、村民委员会属于自治性组织，缺乏监护精神病人的相应机制匹配，一旦精神病人有关的亲友无力或者不能承担监护责任，"精神病人的所在单位、所在地的居委会或村委会既无专项经费又无专人负责履行政府监护职责，导致对精神病人的监护失控，大多数精神病人处于'放任自流'的状态，被直接推向社会，成为危害社会安全的'定时炸弹'。"①

对精神病患者监护主体设置的现有法律责任，作为最普遍的民事责任，显然并不足以督促其勤勉履行监护职责。民事责任的设置使得对精神病人肇事肇祸行为的预防变为"事后预防"，即仅赔偿因肇事行为而遭受损失的被害人。

---

① 云山城：《易肇事肇祸精神病人救治管控研究》，《中国人民公安大学学报》（社会科学版）2011年第5期。

即使日常发现监护主体没有尽到监护职责的，在没有造成实质性损害时，也无法追究其任何监管责任。而且，由于目前一些精神疾病治疗成本相对较高，因病致贫的例子不在少数，对于这部分人群，其本身也是社会弱势群体，经济条件欠佳，追究监护主体的民事赔偿责任已经意义不大。而作为最高责任的刑事责任，所能适用的仅包括遗弃罪，在适用上较为谨慎，构成犯罪要求"情节恶劣"，目前尚无文件规定何种情况属于"情节恶劣"，一般认为"应根据遗弃行为的方式、行为对象、结果等进行综合判断。例如，多次遗弃被害人的，遗弃行为对被害人生命产生紧迫危险的，遗弃行为致人伤亡的，孤儿院、福利院管理人员将多名孤儿、患儿等送往外地的"[1]。但追究精神病患者监护主体的刑事责任，同样也属于事后性预防措施，起不到精神病患者肇事事前预防的效果。

另外，依据《中华人民共和国刑法》第18条规定，经法定程序鉴定确认，精神病人肇事是出于不能辨认或者不能控制自己行为原因的，不负刑事责任。但是应当责令其家属或者监护人严加看管和医疗；在必要的时候，由政府强制医疗。但是对何种情况属于"必要的时候"，并没有规定。2013年施行的《刑事诉讼法》设立专门一章"依法不负刑事责任的精神病人的强制医疗程序"，对肇事但不负刑事责任的精神病人的强制医疗进行了程序上的补充完善，但对何种情况属于"必要的时候"，并没有做出明确规定，现实中执行起来很大程度上取决于法官的自由裁量，既不利于司法公正，也不利于精神疾病患者的强制治疗开展。

二 对精神疾病患者管控立法的完善

虽然精神疾病患者监护工作大部分应由监护人近亲属等自主个人承担，但这不意味着将精神疾病患者的管控工作可以完全交给监护人等主体。事实上，近期发生的精神疾病患者肇事事件，都提醒我们应该建立切实可行的分级分类监护制度，尤其是精神疾病患者自主监护的配套机制建设，同时必须完善精神病人强制医疗的实体性条件，从而改变部分精神疾病患者失控状态。

---

[1] 张明楷：《刑法学》，法律出版社，2011，第776页。

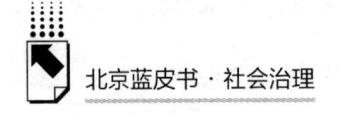

（一）增加对精神疾病患者分级管理

针对精神疾病患者实行分级分类管理，并非新概念。国外多采取对精神病人实行分级管理的办法。这一做法的好处在于，可以集中比较有限的管理资源实现最好的管理效果。北京市也有对精神疾病患者进行分级管理的倡议，如2010年全市精神卫生工作联席会在海淀区调研时，就有提出借鉴国外模式，对精神疾病患者按照风险评估实行分级管理的主张。时任市卫生局副局长邓小虹认为精神病在所有疾病当中位居社会负担第一位，国际上普遍采取风险评估分级化管理，如红色级别患者需要送到专科精神卫生机构医治，黄色级别患者需要送到区县级别的防治机构，而绿色级别患者在家庭或社区康复即可。

在三类分级管理模式中，需要解决两个主要问题，其一，是精神疾病患者患病程度的分级标准问题，即按照什么标准将精神疾病患者分为红、黄、绿三级。其二，是精神病患者的自主管理问题，即精神疾病患者的社区或家庭康复管理问题，尤其以重症精神疾病患者社区、家庭康复管理为重中之重。其中前者主要依据精神病学标准，根据精神疾病患者辨认和控制自己行为的能力程度以及精神疾病患者的暴力倾向等进行划分。而后者则是当前精神疾病患者管理的重点所在。目前已经暴露出来的精神疾病患者肇事案件，多数情况下都是因为重症精神疾病患者在社区或家庭康复过程处在放任自流的状态，缺乏对此过程必要的监督管理所致。根据《精神卫生法》的规定，精神障碍的住院治疗实行自愿原则，只有在如下情况下才采取强制住院，即诊断结论、病情评估表明就诊者属严重精神障碍患者，且已经发生伤害自身或者危害他人安全的行为，或者有伤害自身或者危害他人安全危险的。

（二）改变精神疾病患者管控主体问题

解决精神疾病患者社区、家庭康复问题。

1. 对精神疾病患者康复治疗责任进行重新定位

过去一段时间，精神疾病患者基本上被归为个人问题，社会对此的关注和投入在覆盖和效率上都是有限的，这一现状的体现是2012年全国人大常委会《精神卫生法》第6条，其规定"精神卫生工作实行政府组织领导、部门各尽其责、家庭和单位尽力尽责、全社会共同参与的综合管理机制"。2007年北京市人大常委会制定的《北京市精神卫生条例》第3条规定："建立政府领导、部门合作、社会参与的工作机制。"除了部门尽其责任外，家庭和单位成为精神疾病患者管控的主要力量，社会的定位只是参与管理。究其原因，主要是因为精神疾病比较罕见，过去一直多是作为内部问题由家庭和单位自行承担对精神疾患成员的管理治疗工作。尽管管理部门也对精神疾病患者康复治疗进行了针对性地调研和立法，如2011年北京市人大常委会制定通过的《北京市实施〈中华人民共和国残疾人保障法〉办法》，对重症精神疾病患者的医疗费用开支问题进行了充分保障，规定"对重性精神疾病患者实行基本药物免费制度。重性精神疾病患者基本药物费用中由基本医疗保险基金支付以外的个人负担部分，由政府给予全额补贴。具体办法由市卫生行政部门会同财政、人力资源和社会保障、民政等行政部门和市残疾人联合会制定"。但总体而言，从管理者层面来看，精神疾病患者的康复主要是其家庭、近亲属的职责，政府在解决该问题上只是提供协助的工作，帮助解决一些实际问题。然而，这种定位与精神疾病患者的社区、家庭康复现实并不完全吻合。在家庭、近亲属年富力强或者是极富责任心的情况下，这种定位是不存在问题的。一旦来自家庭、近亲属的管理工作薄弱，而相对来说由政府接手的标准又过高（即前述的要求精神疾病患者已经实施了违法犯罪行为），精神疾病患者就会"两头"靠不着，[①]处在管理薄弱的状态之中，如果恰好处于发病期，就容易发生肇事行为，给自己或他人造成伤害。

因此，应当将精神疾病患者的康复管理责任定位为政府组织领导，部门各尽其责，家庭、单位和社会共同协力。这样的定位，目的在于充分调动居民委员会、村民委员会等基层自治组织在管理本辖区内精神疾病患者的主动性，通过增加制度容量，将家庭、单位和基层组织三股力量整合起来，防止因为某一方面原因导致精神疾病患者管控弱化。这样的调整，固然有着防止精神疾病患

---

① 如前所述，虽然《民法通则》规定所在地居民委员会、村民委员会或民政部门在近亲属、亲友都不担任监护人的情况下应该承担起监护职责，但由于责任定位原因，长期以来，缺少相应的制度保障，居民委员会、村民委员会在多大程度上、以何种形式起到监护责任，没有明确方向。

者肇事的考虑，但根本上是出于强化社会对精神疾病问题重视的考虑。因为严重精神疾病虽然可能只是个别家庭自己的问题，但广义上的精神疾病同时也深深地影响了整个社会，据2010年的一项权威统计，我国广义精神病患超1亿，重症人数逾1600万，① 但是社会上一般人对精神疾患的认识仍停留在严重精神疾患的层面，对精神疾患的重视不足，导致了许多精神疾患问题被忽视，一旦有合适条件的刺激，就会引发严重事件。

2. 需要建立家庭、单位、社会协力的相应制度

在责任定位变化的同时，需要增加相应的制度设计。前文两起精神病人肇事案件发生后，北京市卫生行政部门提出要针对精神病人中途康复结构确实的情况，出台精神疾病患者社区康复管理方案。而家庭、单位、社会协力的制度设计，可以包括如下方面。

一是建立专门性医疗机构与基层组织之间的管控沟通机制。现有的北京市立法规定"区、县精神疾病预防控制机构应当对重性精神疾病患者建立档案，并将重性精神疾病患者信息通报社区卫生服务机构和街道办事处、乡镇人民政府。街道办事处、乡镇人民政府应当及时了解本辖区重性精神疾病患者的情况，并与精神疾病预防控制机构建立患者信息沟通机制。区、县精神疾病预防控制机构和社区卫生服务机构应当定期访视重性精神疾病患者。居民委员会、村民委员会应当协助进行定期访视，并根据精神疾病患者的病情需要，协助其进行治疗"。对重性精神疾病患者的管理主要责任安排在区县精神疾病预防控制机构和社区卫生服务机构，然而由于重性精神疾病患者日常活动范围主要是在所在的小区内，因此，居民委员会、村民委员会实际上是与精神疾病患者打交道最多的部门，现有的制度实际上忽视了这一现实，而将沟通机制建立在街道办事处、乡镇人民政府层面，居民委员会、村民委员会充当协助访视、治疗的角色，却没有和专门性医疗机构建立起沟通机制，其结果是精神疾病患者变化情况（包括治疗情况、人员增减情况等），实际接触最多的部门并不掌握。这不利于基层精神疾病患者管理工作的展开。

---

① 《中国精神病患超1亿：中国缘何成了精神病大国》，http://health.ifeng.com/psychology/analysis/detail_2010_07/21/1811130_0.shtml，访问时间：2013年10月31日。

二是明确基层社会组织对精神疾病患者访视的频率和方式。虽然目前北京市立法规定了定期访视内容，但定期访视的频率和方式并没有细化。笔者以为，定期访视是重性精神疾病患者日常管控的重点工作之一。只有通过专业医学人士的访视工作，才能够细致了解精神疾病患者近期治疗状况和康复状况，对病情恶化的及时发现并提出是否需要强制医疗的建议，从一定程度上消除精神疾病患者失管失控的情况。笔者以为，访视的频率以一月一次，访视的方式以面对面访视为宜。应该禁止电话访视、书面访视这种形式。

三是增加精神疾病患者失管及时报告制度。目前立法上并没有明确精神疾病患者失管报告制度，以至于精神疾病患者流入流出后，流入地和流出地管理部门均不掌握。据不完全统计，北京市目前实有人口在两千万以上，其中几乎一半人口属于外来流动人口。尽管《北京市精神卫生条例》确立的是属地管理的原则。但由于流动精神疾病患者的因素，对精神疾病患者的管控仅仅依靠属地管理，显然是不够的。从前述西城检察院总结的数据来看，精神疾病患者肇事案件以外地来京人员居多，这就表明，对精神疾病患者的管控是全国性的问题，仅仅加强北京市区域性管控，并不能从根本上遏制、降低精神疾病患者肇事的可能，因为从人口自由流动的角度来说，不可能对流入北京的外地人口进行专门的精神疾患的筛查。而非京籍人员来京无论出于工作、生活、求学、就医等何种目的，都没有制度要求或者强制其向当地精神卫生机构报告病症，这就实际导致了对非京籍精神疾病患者的管理真空问题。而这一问题，必须在形成行之有效的全国性的精神疾病患者社区、家庭康复系统的基础上，实现基层社会管理组织对本地区精神疾病患者有效掌控的前提下，方能得到有效的解决。因此，应当增加及时报告制度，以督促后续措施的及时跟进，缩短精神疾病患者失管的时间。

（三）明确精神疾病患者强制医疗的实质条件

《刑事诉讼法》第284条规定："实施暴力行为，危害公共安全或者严重危害公民人身安全，经法定程序鉴定依法不负刑事责任的精神病人，有继续危害社会可能的，可以予以强制医疗。"《精神卫生法》规定，诊断结论、病情评估表明就诊者属严重精神障碍患者，且已经发生伤害自身或者危害他人安全

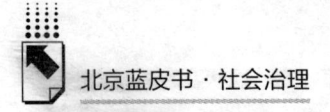

的行为，或者有伤害自身或者危害他人安全危险的。

　　这两个立法规定所明确的精神疾病患者强制治疗的实质性条件基本是一致的，即精神疾病患者有伤害自己或者他人的行为或危险的，可以予以强制医疗。已经发生危害自己或者他人行为的，是客观事实，比较好判断。而有危害自己或他人的危险的，应该是根据精神病学诊断鉴定，确实有危害自己或者他人可能性的，才可以认定为此类危险。此外，笔者以为，强制治疗的条件还应该包括重性精神疾病患者虽然没有危害自己或者他人的危险，但是没有合适的监护人，进行社区康复不能保证其治疗康复效果的，也应纳入强制医疗的必要性条件。

北京市预防青少年毒品滥用的制度现状、模式与完善

包 涵*

摘　要： 青少年毒品滥用是较为突出的社会问题。青少年的心智和经历尚未完全成型，社会文化的多元化以及毒品滥用种类的变化，直接影响青少年滥用毒品的规模及样态。作为仍旧存在更生可能的青少年，法律和政策应以教育和矫正为主，在防治青少年毒品滥用的策略上，应当以"事前预防"为主要手段。针对青少年群体的现实状况，应当在宣传教育的主体、机构设置以及宣传手段和内容上与其他受众相区别，以求获得更为良好的效果。

关键词： 青少年　毒品滥用　预防教育　宣传手段

"青少年"既是社会学概念和研究对象，也是法律所规范的现实主体，青少年在年龄、生理和心理状态都有别于成年人，并且拥有在自然规律上"不可捉摸和确定的未来"。因此，对于青少年而言，无论是社会政策、法律乃至于基本的道德共识，都侧重于从青少年成长所需要的方面加以体现和重视，在社会观念允许的范围内，对青少年尽可能施以宽缓和福利。对青少年的"越轨"行为，在社会观念上也一般以教育和矫正为主，并不施以严重的惩戒，

---

* 包涵，中国人民公安大学侦查学院讲师，中国人民大学刑法学博士。主要研究方向为刑法学、禁毒学。

且大多从青少年的成长历程中予以重视和关注。对于青少年毒品滥用问题的解决渠道上，我们依然保持了同样的态度。然而，由于毒品滥用的成因和方式与青少年常见的其他越轨行为不同，具有较为特殊的属性，需要在对待方式和制度考量上有差异性的认识和设计。

一 青少年毒品滥用的特点

青少年毒品滥用的特点是由青少年的身心状况以及在社会中毒品滥用趋势决定的。目前看来，青少年毒品滥用的特点较之于成年人具有较为独特的表现。

（一）低龄低智化趋势日益显现

由于社会的不断发展，信息传播方式发生重大变化，同时伴随着传统的价值观念被多元文化泛化和取代，青少年接触毒品的渠道日益增多，青少年毒品滥用体现出低龄化和低智化特点。2003年《国家药物滥用监测年度报告》统计，20岁以下次滥用毒品者占整个青少年（35岁以下）的19.9%。其中，主动滥用毒品年龄最小者仅为7岁。[1] 而2008年的统计显示，当年的"90后"（即18岁以下的青少年）吸毒人数为1.7万人，2009年这一数字迅速增长至3.7万人，增长率115%。而在滥用毒品的青少年中，又体现出低智化的特点。滥用毒品的青少年，大多处于脱离家庭、学校和社会的有效管理，长期接触不良信息影响或者受亚文化现象的误导，由于接受的知识偏少，文化素养较低，缺乏抵御毒品的认识能力。一项对4328名吸毒人员的调查表明，初中及以下文化程度者所占比例达88.77%，而其中35岁以下的所占比例达83.36%。

（二）滥用毒品种类以合成毒品为主

从大的趋势看，毒品流行的种类是在由传统毒品向合成毒品转化的。由于

---

[1] 国家食品药品监督管理总局（CFDA）：《国家药物滥用监测年度报告》（2003），http：//www.qsn365.com/qsn365/articles/547。

传统毒品毒性较大，具有较强的戒断反应和生理依赖性，因此在新兴的毒品市场上，合成毒品成为滥用的主要对象。根据《中国禁毒报告》（2013）的统计，2012 年，全国缴获的毒品中，冰毒、氯胺酮等类型的合成毒品占到绝大多数（分别为 16164.14 千克和 4716.58 千克），而传统毒品例如海洛因、鸦片的数量已经远远不及合成毒品（分别为 7287.09 千克和 844.70 千克）。由于合成毒品生理依赖性较小，价格便宜，同时符合青少年群体消费的观念，因此合成毒品成为青少年滥用毒品的主要种类。根据公安部的统计，"90 后"毒品滥用者在 2009 年滥用冰毒人数为 1.55 万，同比增长近 2 倍；滥用氯胺酮人数 1.07 万，同比增长 74.6%。2009 年北京 1～5 月查获 1674 名吸毒人员，新发现的 918 名，其中 18～35 岁滥用冰毒为主的男性吸毒人员占 76.1%。[1] 正是鉴于青少年滥用合成毒品快速增长，2012 年国家禁毒办确定的全国禁毒宣传主题是"青少年和合成毒品"。

（三）与毒品违法犯罪活动结合紧密

与经济来源相对稳定以及社会关系较为牢固的成年人相比，青少年滥用毒品者基于脱离家庭、学校和社会时间较长，缺乏相应的生存手段和经济来源，以及价值观与正常的社会观念冲突等原因，造成青少年的毒品滥用与犯罪活动结合紧密。一部分青少年为了筹措毒资，不得不以贩养吸，或者直接投身毒品犯罪网络，实施毒品犯罪活动；而一部分女性青少年则走上卖淫、盗窃等违法犯罪道路。北京市高级人民法院的统计数据显示，2003 年 1 月至 2004 年 5 月，北京市各级法院审结的毒品类罪犯 873 人中，作案时年龄已满 16 周岁不满 18 周岁的 6 人，已满 18 周岁不满 25 周岁的有 106 人，占罪犯总数的 12.8%。[2] 2009 年全国共抓获"90 后"毒品犯罪嫌疑人 5375 名，同比增长 88%，占全国抓获毒品犯罪嫌疑人总数的 5.9%；破获"90 后"人员参与毒品犯罪案件 5166 起，同比增长 88.1%，占全国破案总数的 6.6%；缴获毒品 2.77 吨，同比增长 18.9%，占全国缴毒总数的 4.1%。

---

[1] 胡剑：《北京市青少年禁毒经济对策研究》，《经济师》2012 年第 5 期。
[2] 朱宇：《青少年毒品犯罪的原因及对策》，《湘潭师范学院学报》（社会科学版）2006 年第 2 期。

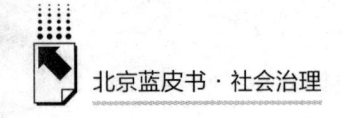

二 北京市禁毒宣传教育工作主要做法

鉴于禁毒宣传教育在与青少年滥用毒品现象斗争中的重要前端预防地位，北京市历来重视对青少年群体的禁毒宣传教育工作。

一是定期组织"北京青少年禁毒夏令营"活动。组织在校青少年参观禁毒展，观看禁毒教育宣传片，参观强制戒毒所，了解戒毒人员生活。同时安排禁毒志愿者对参加夏令营的青少年进行相关培训，鼓励这些"禁毒小教员"运用学到的禁毒知识深入所在社区开展禁毒宣传活动，成为青少年禁毒宣传教育的志愿者和传播禁毒知识的"火种"，利用学校升旗仪式，班队会时间，在学校进行禁毒知识宣讲，广泛开展远离毒品教育活动。①

二是组织青少年禁毒"社区禁毒大讲堂""禁毒科普小课堂"等活动。聘请专业人员利用周末时间走入社区，对社区青少年及家长进行禁毒知识宣讲，普及提高青少年及家长对毒品危害程度的认识，通过互动式授课、参与式培训、禁毒宣誓等形式，将青少年禁毒宣教工作延伸到社区。由北京市禁毒办主办，北京市禁毒教育基地管理中心承办开展"禁毒宣传教育进课堂"，聘请专业教师走进中小学校，设立专门禁毒宣教课程，以观看幻灯片，播放禁毒动画片，情景再现互动游戏"毒贩诱导青少年吸毒及如何拒绝"等形式，对中小学学生进行禁毒宣教工作。

三是成立高校禁毒联盟和网络禁毒宣传窗口。2013年国际禁毒日当日，由北京大学、北京师范大学、中央戏剧学院、北京电影学院、中国传媒大学、中国人民公安大学、北京第二外国语大学和北京青年政治学院等8所高校结成"禁毒教育高校公益联盟"，该联盟在国家禁毒委员会办公室指导下，由中国禁毒基金会、中国药物滥用防治协会、北京禁毒委员会办公室、北京市禁毒教育基地管理中心联合发起，旨在利用高校在创新、艺术、传播等领域的智力资源和影响力，探索毒品预防教育的新模式，创作有感染力的禁毒文化产品和组

---

① 赵艳红：《珍爱生命 远离毒品 北京市启动青少年禁毒教育夏令营活动》，http：//legal.people.com.cn/n/2013/0825/c42510-22685409.html，访问时间：2013年10月31日。

织形式新颖的创意活动,把毒品预防教育与大学生社会实践和专业实践相结合,实现禁毒理念的深入渗透,倡导阳光生活从我做起的健康生活理念和传递正能量的公益志愿服务精神,提高大学生自觉抵御毒品和高危行为的观念,以及主动传播禁毒文化和健康生活方式的意识与能力。同时利用重点高校和名校的影响力将主题活动和公益文化产品推向社会,扩大禁毒文化和毒品预防教育的辐射范围和传播深度。[①]

三 当前青少年毒品滥用宣传教育模式与缺陷

面对日益严重的毒情,我国已经建立起一套形式上较为完善的禁毒宣传教育机构,并且在现有机构和人员较为固定的基础上逐渐完善和丰富宣传教育手段。这一套措施虽然在建立之初起到了一定作用,但是由于世易时移,青少年毒品滥用的样态不断变化,已经体现出力不从心的端倪。因此根据毒情趋势发展和青少年毒品滥用现状,总结现有的禁毒宣传教育的内容,分析其存在的缺陷,对于改良和完善现有的禁毒宣传教育模式,具有重要作用。在《联合国禁止非法贩运麻醉药品和精神药物公约》第十四条之4中,联合国对于消除毒品影响确定了三个重要原则,即"缔约国应采取适当措施,消除或减少对麻醉药品和精神药物的非法需求,以减轻个人痛苦并消除非法贩运的经济刺激因素"。对于青少年群体来说,"减少非法需求和减轻个人痛苦"是国家在禁毒政策上的首要选择。原因在于青少年是国家建设和发展的主要力量,且群体规模较大,身心发育和社会层级都处于相对较低的水平,是毒品滥用的"易感人群",而从社会稳定以及在禁戒毒品中的成本消耗来看,采用"事前预防"的策略较为合理。

(一)青少年禁毒宣传教育的模式

从2005年发动"禁毒人民战争"以来,我国的禁毒体系一直都力图从社

---

① 《6·26八高校启动"禁毒高校公益联盟"》,http://www.bjjdzx.org/181/2013-06-26/58149.htm,访问时间:2013年10月31日。

会各个层面进行毒品防治工作，从宣传教育、禁吸戒毒、打击犯罪、易制毒化学品管制、国际合作等方面全方位开展禁毒工作。其中的宣传教育是从社会化角度对于禁毒工作最为有益的部分，也正因为如此，宣传教育在《中国禁毒报告》中都作为禁毒工作的第一部分进行介绍和解读。目前来看，我国的禁毒宣传教育工作已经形成了较为完整的体系和思路。

1. 专业化的机构设置

在我国禁毒机构设置体系中，设立于1990年的国家禁毒委员会是最高禁毒领导机构。目前在国家禁毒委员会的38个成员单位中，根据成员单位的职能性质和国家禁毒委员会的工作安排，对于不同领域的宣传教育工作由不同的单位来承担相应的工作。例如，公安部负责"组织、领导、监督毒品预防教育工作"；中央宣传部负责"参与制定禁毒宣传工作的方针、政策和规划"；教育部负责"制定教育系统开展禁毒教育工作的政策、规划"；共青团中央负责"加强青少年法制宣传教育工作，在青少年中普及禁毒法律知识，增强青少年拒毒防毒意识"等等。通过国家禁毒委员会以及下属成员单位的领导及协作，以此从机构设置的层面，对宣传教育的不同受众和场合，有针对性地作出了制度上的安排。

2. 全民参与的禁毒宣传教育

除了上述带有国家公权力的行政机构负责对禁毒宣传教育进行国家层面的分工之外，国家还鼓励和指引全民参与禁毒宣传教育，以非政府力量完成常态化的宣传教育活动，以弥补国家行政权向下逐级延伸时权力的弱化。例如，通过建立禁毒宣传教育基地，成立禁毒宣传志愿者，将宣传活动推进到学校、厂矿、社区等场所；以非政府组织的形式，关注青少年易感毒品人群，对于留守儿童、城市待业青年以及外出打工者等群体进行有针对性的宣传教育，对吸毒者子女和吸毒患病等生活无着的特殊群体进行帮扶教育等。全面参与的禁毒宣传活动有力地弥补了以国家为主导的行政机构开展禁毒工作中"线条较粗"的缺陷。

3. 宣传教育手段日趋多样化

随着社会经济文化和信息传播手段的发展变化，目前的宣传教育手段日趋多样化。传统的以宣传材料、手册和展板为形式的宣传手段只占到了目前宣传教育内容的极少部分，而绝大多数的宣传手段都是较为新颖且符合流行的传媒渠道的。在《中国禁毒报告》（2013）"禁毒教育宣传"章节就可以看出，北京开展的"中国禁毒志愿者汽车万里行禁毒宣传之火传递"活动，首都高校大学生禁毒志愿者骨干培训活动，山西"禁毒蓝丝带佩戴"活动，等等，较之以往的宣传手段都有不同程度的创新。而公安部门和一些禁毒志愿者机构，利用新兴的社交网络，通过微博、微信公共账号等网络平台，建立符合公众交流和感知信息习惯的宣传方式，其中北京的"门头沟禁毒"微博、"四川禁毒"微信订阅号等都是其中传播较为广泛的。这样的宣传教育方式能够符合青少年了解和接触信息以及互相沟通的方式，因此也是时代特征所赋予宣传教育手段的有益改进。

（二）青少年禁毒宣传教育模式的缺陷

"一个人的成长是一个动态的过程，法律应当考虑到各个不同阶段的不同需要，才能更好的保障青少年的权利"。[①] 对于身心未及成熟中的青少年，受到自身身心发育的自然规律以及社会发展状态的双重影响，因而对于青少年的禁毒宣传教育需要不断改良，以适应变化中的青少年的需求和取向，以此达到完善自身构建，提高宣传功效的作用。

1. 机构和组织设置上的缺陷

正如上文所描述，我国已经形成了较为固定的禁毒宣传教育机构，从2008年《禁毒法》来看，国家禁毒委员会应当是一个常设机构，专职负责国家禁毒宣传，并通过对于成员单位的指引和监督，通过行政权力将禁毒宣传教育的任务执行下去。这一套机构的存在，使得禁毒宣传教育有了稳定的平台，但是由于机构设置时的组织缺陷，使得其并不能完全发挥禁毒宣传教育的功能。国家禁毒委员会的设置始于1990年，而设置的原因在于20世纪80年代末毒情的爆发式增长。1983～1990年，全国各级法院共受理毒品案件18457件。全国毒品案件1989年上升20.73%，1990年又上升57.77%。在这一形势的驱使下，1990年11月国务院常务会议通过成立国家禁毒委员会的决议，而

---

① 秦前红：《和谐社会的构建与青少年法律保护》，《中国妇运》2007年第6期。

此时对于毒品的认识显然是褊狭的——在设置国家禁毒委员会之际，片面地认为防范毒品，应当以打击毒品供给为主，并乐观地认为可以在较短时间将毒品现象完全消除。有鉴于此，国务院将国家禁毒委员会的主任设置为由公安部部长兼任，而禁毒委员会办公室设置于公安部禁毒局。从机构安排的原意上看，就是为了突出公安部门在禁毒宣传中的作用，而禁毒宣传的存在，是为了打击毒品泛滥为目的的。所以在这一思维的支配下，公安部门承担起了国家禁毒委员会的主要职能。迄今为止，国家禁毒委员会尚无官方网站，其主要业务和日常活动都在公安部禁毒局网站上展示，每年度发布的《中国禁毒报告》也是以设置在公安部禁毒局禁毒委员会办公室完成的。反观我国台湾地区每年度发布的《反毒报告书》，每一部分均有其主撰的机构，根据其自身业务范围进行禁毒职能上的总结，例如在总结禁毒宣传教育这一部分，就是由台湾地区教育部主撰，而其他部门协助撰写的。[①] 这样平等的机构设置显然更具合理的意味。

就宣传教育本身来说，公安部门显然不是一个适合的主体，然而它却要承担主要的宣传教育活动安排，文化、教育等会员单位对于职责范围内的宣传教育显然更加熟悉，却必须服从公安部门的禁毒宣传教育指引，这极容易导致宣传教育手段和方式不符合客观的需要。同时在组织体系上，公安部和下属会员单位，例如外交部、教育部是平级的，而公安部部长却兼任国家禁毒委员会主任，因此只有在公安部部长当选国务委员之后，才能从级别上领导会员单位，这样的组织体系显然不能合理调配禁毒宣传教育资源和职责的合理分配，行政效力也不足以得以保障。

2. 专业化禁毒宣传的缺失

根据禁毒部门的统计分析和具体实践活动可以看出，目前的禁毒宣传教育虽然在形式上采用了一些新的手段或平台，借助了一些现代的传媒技术，但是在专业化上仍旧有所欠缺。从国家禁毒委员会发布的《中国禁毒报告》（2013）可以看出，国家禁毒委员会办公室印发的《2012年全国禁毒宣传教育工作重点》是各成员单位结合自身部门工作特点制定实施意见的纲领，而具

---

① 台湾地区法务部门等编撰《2012年反毒报告书》，第51页以下。

体的工作内容,大多集中在"6·1"《禁毒法》实施纪念日,"6·3"虎门销烟纪念日以及"6·26"国际禁毒日开展的,并无同等规模的常态性和针对性的宣传目的和专门的计划,在宣传内容上也大多以毒品基础知识的传播,对易感人员群体的宣传和培训以及举办夏令营和知识竞赛为主来进行。① 这些宣传教育的内容虽然具有普适性和趣味性,也容易得到推广和实施,然而在专业性上却显得不足,而且也不能做到效果的评估。与之相对应的,我国台湾地区《反毒报告书》却反映出另一种状态,同以 2013 年度为例,在类似于大陆宣传教育的"拒毒预防篇"中,除了列举运用媒体的影视宣传、社交网络宣传之外,还专门针对台湾地区流行的毒品氯胺酮作了详细分析,从药理知识到具体的吸毒危害都有专门的计划进行宣传,同时还制定了极其详细的计划和工作流程例如"防止学生药物滥用三级预防实施计划及辅导作业流程""防止学生药物滥用咨询服务团试办计划",推行"紫锥花运动"和"战毒联盟"等具有专业化色彩的制度或者组织,既有知识的普及性宣传,也兼顾专业性针对某一类毒品的宣传,并且有相应的长效制度作为保障。美国的禁毒宣传教育中,也是以大众宣传和专业教育相结合来进行的。例如"Just Think Twice 项目"②,由经过专门培训的导师引导学生利用专业网站上丰富明确的药物信息,批判地看待药物滥用行为。学生们参与团队合作和个体分工,在有限的课时内,通过自主学习,再以角色扮演、小组讨论等形式,分享学习体会;每一次活动都设计了探讨思考题,协助反馈和总结工作。"LST(Life Skills Training)项目"基于药物滥用行为原因的认识,将青少年的心理社会因素与毒品使用因素相结合,影响涉毒期待值,传授涉毒抵抗技巧,增强基本抗毒技能的方法,并推广推进课程(Booster Courses),使教育效果深入人心。研究人员统计,该项目使接受课程的青少年中药物滥用行为人数下降率高达87%;长期跟踪干预显示,青少年的多种药物滥用情况下降达66%,吸入性毒品、麻醉药和迷幻剂的使用人数也显著降低。而"药物政策联盟"(D.P.A.)致力于与父母、教育者和青少年共享防范药物滥用的策略。重点

---

① 中国国家禁毒委员会办公室:《中国禁毒报告》(2013),第 19 页。
② www.justthinktwice.com,由美国药物管理局(D.E.A.)组织发起,以"提供准确毒品信息是做出健康决定的前提和希望"为理念,借助网络课程,主要面向 6~12 岁学生。

关注如何引导家长进行倾听、学习，开展行动、引导和帮助，来纠正子女的药物滥用行为。①

3. 受众的针对性欠缺

目前的宣传教育机制缺乏对于宣传对象的针对性是比较突出的问题。在前述的分析中，当前在青少年毒品滥用中较为流行的毒品种类是合成毒品，以冰毒、摇头丸、麻古等兴奋剂为主。这一类毒品的显著特征是滥用者具备较小的或者不明显的生理依赖性，而精神依赖性较为严重。在这一特征上，与海洛因等传统毒品具有明显的区别。而在目前的宣传教育活动中，并没有特别注意这样的区别给宣传手段带来的影响。在以往对于传统毒品的宣传教育中，我们可以很清楚明晰展示毒品的危害，因为传统毒品具有强烈的戒断反应，对于毒品滥用者来说，生理依赖性极其严重，这类毒品对滥用者的身体伤害非常明显，因此可以从外观上很轻易地分辨，以此给受教育者强烈的视觉和精神刺激，从而达到阻断受众产生接触毒品的想法。而对于合成毒品来说，滥用者的外观与正常人区别很小，不容易从外观上加以区别，因此传统的视觉和精神刺激已然不能达到宣传的目的，反而以"毒品给人带来的危害"作为宣传主题容易引起受众的逆反。同时，若对合成毒品的药物性状进行全面宣传，又可能激起潜在的青少年毒品滥用者的猎奇心理——既然戒断反应不明显，和正常人外观上没有区别，那么正好可以一试。如此一来，禁毒宣传教育反倒起到了对毒品泛滥进行传播的负面作用。所以可以看到，虽然2012年全国禁毒宣传主题关注了"青少年与合成毒品"，但是在宣传手段上却没有太多创新的地方，由于不能模仿对于传统毒品危害的宣传手段，现在的某些宣传教育方式甚至是单纯的说教式，仅仅指出合成毒品是有危害的，却不能合理解释危害。这样的宣传教育方法，对于大多处于青春叛逆期的青少年来说，不能起到应有的作用。

四 结论

在剖析了我国目前青少年毒品滥用的现状和趋势之后，我们着重考察了目

---

① 倪彤：《中美禁毒教育模式浅探及比较思考》，《教育教学论坛·下旬》2012年第6期。

前针对青少年"预防为主"的禁毒措施中最为重要的环节——禁毒宣传教育的制度建设和具体模式，同时针对目前禁毒宣传教育中组织结构、宣传手段出现的问题进行了分析。可以看出，目前禁毒宣传教育部门的设置、宣传教育内容和针对性都有不同程度的缺陷，而弥补和完善现有的禁毒宣传教育模式，应当在借鉴先进国家和地区的经验上，针对我国特有的行政体制作出渐进式安排，同时应当考虑不同受众以及不同毒品种类，设置差异化宣传教育手段和方法，根据受众的可接受程度、文化层次等有针对性地设计禁毒宣传教育内容。

B.7
人口新二元结构与首都社会稳定
——由"京温商城事件"引发的思考

姚 兵*

摘　要：

在经历30年的演进后,北京市人口已形成"新二元结构",对首都社会稳定造成一定的负面影响。应当加强社会管理制度和社会服务模式创新,逐步解决人口"新二元结构"问题,维护首都和谐稳定。

关键词：

人口新二元结构　社会稳定　社会服务管理创新

根据媒体报道,2013年5月3日5时许,丰台公安分局接群众报警,在京温服装商城地下车库出口处发现一女性死者。经警方核实,死者袁某,22岁,安徽省巢湖市庐江县人,生前在京温服装商城务工。5月8日上午10时许,死者家属及部分同乡相互邀集到京温商城门前反映问题,并引发大量人员聚集,现场一度出现扰乱公共场所、交通秩序等现象。"京温商城事件"是近年来北京为数不多的流动人口聚集维权案例,表面是死者家属及同乡对京温商城的善后处置及警方处理方式不满,但一定程度上也反映出一系列由于城市人口"新二元结构"引发的深层次问题。

城市人口"新二元结构",是近年来理论和实践中提出的一个新概念,主要是相对于原有城市人口—农村人口的"城乡二元结构"而言的。如有学者

---

* 姚兵,北京市社会科学院首都社会管理综合治理研究所副所长、副研究员,法学博士。研究方向为犯罪学。

认为,在中国的各大城市逐渐形成了"以外来务工人员—城市户籍人口社会福利反差为特征"的一种新的二元分割的社会结构。[①] 人口"新二元结构"主要是指在城市内部因户籍制度及附着其上的各种社会福利制度对人口的分隔而形成的户籍人口—流动人口二元结构状态。本文从北京市人口新二元结构的形成历程出发,结合"京温商城事件"及其他省市发生的典型案例,对人口新二元结构影响社会稳定问题略作探讨。

一 北京市人口新二元结构演进历程

随着改革开放后商品经济的不断发展和市场经济体制的逐步确立,作为生产力要素之一的劳动力,其自由流动成为经济社会发展极为现实和迫切的需求。计划经济时期严格的农村人口—城市人口二元结构出现松动,国家政策对人口流动的管控逐渐放开,农村富余劳动力可以按照个人意愿进入城市务工经商。各大城市逐渐出现了规模日益庞大的流动人口。在传统的城市—农村人口二元结构之外,在城市内部衍生出现了户籍人口—流动人口的新二元结构。从北京情况看,户籍人口—流动人口新二元结构的演变形成大致经历了三个阶段。

(一)萌芽期:20世纪80年代中期至1994年

以1984年国务院《关于农民进入集镇落户问题的通知》、1985年公安部《关于城镇暂住人口管理的暂行规定》等政策法规出台为标志,农村劳动力进入城镇务工经商的闸门正式开启,为人口在空间上的自由流动创造了政策环境。随着农村改革和城镇商品经济的迅速发展,越来越多的城郊农民希望转向城镇务工经商。北京市为了解决建筑行业的劳力缺乏和家庭服务员不足等问题,加强首都建设,搞活北京经济,先后出台了《关于加速发展第三产业、解决人民生活"几难"的几点意见》《关于外地企业和个人来京兴办第三产业的若干规定》《关于暂住人口管理的规定》等政策规定,不仅允许流动人口来京务工经商,而且开始有计划地招收流动人口参与首都建设与服务。

---

① 高帆:《以持续改革来舒缓"新二元结构"》,《21世纪经济报道》2010年4月22日。

这一时期，北京市常住人口总量从1984年的965万人增加到1994年的1125万人。随着城市经济社会发展对外来劳动力需求逐渐的释放，大量新增就业岗位刺激流动人口数量开始增长。1984年，北京市流动人口为19.8万人，到1994年增加到63.2万人。虽然这十年间流动人口总量增长超过3倍，但由于这一时期流动人口在全市常住人口中所占比例较低，且构成较为单一，都是从农村进入城市寻找打工机会的第一代人，普遍存在着一种从农村来到城市所产生的"相对有所获得感"——以其在农村时的生存状况为参照系来看待和评价进城后生存现状所产生的一种满足感[1]，因而可以认为，城市人口新二元结构尚处在萌芽期，人口结构的新趋势和新变化尚未成为影响社会安全稳定的问题。

（二）发育期：1995~2002年

以1994年11月劳动部《农村劳动力跨省流动就业管理暂行规定》、1995年中央综治委《关于加强流动人口管理工作的意见》等政策法规的出台为标志，我国流动人口工作进入严格管理阶段。随着流动人口大量涌入城镇，城市的基础设施建设和公共资源供给面临巨大压力，人口增加与城市资源环境之间的矛盾开始凸显，各种城市秩序和安全问题不断涌现。北京市按照"规模控制、严格管理、加强服务、依法保护"的方针，先后出台《北京市外地来京务工经商人员管理条例》及11个配套的政府部门规章，以强化对流动人口的管理，试图控制人口的规模数量，防止人口的盲目流动。

在这一时期，北京市常住人口总量从1995年的1251.1万人增加到2002年的1423.2万人。尽管国家和北京市采取了一系列流动人口规模控制的政策措施，但在市场经济改革日趋深入、人口自由流动逐渐常态化背景下，各种人口流动管控政策在初期产生作用后功效逐渐耗尽，人口大流动的趋势已难以阻挡。1995年，北京市流动人口总量为180.8万人，到2002年增加到286.9万人，流动人口与户籍人口的比例达到1∶5。随着经济社会的快速发展，各类灵

---

[1] 王志勇：《冲撞与融入——从社会稳定的视域论农民工市民身份问题》，《社会主义研究》2011年第5期，第33页。

活用工大规模出现,流动人口被拖欠克扣工资等合法权益受损情况开始出现,流动人口维护自身权益的意识开始增强,城市人口新二元结构引发的问题日益凸显出来。

(三)形成期:2003年至今

以2003年国务院办公厅《关于做好农民工进城务工就业管理和服务工作的通知》、2004年《中共中央国务院关于促进农民工增加收入若干政策意见》、2005年《国务院关于解决农民工问题的若干意见》等政策法规的出台和2003年《城市流浪乞讨人员收容遣送办法》的废止为标志,我国人口流动的政策障碍基本得到清除,国家对流动人口的公平对待和权益保护日趋重视。这一时期,北京市按照中央"公平对待、合理引导、完善管理、搞好服务"的总体方针,废除了《北京市外地来京务工经商人员管理条例》及相关配套的政府部门规章,出台了《关于进一步加强流动人口管理与服务工作的若干意见》,强调保护流动人口权益、提高流动人口服务水平,流动人口数量出现快速增长态势。

这一时期北京市常住人口总量从2003年的1456.4万人增加到2012年的2069.3万人。常住人口的快速增长主要源于流动人口的增长,流动人口数量从2003年的307.6万人增加到2012年的773.8万人。流动人口在全市常住人口中的比重达到37.4%,即每3个常住人口中就有1个流动人口。由于流动人口规模庞大,已经形成与户籍人口1∶2的比例结构,并且在很多街乡、社区出现人口"倒挂"现象,加之流动人口中出现一些新的特殊群体,如第二代农民工越来越多、高学历低收入群体逐渐扩大、长期在京居住生活群体不断增加,因此可以认为,北京市人口新二元结构已经形成,对社会安全稳定的影响也日渐显现。

二 人口新二元结构对首都社会稳定的影响

当前,由于以户籍制度为基础的种种差异性制度安排,在某些领域把流动人口排斥于城市资源配置体系之外,因此数量庞大的流动人口虽然进入北京,但现阶段却无法完全实现身份的市民化。人口新二元结构中的两大人口群体在就业、教育、住房、社会保障等城市资源分配和公共服务享有中存在明显差异，加之在生活方式、风俗习惯、教育程度等方面也存在群体性差异，在一定社会条件下就容易累积形成对立情绪和紧张关系，相互之间也容易出现利益摩擦乃至社会冲突。近年来，在广东增城、潮州、中山以及浙江瑞安等地发生了多起由外来务工人员引发的群体性事件，严重影响当地社会秩序和稳定形势。

（一）人口新二元结构可能对社会稳定造成以下负面影响

首先，可能诱发群体对立情绪。人口新二元结构的存在导致不同群体在权益保障、社会生活、社会认知等方面存在分隔、差别和冲突，双方的经济社会地位差距不断拉大，容易出现交往和沟通的障碍，双方缺乏彼此之间的尊重和理解。如果不能尽快消解人口新二元结构带来的社会隔阂和紧张关系，不同群体在行为方式、规范准则、态度情感和社会价值观等方面的鸿沟将会加深，可能在不同人群之间造成对立情绪，甚至产生相互敌对和社会冲突。

其次，容易滋生负面社会心态。人口新二元结构的形成及长期存在影响到城市人群的社会心态。一方面，户籍人口基于身份的优越感以及继续维持经济社会优势地位的期望，容易对流动人口产生歧视和排斥心理；另一方面，流动人口离开故土带着改变生活、改变命运的希望来到陌生的城市，却由于户籍、用工、社会福利等结构性壁垒的存在始终游离于城市边缘，这些不合理的政策性歧视与排斥，极大损害了流动人口的集体自尊，[1] 从而引发了流动人口的被剥夺感、社会距离感和不满意感，进而可能形成对城市及城市人的冷漠、失望、怨恨、敌视等社会心态，成为威胁社会稳定的巨大隐患。

最后，直接影响政府公信力。人口新二元结构之所以形成，主要源于户籍制度的分割和其他社会保障的不平等等制度性因素。因此，明显处于相对弱势的流动人口很容易将无法平等共享城市经济社会发展成果的境遇归因于当地政府的不作为，将不满和怨气指向作为城市公共资源分配者和公共服务提供者的

---

[1] 许传新：《新生代农民工城市生活中的社会心态》，《思想政治工作研究》2007年第10期，第59页。

当地政府。加之流动人口参与居住地社会事务和政治生活不充分、不便利，容易造成一部分群体对当地政府公权力行使者角色的不认可、不信任，对当地基层政府管理的不参与、不配合。这些问题可能导致当地基层政府在流动人口中的公信力逐渐下降，社会动员、社会协调和社会整合能力受到一定程度削弱。

（二）人口新二元结构可能引发以下矛盾冲突

一是不同群体的利益冲突。流动人口与户籍人口这种新二元结构客观上由于经济社会地位上的差距和社会交往沟通上的障碍，双方难以相互理解和尊重，观念上容易出现对立，因为工资支付、房租、水电费缴纳以及日常琐事容易引发各种矛盾纠纷。近年来，在广东云安、福建泉州等地，发生因山场承包经济纠纷、交通事故补偿处理等引发的外地人与本地人的群体殴斗，造成严重的人身和财产损失。这类事件之所以发生，作为起因的利益摩擦、纠纷固然起到主要作用，但流动人口与户籍人口之间长期存在的社会隔阂和对立情绪的影响也不容忽视。

二是针对基层政府的聚集冲击。在人口新二元结构下，流动人口享受不到附着在户籍制度之上的各种社会福利，长期缺乏充分的社会保障，权益频繁受损且救济困难。他们普遍认为当地基层政府更注重维护户籍人口利益，对当地基层政府产生不信任、不满意等心态。这种心态容易导致流动人口在维护自身权益时出现过激行为，使合理、合法的维权活动向非法聚集、冲击政府转化。在浙江瑞安，由于一名湖南籍务工人员因工资结算纠纷与当地工厂老板发生扭打，因伤势严重抢救无效死亡。在当地街道召集死者家属就伤亡赔偿等事宜进行调解过程中，死者家属及部分同乡200余人聚集并冲击街道办事处大院，造成办公楼部分窗户玻璃、汽车受损。在这类事件中，流动人口聚集冲击基层政府主要是出于维护自身合法权益的初衷，但也反映出基层政府在流动人口中的公信力显著下降，作为本地人与外地人矛盾纠纷居中调解裁判的角色形象明显受损。

三是泄愤型群体性事件。由于人口新二元结构导致两大社会群体之间的社会隔阂和对立情绪，加之流动人口对长期被排斥在城市公共资源和服务体系之外心怀不满，这种社会情绪在转型期社会矛盾激化、社会问题频发的背景下，很容易借助个别偶然事件发泄出来，演化为严重影响当地经济社会秩序的骚乱事件。从广东潮州、增城发生的群体性事件来看,基本的发展脉络为:起因是本地企业与外地务工人员的个别劳资纠纷、本地治安联防队对外地小贩占道摆摊的整治处罚等一般矛盾或偶然事件,受害方是外地人,同乡或毫不相干的外地人现场围观、打抱不平,接着是警民冲突,继而打砸本地人的车辆甚至店铺泄愤。这些摩擦、冲突,"无直接利益"的特性更加明显。[①] 在这类事件中,参与冲突者绝大多数与起因事件的受害当事人毫无关系,主要是出于发泄不满情绪的目的。人口新二元结构引发的人群隔阂对立以及部分群体对基层政府的不满情绪在事件中起到重要的催化和助推作用。

四是网络群体性事件。伴随移动互联网时代的到来,微博、微信、手机短信、社交网站等新型传播媒介呈现爆发式增长。流动人口与户籍人口通过网络表达利益诉求的现象非常普遍,但其中也不乏因城市资源分配、秩序维护、生活方式等引发的意见争执乃至相互攻击、谩骂,这进一步加剧了两个群体间情绪观念上的对立。同时,城市人口新二元结构及其衍生的各类问题具有相当的敏感性,极易引发社会关注并成为热点网络话题,容易在网上被人为炒作、放大甚至曲解并在极短时间内广泛传播,进而引发网络群体性事件。在"京温商城事件"中,造谣者利用的是人们对"离奇死亡"事件的猎奇心理,以及对既往此类事件中有关处置方的不当回应的不满,编造了死者"与7名保安在商城共处一晚后跳楼"的离奇说法,从而引起人们对事件过程的关注,并引发"轮奸""先奸后杀"的猜测,最终引爆了一场网络舆情事件,甚至大规模群体性事件。[②]

三 对策建议

北京作为首善之区,应当加强顶层制度设计,通过社会管理制度和社会服务模式创新,促进不同人口群体的社会融合,为维护首都安全稳定、建设中国特色世界城市提供保障。

---

① 参见《瞭望》文章《校正失衡的"同城待遇"》,新华网,http://news.xinhuanet.com/politics/2011-06/18/c_121553067.htm。访问时间:2013年10月21日。
② 张磊:《网络舆情事件的动员方式》,《学习时报》2013年6月10日,第4版。

（一）认知层面：从感性到理性，促进相互包容

人口流动已经成为市场经济条件下的必然趋势，流动人口已经成为城市人口的客观组成部分。因此，城市必须树立理性、正确的流动人口观念，通过大力倡导包容互信、和谐相处的社会理念，消除不同群体间的情绪对立和心理隔阂，为不同人口群体间的社会融合创造社会文化基础。

一方面，客观认识人口新二元结构。党委政府要进一步转变观念，超越既有的感性认识，提升理性认识水平，深入把握城市人口流动的基本规律和发展趋势。当前，北京的人口流动已从早期"潮汐式"往返居住地与户籍地之间的传统规律转变为"来京""离京"变化频繁的"强流动"与"定居""移居"倾向增强的"强沉积"并存的现在态势。因此，必须站在经济社会发展和维护社会稳定的高度，统筹谋划全盘考虑城市人口问题。既要将流动人口作为实有人口重要组成部分，在基础设施建设、公共服务改善、财政资金投入等方面按照实有人口标准进行规划，为流动人口属地化管理、市民化服务提供基础保障，也要考虑城市资源环境的客观承载能力，采取多种措施引导人口规模有序增长和流动，促进首都经济社会可持续发展。

另一方面，创造相互包容的社会氛围。要紧紧围绕"爱国、创新、包容、厚德"的北京精神，引导动员社会公众广泛参与、践行宣传，倡导不同人口群体的包容互信。由宣传部门统一协调，通过网络、电视、报刊、广播等媒体在社会上广泛宣传流动人口为北京城市经济社会发展做出的巨大贡献，强化广大市民对流动人口的正面印象，淡化流动人口在城市秩序、安全方面负面报道的过度渲染，并对流动人口与户籍人口互助互信、和谐共处的典型案例和经验做法进行深度宣传；要广泛开展"同住社区、共建家园"活动，支持鼓励流动人口参与社区公共事务，切实增进流动人口与本市居（村）民的沟通联系和交往认同。既要增强户籍人口对流动人口的理解度和包容度，也要增强流动人口对户籍人口与城市生活的认同度，消除相互间的歧视和偏见。

（二）制度层面：从共建到共享，促进共同发展

加强制度设计，逐步打破横亘在人口新二元结构之间的制度藩篱，解决流

动人口的市民化待遇，提升流动人口在城市中的竞争和适应能力，为不同人口群体间的社会融合奠定社会制度基础。

一是建立健全实有人口服务管理全覆盖政策体系。要努力实现北京经济社会发展与流动人口利益诉求的均衡，将流动人口纳入城市实有人口服务管理整体体系之中，在积极满足流动人口在城镇安心就业、安定生活新期待的基础上，致力于建立起一套适应世界城市建设要求、切实依法维护流动人口合法权益的政策体系。应当按照国家有关法律法规和政策，结合工作实际，制定出台一系列劳动保障、住房保障、子女教育、社会福利、卫生防疫、司法援助等有关流动人口服务工作的配套规章和政策措施，为依法开展并做好流动人口服务工作提供强有力的政策法规支撑。

二是加快制定实施居住证制度。居住证制度是在现有户籍制度背景下，以有针对性地向流动人口提供由地方财政支持的基本公共服务项目，逐步剥离附着在户籍之上的各种社会保障、福利，为流动人口取得城市户籍、有序融入城市提供保障的制度设计。目前，上海、广州、深圳等特大城市都已出台实施居住证制度，在提升流动人口服务管理水平、维护流动人口合法权益方面发挥了很大作用。北京市委市政府已于2011年将实施居住证制度纳入《北京市"十二五"时期社会建设规划纲要》和市政府折子工程，并成立居住证制度调研立法工作领导小组，正式启动了居住证制度调研立法工作。应当在妥善应对可能的社会风险、完善各项配套措施的基础上，加快制定实施居住证制度，为突破户籍制度的僵硬分割，实现流动人口在劳动就业、社会福利、权益保障等方面的市民化待遇提供顶层制度设计。

（三）执行层面：从流入到融入，促进和谐稳定

在从体制上建立公正平等保障机制基础上，还应当针对流动人口在城市工作生活中存在的实际困难，解决好一些特殊群体最关心、最直接、最现实的民生问题，为不同人口群体的社会融合奠定社会实践基础。

一是鼓励引导基层加强服务管理创新。街道乡镇要根据各自特点探索加强流动人口权益保障、提升流动人口服务水平的实践模式。一方面，要继续完善"新居民服务站"模式，鼓励通过建立"新居民互助协会"等方式，整合辖区

内外的政府、企业、社会组织和辖区内的流动人口和社区居民等各类资源，积极改善流动人口生活周边环境，扩大居住区的生活、文化、教育和卫生设施对流动人口的开放程度，实现流动人口与户籍人口的"同服务、同教育、同管理、同参与、同发展、同提高"；另一方面，要创新社会工作模式，解决流动人口进入城市后出现的社会心理问题。流动人口从家乡来到城市社区，其家庭生活、物质生活和精神生活等方面都有一个适应的过程，可能会面临各种个人和家庭问题。专业社会工作者和机构可以在家庭关系协调、行为和心理矫正、观念的学习和调整、情绪的疏导等多方面向流动人口提供帮助，有效地帮助流动人口提高适应城市社会生活的能力，以开放乐观的心态对待城市主流文化，增强对城市的归属和认同意识。①

二是构建社区交流沟通平台。既要为流动人口与户籍人口创造接触机会、提高交流频度，也要提高流动人口与户籍人口的接触效度和交往深度，通过构建流动人口与户籍人口的交流融合平台，消除不同群体之间的心理位差和心理距离，深入推动社会融合。一方面，要充分发挥居委会作为社区基层群众性自治组织的作用，吸收部分流动人口加入居委会的"干部"队伍，使流动人口在城市的基层群众性自治组织中有自己的代表，进一步畅通居委会与流动人口之间的沟通渠道；另一方面，要加强和改善社区党建工作，经常开展形式多样的党（团）组织活动，促进流动人口党（团）员与城市居民党（团）员的良性互动。此外，要以公共服务需求为导向，以项目运作为纽带，鼓励引导全社区居民积极参与各种公益志愿活动。这样不仅可以提升流动人口个人的社会适应能力，而且在助人的过程中分享"乐人乐己"的志愿情怀，是消除文化隔膜、增进社区融合的重要途径。

三是提高特定群体服务管理水平。高度重视新生代农民工、高学历低收入青年人口的工作和生活安排，有针对性地帮助他们解决实际困难。根据首都社会经济发展需要，加强对新生代农民工的职业技能培训，积极鼓励企业接纳高学历青年人口就业，逐步将他们纳入公租房、廉租房等保障性住房计划；要规

---

① 童星、马西恒：《"敦睦他者"与"化整为零"——城市新移民的社区融合》，《社会科学研究》2008年第1期，第81页。

范引导同乡会等非正式社会组织，丰富流动人口的社会交往网络，通过联系核心组织者、提供项目扶助等方式，引导、鼓励和支持这类组织积极参与当地的公益类、互助类、娱乐类等社会活动，从而带动流动人口加强与当地居民的交往和交流，增进相互了解和理解，促进彼此的认同和接纳，实现流动人口社会关系网络由"内聚式"向"开放式"的转变；要采取分类推进、突出重点的办法，不断提高在京长期居住生活流动人口群体的服务管理水平，努力促进这一群体在各种社会保障和福利待遇方面逐渐贴近户籍市民并最终实现一体化。

参考文献

高帆：《以持续改革来舒缓"新二元结构"》，《21世纪经济报道》2010年4月22日。

王志勇：《冲撞与融入——从社会稳定的视域论农民工市民身份问题》，《社会主义研究》2011年第5期。

许传新：《新生代农民工城市生活中的社会心态》，《思想政治工作研究》2007年第10期。

张磊：《网络舆情事件的动员方式》，《学习时报》2013年6月10日。

童星、马西恒：《"敦睦他者"与"化整为零"——城市新移民的社区融合》，《社会科学研究》2008年第1期。

基层治理篇
Local Governance Report

B.8
2013年北京市劳动争议特点与趋势

黄乐平 韩 旭*

摘　要： 北京市劳动争议具有劳动报酬争议占据首位、劳动关系争议突出、农民工社保问题严重、工伤问题严峻、群体性案件持续高发等特点。劳动争议解决过程中存在维权证据缺乏、维权成本高、社会保险难以维权等问题。今后的劳动争议会受《劳动合同法》《民事诉讼法》的修改以及《旅游法》出台的影响，并将呈现劳动者权利意识增强、劳动争议数量高发、劳动争议类型多样化、群体性劳动维权趋势明显、多样化劳动争议处理模式并存趋势。

关键词： 北京劳动争议特点　问题　预测

---

* 黄乐平，北京义联劳动法援助与研究中心主任，首都师范大学硕士，主要研究方向为劳动法和公益法；韩旭，北京义联劳动法援助与研究中心研究助理，北京大学法学学士，主要研究方向为劳动法、集体协商。

北京义联劳动法援助与研究中心（以下简称"义联"）成立于2007年8月，是由北京市司法局批准、北京市民政局登记的民办非营利机构。义联通过整合社会法律援助资源，致力于劳动公益法律服务和政策研究倡导，被媒体誉为"国内首家以困难职工、农民工为主要服务对象的专业化劳动法律援助机构"。义联自成立以来，始终以公益性、专业性为原则，在公益实践过程中不断强化对劳动争议的数据收集和研究，并定期向社会发布相关调研报告。本文结合2012年和2013年1~7月份的调研数据，分析北京市劳动争议的特点，并预测其基本趋势。

一 2013年1~7月北京劳动争议案件基本情况

（一）劳动争议仲裁案件[①]

2013年1~7月，北京市共受理劳动人事争议案件38099件，同比增长5.2%。在劳动人事争议案件中，集体争议案件同比下降4.1%；涉及劳动者同比增长15.6%。截至7月底，共审结案件32091件，结案率为84.2%；调解案件18038件，调解率为56.2%。

（二）劳动争议诉讼案件[②]

2013年1~7月，全市法院共新收一审劳动争议案件14052件，审结10173件，调撤4540件；全市法院共新收二审劳动争议案件4416件，审结3555件，调撤1069件。

（三）基层劳动法律援助机构处理的劳动争议情况

下文从微观层面展现北京市劳动争议的缩影。

---

① 北京市劳动争议仲裁委员会：《北京市劳动人事争议案件处理情况》，北京市第十五届劳动人事争议案例研讨会会议材料，2013。
② 北京市高级人民法院民一庭：《北京市法院2012~2013年度劳动争议案件的审理情况、问题和对策意见》，北京市第十五届劳动人事争议案例研讨会会议材料，2013。

1. 2013 年第一季度法律援助申请情况

第一季度义联受理各类法律援助申请共计 273 件。① 前两个月申请量较低，第三个月开始明显回升，法律援助申请总数相对较低。出现这种现状，一方面是受传统观念的影响，劳动者不倾向于在过年期间处理纠纷。另一方面，春节前后大批农民工回乡，客观上无法启动法律程序；年后农民工返城，开始处理此前积压的问题。

从用人单位类型上看，民营企业比例最高，占所有法律援助申请的76.19%。民营企业中，股份制有限公司较少，绝大多数是规模较小的有限责任公司，用工往往带有随意性，不仅仅是劳动者，企业本身的法律意识也不高。相比较之下，国有企业所占比例为 12.45%，用工制度较为完善，规范性程序较高，拖欠工资、社会保险等纠纷发生较少，但会出现一些具有体制特色的争议，如违法内退等。

从申请法律援助劳动者类型看，劳动者主要集中于建筑、服务行业，具体分布见图 1。

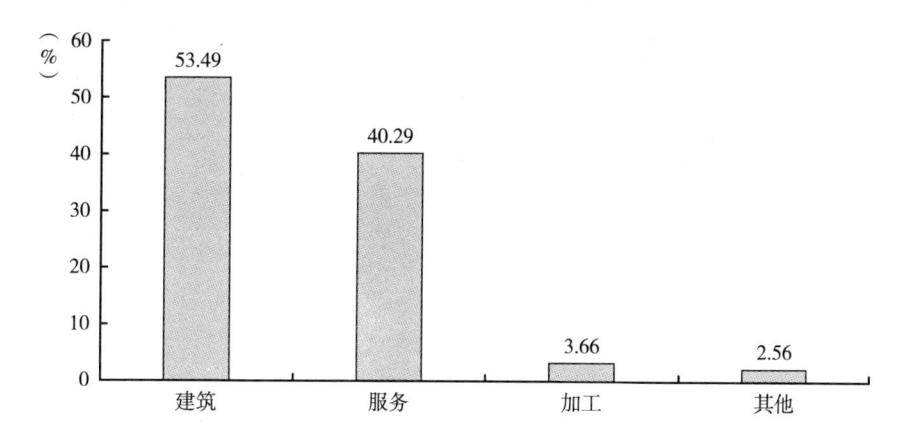

图 1 2013 年第一季度劳动争议行业分布

在案件类型和劳动者从业分布上，一季度体现出显著的特征，建筑行业拖欠工资的问题尤为突出，基本为年前积压的案件，年后集中讨薪。

---

① 文章中所有的义联援助申请数据均来自义联法律援助申请登记表。

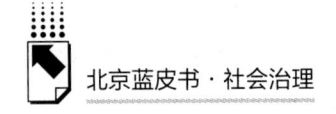

2. 2013年第二季度法律援助申请情况

第二季度义联受理各类法律援助申请共计369件（见表2）。第二季度法律援助申请数量相较于第一季度有所提升，但数量变化不大，符合劳动关系在上半年相对稳定的一般规律。从案件类型看，仍然以拖欠工资、社会保险、解除劳动合同的经济补偿或赔偿三个领域最为集中，远超过其他诉求所占比例。

观察一段时间以来的数据可以发现，未签订劳动合同的二倍工资的请求所占比例相对于2012年有所下降，这在一定程度上反映出用人单位开始认识到不签劳动合同可能带来的不利后果，但这并不能反映出劳动者权益的改善，因为实践中用人单位只签订一份书面合同或者由用人单位保留劳动合同的做法很常见，这既能使用人单位逃脱法律责任，又造成劳动者得不到书面合同的充分保护。

从用人单位类型看，民营企业数量依然是最多，占总数的78.32%。国家机关、事业单位与其职工之间并非不存在争议，而是相对来说，职工待遇比较稳定，争议较少，且司法救济途径较窄。从申请法律援助的劳动者类型看，劳动者依然主要集中于建筑、服务和加工行业，具体分布如图2。

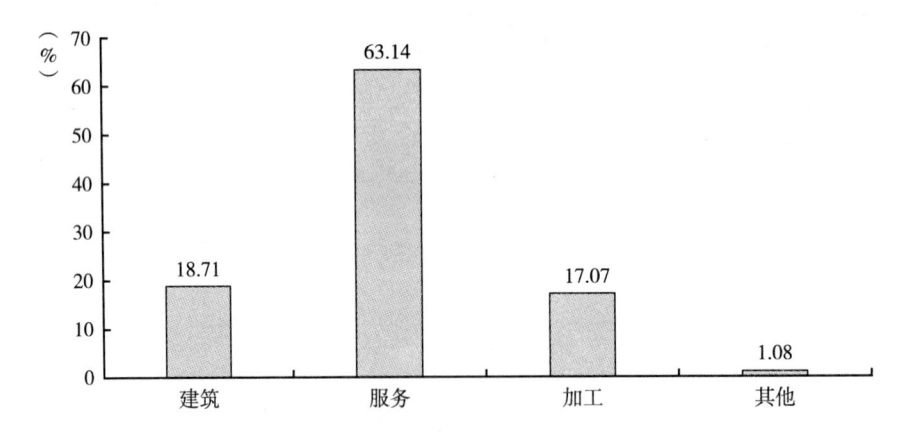

图2 第二季度劳动争议行业分布

建筑 18.71
服务 63.14
加工 17.07
其他 1.08

从长期变化看，服务业的比例呈上升趋势。相对而言，服务行业劳动强度和工作风险较小，门槛较低，对年轻劳动者更具有吸引力。年轻劳动者权利意识较强，在积极维权的同时，也更多地影响和带动其他劳动者。

在维权过程中，年轻劳动者并非被动参与等待结果，而是更主动地参与，积极维权。

（四）北京劳动争议案件的特征

2012年北京义联援助案件的类型如表1。

表1 2012年北京义联援助案件类型

案件类型	劳动报酬	劳动关系	社会保险	工伤待遇	其他劳动保障	其他
数量(件)	731	500	271	134	99	45
比例(%)	51.23	35.04	18.99	9.39	6.94	3.15

从2012年和2013年1~6月义联受理的法律援助统计数据看，所受理的劳动争议案件有以下特征。

1. 劳动报酬争议占据劳动争议案件的首位

劳动报酬争议主要包括拖欠工资、克扣工资和加班工资。从义联法援助案件数据来看，劳动报酬争议排在首位，这说明当前劳动者的权利保障仍然处于较低的水平。获得劳动报酬是劳动者的基本劳动权利，但是从劳动报酬争议超过其他所有争议的数量可知，实践中该项权利往往无法得到应有的尊重和保障。其中，值得一提的是有关加班费的争议。劳动法中明确规定了加班工资，但从数据中可以反映出，用人单位执行劳动法的状况不理想，加班不支付加班费在劳动用工中较为常见。

2. 劳动关系相关争议较为突出

劳动关系争议范围广，种类多，包括确认劳动关系、解除合同的经济补偿金和赔偿金、未签订劳动合同的二倍工资、要求签订无固定期限劳动合同等等。劳动关系之争贯穿于劳动争议的始终，劳动关系的成立是其他许多请求的基础。虽然从数据来看，确认劳动关系在所有劳动争议案件中所占比例不是最高，但是对于劳动者来说，如果最基本的劳动关系存在的事实被用人单位否认，那么只有通过法律程序才能予以确认劳动关系的存在，这无形中给劳动者造成了沉重的负担。

3. 农民工社会保险问题比较严重

社保争议主要是指未依法参加社保的赔偿争议和社会保险待遇（工伤待遇除外）争议。因为政策性限制，根据北京的实践，用人单位不缴纳或者未足额缴纳社会保险，劳动者只能向劳动监察部门或者社保稽核部门举报，不能直接起诉。因而社保争议主要是针对2011年7月1日《社会保险法》实施前未缴纳社会保险的农村户籍劳动者，因为在该法实施以前，用人单位未为农民工缴纳养老保险，社保经办机构实际无法办理补缴手续。换句话说，对于2011年6月30日前未缴纳或未足额缴纳的社保，法院可判决用人单位赔偿，而2011年7月1日之后，农民工的养老保险问题原则上只能由社保经办机构和劳动行政部门处理。从相关数据可以看出，社保争议在所有的劳动争议中排在第三位，这说明2011年6月30日前，很大一部分用人单位没有为农民工缴纳社保，农民工社保问题比较严重。

4. 其他劳保争议逐渐增多

未休带薪年假的赔偿、病假工资、待岗生活费等诉求是劳动争议中比较"前沿"的部分。例如，对带薪年假的主张是一项较新的权利。2008年《职工带薪年假条例》开始施行，从2012年始，较多的申请人尝试主张该项权利。从义联法援数据可以发现，这类争议在所有申请援助的案件中占据了一定比例，并且逐渐增多。

5. 工伤问题不容忽视

工伤待遇争议主要包括工伤认定程序、工伤赔偿程序等。虽然有关工伤待遇争议所占的比例相对较低，但值得注意的是，主张工伤待遇的劳动者相比其他劳动争议的劳动者，更加脆弱、无助，更需要援助，但是工伤程序的复杂、繁琐，使得工伤劳动者的维权更加困难。因此，有关劳动者工伤认定、工伤待遇的纠纷不容忽视。

6. 群体性案件持续高发

根据义联法律援助的数据，2007~2012年，群体性案件数量持续递增[①]，

---

① 根据义联援助申请数据，每年的群体性案件数量为：2007年0件；2008年4件；2009年8件；2010年10件；2011年16件；2012年25件。

仅2013年上半年，10人以上的案件已达12件。具体分析该12例案件可知，案件集中于服务业、建筑业和加工制造业，比例分别为3∶2∶1。从劳动者的诉求来看，主要还是集中于索要工资方面，在这12起群体案件中，有9起都涉及对劳动报酬的主张。这一情况进一步表明劳动基本权利的保障依然不足。

二 法律援助过程中发现的问题

（一）维权证据缺乏

从义联的法律援助案件以及接听的电话咨询中可以发现：一方面，劳动者在主张维权时往往缺乏相应证据。例如证明劳动关系存在的重要证据劳动合同，通常情况下应当劳动者和用人单位各执一份，但是部分单位在签订劳动合同后，以加盖公章、代为保管为由收回劳动合同。一旦双方发生纠纷，一些用人单位会添加、修改合同中的重要条款，甚至以双方没有签订过劳动合同为由否认劳动关系的存在，这使得劳动者维权处于比较被动的境地。

另一方面，维权过程中相关证据难以收集。本来劳动者就处于相对弱势的地位，对证据的保存、收集比较困难。再加上接受法律援助的大多数是农民工，农民工工作的流动性、不稳定性，导致对相关证据的收集更加艰难。例如劳动者对加班费的主张，根据《最高人民法院关于审理劳动争议案件适用法律若干问题的解释（三）》第九条，劳动者主张加班费的，应当就加班事实的存在承担举证责任。但劳动者有证据证明用人单位掌握加班事实存在的证据，用人单位不提供的，由用人单位承担不利后果。首先，如何证明加班事实的存在？很多劳动者认为"上下班打卡记录就可以证明自己加班了"。但实践中，仅仅凭借打卡记录主张加班费往往难以得到支持，除非用人单位对此予以承认。因为打卡记录只能证明劳动者下班走得迟，不能证明迟走的这段时间是因加班所致。对此劳动者还需要依据单位的规章制度履行相应的手续，如加班批准条，主管的签字等加班证明。但是从接受的援助申请及工友打来的电话可知，劳动者大多数情况下只能拿出上下班打卡记录，因为是否加班往往就是主管一句话，劳动者事后很少想起来索要相关的加班证明。

即使是打卡记录，也往往掌握在用人单位手中，一旦发生纠纷提起仲裁，用人单位基本不会同意把这份证据拿出来，甚至一些用人单位为了胜诉，提供虚假的打卡记录。

因此，在一些案件中，由于无法收集相应的证据，援助律师不得不转换诉讼思路。如农民工在工地上发生事故受伤，既然不能走劳动关系主张工伤赔偿，那么可以尝试提起人身损害赔偿，尽可能利用现有证据帮助当事人维权。

（二）维权成本高

对2013年上半年受理的法律援助案件涉及的法律程序进行统计，统计情况见表2。

表2 2013年上半年劳动争议所涉法律程序分布

法律程序	劳动仲裁	民事一审	民事二审	民事再审	执行程序	行政诉讼一审
数量（件）	216	87	64	35	82	1
比例（%）	44.35	17.86	13.14	7.19	16.84	0.21

从民事一审、二审案件比例看，劳动争议案件仅通过一个程序解决的比例较少，经过两个以上法律程序的超过半数，这还未包括44.35%的劳动仲裁案件可能继续发展到诉讼阶段的情形。这一情况表明，劳动争议呈现相对激烈的劳资对峙状态。与之相关的是，劳动者为了维护自己的合法权益，往往需要付出高额成本，主要体现在以下方面。

1. 时间成本

（1）一般劳动案件处理程序为：劳动仲裁－一审－二审；

（2）普通工伤案件处理程序：劳动关系仲裁－劳动关系民事一审－劳动关系民事二审－工伤认定－行政复议（可选择）－行政诉讼一审－行政诉讼二审－劳动能力初次鉴定－劳动能力再次鉴定－工伤待遇仲裁－工伤待遇一审－工伤待遇二审；

（3）职业病案件处理程序：劳动关系仲裁－劳动关系民事一审－劳动关系民事二审－职业病诊断－职业病鉴定－职业病再次鉴定－工伤认定－行政复

议（可选择）－行政诉讼一审－行政诉讼二审－劳动能力初次鉴定－劳动能力再次鉴定－工伤待遇仲裁－工伤待遇一审－工伤待遇二审。

根据《劳动争议调解仲裁法》《民事诉讼法》的规定，劳动仲裁的审理时限为45日，可延长至60日；民事诉讼一审简易程序审限为3个月，普通程序审限为6个月，经批准可延长6个月，情况复杂可再延长；民事诉讼二审的审限为3个月，经批准后可再延长。

普通劳动争议案件一般需要经历三个法律程序，排除司法机关审查、送达等时间因素，最长需要经历18个月；涉及劳动关系争议的普通工伤案件，从申请工伤认定之日计算，如果将所有程序全部进行完毕，前后需要经历12个程序，耗时36个月以上。如果是职业病案件，在此基础上可能还要增加三个程序。因为法律规定了这么多程序，一些用人单位在发生劳动争议时，利用自己的优势地位，穷尽诉讼程序，甚至滥用诉权恶意拖延，意在"拖垮"与之发生纠纷的劳动者。

2. 经济成本①

劳动争议从纠纷发生起计算，要经历劳动仲裁、立案、证据交换、开庭等程序。在此过程中，劳动者要搜集证据、聘请律师或者申请法律援助等。一般情况下，一个劳动争议仲裁案件从纠纷发生至最终的裁决作出，平均周期为6个月，劳动者在这一过程中往往难以进行正常的就业，劳动争议仲裁程序中劳动者直接工资收入损失最少8400元。② 此外，劳动者还需支出交通费、伙食费、住宿费等必要生活费用，因此一个劳动争议案件将花费劳动者近万元的经济成本。再加上一些劳动者掌握的证据较少，不足以证明其诉求，一些劳动者耗费了巨大的时间成本、经济成本，却可能承担败诉的风险，无法获得预期的结果。

3. 机会成本

发生劳动争议后，劳动者在相对长的时间内将无法正常就业。一方面劳动者面临就业机会减少的风险，会无形增加机会成本。另一方面，劳动者与用人

---

① 北京义联劳动法援助与研究中心：《劳动维权报告——现状分析与发展趋势预测（2007～2012）》，http：//www.yilianlabor.cn/yanjiu/2013/1245.htm。
② 根据《关于调整北京市2013年最低工资标准的通知》中公布的北京最低工资标准1400元/月计算所得。

单位发生过纠纷，提起仲裁或诉讼，使一些用人单位对这些曾发生过劳动纠纷的劳动者有一些抵触心理，从而不愿意招用此类劳动者，给劳动者将来的就业造成一定的障碍。

（三）社保问题维权困难

根据《最高人民法院关于审理劳动争议案件适用法律若干问题的解释（三）》，用人单位未为劳动者办理社会保险手续，且社会保险经办机构不能补办导致其无法享受社会保险待遇的，劳动者可以诉至法院要求用人单位赔偿损失。北京地区2011年7月1日后未缴纳社保的，一律只能补缴，法院不再判决赔偿。因此，对于2011年7月1日后用人单位未替劳动者缴纳或足额缴纳社保的，劳动者只能找劳动监察或社保机构稽核部门，让相关部门责令用人单位补缴。一方面，从受援人和电话咨询者所述可知，实践中一些社保监察机构存在行政不作为，对用人单位不缴社保监督不力，接受劳动者举报后执行力度不够，使得部分劳动者的社保权益无法保障。另一方面，一部分劳动者和用人单位发生纠纷，既有关于加班费、违法解除合同等劳动争议，又存在用人单位不缴纳社保等社保争议，此时劳动者需分别向法院诉请劳动争议和向人社局投诉社保情况，如果人社部门不作为，劳动者还需另行提起行政复议或行政诉讼，给劳动者造成诉累。

三 北京市劳动争议趋势预测

（一）新法的修正实施对劳动争议的影响

1.《劳动合同法》修改对劳务派遣案件的影响

2013年7月1日起施行经修改后的《劳动合同法》主要针对劳务派遣制度作了以下修改：第一，修正案明确规定了劳务派遣用工是一种补充形式，只能在临时性、辅助性或替代性的工作岗位上实施，并对"三性"岗位的内涵做了界定；第二，要求用工单位严格控制劳务派遣用工数量，不得超过用工总量的一定比例；第三，对被派遣劳动者与本单位同类岗位劳动者实行相同的劳动报酬分配办法,即同工同酬。新法对劳务派遣单位的资质、派遣岗位以及数量、同工同酬等方面进行了较为严格的规范,这将与实践中不规范的劳务派遣用工现状发生冲突,必然引发相关劳动争议案件数量的增加。

2. 新《民事诉讼法》的影响

2013年1月1日起,新修改的《民事诉讼法》开始施行。对劳动争议有以下影响。

第一,《民事诉讼法》规定了小额诉讼程序的一审终审制。目前,在北京市法院诉讼标的额不超过22750.2元的民事案件适用小额诉讼程序。具体到劳动关系领域,对于劳动关系清楚,仅在劳动报酬、工伤医疗费、经济补偿或者赔偿金方面存在的争议案件中,标的额不超过22750.2元的案件,可以适用小额诉讼程序。虽然根据统计,北京目前小额诉讼的数量不高①,但适用小额程序的劳动争议案件必然会增多,在一定程度上可以减少诉累。但小额程序一审终审,当事人不能上诉,这就需要基层审判组织具有较高的审判能力,否则可能引发大量的信访案件,影响社会稳定。

第二,《民事诉讼法》对举证时间的规定与《关于民事诉讼证据的若干规定》等司法解释有比较大的差别。劳动争议案件中,劳动者的举证能力和举证意识相对较弱,新《民事诉讼法》的规定为劳动者的充分举证提供了有力的保障。根据新法,法院根据劳动者的举证能力和实际情况确定合理的举证期限,劳动者在法院给定的举证期限内提供证据确有困难的,可以申请法院延长举证。

第三,电子数据证据成为法定证据类型的一种,为电子邮件、短信等电子证据在劳动争议领域的运用提供了依据。处于电子化时代,生活离不开电子产品,劳动者在劳动关系的各个方面运用电子数据情况越来越多,如用邮件、短信等请假,发送解除劳动告知书等。可以预见,在接下来的劳动争议案件中,电子证据的运用将会增多。但如何运用电子证据值得思考,电子数据的开放

---

① 北京市高级人民法院一庭:《北京市法院2012~2013年度劳动争议案件的审理情况、问题和对策意见》。

性、非直观性、易删改性等特点,对电子数据的真实性与合法性的审查提出了新的要求。①

3.《旅游法》的影响

《旅游法》实施之前,《导游人员管理条例》没有关于导游薪酬及收入保障的明确规定,大部分导游没有和旅行社签订劳动合同,导游和旅行社之间的主要关系体现为劳务雇佣关系和松散的管理关系或者挂靠关系。根据媒体报道,截至2012年底,全国登记导游共有71万人,有近50万导游属于"临时工"。② 这种松散的管理关系使得大部分导游无法得到基本工资或"底薪"、社会保险等基本的物质保障,导游的收入主要来源于游客购物和自费项目回款。

《旅游法》于2013年10月1日起施行。该法为导游维护权益提供了法律武器:第一,明确规定了旅行社应当与其聘用的导游依法订立劳动合同、支付劳动报酬,缴纳社会保险费用。第二,对于临时聘用的导游,旅行社应当全额支付导游服务费,有助于杜绝一些旅游业的潜规则,为兼职导游、社会导游维护权益提供了保障;第三,旅行社不得要求导游垫付或向导游收取任何费用。

这些对导游权益的保护,使得导游群体将活跃于劳动争议领域。一方面,《旅游法》关于劳动合同签订的规定,将会产生旅行社未与导游签订劳动合同的新类型的劳动纠纷;另一方面,《旅游法》对于旅行社为导游缴纳社保、支付旅游费的保护性规定,将有可能产生大量有关导游维权案件。

(二)劳动权利意识增强、劳动争议数量高发、劳动争议类型多样化

一方面,随着信息传播渠道多样化,普通劳动者接触和了解相关法律规定的渠道更加便捷。随着《劳动合同法》《职业病防治法》等法律法规的出台和修改,立法层面加强了对劳动者权益的特殊保护,这在一定程度上刺激了劳动者依法维权的积极性,再加上劳动者队伍的年轻化,劳动者的权利意识逐渐增强。

另一方面,受国际经济形势的负面影响,国内企业出口下滑,经营状况面

---

① 章建育、曾荣汉:《论新民事诉讼法下电子证据的认定》,中国法院网站,http://www.chinacourt.org/article/detail/2013/04/id/939635.shtml. 访问时间:2013年10月19日。

② 余瀛波:《临时雇佣导游也需要签合同》,新华网,http://news.xinhuanet.com/legal/2013-09/26/c_117513018.htm. 访问时间:2013年10月19日。

临严峻挑战，再加上国内经济结构调整，企业转变经营模式和经营策略，部分企业缩减规模和裁员现象比较突出，导致劳动争议保持高位运行。

同时，劳动争议的类型也日益趋向多样化。劳动者的诉求，从索要工资、工伤赔偿款等传统劳动权益保护向要求社保、带薪年休假、二倍工资等劳动权益转化。

（三）群体性劳动维权趋势明显

近年来，劳动者维权手段由个体向群体转变的趋势比较明显。一方面，单个劳动者处于比较弱势的地位，而通过聚合几个、十几个，甚至几十个、上百个劳动者共同维权的方式，使得劳动者形成一个强大的群体，能够与用人单位势均力敌；另一方面，由于特殊的社会环境，群体性事件历来受重视，特别是受来自政府、媒体的重视，纠纷的解决层次和速度与普通个体案件相比存在着较大差别，使得一部分劳动者从中看到了群体劳动维权的希望。

（四）多样化劳动争议处理模式并存成为必然

劳动争议处理时间漫长，若要走完法律程序，需要耗费巨大的经济成本、时间成本、机会成本。大部分劳动者希望能够及时解决纠纷，尽快维护权益，因此更希望能够通过谈判、调解等方式解决纠纷，这也是最受劳动者欢迎的解决纠纷模式，因为能够满足劳动者解决争议的迫切需求。一般情况下，不到迫不得已，劳动者不愿意走上仲裁和诉讼程序。当然，也有少部分劳动者目的不仅仅是解决纠纷，而是获得他们认为的公平与正义，因此对于他们来说，选择仲裁、诉讼的可能性更大。所以，选择什么样的争议处理模式，不同的劳动者有不同的考量，多样化的劳动争议处理模式应是劳动争议化解制度发展的重要方向。

参考文献

北京市高级人民法院一庭：《北京市法院2012~2013年度劳动争议案件的审理情况、

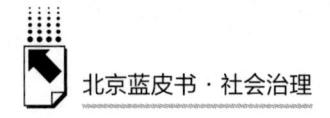

问题和对策意见》，北京市第十五届劳动人事争议案例研讨会会议材料，2013。

北京市劳动争议仲裁委员会：《北京市劳动人事争议案件处理情况》，北京市第十五届劳动人事争议案例研讨会会议材料，2013。

北京义联劳动法援助与研究中心：《劳动维权报告——现状分析与发展趋势预测》(2007～2012)，http：//www.yilianlabor.cn/yanjiu/2013/1245.html。访问时间：2013年10月19日。

北京义联劳动法援助与研究中心：《法律援助监测报告》(2013年第一季度、第二季度)。

章建育、曾荣汉：《论新民事诉讼法下电子证据的认定》，中国法院网站，http：//www.chinacourt.org/article/detail/2013/04/id/939635.shtml。访问时间：2013年10月19日。

余瀛波：《临时雇佣导游也需要签合同》，新华网，http：//news.xinhuanet.com/legal/2013-09/26/c_117513018.htm。访问时间：2013年10月19日。

B.9 北京物业纠纷的主要类型分析

蔡若焱*

摘　要： 试图从历史与发展、法律与现实、制度与文化、行政与市场之间冲突的视角剖析物业纠纷的成因，为妥善解决物业纠纷，平抑物业冲突，缓解物业各方矛盾寻求更为有效的突破口。从物业纠纷的类型展开分析，通过对各类物业纠纷的成因进行历史与现实、法律与社会、制度与文化层面的初步分析与探讨，并对纠纷各方的行为进行初步分析，以寻找失衡的环节，为寻求最终解决方案提出建议。

关键词： 物业管理　纠纷　冲突

物业冲突是近几年城市生活中较为多见的纠纷形式。其成因很多，表面上看大多与利益争夺相关，而深层次上则和权力与权利、政府与市场等各方的利益博弈密切相关。要理解和研究物业纠纷，必须首先对纠纷的类型进行深入分析，从而总结其各类纠纷的特点，为查找成因，分析纠纷的化解奠定基础。本文结合作者自身工作经验，对北京市物业纠纷的类型进行探讨和研究。

一　产权类纠纷

这类纠纷主要包括开发商遗留问题导致的纠纷，共有产权缺失导致的纠纷

---

* 蔡若焱，北京市幸福指针业主大会辅导中心主任，研究方向为物业纠纷化解。

和共有侵权导致的纠纷。在目前的物业冲突中，开发建设遗留问题是占比最大的一项纠纷。尽管这类纠纷严格意义上说并不属于物业管理范畴，但是，由于我国绝大部分物业管理企业隶属于或者受托于开发建设单位，因此，物业管理企业往往会成为这类纠纷的第一当事人。在这类纠纷中，主要有以下三种表现形式。

（一）专有部分缩水

这是产权纠纷中最常见的一种形式，形成的原因很复杂，在建设单位追逐利益最大化的根本原因背后，既有历史的也有现实的，既有行政的也有法律的。由于我国的住宅商品化改革开展时间不长，初入市场的商品房建设监管体系不完备，社会诚信体系尚未建立，社会契约文化尚未养成，司法体系效率低下。因此，开发建设单位的企业道德成为主要约束力量。然而，在"缺德"成本过低的情况下，不当追逐牟利也就会很快形成一种社会现象。前些年常见诸报端的面积缩水纠纷即说明了这一点。近年来，这种情况正在逐步得到改善。然而，相对于不法商人弹指一挥间的肆无忌惮而言，消费者的司法救济路径就显得过于艰难漫长了。因此，这种现象的彻底根除将会是一个很漫长的过程。

（二）共有部分侵权

由于我国住宅小区的特殊性和计划经济转轨导致的政策漏洞，住宅小区内的共用特别是共有面积侵权发生频率也很高。其中侵占物业管理用房，配套经营用房，共有技术层、配套设施等共有面积的案子屡有发生。甚至在相当一部分小区，物业管理用房已经被开发建设单位登记在自己名下，成为私有财产。在北京市某小区，业主组织成功更换了物业公司以后，新进驻的物业公司竟然无处办公，因为原来的物业管理用房是建设单位名下的私产！尽管在当地政府和主管部门的协调下这一问题最终得到一定的解决，但是建设配套不足本身恰恰暴露出建设监管的缺位。

20世纪90年代初期，为了加快住房制度改革和商业房地产的发展，各地相继取消了原有的住宅小区竣工验收环节，改为竣工备案。这样就实际上解除了行政监管责任。当然，从市场经济角度而言，行政的手段退出市场是大势所趋，但是，在我国房地产市场原则和交易准则远未形成的时期，行政监管的缺位导致的后果是非常严重的。规划的擅自变更或者说是制度不完备导致的几乎是随意的变更，导致了大量的产权冲突。有些小区的竣工面积竟然能达到规划面积的一倍以上甚至更多，而这些变更基本上都是履行了在现在看来非常可笑的所有程序，合乎当时的变更要求。大量的共有土地被侵占，用于增建房屋，大量的公共面积配套设置被改变用途而成为了建设单位的专有面积。有些小区的配套建设甚至除了大门的门房以外基本为零，连物业管理用房都是从开发商那里租来的！有些小区的竣工容积率竟然达到了规划容积率的一倍以上！在北京市早期开发的商品住宅项目中，有相当一部分缺乏必要的共有配套用房。外地这种现象更为严重，广州的一个小区，技术层与设备层都被建设单位据为己有，违法改建成旅社和娱乐等经营场所，用于非法牟利。

由于早期制度不完善导致的不合理现象是这一类冲突形成的一个重要原因。由于共有权利的主张缺乏必要的法律支撑，甚至在目前的法律下，法律规定的共有人作为主张主体依然得不到现实司法实践的支持，而业主组织的建立又严重滞后而且困难重重。主张无门的业主往往会把怨气倾泻在物业公司身上，普通的产权纠纷往往会引发比较剧烈的群体冲突，处理不好的话往往会形成群体事件，影响社区甚至社会的稳定。

（三）偷工减料

这类纠纷往往是发生在交房前后，一般表现形态为门窗及内部设施材料的减等使用。比如降低卫浴的品牌，降低装修标准，降低门窗用材等等。很显然，这样做的原因主要是降低建筑造价，提升盈利空间。在这类冲突中，尽管冲突双方从法律视角来看是业主和开发建设单位。但是在实践中，业主最常采用的是针对物业公司的拒费手段来对物业公司进行施压而试图维护自身权益，这样的做法从法律上说尽管并没有依据，物业公司不幸成为了开发建设单位的替罪羊。但是，业主作为弱势个体，除此之外并没有更好的方式来表达诉求。而且，在现实中，物业公司也往往就是开发建设单位的实际代言人。尽管这样做的结果一方面由于物业公司可以依据法律维护自己的权益，另一方面，业主的正当诉求尽管无法通过这种方式得到保障。但是却能够通过群体的方式迫使行政机关介入调解，在我国国情的大背景下，往往会得到一个比较满意的解决方案。更重要的是，行政机关的介入往往能够有效地敦促开发建设单位走到前台，与业主面对面。这对于最终寻求解决问题的方式提供了条件。

在北京小区很多类似维权案例中，尽管有些物业公司通过法律诉讼取得了胜诉，比如朝阳区某小区的诉讼，直接导致法院的强制执行，并决定拘留十余名当事人。但是，大量案例还是最终通过行政机关的调和多方的介入，最终是取得了各方均能够接受的结果。但是，更多的业主权益只能通过更直接更便捷的非正常途径进行维权。经过长时间的拉锯式维权，社区冲突频仍，业主与物业公司双方的权益均受到不同程度的损害，从结果而言，可以说是一个双输的结果。

二 组织类纠纷

这类纠纷主要包括，权利组织内部程序导致的纠纷和业主组织与外部组织之间的纠纷以及业主组织成立过程中产生的纠纷。

（一）业主大会成立难引发的纠纷

这类纠纷中，业主组织建设过程中产生的纠纷相对来说占了很大的比例。业主大会作为《物权法》规定的代表业主行使共同管理权的法定组织，是业主实现共同管理权的最主要形式。物业管理作为共同管理权，个体权利人并不能直接行使，权利的实现必须以共同决定的形式实现，个体业主拥有的权利与义务被限制在成员权（持份权）与成员义务边界内。如果没有业主组织，业主的共同管理权就难以实现。因此，业主组织的建立对于个体业主而言非常重要。

但是，业主组织的建设，却是异常困难的一件事情。一方面，由于我们的传统文化中缺乏自组织文化，习惯了"家长制"的人们对于契约、合作、规则、责任等这类组织成员必须具备的素质比较缺乏。另一方面，人们对于非体制的任何组织形式缺乏足够的心理准备，而且还有着天然的抵触与不信任。而业主大会成立难的外因是传统行政体制是按照无缝衔接的模式进行设计和建设的，其本身没有按照"政府—社会—市场"这三大板块的现代社会格局进行分工运作。换句话说，从体制本身的角度而言，我们的社会运行并不需要这类组织出现，在传统的意识里，衙门里是父母官，因此替代衙门的政府也应该是万能的。因此，脱胎于计划经济的传统体制既不存在这类组织的生存空间，体制本身也没有为这类组织的成立预留任何入口。既不知道该怎么产生，也不知道该怎么管。

从现实而言，业主大会"成立难"是形成目前很多物业管理纠纷的重要原因。究其原因，首先是行政机关尚未完成职能转变，对于业主大会这样一个新生事物准备不足，对口的专业岗位与人员缺失，难以应对复杂专业的业主大会设立过程。其次是业主自身缺乏必要的自组织能力和相关的专业知识。除此之外，物业公司和开发建设单位的不配合甚至阻挠也是一个重要原因。

（二）业主大会运行难引发的纠纷

业主大会是行使共同管理权的代表组织，其决策形式是业主大会会议。

《物权法》规定了业主大会会议作出决定需要全员"双过半"（人数和产权面积）同意，这个门槛是除了"一致决"以外最高的门槛。从技术上说，难度之大是空前的。

我国目前的居住小区的规模依然继承了单位大院大而全的模式。首先是大，一般规模的小区都在 1000 户左右，万户以上的小区比比皆是，有些甚至已经超过了 10 万户。这样规模的小区内召开一次会议难度可想而知，要想作出决定更是难上加难。而且，作为会议组织者的业主委员会由于自身条件的限制不可能全都具有如此专业的组织能力。其次是全。在我国传统的计划经济模式下，单独的社会组织并没有现实的需求，所有的需求都是通过体制本身供给和满足的。改革开放后，虽然社会组织得到了长足的发展，但是，社会管理领域内的社会组织依然是凤毛麟角，根本无力承担社会管理职能。因此，小区依然遵循了单位大院的原则进行配套建设，有些大一些的小区，从幼儿园、学校、商场，甚至行政办公设施一应俱全，应有尽有。

这就产生了一个悖论，一方面，众多配套设施管理需要业主大会作出决定,另一方面,庞大的小区规模与过高的决策门槛极大限制了业主大会的决策能力。业主大会的运行之难,可以想象。在这种情况下,冲突也就难以避免了。

首先是决策缺失引发的冲突。很多物业管理事物因为无法及时得到业主大会的决策而无法执行,因此引发了很多因物业的失修失养造成的业主损失,受损失的业主自然把损失算在物业管理企业身上。在众多的物业管理纠纷中,这类纠纷占了很大比例。业主在这类纠纷中,大部分会采用拒交物业费的方式进行对抗,如果人数达到一定的规模,就会导致物业公司难以运行,从而降低服务标准,服务标准的降低又会引发更多的不满,这样又会导致更多的纠纷,更多的欠费。这样的恶性循环长此以往,小区必将陷入冲突的漩涡,影响社区自身的稳定,产生社区动荡,恶化居住品质。

其次是业主大会运行引发的冲突。到目前为止,除了业主委员会之外,没有其他的运行机构。而且,人们的视角往往都关注监督业主委员会本身,对业主委员会寄予的期望值过高。然而,由于业主委员会成员的专业性限制,不可能完全具备处理物业管理事务的专业能力。在现实层面,作为业主大会唯一运行机构的业主委员会普遍缺乏能力。因此业主大会的正常运行需要设立或借助更多专业的机构来完成。但是因为法律和经费的限制,业主大会很难实现赋权以设立或聘请必要的专业机构。这就造成了业主大会运行状态与物业管理现实需求之间的一对矛盾。这对矛盾处理得不好,同样会引发一系列的物业管理冲突。

另外,业主大会的运行缺乏必要规范也是造成业主大会运行类纠纷的又一个重要原因。在我国的现行法律中,执行业主大会的决定是业主委员会的一项重要职能。因此,召集业主大会会议就是业委会最重要的一项工作。但是,由于我们自身的传统习惯和意识,更多的业主委员会是以"为业主办好事"为指导原则的。当业主大会无法形成整体意志或者形成的意志与业委会的意志相抵触时,往往会产生冲突。这时候,业主委员会对"对错"的判断往往会成为其行动的主要依据。而这种判断经常会产生与业主判断相悖的结论。在这种情况下,如果缺乏规范的业主大会决策结果,业主个体与业主委员会的冲突就在所难免。

三 管理类纠纷

这类纠纷主要包括物业管理收费纠纷、服务质量和标准纠纷以及物业管理接撤管纠纷。这类纠纷的原因主要是因为物业管理缺乏必要规范，物业服务缺失明确的标准。

我国的物业管理市场机制还远未形成。一直以来，已经习惯了单位大院的管理模式的业主们在物业管理市场化以后，由于缺乏统一的规范和明确的服务标准，大家对物业管理的商业化市场化准备不足，导致购买服务的业主与提供服务的物业管理企业之间在服务标准上产生了巨大的心理落差。在早期的物业管理中，由于有较高的收费标准支撑，盈利丰厚的物业管理企业往往会提供一些超标准的服务。但是，目前而言，随着物价的不断上涨，物业管理已经从一个"暴利"行业变成鸡肋行业，甚至有的物业管理企业持续亏损，已经无法维持原有的物业服务水平，不得不降低物业服务标准来维持基本运转。甚至有些物业公司已经开始采用"冬眠"标准（最低的标准）开始维持。这就造成了已经习惯于原有服务的业主的普遍不满。

我国的物业管理已经经历了30年的历史，在这30年中，总体物价水平有了巨大幅度的增长，而物业管理的收费标准却没有显著的提高。尤其是2000年以来，物价的持续上涨使得物业管理企业已经无法自行消化成本。尽管2000年前后行政主管部门出台了不少政策来调整物业管理收费标准，但是由于缺乏科学依据，难以抵消物价的上涨水平。有人说，物业管理进入了"严冬"，尽管可能有些言过其实，但是在很大程度上也可以说是对这一现实的写照。

在这样的大背景下，原有的超水平服务已经难觅踪影，就算是维持原有水平的服务也变得极为困难。这样，不断下降的物业服务水平逐渐开始引发业主们的不满，冲突自然也就很难避免了。这种冲突的表现形式一般是从个别业主不满开始，逐渐引发大面积的冲突。进而要求更换物业管理企业。结果，即便是成功更换了物业公司的小区，问题依然没有解决，有些甚至会增加很多其他纠纷，比如物业接、撤、管纠纷等。

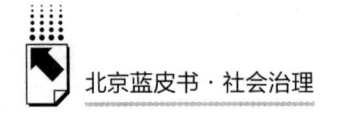

四 社区类纠纷

这类纠纷主要包括社区服务类纠纷、公共产品类纠纷和权利组织与自治组织之间的纠纷。这类纠纷的形成机理比较复杂，但是表现形式比较单一，一般是业主（组织）与居民（组织）之间的冲突。在住宅小区里，一般而言，业主也是居民，这二者的需求是存在大面积重叠的。但是，在某些情况下，这二者的需求可能会产生差别甚至发生抵触。说清这个问题，首先要明白业主与居民的区别，同时也要搞清楚不同类别的业主之间的区别。

按照《物业管理条例》的定义，业主是房产所有权人。按照相关法律规定，不动产权利经登记发生效力，未经登记不发生效力。因此，业主是指房产登记簿载明的权利人。因此，配偶作为财产共有人并不当然成为业主。而业主也不仅仅是自然人，存在很多类型，比如公司、企业、社团、民间组织、法律承认的其他组织甚至包括政府。这是业主与居民的一个显著差别。居民，一定是自然人。业主的利益与居民利益在某些时候是存在差异的。比如，居住成本是每个居民关注的问题，房产价值维护是每个业主关注的问题。在居住成本与房产价值维护之间发生抵触时，从单纯的居民与业主的角度来讲，这就是一个必须要权衡的问题，也是引发冲突的一个重要原因。在业主与居民的身份重叠时，这种权衡可能还不会过于明显地表现出来。但是，当业主与居民的身份完全分开时，这种权衡就会表现为某种程度的冲突了。在某些冲突中，这种身份的区别越大，冲突就表现得越激烈。

业主与居民的冲突有时还表现为组织与组织之间的形式。最常见的形式就是居民委员会与业主委员会之间的冲突。居委会的职责之一是开展便民利民服务等公共服务。而业主组织（业委会）的职责是维护物业品质及小区秩序。这二者在大多数情况下是基本一致的。但是在某些情况下也会发生冲突。尤其在双方对各自职权范围，比如对社区秩序的认知，发生偏差而产生对立的时候，就很有可能引发冲突。从现实来看，业委会与居委会之间如果相互合作，那么整个社区就会变得比较和谐，如果相反，这两个组织之间的冲突会严重影响社区的稳定。而两个组织之间的冲突的原因，既有传统和历史的，也有认知方面的差异。

五　认知类纠纷

这类纠纷主要包括因为对物业管理实质的认知差异导致的冲突。很多人会因为传统认知的影响把物业公司看做是原来单位大院的继续。但是，实际上物业公司并不具备原来管理大院的单位的职能。物业公司是市场化的产物，对于小区的责权利完全来源于物业管理合同。而物业管理的本质在于对共有共用部分的管理。很多业主对于这个认知的差异，也引发了很多冲突和纠纷。

从法律意义上说，物业管理的权利被限定在共有共用部分，因此，物业管理公司的责任和义务也就自然被限定在共有部分的管理责任和义务。对于专有部分，并不是物业管理的范畴，也就不是物业公司的职权范围，当然，物业服务合同另有约定的除外。另外，物业公司的职权在内容上说也是有限定的，从法律上讲，除非另有约定，否则它仅仅能够履行物业管理职责，对于其他责任没有义务也没有能力承担。但是在现实中，很多事情，尤其是以前单位负责管理的大院事务，大家还是习惯性地归责于物业公司，并以此主张权利。比如家中被盗等治安刑事案件，业主往往第一时间会追责于物业公司，甚至我们的司法系统在物业管理初期也是这样认知的，这类纠纷时常会见诸报端。这类纠纷中还有一种表现形式就是使用权益与所有权益的混淆导致的冲突。从计划经济单位大院走出来的业主们，已经习惯了使用才付费的理念，甚至我们的法官在司法实践中也会出现类似的认知。比如有些案例就是判定一楼业主不缴纳电梯费。

六　其他纠纷

这类纠纷主要包括行政机关及其主管部门在指导和监督管理中引发的一系列冲突和纠纷。尽管从法律上讲，业主组织是一个私权共有的管理组织，是有明确权力边界的。但是在我国具体国情下，任何组织都必须获得行政机关的确认方能自如地开展活动。在这个框架内，行政机关的要求就变得非常重要。因此，在业主大会的相关制度设计上，行政机关的作为就显得非常关键了。这类

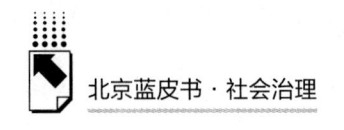

的冲突在很多小区的业主组织成立和运行过程中还是表现的比较突出的。从这类冲突的表现形式上看，主要有以下几个方面：

（一）行政指导缺位

首先是缺位。按照北京市业主大会设立制度的安排，街道办事处作为指导机关，是启动业主大会筹备设立的关键程序。但是，在现实中，业主大会成立难的最重要原因是因为行政指导的缺位而导致的无法启动筹备过程。

究其原因，一是街道办事处不是业务主管部门，不具备相应的指导能力，缺乏相关的甚至是必需的专业能力。不敢指导，甚至不会指导。二是由于业主大会的出现超出了传统体制范畴，而我们的体制转型还没有完成，不知道如何与政府控制范围之外的社会组织，尤其是社会管理类社会组织打交道。因此，为了不出错，对于业主的成立诉求，往往是回避和拖延，以图通过不了了之而免除自身的责任。在很多时候，这样做的确消除了很多小区的成立诉求，很多业主经不起长期的拖延而主动放弃。但是，问题并没有解决，这种行为本身也埋下了冲突的隐患。在现实中，很多小区因为行政不作为而发生的行政诉讼也说明了这一点，有些甚至引发了规模更大的群体冲突。

为了解决业主大会设立过程中的技术问题，北京市政府建设主管部门专门成立了针对业主大会成立和运作的辅导机构。2011年8月，首家辅导机构——北京市幸福指针业主大会辅导中心——挂牌成立，市建委、市社工委、市民政局的领导出席了成立仪式并颁发了证书。从辅导中心成立两年多来的情况来看，参与了百余个小区的业主大会成立及运行的辅导，并配合相关区县的主管部门对数百位各乡镇街道办事处主管领导和工作人员的培训，解决了小区成立业主大会过程中的技术难题，取得了非常好的效果。但是由于政府购买服务涉及财政问题，尚有许多具体问题需要解决。

（二）行政指导越位

这个问题经常会发生在业主大会运作过程中。行政机关在指导业主大会运作的过程中，没有摆正自身的位置，没有给予业主大会及其运行机构以足够的尊重，有些时候甚至绕过业主组织单向发布有关物业管理的决定，引发了很多冲突。

行政指导具有三性原则：正当性原则、必要性原则与自愿性原则。而自愿性原则是指行政指导行为应为行政相对人认同和自愿接受，因为，行政指导行为不是一种行政主体以行政职权实施的、期以产生法律效果的行政行为，对行政相对人不具有法律上的约束力。自愿，本意是人在没有外在强迫下做自己想做的事。法律上的"自愿"还应加上在不损害他人合法权益的前提下之条件。行政指导不是行政机关的权力性行为，其没有国家强制力为后盾，行政相对人不愿意接受行政指导行为，行政机关也不能借助国家强制力驱使行政相对人违心接受。否则，行政机关的行政指导行为就质变为具有强制力的行政行为了。

物业管理是一种市场行为，是一种特殊的商品交易。其中的事务并不属于行政权力管辖范畴，《物业管理条例》赋予了行政机关以行政指导的责任，从行政指导的特点来看，行政机关不能在物业管理中施行行政强制力。但是受到传统的无缝行政的影响，很多行政机关会在行政指导过程中对物业管理事物强行干涉，这类行为引发的纠纷占到了行政纠纷的很大比重。主要集中在业主大会成立、业委会换届、解聘选聘物业企业以及维修资金使用等事务的过程中。

（三）行政指导错位

在物业管理中，行政机关的行为既不能缺位，也不能越位，同时，也要注意不能错位，必须严守法律的底线。当然，如果物业管理的结果可能影响到公共安全和公共利益时，行政机关必须出手，但是要以维护公共安全和公共利益为边界，不能大包大揽，也不能顺手牵羊。

有的小区在物业管理过程中决策失当，导致物业管理真空而引发社区公共利益受到威胁甚至损害。这时候，行政机关的介入与干预是必要的，有些甚至是必需的。比如，因为业主组织不作为或者难以作为而导致电梯年久失修而威胁公共安全时，行政机关应当干预，但是必须依法行使职权，对其使用进行限制，要求整改甚至可以停用，但是不能越俎代庖，代替业主进行维修哪怕是承担部分维修责任。因为这样做不但会不恰当的免除了业主应尽的义务，同时也使得国家的财政受到损失。这方面的案例近年来有增加的趋势。有些地方政府，甚至在由于业主组织选聘解聘物业管理企业时处置不当，造成了管理真

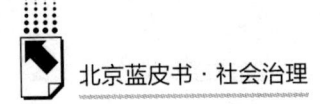

空，而政府介入承接了全部物业管理事务，成为了事实上的物业管理人。不但给当地财政造成不必要负担。而且也助长了业主不负责任的心态。同时，在管理过程中也引发了很多与此相关的不必要的冲突。

参考文献

傅维壮、于建勋：《物业服务合同热点法律问题分析》，《中国律师》2007年第2期。
杨立新：《物业纠纷索赔全程操作》，法律出版社，2007。
傅鼎生：《物权原理与物业管理》，《政治与法律》2004年第6期。
陈华彬：《物权法原理》，国家行政学院出版社，1998。
刘兴桂、刘文清：《物业服务合同主体研究》，《法商研究》2004年第3期。
许步国：《对我国前期物业管理若干法律问题的思考》，《行政与法》2006年第3期。
陈鑫：《物业服务收费制度的法律调整》，《法律适用》2006年第11期。
张农荣：《物业服务纠纷案件审理中的两个特殊问题》，《法学杂志》2006年第11期。
《最高人民法院关于审理物业纠纷的司法解释》，2009年5月15日颁布。

B.10 北京市西城区"全响应"网格化社会服务内涵特征和实践思考

孙晶 岳占菊 王辉*

摘　要： 面对纷繁复杂的社会环境,北京市西城区结合区域特点和社会建设的新形势、新任务,推行了"全响应"网格化社会服务管理模式,初步构建了以需求为导向,以服务为核心,以街道统筹为重点,以公众参与为基础,以信息化手段为支撑,多元主体积极响应社会需求的全响应网格化工作体系。推行了访民情、听民意、解民难工作机制,搭建了区、街、社区三级联动的信息化平台,强化街道统筹作用,鼓励多元主体参与社区服务管理,不断完善精细化服务覆盖。

关键词： 全响应　社会管理　网格化

现代社会管理是个复杂的系统工程,尤其在当今中国社会,探索一套适应形势、高效和谐的城市社会服务管理体系尤为迫切。北京市西城区在网格化社会服务管理基础上,结合区域特点和社会建设的新形势、新任务,探索形成了"全响应"网格化社会服务管理模式,为社会管理创新探索出一条可行的发展之路。

---

* 孙晶,硕士研究生、西城区委党校科研室副主任,研究方向：传播学；岳占菊,博士研究生、西城区委党校科研室主任,研究方向为国际政治、政治学；王辉,西城区委社会工委、西城区社会办监察科科长、社会工作师。

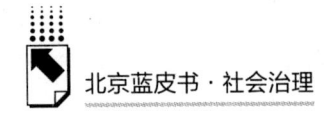

一 "全响应"网格化社会服务管理模式出台的背景

改革开放以来，伴随经济体制和社会结构的变革，中国的社会环境发生了巨大变化，不同群体利益诉求相互交织，多元化、差异化需求日益明显，社会问题不断涌现并纠结在一起，社会矛盾和冲突日益凸显，社会管理难度激增，传统的社会管理模式遭遇了前所未有的冲击和挑战。

党的十八大报告将改善民生和社会管理创新共同列为社会建设的重要内容。要建设充满活力又和谐稳定的社会，社会管理就必须从制度设计上创新，政府作为社会管理的主导力量，应提供一套立体的制度网络，以适应当代人的社会活动需求。

西城区作为首都功能核心区的重要组成部分，辖区面积50平方公里，下设15个街道、255个社区。辖区共有中央机构及所属事业单位130多家，国家政治资源、政务活动密集。2013年上半年，三级税收实现2764亿元，集聚金融机构资产规模超过60万亿元，占全国总量近一半。全区总人口160余万，人口密度将近3万人/平方公里，是北京各区县之首。就社会建设而言，特点主要体现为：一是承载了重要的首都功能，做好"四个服务"的首善标准和要求更高，维护社会和谐稳定的责任更大；二是社会结构较为复杂，辖区内既有成片的商务办公区、商业旅游区、新建商品住宅区，也有数量众多的老旧小区、平民房。既有北京老市民也有大量流动人口，不同群体利益诉求相互交织，多元化、差异化需求日益明显；三是15个街道各具特色，并且在夯实基层基础工作、服务民生等方面都形成了很多好的做法和经验。这些独一无二的区情特征，给工作带来了很多机遇和挑战。

"全响应"网格化社会服务管理模式就是针对区情和工作实际，通过搭建社会协同平台，扩大公众参与渠道，建立合作信任，实现信息互通共享，行动协同联动，形成多元主体共同治理社会的工作格局，促进社会健康、持续、和谐发展。

二 "全响应"社会服务管理模式的内涵和基本特征

2010年,西城区部署推行了"全响应"社会服务管理工作机制,总体上看,"全响应"网格化社会服务管理有利于增强居民群众自我管理的能力,有利于政府及时了解社情民意,整合、协调利益关系,有利于社会运行更加畅通、高效。

(一)"全响应"社会服务管理模式内涵

"全响应"社会服务管理模式强调在社会责任和激励机制的作用下,党委和政府、社会组织、企业、群众等均作为社会建设的主体,信息互通共享,相互信任合作,行动协同联动,共同促进社会健康、持续、和谐发展。

(二)"全响应"社会服务管理模式基本特征

1. 强调以人为本、服务为先理念

"全响应"是以服务为主的社会管理模式,其核心和主体是为社会成员提供各种基本的社会性公共服务,寓社会管理于社会服务之中。由管理主导向服务主导转变,变传统的"被动管制"为"主动服务",主动响应民生需求,主动改善社会环境。通过政府与各类社会单位、公众的良性互动,使其他参与主体在系统中有序、有效地发挥作用,建立一个动态的平衡系统,实现社会管理机制的自我发展和自我调适。为此,"全响应"模式采用信息化手段拓宽群众诉求渠道,紧紧围绕群众反映的问题,政府调动各方资源,积极做出响应,努力实现由政府指令驱动向居民需求驱动转变,体现了政府行政方式和工作方法的革新。西城区深入开展的"访民情、听民意、解民难"工作,就是这一模式落地的重要载体。

2. 强调信息化、精细化手段

与传统城市管理模式不同,"全响应"社会服务管理模式与现代信息技术的联系空前紧密,物联网技术、3S技术、海量数据存储技术、移动通信技术、中间件技术等共同奠定了"全响应"社会服务管理模式的技术基础。同时,

"全响应"社会服务管理模式通过科学划分功能单元，明确各功能单元内人、地、事、物、组织的社会服务管理主体和管理服务的职责任务，制定专业力量、协管力量、志愿服务力量的配置服务标准，及时响应需求。"全响应"社会服务管理模式摆脱了传统城市管理粗放、滞后的缺点，向精细化方向不断发展。

3. 强调多元参与、多维响应格局

传统社会管理模式，由于权力的单极化，政府主要通过单方面的行政命令对社会事务进行管理。而"全响应"社会管理模式是一个多元参与的社会管理模式，包括党委、政府、各类社会单位以及广大公民，各个参与主体在社会管理系统中发挥着不同作用，又具有各自的利益诉求。要求各参与主体间互动，特别是政府与其他参与主体的良性互动，强调政府的回应性。

各类社会单位及公众不仅是公共物品和服务的"消费者"，更是公共物品和服务的监督者。包括政府在内的公共管理机构和管理人员必须对各类社会单位及公众的要求做出及时的、负责任的反应。最终目标是构建各参与主体间的响应合作体系，形成"党委领导、政府负责、社会协同、公众参与、法治保障"的社会管理格局，使各个社会管理主体各司其职，形成伙伴关系，实现对社会生活、社会事务的合作管理。

三 "全响应"社会服务管理模式运行机制和工作实践

"全响应"社会管理模式实施以来，已初步构建了以需求为导向，以服务为核心，以街道统筹为重点，以公众参与为基础，以信息化手段为支撑，多元主体积极响应社会需求的全响应网格化工作体系。

（一）以需求为导向，推行访民情、听民意、解民难工作机制

按照"全响应"服务管理网格化、精细化工作要求，2013年开始，西城区全面开展"访民情、听民意、解民难"工作，推行"一本一会一单"民生工作法，要求从区级领导到各委办局领导，都要定期到街道社区去了解老百姓的问题，主动协调有关资源来帮助基层解决实际困难，并将居民集中反映的环境卫生、停车管理、为老服务、老旧小区改造等问题，纳入区、街两级为民办

实事计划，重点解决。2013年，又紧密结合中央和北京市关于改进工作作风密切联系群众的要求，制定了十二项工作机制，把"访、听、解"转化为一项规范化、常态化的工作。同时，选派了255名干部到社区挂职锻炼，让干部在得到锻炼的同时强化服务意识，主动帮助基层解决问题。工作开展以来，全区34名区级领导、71个职能部门深入基层走访500余次，区、街、社区三级共收集社情民意五类47428条，其中绝大多数已经解决或正在解决，占总数的94.5%，剩余5.5%的问题在及时做好解释工作的同时，也在通过各种途径积极向上级部门呼吁或申请政策支持。根据调查结果显示，居民对"访听解"工作的知晓率达到77%，满意度达到93%；对问题解决结果的满意度达到71%。

"访民情、听民意、解民难"工作的开展，搭建起快速感知群众诉求、及时解决群众问题的平台，建立健全了从感知社情民意到快速处理民生问题的区、街、社区三级联动工作机制，形成了从发现问题、解决问题到反馈处理结果的闭环流程。社区更加充分发挥了及时、全面了解居民需求的神经末梢作用，服务群众的能力进一步得到提升。街道协调职能部门力量，统筹地区资源解决民生问题的能力进一步得到加强，各职能部门服务意识、民需意识进一步增强。

（二）以服务为核心，将力量和资源"下沉"至街道

"全响应"网格化社会服务管理模式突出对辖区地、物、事等资源管理的"精细化"，主要表现在标准化、数量化、细微化三方面：标准化即有明确标准，而且可跟随形势不断更新；数量化是指对工作进行量化统计、量化分析处置和量化评价；细微化是严格划分功能单元，并细分各参与主体的职责权利。为了推动基层社会服务管理精细化、标准化、日常化，西城区强化街道在社会服务管理中的主体地位、公共服务能力及统筹辖区发展能力，从而以提高服务对于居民的便利性和可及程度。在"全响应"网格化社会服务管理工作中，体现了公共服务事项"下沉"的特点[①]，即通过将服务提供前移来推进精细化

---

① 喻匀：《基层社会管理能力创新与可持续发展——北京西城区"全响应"机制的探索》，《中国行政管理》2013年第2期。

服务的特点。具体有以下几个方面。

硬件方面。集成有关政策，大力推进社区办公和服务用房建设，争取市级资金约1.05亿元，购置、装修改造了41处社区用房，目前社区用房达标率为91%。同时，鼓励街道整合资源建设能够辐射一定区域的市民中心，为辖区居民提供综合服务和活动场所，解决居民群众活动场地有限等问题。

软件方面。对照十大类60项180小项基本公共服务在社区的落实情况进行调查，梳理并分解了每个部门需要延伸到社区而未满足的服务，协调相关委办局将服务落实到基层，推动基本公共服务全覆盖。同时，进一步规范"一刻钟社区服务圈"的内容，完善运行机制，集中打造13个"一刻钟便民服务圈"。

机制方面。对现有城市管理、综治维稳等多个网格和多种力量进行整合和科学调整，形成全区统一的1696个网格；同时，对街道及属地社区9类协管员进行岗位规范，赋予街道统筹管理的权限，推动专业力量在街道的整合。针对街道权责不一致的问题，出台了《关于进一步加强街道统筹辖区发展规范日常管理的指导意见》《关于城市秩序管理中进一步加强职能部门属地管理的意见》等文件，推动各方力量特别是城市管理力量的整合，加大综合执法力度，推进城市的精细化管理。针对市委市政府提出的棚户区改造和拆违两项工作，将各条的力量整合到街道以后，取得了事半功倍的效果。

（三）以科技手段为支撑，协同推进区街信息化平台建设

整合城市管理、社会管理、公共服务、公安视频等共享交换数据项目，分层级建立统一的指挥平台。将各类服务和管理资源分层级进行整合，建立区、街两级全响应社会服务管理指挥（分）中心。区级层面依托区城管监督指挥系统、开通为民服务一号通、统筹推进社区服务和综治维稳平台建设，推动行政服务、社会服务、城市管理、社会管理、应急处置等功能的有机结合；街道层面将对各街道在信息化建设经验进行梳理和整合，统一设计了9个基础应用模块，规范技术标准，建设分中心，实现民生服务、城市管理、应急处理、分析研判、统筹协调等功能。社区层面，采取PDA、APP、楼门院长信息系统等多种方法，为快速传递社情民意提供有效支撑。同时，依托

社区服务站，以 30 个服务项目为试点探索区、街、社区三级服务的标准化，实现全区通办联办，方便居民办事，让百姓感受到智慧城市带来的"便民""利民"和"惠民"。

（四）以"社会化"为基础，激励多元主体服务民生

"全响应"网格化社会服务管理模式通过倡导党委、政府、社会、公众多元参与，既充实了社会服务管理力量，又促进各类社会单位主动参与城市管理，提高其依法自觉履行城市管理主体职责的意识，逐步解决长期以来政府在城市管理中"越位"和社会单位"缺位"问题。为此，西城区设立了社会建设专项资金，专门用于支持和引导社会力量特别是社会组织参与社会建设。

西城区共有社会组织 3056 家，其中登记注册的社会组织 606 家，备案的社区社会组织 2450 家，2010 年以来累计投入 4500 万元，支持了 200 余个服务项目，覆盖资源共享、志愿服务、为老助残服务、社会组织培育、心理健康服务和社工专业服务等多个领域，在进一步培育壮大社会组织、广泛凝聚社会力量、完善民生服务体系、创新社会管理方式等方面都起到了积极作用，形成了一些服务品牌。如社会组织服务民生方面，通过举办爱在西城公益文化节，搭建社会组织对接民生需求的平台，推介了一批公益服务项目，树立了一批公益榜样；饮食行业协会制定行业规范，对 280 家会员单位的服务资格进行考察审核，确保老年餐桌供餐质量；厚朴社工事务所深入挖掘整合社区资源，开展"老年自助学堂"，开拓社区为老服务新思路。在驻区单位资源开放共享方面，有效激励引导国家广电总局、北灯汽车灯具有限公司、市府大楼、光大银行等 300 余家驻区单位开放内部资源，有效缓解停车难、为老就餐难、居民群众活动场地不足等问题。在居民群众自治方面，引导居民群众围绕热点难点问题共议解决方法，调动居民群众的积极性，形成了依靠居民自治开展胡同整治，成立停车自管会缓解老旧小区停车难，组建文明劝导队维护景区秩序等有效的做法和经验。

四 思考和建议

"全响应"社会服务管理模式的提出，符合科学的现代社会管理体系要

求。但现代社会管理是个复杂的系统工程，在实际操作中，还需要在程式、规律和机制上不断摸索，在各项工作实施及细节完善方面要顺应时势，不断调整。这是一个长期的过程，如何保证较长时间相当数量的财力支持，如何保证其模式的延续性和长期性，如何尽快培养和造就一批理论与实际相结合的新型社会管理人才，如何进一步探索多元主体的利益协调机制，达到政府、组织与公民真正自主有效地投身于社会管理，都是摆在实施者面前需要逐步完善的问题。

因此，"全响应"机制的持续发展和良好运行，需要不断发扬党的群众工作优势，完善政府主导的全景式网络平台和社会主导的社会服务自治平台，打通自下而上的信息采集和自上而下的指挥调度之间的所有关节，做到定位准确、职责明晰、分工清楚，不断提升社会管理能力。

（一）进一步健全完善衔接有效、协同推进的运行机制

健全完善全响应建设协调推进机制、问题发现处置评估反馈机制、综合管理执法机制、信息采集维护更新互联互通机制、社会动员工作机制、"三个一"（一门式、一网式、一话式）运营管理机制等六项机制，建立纵向互联、横向互通、全面覆盖、高效运转的运行网络。

（二）做好职能衔接，确保协调运转

社会服务管理涉及人口计生、民政、综治、组织、民防等多个部门的工作，需要各部门协调共同解决的事件越来越多，解决好职能衔接和统筹协调问题，进一步打通各社会管理各部门之间的壁垒至关重要。需要协调政府各职能部门之间、上下级之间、各分管部门之间关系。通过分析标准和非标准、静态与动态、定量与定性等社会因素的关联影响，建立并不断完善统一的事件分析体系和解决方法流程，从体制机制上确立有序协调、高效运转的格局。

（三）推进社会协同和公众参与

"全响应"是一套多元主体参与的大系统，社会组织和公众都是社会管理的主体。要注重发挥群众组织、基层群众性自治组织、社会组织、企事业单位

的协同作用，加强各参与主体之间的互动。社会服务和管理最重要的是实现居民满意度的提升，更应该强调以人为本，使社区居民自觉接受管理、主动配合管理、积极参与管理，最大限度地发挥自身的作用，促进人的全面发展和社会进步。今后需要进一步探索并推进自下而上利益表达的通道，诸如社区议事会制度的设计与实施、社区事务听证、社会网络系统（互联网）的利用等。①

（四）建设社会工作人才队伍

社会工作人才队伍建设直接影响到社会服务管理的效果，因此要培养和造就一支结构合理、素质优良的社会工作人才队伍。通过制定人才培养规划、加强专业培训、多种渠道吸纳等方式抓紧培养大批社会工作急需的各类专门人才，提高他们的职业素质和专业化服务水平。

参考文献

《中共中央关于构建社会主义和谐社会若干重大问题的决定》，人民出版社，2006。

喻匀：《基层社会管理能力创新与可持续发展——北京西城区"全响应"机制的探索》，《中国行政管理》2013年第2期。

龚维斌：《社会管理及其创新中的几个关系》，《学习时报》2011年4月11日，第3版。

海峰、刘宗强、沈子钦：《北京市西城区全响应社会服务管理平台建设与运行的思考》，《城市管理与科技》2013年第2期。

---

① 喻匀：《基层社会管理能力创新与可持续发展——北京西城区"全响应"机制的探索》，《中国行政管理》2013年第2期。

B.11
北京市朝阳区全模式社会服务管理系统的实践探索和思考

皮定均*

摘　要：

北京市朝阳区通过八年多实践，逐步健全和完善了以政府为主导、社会为主体，以朝阳区社会信用体系为支撑的数量化、智能化、科学化的全模式社会服务管理系统，探索了智能社会建设的新方向。本文论述了以智能社会建设为核心的具有朝阳特色的全模式社会服务管理系统的发展阶段、运行流程、核心内容以及工作成效。

关键词：

社会服务管理创新　智能社会　全模式

北京市朝阳区辖区面积为470.8平方公里，实有人口423万（常住人口251万，流动人口172万），是北京市面积最大、人口最多的城区，经济总量居北京市16区县之首。目前朝阳区各类基础设施等硬件建设和经济发展速度已达到或接近世界城市水平，但城市的社会服务管理水平仍有相当差距，需要探索建立数量化、智能化、科学化的社会服务管理机制。历经多年积累，特别是第二十九届夏季奥运会和新中国成立60周年服务保障的实践探索，城市管理工作基本形成了现代信息技术与现代服务管理方式紧密结合的社会服务管理

---

* 皮定均，北京市朝阳区城市管理监督指挥中心主任，研究生学历，高级政工师，中国人民大学客座研究员，住房和城乡建设部数字化城市管理专家组及智慧城市建设专家组成员。研究方向为数字化城市管理理论与实践。

运行体系和工作机制，具备了整合提升的基础。朝阳区并开展了从城市数字化管理到城市综合管理、全模式社会服务管理的一系列创新升级活动。

一 全模式社会服务管理系统的实践探索

2005年7月，朝阳区作为建设部在全国推广数字化城市管理模式首批十个试点城市（区）之一，在学习借鉴北京市东城区网格化管理经验基础上，开始实施数字化城市管理工作，从市容环境入手，以强化社会单位落实"门前三包"责任制为切入点，对政府部门、社会公共服务企业等市容环境维护、管理、执法主体进行监督评价。2007年10月，进一步将消防安全、食品安全、社会保障、为民服务等工作纳入数字化管理体系，建设了数字化城市管理与为民服务系统。2009年10月在全区争创全国文明城区中心工作推进过程中，将文明城区创建的各项指标纳入数字化管理系统，进一步提高了社会服务管理工作标准，同时发动社会单位和普通市民共同参与社会服务管理。2010年7月，朝阳区被列入中央政法委、中央综治委选定的35个全国社会管理创新综合试点城市名单，探索创新社会服务管理机制。朝阳区在全面总结已有工作经验的基础上，针对区域面积大、人口多，管理情况相对复杂和政府管理力量相对薄弱的区情，在社会服务管理中探索了一条以朝阳社会信用体系为保障的，数量化、智能化、科学化社会服务管理新模式，称之为全模式社会服务管理。

（一）主要内容

全模式社会服务管理系统包含社会服务管理领域的各个主要方面，有应急管理、城市管理、综治维稳、安全生产、社会事业、社会保障、社会服务、经济动态、法律司法、党建工作等10个模块，共118大类、577小类、3537细类工作。

2013年3月，在此基础上新增加网络社会模块，分为网络社会服务、网络社会管理、网络社会建设，对前期朝阳区业主论坛、微博、QQ群等网络媒介进行了摸底普查，确定重点业主论坛2674个、微博784个和QQ群758个。

与13个试点街乡、14个相关职能局共同梳理完成《全模式社会服务管理网络社会建设模块任务确定、完成标准》（一期），形成3大类338细项标准，已在试点街乡运行。

（二）基本工作流程

全模式社会服务管理系统按照发现问题、案件受理、案件派遣、任务处置、结果反馈、复查核查形成闭环工作流程，所有案件由系统平台自动存储，形成各类案件分析及考核评价。具有如下特点：

一是高位的独立监督。朝阳区城市管理监督指挥中心全面负责社会服务管理监督评价工作，是区政府直管的独立监督部门，共有35个分队，1547名监督员，各监督分队独立租用办公用房，不直接与街乡、社区发生联系，全面独立履行监督指挥和考核评价的职能。

二是依法监督，纳入系统的每个细类都依照相关法律、法规制定相关标准，依法监督，共涉及法律法规396部，政策206部。

三是客观监督，每个案件的立案结案都有照片作为客观依据。

四是闭环监督，每个案件从上报、处置到评价环环相接。

五是公正监督，按监督主体与被监督主体共同制定或认可的标准进行监督，全模式十大模块通过与街乡和职能局共同完成四类标准的梳理和制定，监督员按标准进行作业，系统自动生成评价结果，把人为因素降到最低。

六是多手段、全方位监督，监督手段有监督员监督、公众举报、微博传送、Google影像比对等16大类20小类，被监督对象包括政府和社会各主要方面。

（三）主要特点

全模式社会服务管理系统的主要特点可以用六个字概括：合作、竞争、科学。

1. 合作

就是将政府"大包大揽"的传统模式转变为政府主导各类社会主体合作开展社会服务管理的模式。政府通过与各类社会主体的合作，实现各方面优势的有机融合，促进社会服务管理水平的不断提升。

与社区的合作。采用智能化方式推进以楼长、门长为骨干的志愿者协会建设，逐步建立并完善了覆盖城乡，以房产为基础的不重不漏的人口数据库，推进以社区单位为主体的城市管理、地下空间等各类行业协会建设，逐步形成社区居民和单位自我服务管理的工作机制。

开展数量化文明社区（行政村）监测评价工作，形成319个社区、9010栋居民楼评价排名。促使居民和其他各类社区主体从关心自身利益出发，自觉遵守各项法律法规，为开展各项服务奠定了基础。

在数量化文明社区基础上进一步推进数量化文明行政村建设。全区145个行政村，已完成88个行政村的普查工作，共计村民院28109个、单位院3753个、出租大院575个、别墅2175个、公建配建1204个、拆迁区域115个、公共空间5313个。同时，在将台东八间房、东坝三岔河、黑庄户郎辛庄、管庄重兴寺等村开展了智能化监督试点，深化数量化文明行政村建设。对村民、单位履行法定责任情况进行以客观事实为依据，标准化、常态化、数量化的监督评价。

与单位的合作。运用"六个天天"① 工作机制，与"门前三包"责任单位、物业公司等14类社会单位合作解决面临的问题。通过社区服务网将各类单位的服务信息提供给市民，实现了双向服务。目前百姓通过网站及热线可以获取涉及20大类253小类483细类的服务信息。

与市民的合作。通过数量化的文明市民、文明家庭争创工作来促进广大市民合作共同建设文明社区。

与中国大专院校的合作。与中国人民大学、北京大学中国信用研究中心、中国农业大学、中央美院等大专院校开展合作，进行全模式社会服务管理理论研究，实现了理论与实践的紧密结合。2012年，与北京大学合作出版了《朝阳社会服务管理与社会信用建设的理论和实践》一书，与北京大学中国信用研究中心合作建立"朝阳文明城区指数"，每月形成文明城区建设工作的监测

---

① "六个天天"，指产权主体和维护保洁责任主体天天维护，监督员天天监督，相关职能部门、街道办事处、社区天天管理，执法部门天天执法，系统平台对五类主体天天评价，区政府内网和外网天天公布。

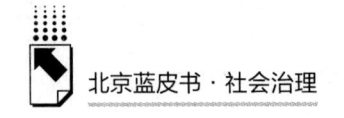

评价结果。与中国人民大学合作出版了数字化城市管理系列丛书、《合作治理与社会服务管理创新》《构建全模式系统，推进无缝化管理》研究报告等。与中国农业大学合作，基于朝阳区为民服务系统，进行居民健康饮食干预和食品监测研究项目研究工作。

与高新技术企业的合作。通过与五个高新技术企业长期不间断的紧密合作，使现代科学技术持续地为全模式社会服务管理系统服务。

与律师的合作。聘请律师参与微博直接回复，公众举报问题处置以及社区居民调解，为百姓提供更好更快捷的服务。

与国务院发展研究中心等国内外相关方面的合作。充分利用国内外各方面的智力优势和专业优势，促进社会服务管理创新能力的提升。2011年与国务院发展研究中心合作出版了《数字化城市管理"朝阳模式"研究》。

2. 竞争

引入竞争机制，就是转变社会服务管理领域"干多干少、干好干坏一个样"的现状，在各类责任主体之间建立以利益为诱因的常态化竞争和激励机制，持续提高社会服务管理水平。

到目前为止，已经形成了对责任主体、管理主体、执法主体、监督主体等四类主体评价结果，并且充分运用评价结果，将各类评价排名通过大屏公示系统等多种途径进行公布，根据评价结果对先进社区和社会单位进行奖励，作为公务员年终考核工作评选先进、给予奖励的重要依据，并与干部的使用和评优挂钩，与监督员等直属工作队伍的绩效奖金直接联系，促进了各类责任主体认真履行法定责任。

将数字化城市管理平台中的各类案件分析、情况和考核评价及时提供给相关部门，为管理者决策提供参考。2013年1~9月，对领导关注的违法建设、摊群乱点、黑车拉客、露天烧烤、街头散发小广告、非法出版物等重点问题向各个层面发送告知短信，共计13790条。

3. 科学

在社会服务管理主要领域实现了数量化，为实现社会服务管理科学化奠定基础。

将现代科学技术与先进管理机制相结合的运行方式引入社会服务管理领

域，对社会服务管理各方面情况实行量化的统计、分析和评价，解决"突击式""运动式"和"粗放式"问题。

二 全模式社会服务管理模式的运行成效

经过多年社会服务管理创新，朝阳区基本解决了社会和政府之间，政府内部"条条与条条"之间、"条条与块块"之间责任不清的问题，提升了社会服务管理的常态化、精细化水平，具体讲来，全模式的运行成效主要表现为以下方面。

（一）基本建立责任清晰、关系明确的社会服务管理体系

依照相关法律法规和政策，与试点街乡和相关部门共同制定全模式系统标准，明确了责任主体、管理主体、执法主体各自责任和法律依据，工作规范进一步明确，实现责任确定的无缝化。通过对各类问题处置流程标准的制定，解决了工作过程中各类责任主体之间时间衔接上的无缝化，通过对责任区域的划分，建立电子化的责任区域图层，实现了责任主体在空间上的无缝化。目前已建立的712个电子图层，正在划分成人口状况、市政管理、城市秩序、扶贫帮困等类型，推进区、街（乡）、社区（村）三级共享。区域内5.8万多家社会单位纳入了市容环境、安全生产等责任主体范围。

（二）基本形成智能化服务管理系统

以移动互联网和全模式社会服务管理系统为依托，以标准化和监督、作业、管理、执法网格化责任制为基础，以社区、村为基本管理单元，以居民自我管理为基本组织形式，以简明化、便捷化的告知系统和对一线工作人员的管理约束和竞争机制为核心的智能化服务管理系统基本形成。

1. 积极推进管理智能化

按照规范化、标准化原则推进智能化工作，实现责任区域全覆盖、无缝隙、常态化、实名制的网格化作业、监督、管理、执法责任制，核心是以社区为基本管理单元，以居民自治为基本形式，将一线人员的工作情况

及时告知对其有管理权和任免权的各级领导，促进各类责任主体履行法定责任。通过分工使条条、条块按照法定职责正常发现、处理、解决各类问题。

以智能化移动互联网为依托，以标准化和网格化责任制为基础，简明化、便捷化的智能化管理体系基本建立。初步形成依托无线网络，使一线工作人员和主管科长、主管领导及时便捷知晓自己的法定责任和需要完成的任务，了解工作开展的法律法规、政策依据和标准、案例等，形成便捷的告知系统。从以往"点对面"转为"点对点"，推进包括绿化、环卫、水务等智能化工作。

督促一线工作人员积极主动解决问题和完成任务。通过系统自动提示一线工作人员未解决的问题和未完成的任务，并逐级告知其主管科长、主管领导，从而形成管理约束、竞争机制。

以"门前三包"工作为例，建立了监督、管理、执法智能化工作流程，确定实名制的责任制，通过手机终端实现各类问题的处置和规定任务的完成，监督员发现的问题直接下发到社区一线工作人员，未解决的派遣到社区领导、街乡城建科、城管分队等，同时建立短信告知系统，各个层面管理者能够在第一时间及时掌握工作人员绩效，并使工作结果与每个人员的奖惩紧密结合，促进各类责任主体履行法定责任。"门前三包"智能化工作体现出以社区自我管理和协助政府管理为基础，依法开展、简明化、便捷化的特点，取得了初步成果。

三级平台建设持续优化。通过全模式平台，充分调动街乡和社区自我发现问题、自我解决问题的积极性，建立街乡、社区（村）自我发现与解决问题运转机制，按照标准和规范流程逐级"自下而上""自上而下"流转案件，实现"上报"与"下派"的双向循环，构建职责明确、上下互通、横向联动的社会服务管理工作机制。

2. 推进服务智能化

完善智能化居民投诉举报系统。推进智能化居民举报投诉解决问题处置系统建设，实现百姓投诉举报案件无遗漏受理，需要回访案件无遗漏回访，责任单位未及时处理与回复的问题无遗漏提醒该单位各级领导，未结案的无遗漏地调研解决。

推进智能化社区健康干预系统建设。与中国农业大学合作建立智能化社区健康干预系统,在试点社区开展饮食健康干预工作。在量化统计、分析居民健康情况的基础上,有针对性地对特定人群开展健康教育和干预工作。目前已开展膳食调查、体能测试、体成分测试,举办健康讲座,招募志愿者,实施糖尿病和肥胖膳食干预工作,开展有针对性的健康教育。

推进"掌上朝阳"系统建设。"掌上朝阳"系统分为生活版和工作版,工作版主要是将新增建筑、疑似新增等重点环境问题的监督处置情况通过智能手机系统通知相关人员,帮助其及时调查查处,从而提高工作效率、落实督办工作。生活版将各种数据资源共享,使百姓能够掌握周边企业情况,为百姓生活工作提供便利。

(三)初步形成科学有效的社会治理体系

在标准化、智能化基础上,社区发挥自我管理和协助政府管理的法定作用进一步加强,宣传、发动、组织、协调社区全体单位和居民认真落实《北京市市容环境卫生管理条例》《北京市"门前三包"责任制管理办法》等法规的基础性作用进一步发挥,由主要依靠城管解决网格案件到将案件直接派遣到社区、行政村处置,参与程度大大提高。社区作用的提升有效促进了市民、社会单位依法履行法定责任。通过标准化、规范化的流程,推进各项管理、执法智能化试点,街乡的管理作用以及相关部门执法作用有了一定提升。

(四)初步建立常态化社会管理问题解决机制和公共服务任务完成机制

初步形成以监督员、公众天天发现问题为切入点,社区、街乡督促责任主体天天解决问题,执法部门天天执法,各层面天天公布的常态化社会管理问题解决机制。2013年1月1日至10月31日,全模式社会服务管理系统发现问题类和工作任务类共计5489973件,其中发现问题4577715件,解决率为81.31%;工作任务912288件,完成率为90.74%;受理公众投诉类诉求

63093件，其中市级案件52529件，区级案件10564件，结案59936件，办结率为94.99%，群众满意率75.1%。

（五）基本建立数量化的市民、企业、政府决策架构

已经初步建立违法建设监控与治理、城乡结合部农村分级管理、社区停车位建设与停车管理、流动商贩管理、企业选址、写字楼经济分析及决策等9个决策支持系统的开发与建设，并取得初步成果，比如政府房地产宏观调控决策支持系统，通过数量化的空房、余房的抽样调查，结合房地产泡沫理论，得出朝阳不存在泡沫的初步结论，下一步继续深化抽样范围，扩大数据范围，逐步完善决策系统。

三 进一步完善全模式社会服务管理系统的思考

从当前实践看，全模式社会服务管理系统是与朝阳高速发展的经济社会形势相适应的。但是社会服务管理创新是一个长期摸索过程，朝阳区社会管理和公共服务管理现状与建设世界城市的标准还存在很大差距，仍有大量城市管理问题没有得到有效解决，公共服务管理水平与市民需求还有较大差距。从发展要求看，还需要在以下方面加大工作力度。

（一）完善双向高效循环机制，推进履行法定责任的规范化、智能化

进一步完善自下而上、自上而下的双向高效循环机制，完善区、街（乡）、社区（行政村）三层平台，构建职责明确、上下互通、横向联动的社会服务管理工作机制。实现街（乡）与社区（行政村）之间的小循环和区、街（乡）、社区（行政村）之间的大循环。提倡街乡、社区（村）主动发现问题、及时解决问题，进一步推动社区自治、属地自我循环、条块联动的工作格局，提高系统运行效率。

推进城市管理作业、管理、执法、监督的智能化。实现全覆盖、无缝化、常态化、实名制的网格化责任制，相关责任人在处置各类问题全过程中，运用移动终端与区、街（乡）、社区（行政村）三层平台实时互动，使各部门各层面管理者能够在第一时间掌握工作人员工作情况。

（二）逐步健全、完善全模式社会服务管理系统平台

进一步完善全模式社会服务管理系统，建立并完善与相关职能部门包括公共服务企业等各专业系统互联互通、共享交换、业务流程有机整合的平台。建立以三维技术为基础，数字仿真城市为目标的全模式运行支撑系统。依托"云计算"技术进行系统升级改造和建设连接所有社区（行政村）的信息高速公路。

（三）继续深化为民服务系统建设

推进建设智能化居民举报投诉解决问题处置系统、智能化一刻钟服务圈、智能化居民健康干预系统、掌上朝阳等一系列为民服务工程，实现为民服务智能化。

（四）以顶层设计为主线，全面提升全模式社会服务管理系统运行质量

从系统运行、组织架构、运行机制三方面进一步完善顶层设计。积极推进朝阳社会经济信用评价体系，督促各类法定责任主体履行法定责任。建设朝阳大数据库，实现数据一体化，提供个性化数据服务。在现有工作基础上，进一步健全和完善覆盖全区无遗漏、实时动态数量化经济统计分析系统，为政府宏观决策和企业运行提供科学支持。依托全模式社会服务管理系统，建立并完善各类决策支持系统，逐步实现建立在科学计划基础之上的按比例、可持续协调发展的经济社会运行体系，实现数量经济。

参考文献

叶裕民、皮定均：《数字化城市管理导论》，中国人民大学出版社，2009。

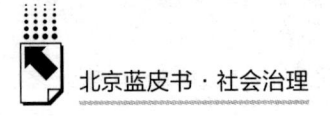

章政、皮定均:《朝阳模式:朝阳社会服务管理与社会信用建设的理论和实践》,中国经济出版社,2011。

杨宏山、皮定均:《合作治理与社会服务管理创新:"朝阳模式"研究》,中国人民大学出版社,2012。

宋刚、邬伦:《创新2.0视野下的智慧城市》,《北京邮电大学学报》(社会科学版)2012年第14期。

B.12 进一步完善村庄社区化管理模式的调研与思考
——以北京市大兴区为研究对象

殷星辰*

摘　要： 北京市大兴区率先将城市社区管理理念引入农村，在城乡结合部地区实施社区化管理试点，在此基础上，对全区所有行政村进行分类指导，推行村庄社区化管理全覆盖，对农村社会基层治理进行了有益探索。

关键词： 社会治理创新　村庄社区化管理　城乡结合部

村庄社区化管理是在农村引入城市社区管理理念，借鉴城市社区管理经验，参照城市社区的相关标准，对村庄进行社区化改造，在村庄建设警务工作站、巡防工作站、流动人口管理服务站、民调室等村综合治理工作中心，完善村级公共服务功能，拓展服务领域，提高综合管理能力，改善居住环境，丰富村民文体生活。大兴区于2010年初开始村庄社区化服务管理试点以来，在加强农村地区特别是城乡结合部地区社会建设和社会管理上取得了明显成效，辖区内可防性案件显著下降，群众安全感明显上升。这一经验迅速在全市推广，目前北京市共有13个区县668个村庄实行了村庄社区化管理。为了总结经验，进一步完善这一社会管理的新模式，在大

---

* 殷星辰，北京市社会科学院首都社会管理综合治理研究所所长、研究员，硕士；研究方向为社会治安、社会稳定、社会治理。

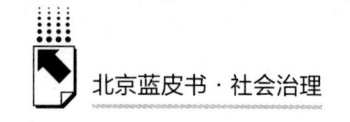

兴区综治办的支持配合下，于2013年下半年对村庄社区化管理模式进行了调研。

一　村庄社区化管理模式出台背景

大兴区位于北京城正南方，是距离北京市区最近的远郊区，北部边界距市中心直线距离不足10公里。伴随城市化的快速推进，城市版图不断向农村延伸，农民土地被征用，原有的产业和企业也逐渐被取代或"升级"。原住居民在失去土地后进入城市就业，已有的村庄从封闭走向开放，大量流动人口集聚，这些区域通常被称为"城乡结合部"。它既是城市化的一道风景，记载了原住居民在城市化浪潮下的生产和生活方式的转变，也是最难治理的区域之一。

近年来，在大兴区北部靠近市中心的黄村、西红门、瀛海、旧宫和亦庄5个镇，形成了90多个流动人口与常住人口比例倒挂村，有的村流动人口甚至达到常住人口的10倍。由于这些村落大多处于自然开放状态，人员任意往来，村庄长期管理无序。以老三余村为例，在实施村庄社区化之前，该村常住人口660人，而流动人口数量却高达6000人左右。这些村警情频发、治安混乱、造假贩假、窝藏罪犯等现象屡禁不绝，形成治安工作的瓶颈。

伴随流动人口的大量涌入，少数人为了出租牟利，大量搭建非法建筑，在原有房屋上加盖二层、三层，由于缺乏有效引导和监管，致使非法占地、违法建设大行其道。更有人把拆迁看成是千载难逢的致富机会，追逐个人不当得利最大化，在拆迁前突击建设、恶意装修、抢栽抢种，严重扰乱了拆迁秩序，人为地增加了城市化成本，加大了城市化建设的难度。随着首都第二机场落户大兴，新航城建设和临空经济区的形成，如果不对周边村庄及早治理，又会形成新的外来人口聚集区和城乡结合部。

在北京市城乡一体化战略的推动下，大兴区农村地区的公共服务水平有了显著改善，如2003年施行的"新农合"，2009年的施行的"新农保"，公共卫生服务网也已基本做到了全覆盖，三级医疗预防保健网初步建立，义务教育制度基本得到了贯彻，社会保障体系基本形成。但从总体上看，基本公共服务和社会保障没有普遍地、均等地惠及城乡人口，基础设施建设过多集中在城镇，村庄建设特别是公共设施建设滞后，城乡差距明显，群众生活质量不高，村庄整体环境较差，公共服务供需矛盾突出的问题还没有得到根本缓解。

以上情况说明，在大兴区工业化、城市化、信息化深入推进阶段，在经济结构快速调整、社会结构深刻变动、发展方式加速转型的背景下，社会管理面临着不同以往的新形势和压力，加强社会管理创新不仅十分迫切，而且要有新的思路，寻找有效的突破口。

二 村庄社区化管理模式的基本做法与政策创新

（一）基本做法：将城市社区管理理念引入农村

大兴区村庄社区化建设经历了两个阶段，第一阶段从2010年4月开始，在西红门镇金星地区老三余、寿保庄等城乡结合部的16个人口倒挂村庄进行试点。通过"建围墙、安街门、设岗亭、封闭不常用路口"等方法将村民住宅集中、成片建设的村庄外围封闭，预留2~3个主出入口，村口设门禁系统，所有人员、车辆进入必须出示证件。建立村综治维稳工作分中心，中心包含了警务站、巡防站、流管站、民调室等多个部门，一套完整的电子台账，包含了全村每一户每个人的基本信息。组建巡防队、流动人口管理队和保洁队三支队伍，按照实有人口2.5‰和流动人口5‰的比例，配备巡防员和流动人口管理员，以本地部分剩余劳动力为主，组建职业化保洁队伍。抓好治安防范、流动人口与出租房屋服务管理和村容村貌整治三项重点工作。

第二阶段始自2010年8月，在巩固、完善西红门镇等16个试点村的基础上，按照"党委政府主导、职能部门主责、村委会主体"工作思路，丰富村庄社区化管理的内涵，推动管理向服务延伸，硬件向软件延伸，村内向村外延伸，以提升群众安全感、提升流动人口服务管理水平、提升农村经济发展水平、提升村庄整体形象、提升群众生活质量、提升基层执政能力为主要内容，实现村庄社区化管理"区域全覆盖、管理精细化、人员职业化"。

（二）政策创新："三个延伸"推进村庄社区化管理全覆盖

创新社会管理，首先是转变理念，坚持"寓管理于服务之中"，这是建设服务型政府的内在要求，也是村庄社区化管理的实质。

1. 转变工作观念，抓好管理向服务延伸工作

丰富服务内容，提升群众生活质量。一是提高公共服务能力。建成255个农村社区服务站，有效实现与各镇职能科室、服务大厅的功能对接。特别是西红门镇在寿宝庄等7个村建成了350平方米以上的农村社区服务站，开设社保、计生、就业等40余项服务项目，极大方便了群众。二是增加便民设施。新建便民连锁店117家，对商店统一装修、统一外观、统一设置蔬菜专卖货架，调整商品结构，提升了服务档次，为农村群众消费提供了便利；同时，在人口较多的村庄，安装了40台银行多功能缴费终端，让村民就近缴纳水、电、气、讯（通信）等生活费用，方便了群众日常生活。笃庆堂村、大生庄村还修建了主食厨房、大食堂，让群众吃得放心、吃的实惠。三是推动文化建设。修缮文化设施112处、体育设施228处，完善了36个村的数字影厅设施，扩建了33个村的多功能厅。64个小剧团开展文艺演出200余场。各村还自行开展了乒乓球比赛、歌唱比赛、舞蹈比赛等多种形式的文化娱乐活动58次，丰富了村民和流动人口的业余文化生活。

整合行政资源，提升服务水平。一是建立四级社会管理体系。在魏善庄、榆垡、黄村等镇实行了镇、片、村、组四级社会管理体系（每个镇分为若干片，每片包括3~5个行政村，每村以30~50户为单位划分为若干组）。镇、片、村分别设立镇综治维稳中心、地区服务管理中心和村综治工作中心。镇主管领导和干部下沉到地区中心办公，各职能部门派驻人员负责所辖各村的日常执法。巡防队、流动人口管理队由地区中心调度使用，形成了村村联动、专群联动、职能部门执法与村民自治的有效对接，顺畅了工作体系。二是充分发挥村民自治作用。全区11个镇均通过村民代表会，将"六个一律"①纳入了

---

① "六个一律"是指："在建的违法建设一律拆除；无照经营的一律取缔；有手续但存在严重隐患的一律停产停业整顿；工业园区无手续的项目一律停止建设；农村农民自建房未经审批的，一律停止建设并清走施工人员；对违法建设内存在安全隐患的租住人员一律依法清理"。

《村民自治章程》，规范土地承包合同4368件，有效减少了低端企业数量，拓展了村庄发展空间。三是建立联村党总支。在礼贤、安定镇83个村，建立了15个联村党总支。依托党总支，成立社区服务管理中心，整合党建、计生、民政、社保等行政资源，打造"一刻钟"便民服务圈。整合辖区各村综治维稳资源，建立联动平台，统筹各村治安、矛盾化解等工作，并在各村成立街巷服务管理组，将工作触角延伸到最小单元，有效提升了村庄管理水平。

加强公共设施建设，提升村庄整体形象。一是推进基础设施建设，探索基础设施长效管护机制。对5.26万平方米破损道路、3502米破损边沟、338个破损井盖进行了全面统计，进行了修复。在安定镇实施了压缩天然气入村工程；利用近两个月时间，对旧宫镇南街四个村的基础设施进行改造，完成了道路排水、上下管线改造等十三项工程建设。二是抓好环境治理，建立了村庄环境网格化包片机制。配置垃圾分类桶40785套、垃圾运输车219辆、保洁三轮车831辆、垃圾大箱561个、改造垃圾转运站4座，并在榆垡、魏善庄、庞各庄等镇试点推广了垃圾粗分类设备。初步建立起农村地区垃圾分类收集、运输、消纳的统一管理体系，村内垃圾清理不及时、乱倒垃圾等现象明显改观。新建村庄公园20个、占地2300余亩、绿化151.6万平方米，有效改善了村域环境。三是开展样板街创建工程。按照"拆占道违建、清杂物堆放、划停车泊位、统牌匾设置、畅公众通行"的要求，每村打造一条样板街，改观各村整体环境。各村共拆除村内违法建设3380处、15.9万平方米，规范广告牌匾3885块，新建停车场30个、停车泊位2482个，设立村务公开栏261个、司法宣传栏224个，有212个村基本完成了样板街创建任务。各村还充分利用农业生产附属设施建设用地，修建苗圃公园、绿荫停车场、便民市场等公益设施。严禁在农用地上擅自建房、挖砂取土、堆物堆料等破坏土地的行为，加强村周边秩序整治，加大对无照经营、店外经营、户外广告、游商黑车的治理力度，确保村周边管理有序，切实改善村庄周边环境。

2. 加强综合治理，抓好村内向村外延伸工作

加强硬件建设，构建立体防控网。截至2013年9月，全区有364个村实施社区化管理，实现了所有不拆迁村全覆盖。全区初步形成了人防、物防、技防相结合，24小时全时段的立体化治安防控体系。2013年上半年，协助公安机关刑事拘留犯罪嫌疑人61名、破获刑事案件75起，端掉各类违法窝点11个，抓获在逃人员17人。有效杜绝了私运建材、可疑人员及小散低劣企业进村。共拦截运送建材、机器车辆14863辆，拦截拟入村落脚人员4.15万人。

加强流动人口管理，科学调控人口规模。一是以业控人。结合"打非"行动，加强对出租房屋和非法经营人员的清理。2013年上半年，364个村累计分流流动人口近10万人，全区流动人口净减少5.3万人；腾空"三合一"出租房屋1.4万间；填写、移交情况报告单2000余份；同时，还在52个百人以上企业建立了流动人口自管站，使企业自管站数量达到252个。二是以房管人。在黄村镇桂村等20个村建设"房屋中介式便民服务点"，统一掌握房源信息、统一前置审核出租条件、统一受托提供出租服务、统一办理出租手续、统一实施租后监管，变"住后补管"为"前置服务"。三是以补促管。引导村民规范出租，有7.1万户村民已签订协议，发放补助款7100万元，签约率达到95%以上。

清理低端业态，优化发展环境。通过区域合作、疏堵结合，把小服装厂等"小散低劣"企业转移出去。针对企业经营、占地用房、安全生产、消防安全、劳动用工、用水用电等方面存在的违法行为，集中执法，促其整顿、规范升级。经统计，全区共分流小散低劣企业5134家、涉及流动人口3.67万人。特别是加强了对小服装、废品回收、物流等行业的清理力度。各村内小服装厂由之前的2764家下降到1095家，废品回收站点由之前的188家下降到17家，物流企业由之前的1583家下降到441家。魏善庄镇采取绿篱封闭的措施，"见缝插绿"，做到了"以绿治乱、以绿挤乱"，不给违法建设留有空间；北臧村镇、榆垡镇建设艺术墙、文化墙，把围墙打造成村庄的风景线。各镇因地制宜，将村庄社区化管理与环境治理、新农村建设等工程有机结合，统筹考虑，实现了一举多得的良好成效。

延伸工作触角，将工业大院、养殖地纳入社区化管理。据统计，全区共有村级工业大院48个、养殖地261块，因采取粗放式管理，存在诸多安全隐患。对西红门等镇17个村级工业大院、5个养殖地，参照村庄社区化模式，探索实施了社区化建设，配备企业保安，修建围墙、护网，安装街门、伸缩门、探头等，由村综治中心统筹调度管理，加强治安巡逻和隐患排查。

3. 创新工作机制，抓好硬件向软件延伸工作

推行电子门禁系统，提升科技防范水平。针对村庄出入口检查人员车辆多、易诱发矛盾纠纷等问题，以笃庆堂、大生庄等6个行政村为试点推行电子门禁系统，人员、车辆刷卡出入，节约了人力资源，减少了摩擦。流动人口凭卡可以享受借阅图书、观看电影等服务，实现了一卡多能。

坚持"三个统一"，建设职业化村庄管理队伍。针对当前社区化管理队伍工资待遇低、无长期保障、流失率高问题，黄村镇、瀛海镇对1700余名村级管理员队伍实施了职业化改造。采取市、区、镇、村四级出资模式，通过镇人力资源中心，统一招聘人员、统一签订劳动合同、统一劳务派遣，有效避免了劳动纠纷。根据各岗位职业风险相对较高的现状，高标准缴纳"五险"[①]，并积极争取市区两级就业托底安置资金，解决了队员的后顾之忧和队伍稳定性问题。

健全工作机制，加强考核评价。一是建立考核评价体系。在广泛征求市及区有关部门、院校专家学者、各镇及部分村意见基础上，区村庄社区化领导小组制定了《2012年进一步推进村庄社区化管理工作验收标准》，2012年10月11～26日，区村庄社区化管理办公室组织区综治办、流管办、公安分局、民政局、农委、住建委、市政市容委等7部门，成立4个联合检查验收组，对新实施社区化管理213个村的建设情况，逐村开展了检查验收。经区联合检查验收组综合评定，213个新建村合格率达到了98.2%。二是完善工作制度。建立督查、培训、工作例会、情况会商、信息上报等工作机制及村中心联席会议、应急报告、专职群防队伍建设管理、消防安全等工作制度；印发《村庄社区化管理工作手册》1万余册；对专职巡防队队长、流管站站长、村支部书记进行了培训，累计培训600余人。各镇也分别完善了层级培训、联合执法、日常督查、考核奖惩等工作制度。

三 村庄社区化管理模式存在的问题

大兴区实行村庄社区化管理以来，创造了很多有特色、有影响的做法和经

---

① "五险"是指养老保险、医疗保险、失业保险、工伤保险和生育保险。

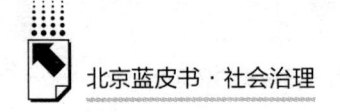

验,很好地解决了当前社会管理面临的矛盾和问题,取得了初步成效,但也存在一些问题。

(一)村庄社区化的长效保障机制亟待建立

在早期村庄社区化管理工作处于破冰阶段时,各方面工作需要启动、磨合,成本较高,资金保障主要依靠区委、区政府,也需要政府主导来推动。在当前,村庄社区化是大兴区重点工作之一,有充足的资金保证,但是从长远看,农村基本公共服务"自上而下"的供给模式存在弊端。村庄社区化管理对公共产品的需求规模较大,仅靠单一财政扶持难以持续,需要建立长效保障机制才能确保这一工作的可持续发展。

(二)村庄社区化领导协调机制有待完善

当前,区、镇两级建立有党委政府领导、综治办牵头、有关部门协同的村庄社区化管理领导体制和工作机制,各有关职能部门职责较明确,职能部门日常管理与村民自治管理的对接得到了改善,但面对大量的管理任务,还缺乏进一步有效整合,单兵种作战的问题还没有得到有效解决。

(三)重管控、轻服务观念依然存在

社会管理应该管理与服务并重,管理中有服务,服务中有管理。但是,相当一部分镇、村干部和工作人员的思维定势仍是"管、卡、压",习惯于"围、追、堵、截"。管理人员对于被管理和服务的对象具有心理和道德的优越感,习惯于居高临下、发号施令,对村民和流动人口的需求缺少主动调查了解和上达。

(四)村庄社区各项服务没有实现全覆盖

管理向服务延伸要求以社会救助、社会福利、社会治安、医疗卫生、计划生育、文教体育以及商业零售等公共服务覆盖到各村、社区。目前全区虽然已投入专项资金,开展一站、一店、一院、一网"四个一"工程,部分解决了假冒伪劣商品滋生,农村地区成为食品安全"洼地"的问题。但是还没有做到全覆盖,布局有待完善。

（五）队伍建设有待加强

社会管理是一项专业性很强的事业，需要有专门人才，特别是需要大量受过专门训练的社会工作人才，也需要一支志愿者、义工队伍。但是，目前大兴区从事村庄社区化工作人员总量不足，结构不合理，年龄结构偏大，大多是农村富余劳动力，综合素质不高，需要加强培训并注入新生力量，走规范化、职业化道路。

（六）村级党建、村民自治组织领导和工作机制有待完善

村干部的主体意识、自治意识还不够强，存在等、靠、要思想和视而不见、遇事不管，被动推着走的问题。需要进一步提升基层党组织作用，打造一支村庄社区党组织领导的、充满活力的基层群众自治组织、社区民间组织队伍，共同推动社区化建设。

四 进一步完善村庄社区化管理模式的对策建议

（一）进一步理顺领导协调机制，形成工作合力

理顺由区、镇两级党委政府领导，综治办（民政部门）牵头，有关职能部门协同，社会力量参与的农村社区建设领导体制和工作机制，明确各有关部门职责，确保政策到位，工作有力，形成推进村庄社区化建设合力。

（二）坚持政府主导，完善群众自治机制

前期推动村庄社区化管理的基本力量是政府，但要使村庄社区化健康有序推进，还必须充分发挥村民主体的积极性、自主性和创造性，应建立健全群众自治组织参与公共服务供给的决策机制、深化议事协商和村民自治机制。

（三）变单一财政扶持为可持续的保障支撑体系

从长远看，财政资金的扶持是过渡行为，单靠政府的力量是不可持续的。各镇、村应当用足用好财政这笔资金，以此为契机，制定可行的方案，建立长

效机制，逐步实现公共服务多元供给，不断拓展公共产品供给的新渠道，改变公共产品的供给只由政府提供的局面。对于纯公共产品，应该由政府无偿足额提供。农村准公共产品的供给可采取多种形式，如政府供给、政府与私人的联合供给、第三部门供给等。

（四）实现社区综合服务体系全覆盖，打造"一刻钟便民生活圈"

初步构筑社区基本公共服务、志愿服务和互助服务，以社会救助、社会福利、社会治安、医疗卫生、计划生育、文体教育为主要内容的公共服务体系覆盖到农村社区，兴建一批有助于改善生活条件、适合农民消费需求的农资供销、农产品经营、零售、餐饮等服务网点。打造村民步行15分钟，就能够享受到上述基本公共服务和商业服务的"一刻钟便民生活圈"，实现"小需求不出社区，大需求不远离社区"。

（五）设立村庄社区志愿服务站、义工站

推行农村社区志愿者登记注册制度，初步形成一支较为稳定的志愿者、义工队伍，外来人口也能参与社区管理与服务。普遍开展群众性志愿服务和互助服务活动。规定党员、积极分子每年应参加义工服务的小时数，作为年度考核的重要指标之一，既能培养党员干部的社会责任意识，也能稳定志愿者服务队伍。

（六）培养和使用好社区管理人才

加强与大专院校合作，通过多种渠道，引进专业化、高素质的社会工作人才，加强对现有社会工作人员的在职培训，完善社工岗位设置，充实公共服务和社会管理部门，改善社工人员工作环境和工资待遇，为社工人才发挥作用提供广阔的空间。

（七）把村庄社区化管理纳入政绩评价体系

把村庄社区化管理纳入政绩评价体系，制定科学合理的考核办法，使各镇党委和政府在开展工作时有依据、有标准、有压力、有动力，使以政府为主导的社会管理工作常态化、规范化、法治化和科学化。

B.13
北京市东城区东直门街道网格化社会服务管理模式研究

徐珊珊*

摘　要：

网格化管理作为一种新型城市社会管理模式，具有规范、清晰、高效、创新、综合、统一等优点。北京市东城区自2010年起在全区推行网格化社会服务管理实践和探索，东直门街道是东城区第一批进行网格化社会服务管理改革创新的街道之一。本文在对东直门街道网格化社会服务管理进行实地研究和案例分析基础上，总结了东直门街道网格化社会服务管理基本做法，分析其基本经验和成效，并在此基础上提出了深化东直门街道网格化社会管理模式的几点思考。

关键词：

社会服务管理　网格化管理　网格化社会服务管理

网格化社会服务管理模式作为一种新型社会服务管理模式，其最大特征就是利用信息化技术打破了传统的城市管理部门和行政区划的空间界限，在网格化管理中实现发现及时、反应灵敏、处置有方、管理高效和服务到位。[①] 北京市东城区自2010年起开始在全区推行网格化社会服务管理，东直门街道是东城区第一批进行网格化社会服务管理改革创新的街道之一。本文从做法、成

---

* 徐珊珊：公共管理学博士，北京市东城区委党校社区教研室主任，讲师，主要研究方向为中国政府与政治，政府社会治理以及公共政策。

① 文军：《从单一被动到多元联动——中国城市网格化社会管理模式的构建与完善》，《学习与探索》2012年第2期。

效、问题与思考几个方面对北京市东城区东直门街道网格化社会服务管理模式进行探讨。

一 东城区东直门街道网格化社会服务管理基本做法

东直门街道位于北京市东城区东部偏北，面积约2.2平方公里。辖区现有10个社区，常住人口约16000户49000余人，流动人口17000余人，登记外籍人口近3000人。[①] 自2010年8月被东城区确定为社会服务管理创新试点街道以来，东直门街道就开始了网格化社会服务管理的实践和探索，其主要做法可以概括为以下几个方面。

（一）构建基层社会服务管理网格体系

网格化社会服务管理新模式是充分运用网格理念和现代信息技术，以责任制为依托，以对社会各类人员服务管理为重点，通过合理划分网格工作单元而进行精细化、责任化、人性化、规范化服务管理的一种工作方式。东直门街道在总结东城区万米城市网格管理模式、信访代理制和城管综合执法实践经验基础上，结合街道实际情况构建了基层社会服务管理网格体系。

一是在街道层面建立社会服务管理综合指挥分中心。街道社会服务管理综合指挥分中心内设"一办四组"，即分中心办公室、社会服务组、矛盾纠纷调解组、治安防范组和社会管理综合执法组，主要功能是对上与东城区社会服务管理综合指挥中心相连，对下与社区综合工作站相接，在区、街道和社区之间建立良性的互通关系。

二是在社区层面设立综合工作站并划分网格。社会服务管理网格是植根于社区社会服务管理的群众工作单元，为了更好地发挥社区在社会服务管理中的作用，东直门街道在10个社区分别建立了综合工作站，并根据社区"人、地、事、物、组织"的基本情况，把社区划分为34个网格，对每个网格进行

[①] 北京市东城区东直门街道工委：《在构建"管理网格化、服务零距离"体系中充分发挥基层党组织和党员作用》，该文系全国基层党组织书记加强社会管理街道社区示范培训班现场教学点材料之一，该统计数据截至2011年5月。

分类编码管理。在这34个网格中,包括住宅类23个、商业商务类1个、商住混合类9个、人员密集类1个。

三是在网格层面配置"1+X+Y"模式工作力量。"1+X+Y"中的"1"是指一个网格党组织,东直门街道在34个网格中都建立了相应的网格党支部;"X"是指网格中的工作人员,除了每个网格固定配备的9类人员,即网格党组织负责人、网格管理员、网格民警、网格助理员、网格司法力量、网格消防人员、人民调解员、民意诉求代理员、安全稳定信息员外,还根据不同网格的不同特点灵活配置了其他人员,例如商务楼宇综合工作人员、单位内保、物业公司安保经理等;"Y"是指楼门(院)长、治安巡逻志愿者、居民自助互助服务3支基本队伍,和其他视网格情况组建的特色队伍,目前东直门街道的各类社区队伍已达到76支。通过这三个层面的网格化建设,东直门街道基本形成了由区、街道、社区、网格共同构成的"三级管理、四级平台"的基层社会服务管理网格体系。

(二)建设基层社会服务管理网格数字化系统

网格化管理是指借用计算机网格管理思想,将管理对象按照一定标准划分成若干网格单元,利用现代信息技术和各网格单元间的协调机制,使各个网格单元之间能有效地进行信息交流,透明地共享组织的资源,以达到整合组织资源,提高管理效率的现代化管理思想。[①] 东直门街道充分认识到数字化平台建设对于完善基层社会服务管理网格系统的重要性,对街道、社区的信息化和数字化进行了系统建设。

一是完善数字信息系统软、硬件建设,实现网格化管理的物理基础。在硬件建设上,东直门街道在2010~2012年间先后完成了街道社会服务管理综合指挥分中心指挥大厅的建设和综合执法组办公场所的改造,为10个社区综合工作台站配齐了电脑、打印机和传真机等必要的信息化办公设备,完成了街道、社区图像信息系统322个监控探头的整合;在软件建设方面,完善了分中心、社区综合工作站和网格的工作职责,制定了6项基本制度和9类网格工作

---

① 郑士源、徐辉、王浣尘:《网格及网格化管理综述》,《系统工程》2005年第3期。

人员职责。

二是研发数字信息系统，达成网格互通互联。东直门街道在东城区政府"区-街-社区-网格"四级信息系统基础上，研发了"三库六系统"社会服务管理信息平台，并在基础数据库中纳入低保、空巢、残疾、统战人士等群体信息，还增加了工作依托资源和服务资源的基础数据，极大丰富了网格基础数据库。同时，为每个网格工作人员配备了移动终端PDA，以便其及时发现社区管理中的问题。为了提高事件处理的效率，街道还对社会服务、矛盾纠纷调解、治安防范和综合执法等四大类29小类170项事项进行了流程梳理，形成了事件上报、分流、办理、反馈、结单、归档的"六步闭环流程"，基本达成了网格信息的互通互联。

（三）搭建多元主体参与社会服务管理的网格平台

城市社会服务管理是复杂的系统工程，不仅需要政府治理，更需要多元力量的参与。城市网格空间与单纯的政府组织和社区组织的内部结构不同，在网格空间中存在着不同性质的多元主体，例如基层党员力量、社区自治力量、社区党员和一般志愿者。[①] 东直门街道在推动网格化社会服务管理创新的过程中，特别注意为多元主体参与社会服务管理搭建平台。

一是发挥网格中的党员作用。为了增强党员在网格社会服务管理中的作用，根据网格内党员的数量和实际管理的需要，东直门街道在10个社区的34个网格设立了党组织，其中网格党总支6个，网格党支部28个，网格内各楼门院网格党小组145个，构建了"街道工委-社区党委-网格党支部-楼门院党小组"四级工作体系。

二是加强网格与社会组织衔接。东直门街道为了加强网格的凝聚力建设，创建网格化社会自治品牌项目，按照"政府倡导、部门协作、社会参与、民间运作"原则，加大对社区公益类民间组织的培育力度，建立起社区居委会等六大委员会与社区社会组织的有机衔接，扩大了社会组织参与社区事务的范围。

---

① 田毅鹏：《城市社会管理网格化模式的定位及其未来》，《学习与探索》2012年第2期。

三是建立社区居民参与社会事务管理平台。为方便居民群众共同参与社会服务管理，专门设立了特服号（65955678）向全地区公布，在每一个单元楼门悬挂本网格的公示牌，为居民及时参与社区事务搭建了平台。

二 东城区东直门街道网格化社会服务管理主要成效

自2010年开展网格化社会服务管理试点以来，网格化社会服务模式在东直门街道基层社会治理中发挥了重要作用，也使东直门街道整体社会服务管理水平有了实际改善和提升。

（一）提升了街道社会服务管理精细化水平

网格化社会服务管理最突出的特点就是精细化。东直门街道在网格化社会服务管理创新过程中大大提升了社会服务管理精细化水平。

一是从物理格局上标准化了街道网格社会服务管理基本单元。主要表现在，以社区为基本单位，标准化了街道社会服务管理的基本网格单位，并在网格中规范了工作力量规格，实现了网格的统一规划、统一建设。二是实现了对街道社会服务的数字化实时末梢管理。街道通过数字化建设把社会管理和服务主体、客体逐一落实到网格中，进行实时末梢管理。例如，规定每一位社区专职工作者分包一个网格，负责网格内的计生、民政、综治等各项社区基础性工作，实现了责任主体精细化；再如，开通"政民互动交流"网站，将"资讯、服务、生活、办事、就业、沟通"等服务模块纳入网格服务体系，实现了服务方式和内容的精细化。三是制定了社会服务管理工作标准，实现动态化管理。明确了网格单元的社会管理对象、工作职责、办事流程和考核评价体系，基本实现了"人进户、户进房、房进网格、网格进图"的动态化管理。

（二）激活了街道基层社会服务管理活力

网格化的另一特点是突破一般性管理和服务范畴，以居民需求和城市管理需要为核心，建立统一的资源调度和协调机制，以制度化方式整合各方管理和服务资源，从而引导基层社会管理体制的变革，形成新的社会管理格局。

东直门街道在网格化社会服务管理创新过程中，提出了社会服务管理的"管理网格化，服务零距离"的理念，把保障和改善民生作为加强和创新社会服务的基本出发点，在街道内推行了多项网格化社会服务管理试点工作，在激活街道社会服务管理基层活力方面取得了显著的成效。例如，东直门街道网格化试点品牌"6631"[①]，在施行"6631"工程以前，东直门地区的社区自组织只有20多支，在"6631"工程实施的几年后，该地区的社区自组织明显增加，截至2013年，已有86个社区自组织，包括治安维稳类12个，公益服务类12个，计划生育类10个，文教体育类30个，环境保护类13个，社区共建类9个，总会员数近4000人[②]。此外，还推出了党建工作网格化等系列创新举措，将基层党员、群众、社会组织志愿者纳入到了街道社会服务管理的体系中来，极大地激活了街道基层社会服务管理的活力。

（三）奠定了基层社区和谐稳定的基础

社会管理意义上的民生事业更多是为了防止社会弱势群体跌入社会安全网之下，引发社会不公甚至社会风险。[③] 网格化社会服务管理的主要内容和问题都是关系人民群众切身利益的问题，对这些问题的解决力度和效率，在很大程度上决定了普通居民对政府工作作风的态度。

街道办事处作为区政府派出机构，它所涉及的管理问题都与普通居民直接相关。在网格化社会服务管理创新过程中，东直门街道特别注重社区平安建设。一是把弱势群体放在街道社会服务管理的首位。东直门街道提出了"零距离服务站"个性化、全方位的社区养老工作方法，以社区网格服务为依托，构成了以居家养老为基础，机构养老为补充的养老服务体系。同时还建立了老年关爱中

---

① 据东直门街道办事处副主任肖延玲介绍，所谓"6631"工程，即依托社区居委会下属的社会治安和人民调解委员会、社区和社会福利委员会、社区医疗和计划生育委员会、社区文化教育科普和体育委员会、社区环境和物业管理委员会、社区共建和协调发展委员"6"个委员会，培育发展治安维稳、公益服务、计划生育、文教体育、环境保护和社区共建"6"类社区社会组织，通过访民情、做服务和搞活动"3"项工作，努力实现和谐社区建设这样"1"个目标。

② 东直门街道办事处工委提供。

③ 丁元竹：《当前我国社会管理创新的主要领域和基本做法》，《马克思主义与现实》（双月刊）2011年第5期。

心、养老服务一条街、老年配餐中心和敬老院等老年服务机构，为老年人提供了全方位个性化的服务，实现了为老服务理念和方法上的根本转变。二是把矛盾化解在萌芽状态，加强对特殊人群的服务管理。从2012年开始，东直门街道依托网格化信息体系，上线了"社会面防控业务模块"，通过"颜色等级、走访、帮教、引导"等方式及时发现、排查问题，将矛盾纠纷发现、解决在最基层，有效地提升了信访办结率，降低了街道层面的信访率，奠定了社区和谐稳定的基础。

三 深化东直门街道网格化社会服务管理模式的思考

作为一种新型的社会服务管理模式和手段，网格化社会服务管理在社会治理方面体现出诸多优点，东直门街道的网格化社会服务管理创新使该地区的社会治理水平在许多方面有了显著改善和提升。但作为一种尚在发展阶段的社会服务管理模式，东直门街道与其他地区的网格化社会服务管理一样，也面临一些共性的问题，如社会力量网格化社会服务的参与度不足问题，部门之间的协同联动问题，考核监督标准有待细化问题等。结合我国网格化社会服务管理的先进经验和东直门街道的实际，下面就深化东直门街道网格化社会服务管理模式提出几点思考。

（一）扩大社会力量参与网格化社会服务管理

社会力量是社会服务管理中一支重要的辅助性力量，继续扩大社会力量参与社区网格化社会服务管理的深度和广度，对于完善社区自治，提升社会管理效率具有重要的意义。从东直门街道网格化社会服务管理创新中我们可以看到，社会力量参与街道社会服务管理的深度和范围还是比较有限的。虽然目前东直门街道地区已有社区自组织86个，但这些社区自组织参与社区治理的方式绝大多数还停留在自娱自乐、自生自灭的状态之下，远未达到参与社区决策、评价管理效果和自治自律的程度。

网格化社会管理的最终目标，不是党委和政府对基层社会的完全控制，而是培育基层社会的自律自治的能力，引导基层社会自组织健康成长。[①] 要进一

---

① 曾媛媛、施雪华：《北京市网格化社会管理的经验、问题与对策》，《新视野》2013年第3期。

步提升网格化社会服务管理的质量,东直门街道政府应该把社会多元共治作为社区治理的重要方向。首先,有意识培养社区自组织的自治意识,提升社区自组织的自治功能,在培育社区自组织的过程中逐渐实现社区自组织的去行政化,使社区自组织真正成为"自我组织、自我管理、自我教育、自我服务"的主体。其次,积极探索拓宽社区自组织参与社区治理和社会服务的途径和方式。搭建共建平台,使社区自组织有机会参与到公共物品供给、公众社会需求、公共事业管理的过程中来。制定法规制度,将社区自组织和广大社区公民纳入到街道、社区、网格社会服务管理的决策过程、评估体系和监督系统中来,真正体现网格化社会服务多元治理的包容性和开放性。

(二)推进综合信息系统建设

社会服务管理网格化是将社会管理区域按一定标准划分为若干网格单元,以现代信息数字技术系统为基础,建立网格单元之间互联协调平台,按照既定工作流程,将各网格内的公安、城管、工商、市政市容、消防、司法、卫生和文化等各项工作内容以制度的形式固定下来,达成各个部门间的互通互联,以提升社会服务管理的水平和效率,由此可见构建一个全面共享的综合信息系统的重要性。

目前,东直门街道虽然在基础信息库建设方面有了突破性进展,但仍然存在社会服务管理资源分散、部门职能交叉、信息资源共享程度不高、网格交界信息有盲点等问题。要进一步提升街道的网格化社会服务管理效率,仍需要不断完善部门共享全面覆盖的综合信息系统。首先,尽快完成街道层面的城市管理网格数据库与社会服务管理网格数据库的"两网合一"工作[①],达成城市管理和社会服务管理的信息综合共享。其次,建立各部门间的合作与资源共享机制。尝试在各部门间建立权威性的规定和协议,以此来规范网格中信息流通权限、时限和各类资源的调用,达到提高社会服务管理效率的目的。

---

① 2010年以前,东城区网格化管理是一套名为"万米单元网格"的城市管理新模式。该模式用信息技术将本区内下岗人员组织起来,组建了一支庞大的城市管理监督队伍,主要目的是提高城管工作的效率。2010年以来,东城区推出网格化社会服务管理新模式,目前正在全区试点推行城市管理网格系统与社会服务管理网格系统的两网合一工作。

（三）提升网格监督考核评价体系水平

监督考核评价体系是评价和督促网格化社会服务落地、生效的重要外部制约因素。东直门街道网格监督考核评价体系与北京市的其他地区一样存在着一些共性的问题。一是考核的标准化程度不高，表现在评价内容泛化，没有从区域、部门、岗位和责任主体的层面进行标准化设计；二是考核局限于组织内部评价，缺乏外部力量的监督评价体系，约束力和可操作性不强。

提升网格监督考核评价体系的标准化和可操作性可以从两个方面着手。第一，进行监督考核标准化体系建设，针对区域、部门、岗位和责任主体的各项工作进行全面重置设计，明确、具体、量化、可考核的工作评价指标；第二，除了完善内部监督考评制度外，建立有效的外部监督评价量化绩效指标体系，引入第三方评估机制，对地区网格化社会服务管理进行可操作的外部监督评价。通过网格监督考核评价体系的标准化和可操作性建设，可以进一步提升社会服务管理的工作效率和社会效应。

参考文献

文军：《从单一被动到多元联动——中国城市网格化社会管理模式的构建与完善》，《学习与探索》2012 年第 2 期。

北京市东城区东直门街道工委：《在构建"管理网格化、服务零距离"体系中充分发挥基层党组织和党员作用》，该文系全国基层党组织书记加强社会管理街道社区示范培训班现场教学点材料之一，该统计数据截至 2011 年 5 月。

郑士源、徐辉、王浣尘：《网格及网格化管理综述》，《系统工程》2005 年第 3 期。

田毅鹏：《城市社会管理网格化模式的定位及其未来》，《学习与探索》2012 年第 2 期。

丁元竹：《当前我国社会管理创新的主要领域和基本做法》，《马克思主义与现实》（双月刊）2011 年第 5 期。

杨锦炎：《论社会管理创新的动力——基于北京市东城区网格化社会管理模式的个案分析》，《武陵学刊》2013 年第 1 期。

曾媛媛、施雪华：《北京市网格化社会管理的经验、问题与对策》，《新视野》2013 年第 3 期。

B.14 北京市西城区民间纠纷形势与特点

——以人民调解员协会数据为基础

刘跃新 刘艳云 牛艳艳*

摘　要： 为了适应新形势下民间纠纷解决机制的需要，北京市西城区司法局将人民调解员协会工作进行了相应调整，确定了将人民调解员协会办成集"纠纷调解、业务培训、疑难研究"三大功能为一体的新型人民调解组织的目标与方针。通过剖析当前西城区民间纠纷的形势、特点以及解决民间纠纷方式和取得的成效，对西城区人民调解员协会成立以来的工作进行梳理和总结，以期为今后解决民间纠纷提供参考。

关键词： 民间纠纷　形势　调解

北京市西城区是首都功能核心区之一，辖区面积50.70平方公里，辖区设15个街道、255个社区。该区人口密集，民间纠纷多发。人民调解组织作为化解民间纠纷的重要社会组织，工作在纠纷化解的第一线。本文以人民调解员协会统计数据为基础，总结西城区民间纠纷基本特点，研究如何通过人民调解化解民间纠纷。

---

* 刘跃新，西城区人民调解员协会副会长，西城区人民法院人民陪审员，北京电视台《第三调解室》调解员；刘艳云，西城区委党校社会学教研室主任，副教授，西城区人民法院人民陪审员。研究方向为依法行政和社会管理；牛艳艳，西城区委党校社会学教研室，讲师，新闻学硕士。研究方向为新媒体传播和政府社会管理。

一 近五年西城区民间纠纷基本状况

民间纠纷是指公民之间有关人身、财产权益和其他日常生活中发生的纠纷。根据西城区人民调解员协会月报统计，2006年11月至2011年12月，五年来协会共接访、调解各类民间纠纷10632例，涉及16类纠纷，案例数量排在前5位的分别是房屋纠纷（2850件，占27%）、继承纠纷（1274件，占12%）、婚姻纠纷（1272件，占12%）、相邻纠纷（959件，占9%）、劳务纠纷（708件，占7%）。当前西城区各类民间纠纷的总体分布态势如图1所示。

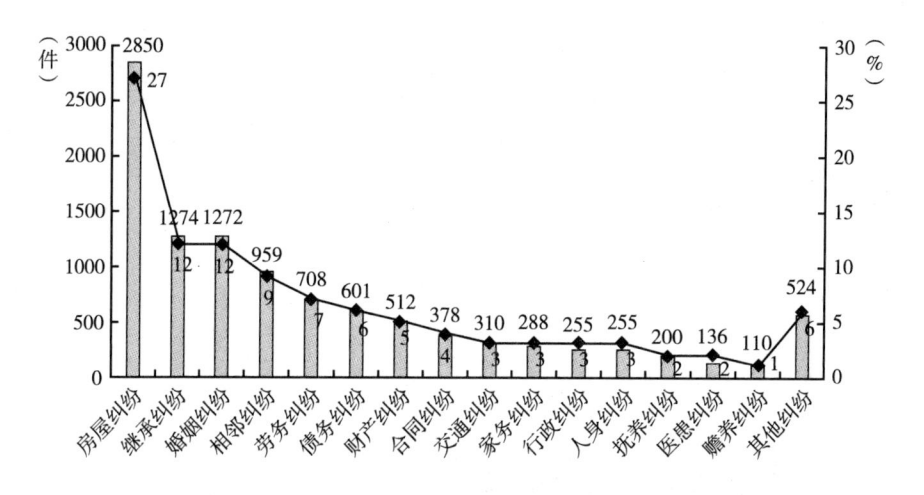

图1 2006年11月至2011年12月人民调解员协会接访民间纠纷分类统计

从接访纠纷类别来看，五年中，各类纠纷的发生均有涨落，如图2所示。此外，从表1的统计数据也可以看出：第一，自2010年以后，民间纠纷略有下降；第二，涉房纠纷始终高居榜首；第三，财产继承纠纷逐年攀升。

从纠纷调解成功率来看，五年来虽然民间纠纷在总体数量上有所下降，但调解难度却有所增加，如表2所示，"调解率"与"调解成功率"均呈下降趋势。调解率从2007年的88%降至2011年的59%，调解成功率从2008年的93%下降至2011年的87%。

表 1 2007～2011 年接访纠纷年分类统计

年 份	房屋纠纷	遗产继承	婚姻纠纷	相邻纠纷	劳务纠纷	债务纠纷	财产赔偿	合同纠纷
2007	461	99	177	101	108	109	69	40
2008	587	200	299	229	217	157	111	81
2009	706	273	295	345	202	161	136	103
2010	591	301	230	160	86	96	94	80
2011	505	401	271	124	95	78	102	74
总 计	2850	1274	1272	959	708	601	512	378
年 份	交通肇事	家务纠纷	行政纠纷	人身伤害	抚养纠纷	医患纠纷	赡养纠纷	其他纠纷
2007	43	59	48	48	20	27	23	76
2008	78	82	52	52	50	34	33	128
2009	94	35	71	71	51	43	20	121
2010	56	48	46	46	45	19	16	118
2011	39	64	38	38	34	13	18	81
总 计	310	288	255	255	200	136	110	524

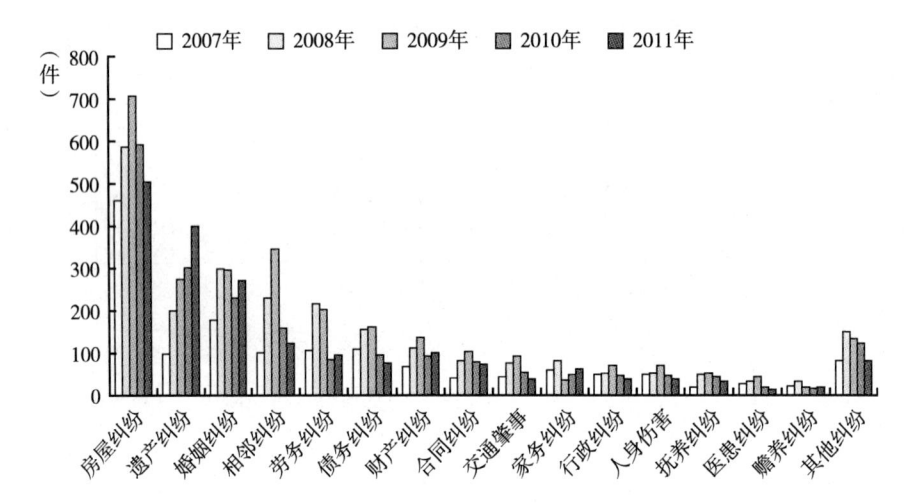

图 2 2007～2011 年人民调解员协会接访纠纷年分布情况

表 2 2007～2011 年纠纷调解成功率统计

年份	总数	调解数	调解率(%)	调解成功数	调解成功率(%)
2007	1508	1329	88.0	1241	93.0
2008	2390	2002	84.0	1972	98.0
2009	2727	1603	59.0	1484	92.0
2010	2032	1202	60.0	1064	88.0
2011	1975	1157	59.0	1007	87.00
合计	10632	7293	69.0	6768	93.0

对上述 10632 例民间纠纷，通过采取随机抽取的方式，抽调了 600 例（包括 2007 年 60 例、2008 年 120 例、2009 年 60 例、2010 年 120 例、2011 年 240 例，总计占五年来工作总量的 5.8%）进行统计分析（见图 3）。抽样调查显示：在抽取的 600 例民间纠纷中，98%（591 例）属于民事纠纷，只有 2%（9 例）属于行政纠纷，涉及刑事方面的咨询与来访几乎为零。这说明，一方面群众对发生在身边的各种纠纷，能够非常明确地区分其性质；另一方面，群众能够找到人民调解员协会来咨询、请求帮助，表明群众对纠纷解决途径很清楚，寻求解决的目的非常明确。这种形势，与建立人民调解员协会的初衷是相一致的。

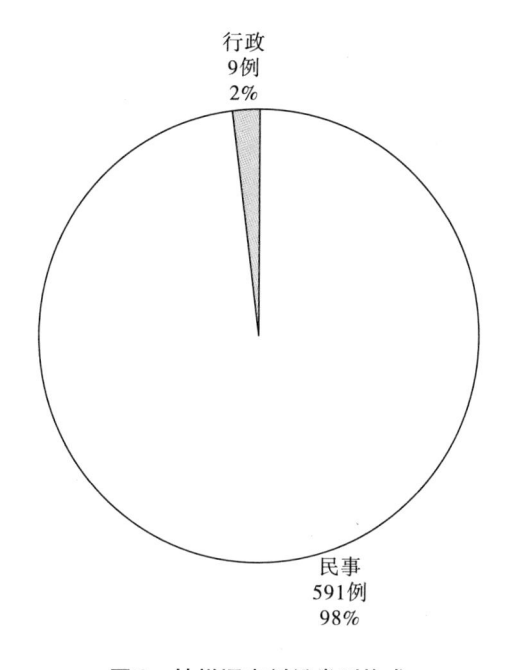

图 3　抽样调查纠纷类别构成

二　西城区民间纠纷的类型分布

根据纠纷属性划分，这 591 例民事纠纷，大致可分为婚姻家庭纠纷（包括继承纠纷）、合同纠纷、相邻关系纠纷、人身权益纠纷、财产权益纠纷五大类。根据所调查的数据，我们可以看出，西城区民间纠纷在类型分布上具有如下特点。

（一）婚姻家庭纠纷占首位

抽样调查显示（见图4），591例民事纠纷中各类所占比例为：婚姻家庭纠纷55%（325例）、合同纠纷25%（146例）、相邻纠纷9%（53例）、人身损害纠纷8%（50例）、财产损害纠纷3%（17例），其中涉及婚姻家庭的纠纷超过半数。

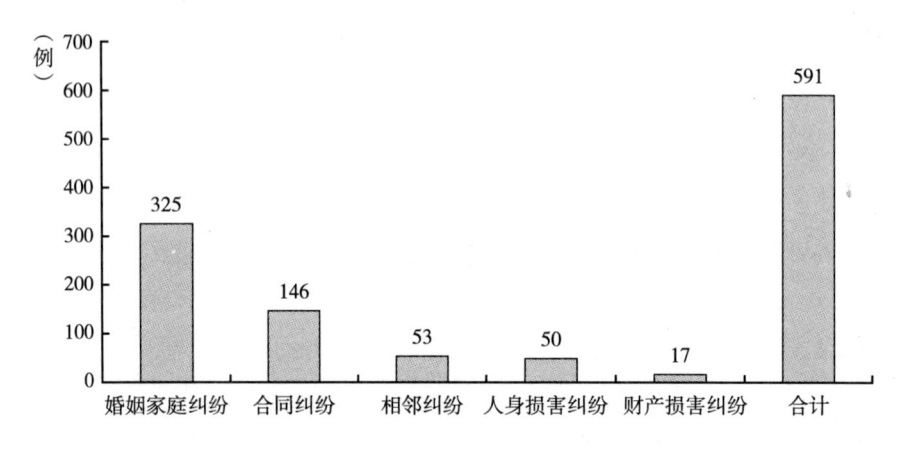

图4 抽样调查民事纠纷分类统计

（二）家庭内部成员发生纠纷比例高于外部纠纷

抽样调查显示（见图5），在600例民间纠纷中，根据发生纠纷的双方当事人的关系，将其分为家庭内部成员间的纠纷与非家庭成员间的纠纷，前者数量比后者数量高出了10个百分点，分别占55%（329例）和45%（271例）。

（三）家庭内部成员间兄弟姐妹矛盾最为突出

抽样调查显示（见图6），在抽调的600例民间纠纷中，发生在家庭成员之间的纠纷达到329例，占55%。通过进一步统计分析发现，兄弟姐妹间的矛盾发生比例最高，达到37%；紧随其后的是夫妻矛盾，达到35%；再次是

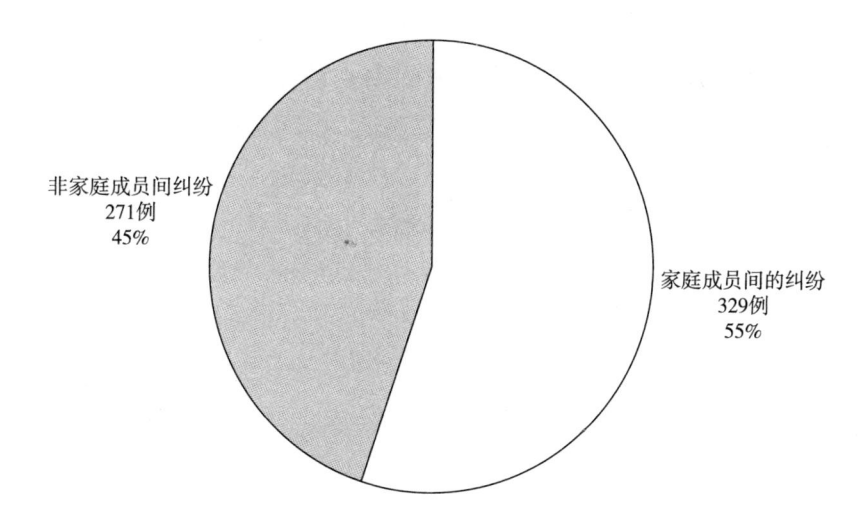

图5 抽样纠纷当事人关系构成

父母子女间的矛盾，占21%；其他亲属包括祖孙、公婆、叔侄、舅甥、姑嫂、妯娌等之间的纠纷占7%。

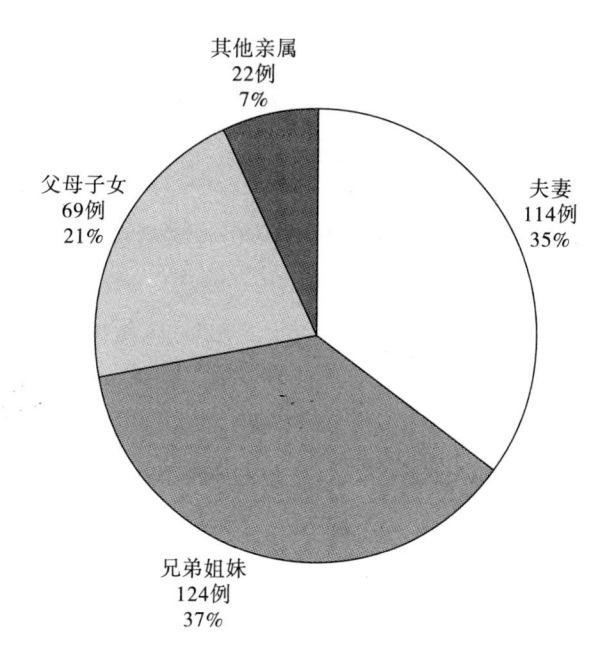

图6 抽样调查家庭成员之间纠纷当事人关系构成

（四）婚姻家庭纠纷中财产继承纠纷占首位

抽样调查显示（见图7），在591例民事纠纷中，婚姻家庭纠纷依然是当前民间纠纷的主要部分，其中财产继承纠纷（占39%）与离婚纠纷（占34%）均超过了婚姻家庭纠纷总量的1/3。其他依次为：房屋使用纠纷（占9%）、房屋拆迁纠纷（占7%）、房屋权属纠纷（占4%）、抚养纠纷（占4%）、赡养纠纷（占3%）、家务纠纷（占2%）。

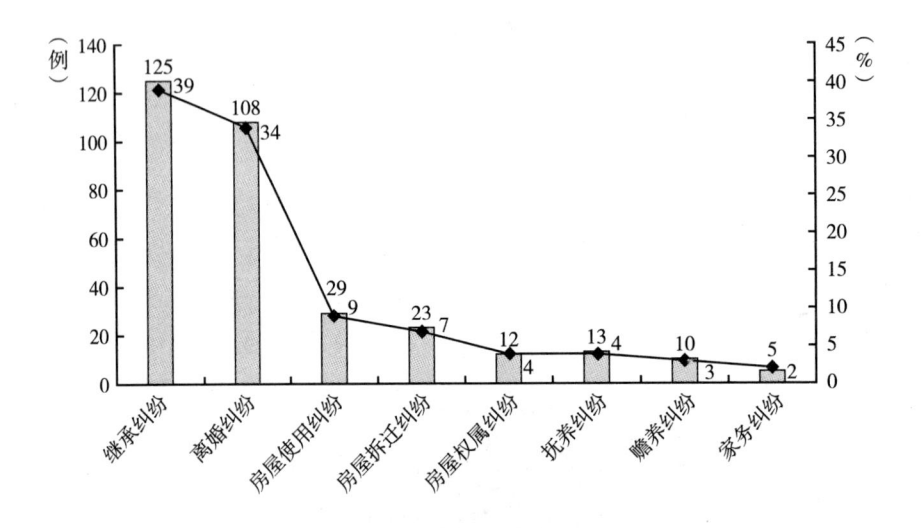

图7 抽样调查婚姻家庭纠纷分类统计

（五）民事纠纷中涉房争议居首位，继承与离婚仍是主因

抽样调查显示（见表3），在591例民事纠纷中，争议标的物直接指向房屋（包括产权房与公租房）的达285例，占48.2%；而涉及钱款的仅在继承与离婚的纠纷中有所显现，但比例较低。

此外，除继承与离婚纠纷多涉及房屋外，在拆迁、使用、租赁、买卖、权属、返还、贷款等纠纷中，均不同程度涉及房屋。特别需要引起重视的是，公有房屋纠纷在此类纠纷中亦占近1/3。抽样调查显示（见图8），在285例涉房纠纷中，"继承"是引发纠纷的首要原因，比例达到46%；其次是"离婚"引发的房屋纠纷，占20%，二者之和占了涉房纠纷的2/3。

表3 抽样涉房涉钱纠纷分类统计

争议标的物	继承	离婚	拆迁	使用	租赁	买卖	权属	返还	赡养	房贷	结婚
钱款20人次	14	6	0	0	0	0	0	0	0	0	0
房屋285人次	103	57	35	31	24	13	12	3	3	3	1
其中产权房208人次,占73%	93	44	22	7	14	12	7	3	2	3	1
其中公租房77人次,占27%	10	13	13	24	10	1	5	0	1	0	0

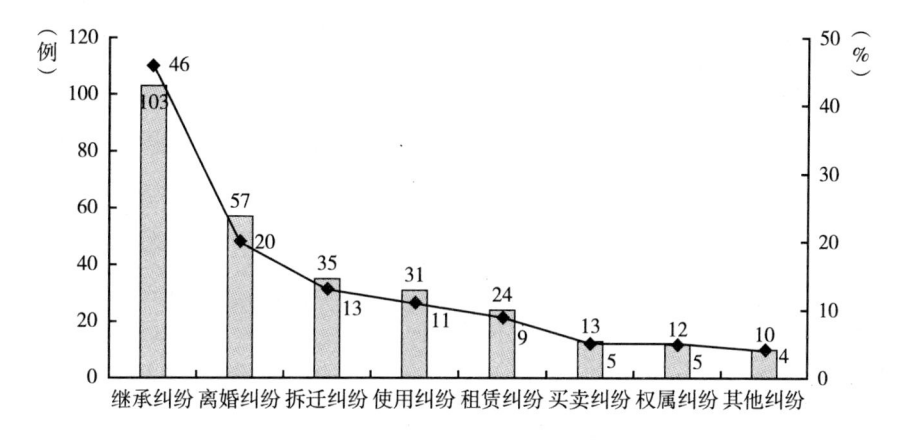

图8 抽样调查涉房纠纷分类统计

（六）民事合同纠纷中，劳动与劳务纠纷居首位

抽样调查显示（见图9），在591例民事纠纷中，有146例合同纠纷，是仅次于婚姻家庭纠纷之后的第二大类纠纷，占全部纠纷的25%。其中需要引起重视的，当属劳动与劳务合同纠纷，分别占合同纠纷总量的31%和5%，二者之和占到全部合同纠纷的1/3强。在这两类纠纷中，所涉争议多是报酬纠纷，其次为工伤纠纷。这说明企业在用人、用工方面仍存在一定的不规范之处。另外值得重视的是，有关劳动、劳务纠纷的调解难度较大。五年来协会对这两类纠纷开展的调解仅20余起，不足一半，成功率亦较低，多数只能引导当事人另行通过仲裁或诉讼解决。但是这类纠纷最易激化矛盾，特别是欠付农民工工资问题，应当引起各级政府、调解委员会的高度重视。

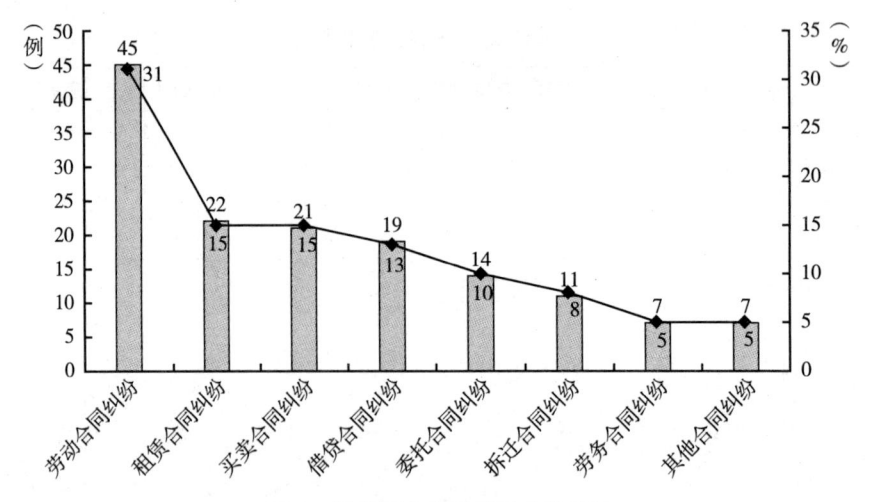

图9 抽样调查合同纠纷分类统计

（七）相邻关系纠纷中违章建筑引发纠纷是首因

抽样调查显示（见图10），在591例民事纠纷中，有53例相邻纠纷，是排在第三位的民事纠纷，占全部民事纠纷近1/10的比例。其中最突出的问题是因违章建筑而产生的纠纷，占了相邻纠纷的70%以上。需要注意的是，相邻纠纷的调解难度也相当大，多数纠纷时间长、年代久、双方积怨较深，其中超过半数的纠纷最终都提起了诉讼。

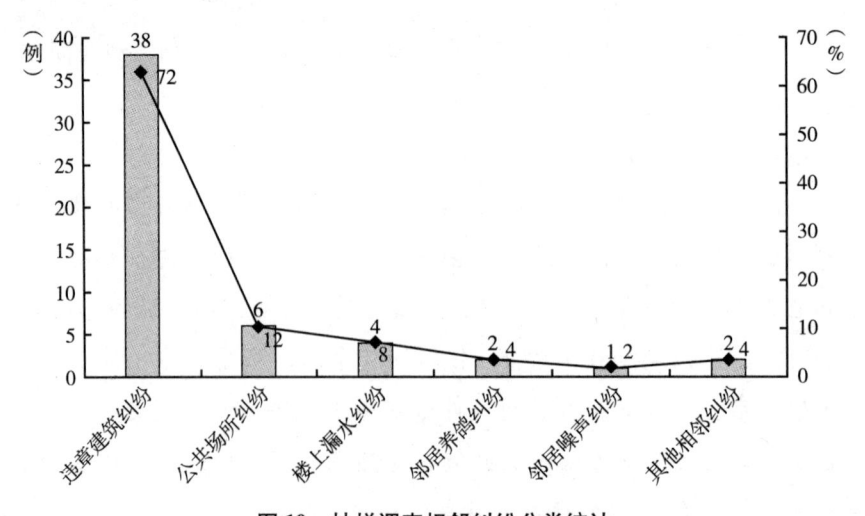

图10 抽样调查相邻纠纷分类统计

（八）中年女性最关注"权益"之争

抽样调查显示（见图11和图12），当前民事纠纷群体中，无论在哪个年龄段，女性当事人明显多于男性当事人，尤其是40~60岁这一年龄段的女性最多。

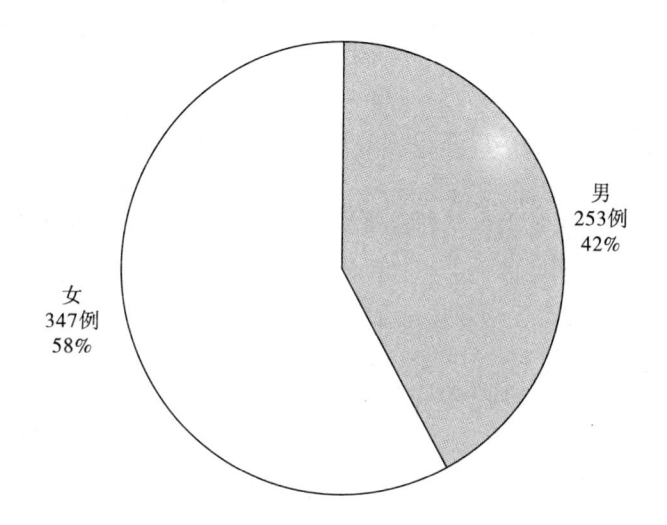

图11　600例纠纷来访者性别构成

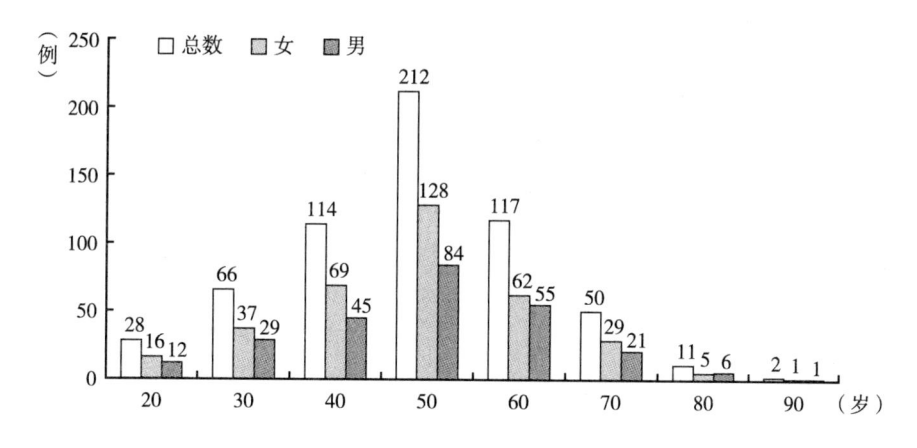

图12　600例纠纷来访者年龄性别构成

这表明女性在社会生活中，无论是对内的家庭矛盾，还是对外的社会矛盾，对涉及自身权益问题的敏感度与关注度明显高于男性，对"身边事"最为敏感。

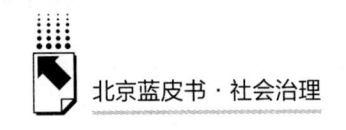

三 西城区民间纠纷主要特点

目前西城区民间纠纷呈现出以利益纠纷为主、纠纷种类日趋多样化、纠纷日趋复杂化、纠纷发生的不确定性、部分纠纷易激化、纠纷化解难度增大等特点。

(一) 以利益纠纷为主

改革开放过程实际上也是利益格局重新调整的过程，现实中的各种民间矛盾和纠纷，大都由利益冲突引起，民间纠纷所涉及的问题越来越多聚集在利益矛盾上，因利益冲突而引发纠纷是民间纠纷的第一个特点。

(二) 纠纷种类日趋多样化

随着改革发展的深入，国家新的法律法规及政策出台，利益格局不断重新调整，新情况、新问题、新矛盾愈来愈多，造成各类纠纷复杂多样。目前民间纠纷类型除了传统的婚姻、继承、赡养抚养、同居、收养、探望、财产损害、人身损害、交通事故以外，基本上已延伸到居民群众日常工作与生活的各个领域，如担保纠纷、贷款纠纷、合同纠纷、借款纠纷、工伤事故、环境污染、意外事故、医疗事故、通风权、采光权、环境污染、噪声影响、名誉权、肖像权、拆建纠纷、房屋纠纷、侵犯商业秘密、著作权、专利权、知识产权、网上侵权、股票、期货纠纷，等等。

(三) 纠纷日趋复杂化

当前民间纠纷日益错综复杂，民间纠纷的内容、层次和领域不断变化，常常是经济领域矛盾、思想文化领域矛盾、社会生活领域矛盾交织在一起，形成十分复杂的矛盾网络，既有对抗性的一面也有非对抗性的一面。这些纠纷调处难度大，给社会造成了不安定因素。

例如，20世纪80年代末90年代初的"下海经商"阶段，很多人对自己的人事档案采取了放任的态度，其所在单位也未予以足够的重视。二三十年后的今天，当"退休"问题摆在这些人面前时，才意识到了问题的严重性。然而，档案缺失甚至丢失，导致工龄断档的纠纷一旦解决不好，很有可能引发其他矛盾。

（四）纠纷发生的不确定性

随着市场经济体制的不断完善，人们的思想观念也发生了重大转变，在利益的驱使下，各类纠纷随时随地都有可能发生，由此造成了纠纷发生时间的不确定性。

例如，20年前实施"房改"之初，人们"买房居住"的观念尚未形成，父母在与子女谈及购房出资问题时，子女们还多"避之唯恐不及"，如今却是唯恐成为"被遗忘的角落"，不论父母是否均已去世，就迫不及待地与兄弟姐妹，甚至直接与父亲或母亲争起了房产。

（五）部分纠纷易激化

现实生活中矛盾触发点增多，激化因素多，因房产继承、婚姻变迁、违章建筑等因素引发的纠纷易激化形成对抗态势。

例如，在平房聚集区，由于居住条件相对狭小，违章建筑纠纷在自建房的改、扩建过程中，矛盾双方往往互不相让，甚至形成长期对峙状态，此类纠纷调解难度相当大。

（六）纠纷化解难度增大

随着城市化进程的加快和经济的发展以及人们法律意识的增强，目前纠纷涉及面广，种类繁多，有时主体人数众多，这些民间纠纷调解难度增大。根据协会五年来的月报统计，协会的"调解率"和"调解成功率"均呈现出整体下降的趋势。

四 西城区人民调解员协会化解纠纷的做法与成效

西城区司法局在西城区人民法院建立了涉诉纠纷调解工作室，人民调解工

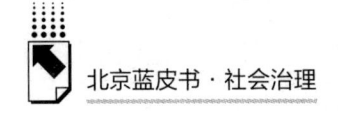

作室成立五年来，在接访数量、涉及问题和处理方法上，均与基层人民调解委员会的工作状态不同，不仅接访量大、涉及范围广，更因为工作中需要"纠纷调解"与"诉讼指导"并举，使其具有向"专业化调解"发展的特点。

（一）人民调解员协会化解纠纷的主要做法

运用调解的方式来化解民间纠纷是行之有效的方法。现实生活中很多民间纠纷自"萌发"至"激化"期间，在很多环节上都处于"调与不调"或"诉与不诉"之间，特别是大量的纠纷由于在"萌发"（或初始）阶段未能得到有效的疏导和指导，错过了化解纠纷的最佳时期。

1. 人民调解进法院

西城区人民调解工作室设置在法院内，最大限度地将这些处于"萌发"（或初始）状态的纠纷，经过疏导或指导将其"化解"在法院（诉讼）门前。这种做法有利于推动人民调解与法院立案审判的衔接互动，完善多元化社会纠纷解决机制，努力实现人民调解与司法审判工作的"双赢"。

人民调解进法院，改变了人民调解的固定模式。首先，它不同于法官调解，人民调解使调解工作更贴近百姓，使广大群众更易于接受；其次，运用灵活的方法，采取单方面调解的方式，让一方当事人暂缓或者放弃诉讼，或者用最大的善意理解和包容对方当事人，从而实现矛盾的缓解或化解。更重要的是，这一平台使得当事人了解到，除了法律解决这一途径之外，其他非诉讼纠纷解决渠道也能发挥良好效果。

2. 培训社区人民调解员

社区人民调解也是化解民间纠纷的重要方式。西城区人民调解员协会结合相关数据资料与案例，制定了《怎样预防与处理常见婚姻家庭财产纠纷》《人民调解的方式与方法及技巧》等授课计划，有针对性面向全区9200名人民调解员进行业务轮训，收到了良好的成效。

（二）人民调解工作室设立以来的工作成效

在人民调解工作室总计接访的10632例民间纠纷中，经过人民调解员的努力，7293件纠纷得到不同程度的调解，调解率达到69%，调解成功率达到

93%；2608例（占24.4%）纠纷在人民调解员的指导下进入了诉讼；779例（占7.3%）纠纷因其他各种原因，被人民调解员做了分流处理。从某种意义上说，人民调解员协会的工作不仅分担了社区人民调解委员的压力，还极大地缓解了区人民法院立案庭的工作压力。

实践证明，人民调解工作室的建立，不仅为西城区百姓提供了一道免费的"法律服务大餐"，有利于发扬"和为贵"的民族文化特色，而且以其灵活便捷、解决纠纷不留后遗症的特点，实现了息诉止争、降低当事人诉讼成本的目的。此外，当事人在有关诉状的书写、证据的提交、办理的程序等问题上，几乎都到人民调解室咨询，寻求指导与帮助。可以说，人民调解室进驻人民法院，在客观上有效缓解了人民法院导诉工作的压力。

人民调解工作室进驻法院，是西城区司法局与西城区人民法院为探索多元化解决纠纷机制而实施的具体措施之一，是进一步落实司法为民、司法便民、司法利民措施的一项有益尝试，该项举措把司法审判关口前移，为群众解决纠纷方式提供了多种选择，形成了民事调解与民事审判相衔接的一种新型、特殊的工作机制，对于平复矛盾、化解纠纷，促进和谐西城建设具有积极意义。

参考文献

西城区人民调解员协会：《西城区人民调解员协会月报》，2007~2011。

薛薇编著《统计分析与SPSS的应用》（第三版），中国人民大学出版社，2011。

最高人民法院：《最高人民法院工作报考》，2011。

王公义：《人民调解制度是解决社会纠纷的重要法律制度》，《中国司法》2005年第5期。

陈志新：《关于在发展人民调解中吸纳国外ADR成果的思考》，《中国司法》2005年第4期。

毋爱斌：《法院附设型人民调解及其运作》，《当代法学》2012年第2期。

治安管理篇

Security Management Report

B.15
2013年北京市报复社会型犯罪规律分析与应对策略

操宏均[*]

摘　要： 2013年北京市发生了多起令人震惊的报复社会型犯罪案件，引起全社会的高度关注。系统分析发现，由于北京地位的特殊性，一些报复社会型犯罪出现了从地方向北京转移的苗头，严重危害北京的社会治安，损害了中国的国际形象。因此，有必要深入剖析我国当前的社会矛盾化解机制，积极探寻诱发这类犯罪的根本原因，并从制度构建、管理创新等方面多管齐下，有效治理这类犯罪。

关键词： 报复社会型犯罪　不特定对象　公众场所　社会矛盾　北京治安

---

[*] 操宏均，北京师范大学法学院刑法学博士研究生，研究方向为刑法学、犯罪学。

2013 年北京市报复社会型犯罪规律分析与应对策略

近年来，全国各地发生了多起采取暴力手段攻击无辜公众的报复社会型犯罪案件，就在人们还未从这些报复社会型犯罪带来的恐怖阴影中走出来时，2013 年 7 月，北京市连续发生 6 起恶性暴力伤害和危害公共安全事件，瞬间将社会各界目光汇聚到北京这座国际大都市，一时间以"社会暴戾""恶性暴力""个人极端暴力"为题报道充斥媒体，也有人发出了"北京怎么了？"，甚至"中国怎么了？"的疑问和不解。

无论是从行为人的施暴手段上看，还是从造成的危害结果看，发生在北京的这几起报复社会型犯罪远远没有 2002 年南京汤山陈正平投毒案、2010 年福建南平郑民生砍杀小学生案等案件更为令人震惊，但是为什么 2013 年发生在北京的这几起报复社会型犯罪会如此备受关注，甚至包括美联社、香港《南华早报》、英国《卫报》、韩国《亚细亚经济》、法国《89 街》等境外媒体也争相报道？难道发生在北京的这几起报复社会型犯罪又有新的特点？北京又应该采取什么样的策略来应对这类犯罪呢？带着这些疑问，我们尝试以 2013 年发生在北京的这几起案件为范本，揭示出这种犯罪的规律，并提出有效的应对之策。

一 2013 年北京市报复社会型犯罪现状描述

根据公开报道，截至 2013 年 10 月底，北京市共计发生 12 起影响广泛且涉嫌危害公共安全的事件，其中有 3 起是火灾（见表 1），包括 6 月 29 日 6 时 30 分，大兴区黄村镇一饭店因人为疏忽导致天然气泄漏爆炸，造成 3 名行人受伤，以及饭店周边房屋、汽车等财物 50 余万的损失；[①] 7 月 24 日 7 时 33 分，北京光明楼公交站北侧金凤成祥蛋糕店因意外导致煤气泄漏爆炸，致 2 人死亡，4 人受重伤，15 人轻伤；[②] 7 月 24 日 15 时 40 分，北京

[①] 定云峰、何泽华：《无照经营饭馆气罐爆炸 酿 3 伤 50 余万损失惨剧》，http://www.bjjc.gov.cn/bjoweb/minfo/view.jsp? DMKID =87&ZLMBH =2&XXBH =37542，访问时间：2013 年 10 月 20 日。

[②] 参见百度百科《7·24 北京光明楼蛋糕店爆炸事故》，http://baike.baidu.com/link? url = Z9KJtwCyRHmb9fksq_ bcIq 9rclMZCVKzECx5D7f _ 9swQr97Muwu S44AeC4XTnMBd8IEvmVy QZ2CvlvuGtCQk_ ，访问时间：2013 年 10 月 20 日。

东三环双井附近的一家乐福超市突发大火,无人员伤亡,起火原因暂时不明。①

表1 2013年北京市3起重大火灾案件

发生时间	发生地点	责任人	原因	损害结果
6月29日6时30分	大兴区黄村镇一饭店	王某、张某	人为疏忽,致天然气泄漏引发爆炸	3人受伤、50余万元财物损失
7月24日7时33分	光明楼公交站蛋糕店	—	意外事故,煤气泄漏爆炸	2人死亡,4人受重伤,15人轻伤
7月24日15时40分	东三环双井家乐福超市	—	暂时不明	无人员伤亡,部分财物被烧毁

另外的9起事件,其中除2起怀疑行为人具有精神疾病、1起原因暂时不明外,其余均系报复型犯罪(见表2)。

表2 2013年北京市发生的报复社会性案件

时间	地点	行为人	行为方式	结果	原因
1月×日	昌平区	伊某,男,30岁,河北省张家口人	将自制爆炸装置安放到臧某面包车上	爆炸装置被拆除,无人员伤亡	臧某欠钱不还,伊某产生报复念头
5月4日14时许	广渠门桥附近	李敬辉,男,36岁,黑龙江省巴彦县人	持刀伤人	2死1伤,李敬辉拒捕受伤身亡	与女友分手,引发感情纠葛
7月17日17时许	朝阳区大悦城	孝某,男,27岁,山东省沂水县人	持刀伤人	2人死亡(含一名外籍人士)	疑有精神病
7月20日18时许	首都机场T3航站楼	冀中星,男,34岁,山东省鄄城县富春乡大冀庄村人	引爆自制爆炸装置	冀中星本人重伤,一名民警轻微伤	在东莞致残,未获有关方妥善处理
7月21日	互联网	吴虹飞,女,30岁,广西三江人,记者、歌手、作家	发微博称要炸北京住建委	被警方拘留10日,并被罚款500元	对北京住建委等部门和有些人不满
7月22日11时许	马连道家乐福超市内	王某,男,50岁,北京市人	持刀伤人	致1死3伤	有精神病史

---

① 金硕、马学玲:《北京一家乐福火灾火势得控制 现场无人员伤亡》,http://www.chinanews.com/sh/2013/07-24/5080434.shtml,访问时间:2013年10月20日。

续表

时间	地点	行为人	行为方式	结果	原因
7月23日 20时许	大兴旧宫公交车站	韩磊，男，39岁，北京市人，有犯罪前科，处于假释期	当街重摔2岁女童	女童死亡	与女童母亲因停车发生争执
8月12日 8时许	昌平火车站旁一公司办公楼	梁某，男，48岁左右，北京市人，系该公司员工，家境很差	引爆自制炸药	一间办公室被毁，未造成人员伤亡	对待遇和领导不满
8月30日 20时许	王府井新东安商场附近	黄某，男，24岁，广东省人	持刀伤人	一女童肩部、颈部伤势较重，无生命危险	暂不明

注：本表相关信息全部来源于各新闻媒体报道。

通过上述系统梳理不难发现，2013年发生在北京的这9起影响广泛且危害公共安全的事件主要集中于7~8月的上午6点至晚上21点之间；案发地点既包括现实公共场所，也包括虚拟的网络空间；有的已经造成严重危害结果，有的则处于未遂阶段；等等。为进一步揭示发生在北京的这些报复社会型事件的规律，笔者将从行为人、行为方式、行为结果、被害人特点等方面进行细化分析。

首先，从案发时间和地点看，这类犯罪的发生多具有突发性，难以预料。同时，这类犯罪系行为人于公共场所公然实施，且行为具有粗暴、野蛮、血腥等特点，使得恐怖气氛像瘟疫一样在全社会迅速蔓延，极易引起社会恐慌。加之，北京作为首都是国际媒体和舆论关注的中心，这类犯罪的发生将对北京乃至中国的国际形象产生巨大影响。

其次，从行为人看，基本上系来自京外且生活在社会底层的中青年男性。已发案件表明，实施报复社会型犯罪的主体多经济生活困难，且多具有源自经济纠纷、情感纠葛、诉求不畅等方面的挫折感。同时，行为人的京外身份表明全国其他地方的社会矛盾向北京涌入的特点，尤其是冀中星案更是进一步表明行为人倾向于将发生在地方的矛盾转移至首都北京解决。

再次，从行为方式和造成的后果看，行为人主要是通过持刀行凶、实施或者扬言要实施爆炸等暴力方式进行，作案手段比较简单，犯罪工具多系其日常生活中经常使用或容易接触的物品，智能化程度不高。这类犯罪不仅造成了大量的无辜人员伤亡和巨额财物损失等有形损失，也造成了社会安定感和公民安全感下滑等无形损失。

最后，从被害人方面看，行为人的加害对象多具有无辜性、随机性以及矛盾转移性，表明这类犯罪中行为人的报复行为已经不再遵循"冤有头，债有主"的复仇模式，已然从"以其人之道还治其人之身"转化到"可以间接地对任何一个易攻击的受害者进行报复"，[①]进而体现出行为人反社会整体的特征。

二 北京市报复社会型犯罪原因分析

迄今为止，人们用来解释犯罪的原因多达几十种，如何将那些与犯罪有着必然联系的因素提炼出来就显得极为重要，因为对犯罪主要或者根本原因的揭示是否准确将直接影响"犯罪治理药方"是否有效。同样，导致北京市报复社会型犯罪频发的根本原因又是什么？已发案例无不表明，当前发生在我国的报复社会型犯罪是"制度性缺陷形成的必然结果"，[②]因此，只有立足于北京市的实际情况，对当前的相关制度进行理性反思，才能抓住问题的实质。笔者认为，当前北京市报复社会型犯罪频发的根本原因包括以下几方面。

首先，经济社会转型中的制度性不公平等问题，诱发了某些群体的报复社会心理。改革开放以来，我国经济与社会的双轨转型引发社会结构剧变，迟滞的分配制度进一步拉大贫富差距，而不畅的社会流动机制又反过来固化了这种贫富分层。据有关调查显示，只有12.2%的人将贫富差距归因于个人能力，8.1%的人归因于家庭背景，其余79.7%人均归因于腐败、行业差距等社会原因。[③]这种现实显然与我们传统文化中"不患寡而患不均"的思想格格不入，

[①] Steinmetz, S. B. . Suicide among primitive peoples. *American Anthropologist*, Vol. 7, No. 1, 1894, pp. 53–60.
[②] 张远煌：《现阶段报复社会性犯罪的主要诱因及因果链条解析》，《河南大学学报》（社会科学版）2013年第1期。
[③] 参见汝信、陆学艺、李培林主编《2006年：中国社会形势分析与预测》，社会科学文献出版社，2005，第76页。

极易诱发有关的社会阶层产生被排斥感和被剥夺感，加上一些媒体基于营销策略对一些社会负面新闻的大肆渲染，则进一步促使公众对现实生活形成不公平不合理的刻板印象。因此，这些长期处于边缘化的社会群体就会将自己遇到的所有不幸都归咎于社会的不公平，这种不良情绪一旦堆积，就会像多米诺骨牌一样引发一系列的社会问题，最终以无辜者为载体的"社会"无疑就成了他们宣泄不满情绪的对象。

其次，社会矛盾化解机制运行不畅，成为某些群体实施报复社会型犯罪的催化剂。由于社会转型带来了中西文化冲突、新旧制度不衔接、传统理念与新潮观念待磨合等问题，使得各种社会矛盾纠纷"爆炸式"出现。同时，快节奏、高压力的现代社会使得越来越多的人更加浮躁，民间调解机制的萎缩，偏低的司法效率和不高的司法公信力又致使社会矛盾法治化解决途径式微，以致人们"信访不信法"，但"信访又踢皮球"，甚至还会因为信访遭到报复打击[1]或被当做"精神病"强制送进精神病院。就这样，原本一个很小的矛盾甚至就是一个误会，就可能因为当事人的非理性、矛盾纠纷解决途径的不畅等而升级加剧，最终引发悲剧性后果。

再次，各类社会资源的高度聚合、高度的政治关联性，使北京成为报复社会型犯罪发生的"冤大头"。诚如有人指出："北京作为全国政治、经济、文化、教育、医疗、科技等各类资源的唯一综合垄断体，已经超出了作为一国首都所应该垄断的范围。"[2] 正是这种高度的社会资源聚集，使得北京成为"机会多"的代名词，于是"进京淘金"成为一种大势所趋。加之具有中央集权特征的政治体系和"告御状"的传统思想使得人们倾向于进京获取权威、批示、指导、意见等"尚方宝剑"。而一旦问题得不到解决或者达不到当事人的要求，北京自然首当其冲成为其发泄不满情绪第一现场。

最后，北京的社会管理存在疏漏与缝隙，孕育了报复社会型犯罪发生的机

---

[1] 2004年中国社会科学院农村发展研究所研究员于建嵘信访调查报告显示，上访者中有55.4%因上访被抄家或没收财物；53.6%的人因上访被干部指使黑势力打击报复。具体内容请参见于建嵘《信访的制度性缺失及其政治后果》，《凤凰周刊》2004年32期。

[2] 陈杰人：《北京六天五起公共安全事件　原因何在》，http://club.china.com/baijiaping/gundong/11141903/201307 23/17960811.html，访问时间：2013年10月22日。

会。一是公共场所安保力量配置不足或不均，长期以来我们在天安门等具有高度政治意义的地方配置强大的安保力量，但是在涉及民生的一些公共场所如超市、公园等地方却显得较为薄弱。二是由上述几例持刀伤人案件可以发现，行为人在短时间内连续伤及多人，表明这些场所的公共安全应急机制缺乏，事发之后没有及时的专业安保导引。三是公共场所监管缺失或存在盲点。例如，冀中星带着自制炸药从山东乘坐客运车到达北京，后又坐着轮椅携带爆炸物进入机场航站楼，整个过程都没有被检查出爆炸物，也没有引起有关人员的警觉。由此可见，一些地方的安检还存在疏漏甚至流于形式等问题。

三　北京市报复社会型犯罪治理对策

2013年发生在北京市的这类犯罪与之前发生在全国各地的报复社会型犯罪相比，显示出一定的"北京特色"。因此，必须立足于北京市的客观实际，有针对性地提出应对措施，才能有效遏制这类犯罪在北京频发。

（一）有效化解社会矛盾纠纷是预防报复社会型犯罪的根本

在当前社会转型的大背景下，各种不平等、不合理现象容易引发人们的不满情绪。因此，采取有效措施消除平复这种不满情绪、积极化解各种社会矛盾纠纷应是当务之急。

一是在司法途径之外，积极探索矛盾纠纷非诉解决路径。相关研究显示，现实生活中，大量的矛盾纠纷是可以通过协商、调解、和解等非诉途径来解决的。因此，积极发挥社会组织、社区等民间力量在社会矛盾纠纷化解中的重要作用，创新群众工作方法，以纪念"枫桥经验"50周年为契机，创新矛盾纠纷民间化解机制，提高服务水平和工作能力，切实从源头上化解矛盾纠纷，真正做到将矛盾就地解决，纠纷化解在基层。

二是切实提高司法裁判的公信力和办案水平，确保每个案件都能得到公平公正的审理，让民众在每个案件中都能感到公平正义。为了保证司法公正得以实现，就要求司法人员除了准确解读法律条文之外，还必须深刻领会条文背后的"法律精神"，准确把握法律的边界与司法标准，真正做到"案结事了人和谐"。

（二）建立健全心理疏导机制是减少报复社会型犯罪的保障

已发案例表明，这些实施报复型社会犯罪的行为人多因长期处于负面情绪之下，而又没有得到及时的释放，进而造成价值观异化与心理扭曲，而"消极情绪会激起报复的欲望和行为，情绪越强烈，诱发的报复行为就越多"。[①]因此，只有通过积极的心理疏导，才能有效化解报复社会型犯罪产生的动机根源。一方面，通过大力弘扬帮困济贫、见义勇为、社会慈善等传统美德，通过对积极正面事件人物宣传和对负面事件人物的揭露，使社会正能量在全社会得以凝聚，文明健康积极向上的主流社会价值观得以倡导。另一方面，关注弱势群体，让每一个人都能享受到改革的成果，通过发展社会救助体系，让每一个有困难的人都能体会到社会带来的温暖，针对弱势群体多进行心理辅导，帮助他们解决迫切的现实问题等，消除报复社会的动机根源。

（三）引导民间力量参与公共安全建设是堵截报复社会型犯罪的重要途径

无论是西方的"邻里守望"，还是我国传统的"专群结合"路线，无不说明"警力有限民力无限"的道理。况且，任何犯罪行为都发生于人民群众之中，人民群众往往会第一时间发现警情。因此，将庞大的民间力量加以整合与吸纳将会极大地弥补治安监管监控中的不足。其次，通过科学配置这支民间力量，加强职业人员定期培训，提高其发现与处置警情险情的能力，加大对异常人员的排查，把好一些公共场所进出口安全关，防止不法分子将易燃易爆物品、管制刀具等携带到地铁、车站、码头等公共场所，能够在第一时间发现报复社会型犯罪的苗头，或者在报复社会型犯罪发生时将危害降低到最低程度。

（四）及时公布权威信息是平复社会恐慌的镇静剂

由于报复社会型犯罪往往会在整个社会造成恐慌气氛，这就要求有关部门

[①] P. J. Lang, M. M. Bradley, and B. N, "Cuthbert Emotion, attention, and the startle reflex". *Psychological Review*, 97, 1990, pp. 377 – 398.

及时发布相关信息,平复社会秩序,杜绝民众臆测,防止恐怖蔓延、舆论歪解以及被误导民众因为"同情"而引发的网上或现实的群体性事件。同时,一旦实施这类犯罪的嫌疑人处于逃窜等非控制状态时,则更应该做好警情险情提示,帮助民众提高自我保护意识和及时采取相关防范措施。

(五)加强被害预防是减少自己成为无辜受害人的重要途径

尽管报复社会型犯罪的加害对象具有不特定性,但是从被害人学的角度来看,如果被害人遭遇这种犯罪时能够及时有效地采取一些措施,还是能够极大降低自己或亲友被害可能的。一是遇到一些性格偏执、脾气暴躁、举止过激的人,尽量避而远之,不要与这样的人斤斤计较、纠缠不休。二是面对现实生活中的小摩擦,要保持应有的克制与理性,在没有触及到自己为人处世底线时,退一步海阔天空。

参考文献

习近平:《在首都各界纪念现行宪法公布施行 30 周年大会上的讲话》(2012 年 12 月 4 日),《中国人大》2012 年 23 期。

王瑞山:《"报复社会"型危害公共安全行为研究——以 2005 年以来的 22 个案例为考察对象》,《法学杂志》2011 年第 S1 期。

李恩洁、凤四海:《报复的理论模型及相关因素》,《心理科学进展》2010 年第 10 期。

王彦:《报复社会性突发公共事件防范研究——以校园恶性弑童案为例》,《财经问题研究》2011 年第 11 期。

B.16 北京市刑释解教工作机制现状及完善建议

吴照美*

摘　要：

刑释解教工作机制对于提高刑释解教的工作效率、预防刑释解教人员重新违法犯罪、确保刑释解教人员顺利回归具有重要意义。但是刑释解教工作机制在沟通、衔接机制，核查、建档机制，安置、帮教机制，监督、保障机制等方面仍然存在一些问题和不足。针对这些问题和不足，应当从推动刑释解教立法、构建刑释解教信息数据库、加强保障体系建设、建立健全沟通与衔接的长效机制、拓展就业安置渠道等方面予以完善。

关键词：

刑释解教工作机制　预防再犯　立法完善

刑释解教人员是我国社会中的一个特殊群体，他们不仅人数众多[①]，而且极易重新走上违法犯罪的道路，因此，做好刑释解教人员回归社会的工作，对于预防他们重新违法犯罪、维护社会稳定、构建社会主义和谐社会均具有十分重要的意义。

一　北京市刑释解教工作基本情况

近年来，北京市刑释解教帮教安置工作主要采取了以下举措。

---

* 吴照美，中国人民大学刑法学博士研究生，中国刑警学院刑侦系讲师，主要研究方向为刑法学、预审学。

① 根据2012年有关统计，全国每年有70万左右刑释解教人员回归社会（这一数字还在逐年上升）。

一是成立三级刑释解教工作协调委员会。2010年5月，北京市成立全市性社区矫正和刑释解教帮教安置工作协调委员会，由19个成员单位组成。委员会设立于首都综治委下面。其前身是1997年成立的刑释解教人员安置帮教工作领导小组（共14个成员单位）和2003年成立的社区矫正工作领导小组（共10个成员单位），二者职能基本一致，出于统筹工作的考虑，将二者合并形成目前的工作协调委员会。同时制定了《首都综治委社区矫正和刑释解教帮教安置工作协调委员会成员单位工作职责》《关于进一步加强社区矫正和刑释解教人员帮教安置工作的意见》《首都综治委社区矫正和刑释解教帮教安置工作协调委员会议事规则》和《首都综治委社区矫正和刑释解教帮教安置工作协调委员会办公室工作规则》《北京市社区矫正和刑释解教人员帮教安置工作考核评比办法》《关于对社区服刑人员和刑释解教人员实施的刑事案件实行责任倒查的若干规定》等五份文件，形成了社区矫正和刑释解教帮教安置工作协调委员会的基本工作规则。此后，在区县、街乡二级逐步成立了相应工作协调委员会，统筹区县、街乡社区矫正和刑释解教帮教安置工作。

二是建立分类帮教工作机制。根据测评，将刑释解教人员分为三类，一类人员主要是少数确有危害社会和重新违法犯罪倾向的人员，对此类人员要求做到出监所前必访、出监所时必接、出监所后列为重点人加以管控，每月由司法行政部门牵头，会同社区民警、帮教干部和家属组成的帮教小组共同进行一次走访考察。二类人员主要是因生活困难、无亲友等原因可能成为影响社会稳定不安定因素的人员，对此类人员要求每季度由司法行政部门牵头，通过基层帮教小组与其至少联系一次，关心、帮助其生活，引导其尽快融入社会。三类人员主要是生活较为安定、有较为稳定的生活来源，再犯可能性极低的人员，对此类人员采取适当宽松的帮教方式，由基层帮教小组不定期走访。

三是普及完善阳光中途之家建设。阳光中途之家作为监所和社会的缓冲地带，对刑释解教人员的帮教安置工作有着重要的过渡作用。北京市高度重视阳光中途之家的普及推广工作，2007年开始在朝阳区进行阳光中途之家试点工作，2009年底在总结试点经验的基础上，按照"一区县一家"标准和"因地制宜、分步实施、功能实用、形式多样、政府主导、社会参与、制度配套、管理规范"的原则，开始推广阳光中途之家的建设工作。制定《北京市区县阳光中途之家管理办法（试行）》，建立健全人员管理、资产管理、财务管理、档案管理、业务管理、考核等 32 项规章制度。阳光中途之家负责对刑释解教人员进行集中教育、社会适应指导、心理咨询和辅导、组织公益活动、就业帮助、食宿救助以及技能培训等工作，为刑释解教人员平稳回归社会提供有力帮助。

二　当前北京刑释解教工作机制存在的不足

（一）沟通、衔接机制方面

做好刑释解教人员回归前的沟通与衔接工作是保证刑释解教人员顺利回归社会的重要前提，然而，实际工作中却存在一些问题，这些问题的存在，既不利于后续工作的开展，也无助于刑释解教人员回归社会。这些问题主要表现在：

1. 忽视沟通机制

一般来说，为全面了解和掌握本地刑释解教人员的个人信息、思想动态、劳动技能、改造表现等情况，各地的安置帮教机构须在本地刑释解教人员回归社会前，主动与监狱、看守所、劳教所等部门开展沟通协调工作。然而，一些地方的安置帮教机构和安置帮教人员工作责任心不强，没有认识到先期沟通工作的重要性，轻视甚至忽视回归前的沟通工作。

2. 衔接机制不畅通

一是法律文书寄送迟延。根据中央《关于进一步做好服刑、在教人员刑满释放、解除劳教时衔接工作的意见》相关要求，监狱、看守所、劳教所等部门在刑释解教人员回归社会前应当及时将《刑释解教通知书》等材料寄送相应的安置帮教机构。但实际工作中，有关法律文书寄送迟延现象较为常见。二是法律文书填写不规范。实践中，监狱等部门寄送的法律文书，或者内容填写错误，或者项目填写不全，或者字迹过于潦草无法辨识，无形中增加刑释解教后续工作的难度。三是人户分离情况较为突出。当今社会，人、财、物流动极其迅捷，刑释解教人员回归社会后，在异地工作、居住的情况越来越多，这就造成了刑释解教人员居住地同其户籍所在地处于分离的状态，不利于安置帮教工作的有序开展。四是存在漏管失控的问题。个别刑释解教人员妄图逃避打击，使用了假姓名、假身份、假地址，这使得相关衔接工作无法顺利开展。

（二）核查、建档机制方面

刑释解教人员回归社会时，及时核查他们的基本信息并为他们建立个人档案是刑释解教工作的重要内容。然而，实践中却存在如下问题。

1. 核查机制难开展

一是信息核查工作受到轻视。在刑释解教人员回归社会时，安置帮教机构及时核查他们的基本信息，既能防止漏管失控现象，也能保证安置帮教工作的针对性，从而确保刑释解教人员回归社会的效果。然而，一些地方的安置帮教机构工作主动性不够，仅从程序上登记刑释解教人员的基本信息，而不注意核查、确认这些信息。二是信息核查手段单一、落后。一些地方的安置帮教机构虽认识到信息核查工作的重要性，也主动核查刑释解教人员的个人信息，但由于各方面原因，信息核查的手段较为单一、落后，基本停留在人工核查阶段，严重影响了核查工作的效率和效果。三是信息核查工作存在较大的阻力。刑释解教人员基本信息的核查，离不开有关人员、单位的大力配合，然而，由于多方面的原因，在实际工作中，干扰、不配合信息核查工作的情形屡见不鲜。

2. 建档机制存缺陷

从全国情况看，绝大多数安置帮教机构能及时将本地的刑释解教人员建档立卡，基本做到"一人一档"。但是，一方面，全国范围的刑释解教人员基本信息数据库尚未建立，难以实现有关数据的互联互通；另一方面，刑释解教人员作为普通、合法公民的身份地位，如若对他们单独建档立卡，是否会侵犯他们的合法权利，以及这些档案材料该何种程度地使用、使用过程中该注意哪些问题，也都需要进一步地解决。

（三）安置、帮教机制

安置、帮教机制是刑释解教工作机制的核心，直接关系刑释解教工作的成败，决定着刑释解教人员能否顺利回归社会。实际工作中，存在的主要问题有：

1. 安置机制难持续

实践表明,刑释解教人员的就业安置率越高,就业满意度越大,他们重新违法犯罪的可能性就越小。然而,实际工作中却存在如下问题:一是对就业安置的重视程度不够。一些地方的安置帮教机构责任心不强,工作主动性较弱,被动应付就业安置的情况较为突出。二是过渡性安置实体和基地严重不足。一方面,从就业的总体环境看,由于社会吸纳就业的能力相对有限,急需就业的人员又在不断增多,就业的总体形势依然严峻,就业面临的挑战依然较多;另一方面,由于社会对刑释解教人员存在不同程度的歧视与偏见,再加上刑释解教人员个人的技能素养存在差异,刑释解教人员的安置就业工作仍然困难重重。因此,设立过渡性安置实体和基地就显得尤为重要,但各地的过渡性安置实体和基地严重不足却不容忽视。三是安置前的就业培训机制不健全。安置前的就业培训,对于刑释解教人员顺利回归社会具有重要意义。但是,就业培训工作的缺位、就业培训的针对性不强、培训主体重点不突出等问题也不容我们小视。

2. 帮教机制难见效

一是帮教的针对性不强。由于刑释解教人员的个体差异较大,面临的问题也各不相同,因此,对不同的刑释解教人员,帮教侧重点也应当有所不同。通常而言,帮教的内容须根据刑释解教人员的思想状态、改造程度、存在问题等情况来具体确定。然而,在实际工作中,不加区分地实施相同或相似内容的帮教情形较为常见。二是帮教的对象重点不突出。均等地对每一名刑释解教人员开展帮教工作,既无可能,也无必要,帮教工作也应当突出重点,循序渐进。各地刑释解教人员的具体情况不一样,帮教的重点也就有所差异,但一般应当将重点放在有重新违法犯罪可能以及无家可归、无亲可投、无业可就的对象身上。三是漏帮漏教现象严重。实际工作中,刑释解教人员人户分离的情况较多,户籍地的帮教机构有帮教的愿望与义务,但很难开展异地帮教工作;居住地的帮教机构客观上能开展帮教工作,但没有相关义务,这客观上造成了漏帮漏教现象的大量发生,对帮教机制的有效运行产生了不小的阻碍。

(四)监督、保障机制方面

加强对刑释解教工作的监督与保障是确保刑释解教工作有序开展和刑释解

教人员顺利回归的重要保证。然而，这两方面也同样存在很多问题。

1. 监督机制不完善

一是缺少直接监督约束的主体。如今，对刑释解教工作的监督主要依赖于群众、媒体等社会监督方式，这种监督缺点在于专业性不强，而刑释解教工作又具有较强的专业性，由此，刑释解教工作急需直接约束主体的专业性监督。二是缺少监督约束的惩戒措施。既然有监督，就需要相应的惩戒措施，否则，监督就形同虚设。然而，刑释解教工作也缺少监督约束的惩戒措施。

2. 保障机制不健全

一是法律法规严重缺失。关于刑释解教人员回归社会，我国虽出台了一些政策性文件，但这些政策性文件或者相对零散，或者过于原则，在法治化深入推进的当下，刑释解教工作若缺少系统、严格的法律规制，必然会困难重重，因为政策性文件毕竟不同于法律法规，缺少强制力保障。与我国情况不同的是，国外注重将出狱人员回归社会的工作纳入法制化轨道，如美国早在1956年就出台了《在监人重返社会法》，日本则出台了《犯罪者更生保护法》[1]，等等。二是专业人才欠缺。刑释解教工作涉及内容多、任务重，离不开一定数量的工作人员；此外，刑释解教的某些工作还需要专门的人才，如对刑释解教人员进行心理辅导就需要有懂心理的工作人员。然而，实际工作中，人员配备，尤其是专业人才的配备难以保证。三是经费保障严重不足。无论是刑释解教工作的开展，还是刑释解教专业人才的配备，抑或是刑释解教办公条件的改善，都离不开一定经费的保障。但由于各方面的原因，一些地方，特别是基层单位或者偏远地区，刑释解教工作的经费保障很难跟上。

三 完善北京刑释解教工作的建议

针对刑释解教工作机制存在的问题与不足，笔者认为，至少应当从以下方面予以改进和完善。

---

[1] 霍珍珍：《刑释解教人员社会保障的现状原因及对策》，《中国司法》2012年第5期，第42页。

（一）推动相关立法，实现刑释解教工作的法治化

随着国家法治化进程的进一步加快，将刑释解教工作纳入法治化轨道亦是大势所趋。为此，我们可以在现有政策法规的基础上，积极推动刑释解教工作的立法步伐，从法律层面明确规定刑释解教工作的性质、地位、对象、任务、机构、经费等诸多内容，做到刑释解教工作有法可依，确保刑释解教工作规范有序地开展。具体来说，通过立法，能够明确各相关单位的工作职责，增强各职能机构依法开展工作的积极性和主动性；通过立法，也可以使相关的保障措施、监督约束机制落到实处；通过立法，还可以把各地经过实践证明可行的各种政策措施，上升为法律，使各种优惠措施能够惠及更多的刑释解教人员，增强刑释解教工作的吸引力。

（二）构建刑释解教信息数据库，提高刑释解教的工作效率

随着信息技术的迅猛发展、工作方式的日益变革，传统的由人工管理档案方式既不方便，又影响效率，越来越不合时宜。因此，通过信息化手段构建刑释解教信息数据库就显得尤为重要。在具体操作上，可以参照如下两个方案：方案一，也即最理想的方案，就是建立国家一级的刑释解教信息数据库，实现刑释解教信息在全国范围内的互联互通；方案二，也即在方案一难以实现时，构建省一级的刑释解教信息数据库，保证刑释解教信息省域范围内的互联互动。无论是国家一级的数据库还是省一级的数据库，对于核查、传输刑释解教人员的相关信息，提高刑释解教的工作效率都具有重要意义。

（三）重视保障体系建设，夯实刑释解教的工作基础

一是加强各级安置帮教工作领导机构和办事机构建设，做好刑释解教工作的组织保障。重点是加强基层安置帮教组织建设，健全以乡镇司法所为依托的安置帮教工作站，配齐配强刑释解教工作人员，逐步解决办公用房差、装备落后、人员力量薄弱、专业人才缺乏等问题。二是加大财政投入，做好刑释解教工作的经费保障。要将安置帮教工作经费纳入各级财政预算，实行专款专用。另外，安置帮教工作经费也须随着经济社会的发展而逐步增加。三是要加强对

各级安置帮教工作人员,特别是基层安置帮教工作人员的培训工作,落实工作报酬,提高他们的工作能力和工作积极性。

(四)加强部门联动,建立健全沟通、衔接的长效机制

一是针对沟通、衔接机制中存在的诸多问题,需从国家层面出台相关管理规范,明确监狱、劳教所、看守所以及各级安置帮教机构的任务和责任。明确要求各级安置帮教机构在本地刑释解教人员回归社会前须加强与监狱等部门的沟通与协调;明确要求监狱、劳教所、看守所等部门须规范填写《刑释解教人员通知书》,准确填写刑释解教人员的基本信息,包括刑释解教人员的居住地址、所犯罪行、改造表现、劳动技能等内容。二是要建立健全《刑释解教人员通知书》寄发、监督考核以及责任查究等长效机制,进一步增强有关部门和人员的工作责任心,切实保障《刑释解教人员通知书》的及时寄发和无亲属刑释或劳教人员的有效接收。

(五)拓宽就业安置渠道,解决刑释解教人员后顾之忧

一是鼓励刑释解教人员自主创业。对于申请个体经商、办厂的,要协调工商、财税、银行等部门,积极为他们提供便利条件,在项目审批、申请贷款等方面给予适当照顾。二是争取原单位就业安置。加强与刑释解教人员原单位的协调与沟通,尽力获得他们的理解与支持。三是加大职业技能培训的力度。积极协调劳动保障部门,增加对刑释解教人员劳动技能培训的力度,增强技能培训的针对性和实效性。四是加强过渡性安置实体和基地建设。各级安置帮教机构都应当设立相应规模的过渡性安置实体和基地。有条件的大中城市,可以建立集食宿、教育、培训、救助为一体的过渡性安置实体和基地,比如,北京等地大力推进的"阳光中途之家"就是其中重要的代表。五是完善社会保障制度。对于丧失劳动能力、维持基本生活确有困难的刑释解教人员,当地政府应当给予适当救济,将其纳入最低生活保障范围,实现应保尽保,从而缓解刑释解教人员回归社会后的经济压力。

B.17
北京社区矫正程序基本问题研究

司绍寒[*]

摘　要： 社区矫正工作于2011年、2012年写入刑法和刑事诉讼法。在长期实践过程中，北京市形成了社区矫正的"北京模式"，制定了《北京市社区矫正实施细则》，形成了一套衔接、整合、保障机制。北京社区矫正工作在调查程序、适用范围、调查内容等方面存在值得深入研究的问题。

关键词： 社区矫正　社区矫正调查　矫正程序

社区矫正作为我国刑事执行的一项重要制度，于2011年和2012年写入《刑法修正案（八）》和新修订的《刑事诉讼法》。而《社区矫正实施办法》的颁布，为社区矫正在全国实施提供了初步操作规范，各地也根据具体情况制定了实施细则。社区矫正属于刑罚执行制度，根据《立法法》应由法律加以规定。目前，司法部、国务院法制办及全国人大也已经做了社区矫正立法的大量相关工作。

一　北京市社区矫正程序立法及执行基本情况

在社区矫正入刑之前，北京市已经在此领域进行了长期实践，并形成了社区矫正的"北京模式"。

---

[*] 司绍寒，司法部预防犯罪研究所副研究员，法学博士，研究方向为刑法学、刑事执行学。

一是社区矫正操作规范化。北京市 2012 年出台了《北京市社区矫正实施细则》对社区矫正的原则，矫前调查、交付与接受，矫正的实施，对社区矫正人员的处罚、收监和减刑，矫正的解除与终止，对社区矫正工作的保障与管理，等等，做了详尽的规定。

二是社区矫正工作无缝衔接。实现社区矫正与法院、监狱、看守所的工作衔接，将社会调查评估、签署保证书、居住地核实、社区矫正告知书送达等环节通过一整套机制实现环环相扣。

三是矫正目标的社会化。北京社区矫正工作建立社会化的质量标准，即以社区矫正人员是否认罪伏法、遵守法纪，能否客观认识社会、正确认识自己、找准社会定位、确立适宜的利益标准，是否建立起较好的家庭关系、和谐的社会关系、较稳定的生活基础和一个好的生活类型作为标准，通过建立阳光中途之家等机构，为社区矫正和刑释解教人员提供教育培训、临时安置等服务。

四是工作力量整合化。在市、区县、街乡建立起三级社区矫正工作协调机构，由党委、政府主管领导承担牵头责任。建立专群结合的社区矫正工作队伍，即在街乡司法所建立由司法助理员、社区矫正干警、社会工作者三支力量组成的社区矫正工作队伍。同时积极发挥社区干部、社区居民、社区矫正人员家属等志愿力量，辅助社区矫正工作开展。

五是实现对社区矫正工作的有力保障。一方面各级人民法院、人民检察院、公安、司法配齐社区矫正工作人员，将社区矫正工作经费纳入财政预算，保证社区矫正工作有人干、有钱干。另一方面，开发了北京市社区矫正信息管理系统，实现社区矫正工作的信息化跨越。

二　社区矫正程序的基本分类

在社区矫正法治化飞速发展的时期，理论和实务部门对社区矫正内容、对象、模式、主体、工作人员等都有较为深入的研究，但对于目前社区矫正程序问题，研究和探讨都不够深入，许多问题有待厘清。程序问题也是社区矫正的重要内容之一，只有对程序问题有较为深入的理解和较为完整的设计，才可称得上社区矫正法律框架初步成型。

基于以上关于刑事执行的基本理念，本文把涉及社区矫正程序分为三类。

第一类可以称为"社区矫正适用程序"，是指刑事诉讼过程中，主管机关作出社区矫正执行依据的程序。该程序有两种，一种是以适用缓刑和管制为主的刑事审判程序，为自始适用；另一种是对罪犯适用假释或暂予监外执行的程序，属嗣后变更适用。严格地讲，称后一类程序为"社区矫正适用程序"并不十分严谨，因为这类程序是适用管制、缓刑、假释和暂予监外执行的程序，社区矫正是这些制度中的一项内容，因此其并非直接适用社区矫正。但是从更宏观的角度讲，刑事制裁体包括死刑、监禁刑、社区刑、财产刑、资格刑等，通过单处、并处和切换实现刑罚目的。我国目前刑事制裁体系并不严谨，对于社区刑和财产刑的设置不甚科学，虽然从现行体系下讲，"社区矫正适用程序"的称谓不够严谨，但是从更为宏观的刑事制裁体系的层面上看，该称谓是恰当的。

第二类可以称为"社区矫正执行程序"或"社区矫正行刑程序"，该程序规范的就是"社区行刑"，也就是我们通常所说的"社区矫正"，主要包括监督管理、执行禁止令等。其与监狱行刑一样，是纯粹的行刑程序，也是社区矫正程序的主体。在所有涉及社区矫正的程序中，我们可以称之为"狭义的社区矫正程序"。

第三类可以称为"社区矫正的变更程序"，其又可以分为两类：一类是在原社区矫正执行依据不变情况下，执行机关变更执行内容、执行地等社区矫正的具体内容的程序，属于前述之行刑程序或"社区矫正执行程序"。另一类是指变更原执行依据的程序，属于前述之刑事执行程序。如对缓刑犯和假释犯撤销原判决和裁定收监执行就是将社区矫正变更为监禁矫正；或对监狱内罪犯假释和暂予监外执行，就是将监禁矫正变更为社区矫正，此时，该程序也属于"社区矫正的适用程序"。

三 社区矫正适用程序

（一）社会调查评估制度

在当前的法律体系下，社区矫正适用程序实际上指的是管制、缓刑、假释和暂予监外执行的适用程序。对于适用社区矫正来说，这些程序中最重要的就是社会调查评估制度。

社会调查评估是指对拟适用社区矫正的犯罪嫌疑人、被告人或者罪犯情况进行调查分析，并出具调查评估报告的活动①。该制度于2003年提出并开始试点，2009年推广至全国试行。2011年《刑法修正案（八）》对缓刑和假释的条件进行了修改，规定人民法院应将"没有再犯罪的危险"和"对所居住社区没有重大不良影响"作为缓刑的条件，假释时"应当考虑其假释后对所居住社区的影响"。2012年《社区矫正实施办法》第4条规定了委托调查评估制度。

（二）适用对象

修改后的《刑法》和《刑事诉讼法》虽然将管制犯、缓刑犯、假释犯和暂予监外执行犯明确列为社区矫正对象，但对社区矫正社会调查的适用对象仍存在较大不确定性。

2011年《刑法修正案（八）》规定了对于缓刑犯和假释犯人民法院应将"没有再犯罪的危险"和"对所居住社区没有重大不良影响"作为缓刑的条件，假释时"应当考虑其假释后对所居住社区的影响"。这在实际上构成了缓刑犯和假释犯社会调查的法律依据。管制由于是法定刑罚，出于罪刑法定原则，没有规定是否需要考虑对所居住社区的影响和再犯风险；而监外执行犯均存在身体健康原因，也没有要求考虑对社区的影响和再犯风险。

但是2012年《社区矫正实施办法》第4条规定："法院、检察院、公安机关、监狱对拟适用社区矫正的被告人、罪犯，需要调查其对所居住社区影响的，可以委托县级司法行政机关进行调查评估。"然而该条没有明确规定应对哪些人适用社会调查程序。目前，各地对于社会调查适用对象的规定不一致：如福建省规定社会调查的对象为"可能判处管制、缓刑、剥夺政治权利等非监禁刑的被告人"；浙江省规定社会调查的对象为管制犯、缓刑犯和假释犯三

---

① 很多著作或规范性文件中将该程序称为"审前社会调查"，但是由于目前社会调查程序不仅发生在审判前，而且会发生在其他诉讼阶段，因此，称为"社会调查"更为合理。

类人；而北京市则按照《刑法》的规定，仅对缓刑和假释犯进行调查。

此外，司法解释和新刑事诉讼法所确立的未成年人的审前调查与社区矫正社会调查的关系及法律框架存在一定的重叠和冲突，值得我们深入研究。

（三）调查内容

调查内容不仅是法律的明确要求，也是调查评估报告制作的依据。《刑法修正案（八）》规定，判处缓刑须具备"没有再犯罪的危险"和"宣告缓刑对所居住社区没有重大不良影响"两项条件，决定假释时，应当考虑其假释后对所居住社区的影响。这些条件的核心内容有两方面：一是人格判断及再犯风险预测；二是矫正环境的调查，这两方面在实践中都通过社会调查和风险评估来完成。

《社区矫正实施办法》第4条规定需要"调查其对所居住社区影响的"，受委托的司法行政机关应对被告人或者罪犯的"居所情况、家庭和社会关系、一贯表现、犯罪行为的后果和影响、居住地村（居）民委员会和被害人意见、拟禁止的事项等"进行调查了解。假释案件中法律法院需要考虑的因素包括犯罪的具体情节、原判刑罚情况，在刑罚执行中的一贯表现，罪犯的年龄、身体状况、性格特征，假释后生活来源以及监管条件等内容也会成为社会调查的内容。另外，根据《刑事诉讼法》第268条对未成年人社会调查的规定，未成年犯罪嫌疑人、被告人的成长经历、犯罪原因、监护教育等情况也应成为调查内容。此外，有些地区开展了社会调查的内容的探索，详细规定了需要调查的项目。

北京市还委托专家设计了《北京市社区矫正人员综合状态评估指标体系》，用以进行综合评估被矫正人的人格特点，制定有针对性矫正方案，并根据矫正方案的实施效果和社区矫正人员的现实表现、具体情况，每六个月予以调整。① 虽然法律规定和实践中的尝试取得了积极的效果，但是仍有以下不

---

① 2012年《北京市社区矫正实施细则》第21条规定："司法所应当在对社区矫正人员进行接收宣告之日一个月内为其制定矫正方案，在对其被判处的刑罚种类、犯罪情况、悔罪表现、个性特征和生活环境等情况运用《北京市社区矫正人员综合状态评估指标体系》进行综合评估的基础上，制定有针对性的监管、教育和帮助措施。根据矫正方案的实施效果和社区矫正人员的现实表现、具体情况，每六个月予以调整。"

足：标准化稍显不足，主观因素影响过多；调查对象的选择上缺少范围标准；缺少调查对象数量的标准；评估的科学性有待进一步优化等。这些都是我们日后需要深入研究的问题。

除对被矫正人的人格进行调查外，矫正环境也是调查内容的一个重要方面。只有在适宜的矫正环境中，矫正才更有效果。矫正环境包括所居住的社区，为被矫正人提供生活、工作和学习条件的人士和单位。北京市在矫正环境选取上尊重被矫正人的意愿，要求被矫正人自行如实提供一个拟适用社区矫正后的居住地①，这种方式有助于将被矫正人置于一个适宜矫正的环境，更好地发挥矫正效果。

（四）调查结论

社会调查的结论是社会调查评估报告。制作并使用调查评估报告是调查程序的最后阶段，它同时也是诉讼过程中的一项重要环节。

我国传统刑法理论采用的是行为刑法理论，即法律处罚的是被告人的行为，新修改的《刑法》所确立的再犯风险评估、禁止令和社区矫正等制度从实体方面体现了人格刑法的发展，即法律处罚不仅应考虑被告人的行为，还应考虑其人格。与之相呼应，新修订的《刑事诉讼法》在程序方面做出了相应的规定，注重对被告人人格的调查。法律的发展提供了在行为刑法理论基础上加入人格刑法的契机。初步实现了行为决定定罪，而人格影响量刑的刑事责任分配机制。

2010年最高人民法院、最高人民检察院、公安部、国家安全部、司法部发布了《关于规范量刑程序若干问题的意见（试行）》（以下简称《量刑意见》），其中第11条规定："人民法院、人民检察院、侦查机关或者辩护人委托有关方面制作涉及未成年人的社会调查报告的，调查报告应当在法庭上宣读，并接受质证"②。该《量刑意见》明确将社会调查报告视为证据，要求准

---

① 2012年《北京市社区矫正实施细则》第8条规定："对于拟适用管制、缓刑、假释或者暂予监外执行的被告人、罪犯，人民法院、看守所、监狱应当要求其如实提供一个拟适用社区矫正后的居住地，并作出接受社区矫正的书面保证。"
② 《关于规范量刑程序若干问题的意见（试行）》第11条。

用刑事证据的相关规定,这是对社会调查报告性质的一个重要定位。

然而社会调查报告是对被告人"人格"的判断,是所谓的"品格证据",与我国目前采用事实证据制度差异很大,且存在一定的矛盾:根据原先的行为刑法理论,刑法处罚的是行为人的行为,而非人格。与此相应,《刑事诉讼法》规定,证据证明的应当是事实,而非被告人的品格,因此将评估结果作为证据使用,缺少法理基础和现实法律依据。而根据现行法律,风险评估报告需要提交给法庭,并对被告人的量刑产生很大的影响。如果我们不将风险评估报告视为证据,不对其辩论、质证和认证便采信,是否过于轻率?如果我们视其为证据,那么它证明的内容、证明力、举证责任、质证和认证程序又当如何?我们虽然不能固守传统刑法理论,无视社会生活的发展变迁,但是在新生制度诞生后如何与原有制度协调,风险评估报告的使用应如何操作,值得我们深入思考。

四 社区矫正执行程序

执行程序按照时间顺序可以分为准备、开始、执行、终止四大阶段。按照内容可以分为监督管理程序、行刑变更程序、强制程序和处罚程序四类。

(一)社区矫正执行程序的阶段

准备阶段始于法院判决宣告后,终于社区矫正之宣告。这一阶段主要包括法律文书的交付程序、社区服刑人员的报到程序。

开始阶段包括社区矫正的宣告程序、矫正小组的确定、矫正计划的制订。社区矫正宣告程序是一个承上启下的环节,也是最重要的环节,它有两点的意义:一是程序性质的变化,即刑事诉讼法意义上的刑事执行完毕,社区行刑正式开始;另一点是主管机关的变化,即罪犯从此属于社区矫正机构的监督管理。因此社区矫正之准备阶段不属于社区行刑本身,而属于刑事诉讼法范畴内的刑事执行程序。而真正的社区矫正执行程序始于罪犯被移交至司法行政机关,终于执行完毕。

执行阶段主要是实现矫正计划中的各种矫正内容。所包含的内容较多,如报告、审批、监控、调查、劳动等这部分程序与监督管理程序基本相同，故于后文论述。

监督管理程序的终止阶段是不再对社区服刑人员实施监督管理，终止社区执行的阶段。该阶段主要内容是终止的原因和终止的宣告。社区矫正终止的原因包括：刑期届满、死亡、社区矫正被撤销或变更、被判处监禁刑等。社区矫正终止宣告后，宣告的是社区行刑终止而非刑事执行终止，其对刑事执行可能有两种效果：或刑事执行完毕，被矫正人恢复自由状态；或更换为监禁等执行方式后继续刑事执行。

（二）监督管理程序

对社区服刑人员在社会中的活动进行监督管理，是社区矫正的核心任务，其主要方式有报告、审批、信息化监控及调查等。

报告分为两种：一种是社区服刑人员自行向社区矫正机构报告，常规报告可以通过电话报告、前往社区矫正机构当面报告、书面报告等方式实现，社区矫正机构既可以要求其定期报告，也可以要求其在指定的时间报告，报告的内容主要是遵纪守法、接受监督管理、参加教育学习、社区服务和社会活动、身体及疾病治疗情况；一些地区要求对于居所变化、工作变动、家庭重大变故以及接触对其矫正产生不利影响人员的，应当立即报告。另一种是对承担监督责任的矫正小组成员，在其责任范围内，向社区矫正机构报告社区服刑人员情况。

审批的事项主要包括外出审批、变更居住地审批和进入特定场所审批三种。法律和禁止令对社区服刑人员的活动范围作出了限制，在确需离开活动范围或进入特定区域时，应当获得社区矫正机构的许可。

信息化监控是给社区服刑人员配置定制电子设备，并要求其随身携带，随时联络，即时监控活动范围的监管方式。目前信息化监控充分利用了信息技术的优势，可以实现同时对众多对象的监控，确切掌握社区服刑人员活动动态，较少干预其正常生活，极大降低了监控成本，提高了监控效果，值得广泛推广，其程序问题有待进一步研究总结。

调查是司法所工作人员主动调查了解社区服刑人员个人生活、工作及所处社区的实际情况的监督管理方式。实地检查、通信联络、走访联络等方式是调查的主要手段。调查的对象不仅是社区服刑人员，还包括其家庭、工作单位、居住的村、社区等。

（三）行刑变更程序

行刑变更程序是指社区矫正执行中因法定事由引发的执行地点、执行人员、执行内容等的变化。法律规定社区服刑人员服刑地以"居住地"为主，如社区服刑人员因居所变化，需要改变服刑地时，需要通过服刑地变更程序予以实现。执行人员变更主要是因社区矫正工作人员调整，服刑人员就学、就医、就业情况，亲属监护情况发生变化，从而导致矫正小组组成人员改变。执行内容变更是指社区矫正执行中，根据管理和矫正的需要，对原来的矫正方案中的部分内容进行调整和变化。服刑地变更和执行内容变更不涉及执行依据的变更，因此属于行刑范畴内的变更。行刑变更程序与后文所述之刑事执行变更程序性质不同，其不会导致执行依据的变化。

（四）强制程序

强制程序是因发生法定情形，社区矫正机构强制社区服刑人员履行法定义务的程序。社区服刑人员被判有罪后在社区内服刑，具有一定的人身危险性，其人身自由和财产权利受到法律和法院裁判的限制，法律赋予社区矫正机构执行禁止令的职责。另外，法律还规定，社区服刑人员不能私自离开特定区域、按时报告和报到等义务。如果社区服刑人员脱管、违反禁止令或有其他违犯法律规定的情形时，社区矫正机构应当有权对其采取强制措施，以制止违法行为、防止证据损毁、避免危害发生、控制危险扩大。

（五）处罚程序

处罚程序是指因社区服刑人员违犯法定义务社区矫正机构对其实施处罚的程序。在社区矫正执行过程中，设置处罚权以加强对社区服刑人员的管理是必要的。"社区矫正的处罚程序"仅应限于社区行刑范畴内的处罚措施。在处罚的种类上，《社区矫正实施办法》规定了警告和治安处罚两种处罚，治安处罚的设置是否合理,有待商榷,而可否设置罚款、暂扣证照、责令停产停业以及短时间的拘留有待深入研究。

五 社区矫正程序与其他刑事诉讼程序的关系

(一) 与未成年人社会调查程序

未成年人的审前调查与社区矫正社会调查的关系及法律框架存在一定的重叠和冲突。2001年《最高人民法院关于审理未成年人刑事案件若干规定》第21条规定:"开庭审理前,控辩双方可以分别就未成年被告人性格特点、家庭情况、社会交往、成长经历以及实施被指控的犯罪前后的表现等情况进行调查,并制作书面材料提交合议庭,必要时,人民法院可以委托有关社会团体组织就上述情况进行调查或者自行进行调查。"此规定成为未成年被告人审前调查的法律依据,一些地方也据此制定未成年人审前调查的规定[①]。而2012年修订后的《刑事诉讼法》将未成年人的社会调查制度上升为未成年人刑事案件诉讼程序的一项正式的法律制度[②]。但未成年人作为审前调查的对象,其法律依据是未成年人诉讼程序,而不是社区矫正方面的法律规范。另外,未成年人的审前调查,受托单位不是司法行政机关而是"有关社会团体组织"。在拟对未成年人被判处社区矫正时,其到底适用哪种调查程序有待法律予以明确解决。目前,上海等地已经规定,在此种情况下优先适用未成年人的调查程序[③]。然而社区矫正和未成年人社会调查程序有其共性,其所形成的调查评估报告都属于品格证据范畴,因此有必要将社会调查作为一项独立的程序进行深入研究和整体性设计。

[①] 如2006年,江苏省高院、省检察院、省司法厅、省公安厅联合出台了《刑事案件未成年被告人审前调查实施办法(试行)》。

[②] 《刑事诉讼法》第268条规定:"公安机关、人民检察院、人民法院办理未成年人刑事案件,根据情况可以对未成年犯罪嫌疑人、被告人的成长经历、犯罪原因、监护教育等情况进行调查。"

[③] 上海市《关于贯彻落实〈社区矫正实施办法〉的实施细则》第7条第4款规定:"办理未成年人刑事案件开展社会调查(调查评估),依照《上海市关于进一步建立、完善和规范办理未成年人刑事案件配套工作体系的若干意见》中有关对未成年犯罪嫌疑人、被告人的社会调查规定执行。"

（二）人民陪审员制度

调查评估报告属于品格证据范畴，其证明的是被告人的人格，虽不能影响定罪，但是可以影响量刑。品格证据多是委托司法行政机关或有关社会团体等第三方完成，并由法庭采信。近年来，北京市各级人民法院对未成年人刑事案件的社会调查主体呈多元化特点：一是由未成年人保护委员会、关心下一代工作委员会人员或由教育工作者担任，如丰台法院；二是由人民陪审员担任，如石景山法院；三是由社区矫正机构的工作人员担任，如一中院、二中院、门头沟、崇文、朝阳、密云、昌平等法院；四是由法官担任，如海淀、宣武、东城、西城等法院。① 这些探索性的做法虽然在实践中取得了良好的效果，但是随着社区矫正和青少年案件中社会调查的发展，需要逐步制度化、专业化和规范化。

为了增强调查评估报告的公正性和中立性，可以吸收调查执行主体工作人员作为人民陪审员，便于法庭直接取得调查结果。此外，为便于社会调查和进行调解工作，可以考虑探索司法行政机关为人民法院提供人民陪审员的做法，并在成熟后加以制度化，以便充分发挥司法行政机关提供法律服务的优势，充分挖掘人民陪审员的制度潜力。

（三）刑事和解制度

刑事和解是恢复性司法的一种制度，与缓刑、矫正、赔偿等再社会化措施关系密切。以社区矫正替代监禁矫正是刑事和解的法律结果之一，可以有效避免刑事处罚的副作用，增进社会融合。不论和解是否成功，社区矫正在轻刑犯的刑事和解中都有很大的价值。

刑事和解在自诉案件具有当然的合理性，也较为成熟。新《刑事诉讼法》第 206 条规定了人民法院对自诉案件可以进行调解；自诉人在宣告判决前可以同被告人自行和解或者撤回自诉。但被害人有证据证明对被告人侵犯自己人

---

① 谭京生、赵德云、宋莹：《北京市法院未成年人刑事案件社会调查报告工作的调研及建议》，《青少年犯罪问题》2010 年第 6 期。

身、财产权利的行为应当依法追究刑事责任,而公安机关或者人民检察院不予追究被告人刑事责任的案件,不适用调解。自诉案件和解后一般都会导致诉讼程序终止,不涉及定罪量刑问题。

公诉案件的和解程序源于2003年《关于适用普通程序审理"被告人认罪案件"的若干意见(试行)》,新《刑事诉讼法》第5编专设"当事人和解的公诉案件诉讼程序"作为其第2章。根据新《刑事诉讼法》第277条规定,因民间纠纷引起,涉嫌刑法分则第4章、第5章规定的犯罪案件,可能判处三年有期徒刑以下刑罚的刑事案件中,或者除渎职犯罪以外的可能判处七年有期徒刑以下刑罚的过失犯罪案件中,犯罪嫌疑人、被告人真诚悔罪,通过向被害人赔偿损失、赔礼道歉等方式获得被害人谅解,被害人自愿和解的,双方当事人可以和解。但犯罪嫌疑人、被告人在五年以内曾经故意犯罪的不适用和解程序。对于达成和解协议的案件,有三种处理方式:公安机关和检察院可以提出从宽处罚的建议;检察院可以不起诉;人民法院可以从宽处罚。

由于适用社区矫正时特别注重"对社区的影响",被告人的悔罪态度、民事赔偿以及被害人的意见,使刑事和解成为法庭量刑的重要考虑因素,直接影响社区矫正的适用。本文认为,刑事和解作为恢复性司法的一种重要制度,不应仅存在于审判阶段,还应贯穿于整个刑事司法活动始终,未来我们还可以深入研究行刑阶段的和解及其对社区矫正的影响。

(四)量刑程序

适用社区矫正主要是量刑问题,因此量刑程序与社区矫正适用程序,特别是管制和缓刑量刑程序关系最为密切。《量刑意见》,是量刑程序的集中体现,其规定当事人和辩护人、诉讼代理人以及公诉案件的公诉人可以提出量刑意见,并说明理由[①],社区矫正当然也包括在内,该做法已经在实践中也广泛使用。新《刑事诉讼法》没有对社区矫正社会调查报告的问题作出规定,也没有对调查报告的使用作出规定,但是《量刑意见》将未成年人社会调查报告视为证据,是我国法律实践中对品格证据在的重要定位,其要求在法庭上宣

---

① 《关于规范量刑程序若干问题的意见(试行)》第3条和第4条。

读,并接受质证①,同时还规定了量刑证据的补充调查核实程序②和申请法院取证程序③。因此对于社会调查报告的质证及其证据规则的完善,有待进一步研究。

(五)附条件不起诉

新《刑事诉讼法》第271条至第273条明确规定了未成年人的附条件不起诉制度。对于未成年人涉嫌刑法分则第四章、第五章、第六章规定的犯罪,可能判处一年有期徒刑以下刑罚,符合起诉条件,但有悔罪表现的,人民检察院可以作出附条件不起诉的决定。人民检察院在作出附条件不起诉的决定以前,应当听取公安机关、被害人的意见。在附条件不起诉的考验期内,由人民检察院对被附条件不起诉的未成年犯罪嫌疑人进行监督考察。未成年犯罪嫌疑人的监护人应当对未成年犯罪嫌疑人加强管教,配合人民检察院做好监督考察工作。法律规定了附条件不起诉时,犯罪嫌疑人所应遵守的规定。该规定与缓刑和假释期间的规定非常相似。如北京市朝阳区等一些地方已经开始尝试由原先管理社区服刑人员和刑释解教人员的"中途之家"代检察院开展对附条件不起诉的嫌疑人的监管与矫治工作,这种尝试对社区矫正工作平台建设,基层司法行政机关工作模式建设都有很强的示范意义。

---

① 《关于规范量刑程序若干问题的意见(试行)》第11条。
② 《关于规范量刑程序若干问题的意见(试行)》第12条。
③ 《关于规范量刑程序若干问题的意见(试行)》第12条。

B.18 "环首都"警务合作研究*

刘为军**

摘　要： 当前，区域警务合作的无偿性和无条件性、地方保护主义以及责任机制欠缺等是阻碍区域警务合作进一步发展的主要因素。应当构建区域警务合作规范体系，持续推进警务合作区建设和需求密集地区"点"对"点"合作，建立警务合作利益补偿机制和激励机制，确立有效的区域警务合作督促机制和责任追究机制，构建区域警务合作争议解决机制，不断完善区域警务合作。

关键词： 区域警务合作　环首都警务合作　完善策略

2010年以来，各地公安机关根据公安部统一部署，开始强力推进自觉的区域警务合作，初步建立了包括泛东北、"环首都"、西北、泛西南、苏浙皖沪、中部五省和泛珠三角在内的七大警务合作区。从目前情况看，如何使区域警务合作成为一种常态，并长期稳定运转，仍是摆在公安机关面前的重大课题。"环首都"警务合作是大区警务合作的重要组成部分，对全国警务合作区域建设具有重要参照意义，尤其值得关注。

一　"环首都"警务合作发展的动因

自有警务以来，即有不同地区警察机关的警务合作，但上升到较大区域的

---

* 本文是2011年度北京市哲学社会科学规划项目《博弈论视野下的环首都警务合作机制研究》的阶段性成果之一。
** 刘为军，中国人民公安大学侦查学院副教授，法学博士。研究方向为侦查学。

相对稳定的警务合作,则是近些年公安机关强力推动的结果。

早在 2010 年 6 月下旬,孟建柱同志在全国公安机关社会管理创新工作座谈会上指出,要完善区域警务合作,把建立区域警务合作机制当做一件事关稳定工作全局的大事来抓。随后,在公安部的大力推动下,地方公安机关积极响应,很快行动起来,至 2011 年 5 月,覆盖全国的七大区域警务合作机制全面建成。

公安机关近年来开始发力推动不同于传统的跨区域警务合作模式,并且将全国划分为七大警务合作区有其特殊动因。概括起来,我国近年来区域警务合作的蓬勃发展不外乎以下原因:

一是组成警务合作区的各省级行政区之间的经济联系更趋紧密,强力催生共同警务需求。全国各省、自治区、直辖市正根据各自区域发展定位,结合自身发展优势及发展方向,积极推进区域经济一体化进程。北京地处"环渤海"经济圈,区域内各成员省市具有相同或相近的区域性发展优势,随着区域经济的深入发展,北京与周边省区市的传统的地域限制被打破,人、财、物呈现大交流、大流通的发展态势。

伴随区域经济发展,也兴起了日渐一体化的犯罪市场,这对区域内警务运行机制、社会管理模式提出了更新、更高的要求,呼唤着新型警务模式出现以维系社会稳定。而且随着人员流动性增强,公安机关的服务触角也必然要延伸到辖区之外,同样无法离开辖区外公安机关的配合、协助和支持。

上述因素催生了共同警务需求,实践中,区域警务合作多以地域接近,历史、经济、社会、人文等地缘性特征的趋同为纽带,由特定区域中两个或两个以上的警务主体结合起来并形成一个区域性特征鲜明的利益联合体,依赖联合体参与主体共同定制规则建立起一种区域差异和地区优势明显的高层次的区际联盟自治组织。①

对于"环首都"警务合作,各成员省区市均地处华北地区,除北京为全国政治、文化中心外,其余各省市区的总体经济发展、地理位置、人文环境相

---

① 魏永忠:《跨区域警务合作论——环首都地区社会安全防控警务合作体系研究》,中国人民公安大学出版社,2009,第 33 页。

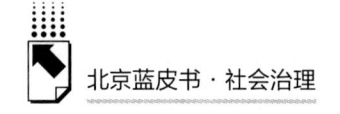

差不大。其他六大警务合作区的地缘关系更为明显。

二是先前卓有成效的区域警务合作实践探索的示范效应。20世纪50年代开始，全国就建立了一些小规模的刑侦协作区。进入21世纪后，区域警务合作加速发展。北京市公安局早在2004年就提出了"相对侦查、相对打击"的工作思路。① 2004年，在北京召开了由北京、河北、河南、安徽、黑龙江、辽宁、吉林、贵州省厅（市局）领导出席的8省市关于打击流窜犯罪的联席会议，全面推行"相对侦查"工作模式，为后来相继建立"环首都七省区市区域刑侦警务合作机制"奠定了实践基础。在全国层面，2006年，公安部提出建立覆盖全国范围的多发性侵财案件办案协作机制。

良好的区域警务合作实践效果，为公安机关决策层准确判断强力推动范围更广和内容更丰富的区域警务合作的时机提供了极好的参照。

三是中心城市或重大事件治安维稳需求驱动。中心城市的防卫需求，在"环首都"警务合作区建设中表现最为典型。为共同应对全国两会、奥运会、国庆60周年等大型活动安保任务及一些重大案件的侦破，北京与周边省区市已经在相当程度上组织开展了形式多样的警种、部门间的警务合作，实施"护城河工程"，北京与周边省市公安机关信息共享、全力配合，构建了比较牢靠的安全防线。

在中心城市防卫以及重大活动安保、维稳过程中所形成的警务合作积累了许多成功的经验，将这些成功经验规范化、制度化以固定下来，无疑是先前成功合作的自然延伸。

四是国际警务合作和区际警务合作发展的溢出效应。我国与周边国家的区域性国际警务合作处于快速发展阶段，如上合组织框架下的警务合作（始于1996年）、大湄公河次区域的警务合作（始于1992年），均是国家间区域性合作的重要内容，分别在反恐、禁毒等领域取得了较为辉煌的合作成果。

大陆与香港、澳门地区、台湾地区的警务合作被称为区际警务合作。在一国两制框架下，粤、港、澳之间已经建成比较顺畅的警务合作机制和交流通

---

① 马振川、傅振华、徐立根：《论相对侦查》，郝宏奎主编《侦查论坛》（第三卷），中国人民公安大学出版社，2004，第375页。

道。大陆与台湾的警务合作发展受两岸政治气候影响甚大，但总体保持着向前发展的势头。

国际和区际警务合作的良好实践，可以为推动大陆区域警务合作提供重要借鉴。

二 "环首都"警务合作的主要特点及障碍因素

当前，"环首都"警务合作业已呈现蓬勃发展态势，在规范形式和具体内容上均已取得相当突破，并呈现出一定特点。当然，其继续发展的障碍因素也逐渐凸显出来。

（一）"环首都"警务合作的主要特点

以"环首都"警务合作为代表的区域警务合作涉及面非常广，但就基本特征而言，不同的合作领域却呈现出相近的一面。

1. 在合作原则方面，强调平等共赢

"环首都"警务合作区对合作原则的表述是"密切配合、通力合作、资源共享、优势互补"，突出了区域警务合作中的两大最为重要的理念或准则——平等和共赢。其他警务合作区的合作协议基本内容一致。

区域警务合作突出强调合作主体之间的平等性。甚至在以中心城市防卫为核心需求的警务合作区，根据其合作协议的规定，各合作主体的地位也是平等的，至少在策略意义上应该如此。

如果承认平等是基础，那么共赢或互惠就是合作的目标。"环首都"区域警务合作是以中心城市防卫为核心的，而其他一些区域，有的是以紧密经济联系导致的警务需求为核心，有的以应对共同威胁为核心，不一而足。公安机关强调"全国公安机关一盘棋"理念，但对于区域警务合作，更为重要的或许仍是各合作区内部的警务互补性需求。如果警务合作要以一方利益受损为代价以成全另一方利益，那么即使可以行政命令将各方强行捏在一起，共同采取联合警务行动，但其内在的离心力终将使这种合作趋于破裂，使之名存实亡。

2. 在合作的保障方面，以无条件和绝对无偿为原则，以对等原则为补充

区域警务合作最引人注目的特征是其强调合作的无条件性和绝对无偿性。《毒品案件侦查协作规定》中表达的最为明确，该规定第4条规定，"毒品案件侦查协作必须坚持依法、及时、无偿的原则。严禁以任何形式推托、阻挠或拖延协作工作；严禁以任何形式索取协作费用"。

少数警务合作协议中也提到了对等原则，如《"环首都"七省区市区域警务合作机制框架协议》就其"警种地区联合作战机制"中的"地区间对等合作"进行了规定。虽然协议未解释何为对等原则，但是就通常的字面理解，对等即意味着以对方待己之道对待对方。

3. 在合作形式上，协议合作与个案合作并行

七大警务合作区以及部分非毗邻省份之间的警务合作区建设，将区域警务合作上升到省级公安机关之间或者省级公安机关下设总队级机构之间，这些机关或机构的合作主要依据警务合作协议，可以称之为是"协议合作"。

不过，并非所有警务合作都需要上升到省一级层面。特别是基层公安机关，更需要的是个案合作。大量地区警务合作实际上仍然是根据现有立法框架进行，并无更具体的可操作的规范。

警务合作区框架下的警务合作与现行立法框架下的个案合作并不矛盾，而是互为补充的关系。

4. 在合作内容方面，基本覆盖各大警务领域，并且开拓了新的合作途径

各警务合作框架协议已经将区域警务合作的具体内容扩展到了警务各领域，甚至包含了对警务活动的理论研究。区域警务合作所涉及的警务内容中，尤其值得关注的是传统警务与现代信息警务的整合。不仅如此，传统警务的合作形式也呈现出新的变化，其中最为明显的就是现代信息科技在警务合作领域的应用。

（二）"环首都"警务合作发展面临的障碍

"环首都"警务合作已经取得了众多成就，特别是基于警务合作协议而开展的"协议合作"极大改变了警务合作区内各公安机关之间的合作形式，但是数据上的辉煌和个案的成功并不能掩盖区域警务合作在整体上的不稳定性。

1. 合作的无偿性和无条件性阻碍了区域警务合作的进一步发展

执法需要成本，提供协作将消耗被请求地公安机关的警务资源，而在我国，警务资源主要由地方政府财政支付，除非两地公安机关相互请求的程度和次数大致相当，否则消耗资源较多的一方难以接受。合作区内各省、市、区的经济、政治、社会、文化发展存在一定差距，有的差异还非常大，各地合作需求实际上是不对等的。与需求不对等不相适应的是，法律法规及合作协议作出了无偿、义务性的合作要求，极易使经济落后地区公安机关产生不平衡感。无条件合作制度的本意是促进警务合作，但是合作的义务性和绝对无偿性反过来又成了警务合作的阻力。

2. 地方保护主义严重制约区域警务合作的进一步发展

在现行制度下，地方保护主义表现为两种形式：其一是警务人员自身的地方主义观念；其二是地方政府、党委、人大等机构将地方保护主义观念强加于办案单位。① 实践中，异地警方提供协作（特别是提供技侦、协助抓捕等服务）之前或之后要求申请方提供经费的做法时有发生。

虽然有的地方公安机关提出，在日常警务活动中，应开展多种形式的协作与配合，合理制定各类制度、措施，对双方协作办理的案件，优先处理。但在实践中，如果没有配套机制保障，这种提法最终难免沦为空中楼阁。

政法机关经费保障问题的基本解决，使地方保护问题有所好转，但对于公安机关，就其警务内容本身而言，要摆脱地方影响也是不太现实的，警务主要还是为辖区服务的，办案时所依赖的主要也是当地资源。如果得不到当地政府部门和群众的紧密配合，公安机关将举步维艰。因此，仅仅寄希望于通过经费保障来解决区域合作不力并不现实。

3. 包括责任机制在内的完善的配套机制欠缺，致使合作执行力不足

现行区域警务合作规范和合作协议虽然对合作理念、合作形式、合作程序等作出了一定规定，但多数规定仍属于原则性规定，缺乏配套机制保障，可操作性不强。尤其是作为合作最终保障的责任机制不完善，更使合作执行

---

① 任惠华、栾时春：《我国侦查协作的法律规制及运行评析》，《贵州警官职业学院学报》2004年第5期。原文专门论述的是侦查协作中的地方保护主义问题，但其与警务合作中的问题及成因具有同质性，故本文将其阐述延展至警务合作。

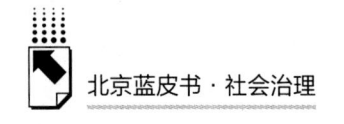

力大受影响。

现行区域警务合作规范已经对责任机制作出规定。在法律法规方面，对责任问题规定最为详细的是《毒品案件侦查协作规定》第18～21条的规定。但即便是这种目前最为完善的规定，其将责任区分为通报批评、责令整改和刑事责任等类别，仍然非常原则，缺少关于不同责任适用条件、适用主体和适用程序等的细致规定。少数警务合作框架协议也有相应体现，但同样过于务虚，原则性强，一些区域警务合作协议对责任问题甚至只字不提。

根据合作规范或合作协议，被请求方应承担协作义务，却不规定具体承担什么法律责任、由谁来追究责任以及如何监督责任落实，那么规范及协议中的义务性规定将不具备威慑力。

三 "环首都"警务合作的完善策略

近些年来，如何提升区域警务合作效能，实务界和理论界提出了各种各样对策性意见，但是我们所能看到的仍是形式化的官样文章，很多研究缺乏真正面对具体问题和直击合作不力真实原因的勇气。笔者认为，区域警务合作中所遇到的各种问题也是其完善和创新的起点。我们的基本立场是，在理念上可以坚持高呼无条件和无偿协作，使区域警务合作的理念、机制达到"深入警心、进入工作"的理想效果，但从制度构架上，仍然应把各地公安机关置于个体理性之下，视为追逐各自利益最大化的主体，采取各种规制措施，从外部施加压力以促成合作。

（一）构建区域警务合作规范体系

一般而言，如果规范内容相同，那么规范层级越高，其效力等级越高，所引起的重视程度就越高，得到实际遵守和执行的可能性也就越大。我们认为，应该让有关警务合作的基本原则上升为法律。可以考虑在《警察法》或《公安机关组织条例》对各地公安机关跨区域警务合作义务和合作原则作出原则性规定，并设定区域警务合作的具体范围和参与主体以及不协作的法律责任。同时，应在《刑事诉讼法》中规定区域侦查协作的协作义务、协作原则、协作程序和违法责任，在《公安机关办理刑事案件程序规定》和《公安机关办理行政案件程序规定》除重申《刑事诉讼法》《警察法》和《公安机关组织条例》的相关内容外，更应细化合作的程序、责任追究方式以及对尽责合作的公安机关及相应人员的激励机制。

有学者建议将区域警务合作纳入地方立法和规制建设的范畴。[①] 笔者认为，由于区域警务合作往往涉及不同地区，这在立法技术上很难掌控，尤其是一旦某地立法设定警务合作框架，其他省份与该省的警务合作对接可能面临新的障碍，因此这一做法并不可取。

立法规格提高和规范内容完善，不等于各地警务合作协议毫无价值。公安部可以通过大量的实证调研，寻找各地警务合作的共性内容，确立各地制定警务合作协议的程序和不同内容警务合作的科学程序，督促业已组建的警务合作区审视其警务合作协议，构建包括《警务合作章程》《警务合作基本框架》等规范性文件及其配套细则在内的协议体系，明确地区之间、警种之间、部门之间以及专业之间的对口对等、分级对等的合作职责以及紧急时可打破警种、级别界限实施合作的特殊规定，确立组织协调、联络承办、信息流转、资源互配、警务联动等方面的操作规范，形成维护合作高效运转的机制保障体系。

（二）持续推进警务合作区建设和需求密集地区"点"对"点"合作

各省与其他邻近省份之间可能产生新的合作需求，因而有建立新的警务合作区的需要。基于特殊原因，在行政级别较低、地域上也未必毗邻的一些地区之间可能会形成密集的合作需求。如果达不到建立多省区域警务合作的程度，但因合作需求是存在的，各地可根据自己的犯罪学统计，主动与被请求方公安机关联系，建立相对稳定的合作关系。对于需求密集地区，警务合作完全可以采取"点"对"点"的模式，两地具体进行谈判，探讨新的合作模式，需求提出方或请求方可以通过提供适当的经济补偿、协助被请求方进行技术升级、人员培训等方式，补偿对方因警务合作而支付的成本。这种合作，可以发生在

[①] 上海市警察协会第四课题组：《区域警务协作的路径选择和机制研究》，《第三届中国警学论坛文集》，中国人民公安大学出版社，2012，第343页。

更低行政级别区域如县与县之间，也可以发生在不同行政级别区域。

另外，对于已经建成的警务合作区，应扩大警务合作领域，创新合作模式。近些年，各地公安机关相继提出"合成警务""整体警务""集成警务"等警务战略。区域警务合作也被各地公安机关纳入这些警务理念和战略之中。要深化区域警务合作，就要实现区域内各地各警务领域的全面对接，区域警务合作的警种界限应当打破，实现各个部门因业务实际需要而进行跨警种的跨界合作。

（三）建立警务合作利益补偿机制和激励机制

警务合作原则上是无偿的。《毒品案件侦查协作规定》第14条规定了另外一种选择，"在毒品案件侦查协作中查扣的毒资和涉毒财产，协作双方应该共同清点，并交由立案单位随案处理。办案单位取得罚没退还后，必须按比例与协作方分享。办理过程应严格实行收支两条线的原则。"该条默许各地禁毒职能部门之间约定利益分成，业已存在对执法收益的期待，自然已经谈不上"无偿"。

在尚无有关各地相互协作支出统计资料的前提下，有必要采取以下措施解决被请求方利益受损时的补偿问题。

一是要为各地公安机关建立警务协作专项经费。由于提供警务协作而产生的经费可以从中得到支付，因而也有助于避免或减少区域警务合作占用本地警务资源。这一点，对于经济条件相对落后、警务资源相对不足地区来说，尤显可贵。

二是要完善区域警务合作的激励机制。例如完善侦查破案统计制度。侦查考核是影响侦查机关和侦查人员工作的重要指标，现有破案统计主要是"单向统计"，对协作破案的成果分配欠缺公平，影响了侦查部门参与侦查协作的积极性。因而对于因侦查协作而得以侦破的案件，应当建立"双向统计"制度。诚然，因为协作与独立破案毕竟有所不同，如何换算，应制定一定的比例标准。

三是针对区域内不同省市区的各自特点，由请求方为提供方提供必要补偿。

（四）确立有效的区域警务合作督促机制和责任追究机制

区域警务合作的最理想状态是合作区公安机关能够把外地案件当成自己的案件来办，引导协作由过去依靠感情联系逐步走向制度化、规范化方向发展，最终建立成熟的区域警务合作运行机制。

完善区域警务合作，必须建立上级公安机关对区域警务合作的督促制度。督促制度的本质是通过外部强加规范来促成合作。外部强加越有力，双方或多方合作的可能性也就越大。为了更好的实现领导职能，对于一些跨区域的大案、要案，可以由所涉及区域的共同上级来主导或督办。对于请求方已经提交协作请求的案件，对于被请求方是否实际执行，执行到何种程度，应有合适的督促程序。请求方应有渠道对被请求方的行为进行检查，以避免被请求方不作为和敷衍了事。

相比于督促制度的构建，责任追究机制显得更为重要。立法应当明确，当请求方具备法律规定的形式要件，被请求方拒不提供协作的，除了可申请其上级督促外，还应追究不协作方负责人的法律责任。只要违背相关责任条款，则惩罚不可避免，只有这样，才能使这种惩罚成为博弈论上所说的"可置信的威胁"。为了确保合作责任的切实落实，《公安机关执法细则》也应配合作出硬性规定，明确凡是出现推诿、延误等不作为行为的，实行责任追究；造成严重后果的，实行责任倒查，并异地追究领导责任。

督促制度和责任机制，均是从外部来促进合作的。对于各地公安机关来说，它们还存有以策略的方式来促进合作，如"一报还一报"的合作博弈最佳策略。但是毕竟我国是法制统一国家，各地公安机关的根本利益被认为是一致的，因此不管合作是否有不好的先例，都不应允许各地公安机关实施"报复策略"。制度上应要求公安机关不论对方采取何种策略，己方均适用"合作策略"。

（五）构建区域警务合作争议解决机制

仅有少量警务合作协议涉及争议解决机制问题，并不等于没有争议。被请求方只对请求方的协作请求进行形式审查，但是被请求方完全可能以形式不符合要求拒绝形式实已齐备的协作请求，或者对协作请求不做任何回应，或者虽然受理，但怠于履行协作义务，诸种情形，争议自然不可避免。由联席会议办公室协调解决，最终由公安部协调解决的思路，无疑是可行的，但对于无协议的区域警务合作，一旦出现问题，共同的上级很有可能就是公安部。公安部的业务部门作为一级管理部门，有权力也有义务来解决这些纠纷，可一旦争议大量存在时，其是否有足够人力、物力加以解决，则无疑是个大问题。而且，一旦出现争议，解决争议的目的不是辨明双方对错，而是能够及时解决争议，尽快转入执行被请求事项状态，即优先保障警务得以执行。警务活动往往都有时效要求，因此，建立争议的快速解决机制刻不容缓。

我们建议，公安部各职能部门均应建立专门小组，实行内部争议速裁机制，当警务要求急迫时，应当要求被请求方先执行。不过，在证明责任方面，由于请求方最有动力追求这种争议的解决，其应承担业已提出符合法律规定的请求且被请求方怠于协作或拒绝协作的举证责任。被请求方认为自己已经全力提供协助的，应当举证证明。这种举证责任的设置，可以激励请求方提出合理协作请求，让被请求方尽全力执行合作请求，并在提出和执行协作请求的同时做好证据保管工作。

B.19 北京市海淀区未成年人抢劫犯罪实证研究

杨新娥 刘 莎 吴乐乐*

摘　要：

抢劫犯罪已经成为未成年人犯罪的重要犯罪类型。社会、家庭、学校、传媒以及生理、心理等因素都对未成年人实施抢劫犯罪具有一定影响。应当加强社会综合治理，控制传媒暴力，强化家庭、学校的教育和监管，发挥司法机关及其他社会力量的作用，有效治理未成年人抢劫犯罪。

关键词：

未成年人　抢劫犯罪　实证研究

2010~2013年8月，海淀区人民检察院共受理未成年人犯罪案件675件880人。其中抢劫犯罪案件51件，占全部未成年人犯罪案件的7.56%；涉案人数82人，占全部未成年人涉案人数的9.20%。表1反映了2010~2013年8月间未成年人犯罪案件及未成年人抢劫犯罪的基本情况。可以看出，近几年未成年人犯抢劫罪案件数量及其在全部未成年人犯罪中所占比例基本稳定，说明抢劫犯罪已经成为未成年人犯罪的重要类型。抢劫罪作为重罪，其起刑点是三年以上有期徒刑，而作为弱势群体的未成年人犯该罪的比重却始终在未成年人犯罪中保持一定比例，这一现象亟待引起社会关注。本文从2010~2013年8月份未成

---

* 杨新娥，北京市海淀区人民检察院未成年人案件检察处处长，研究方向为未成年人犯罪；刘莎，北京市海淀区人民检察院未成年人案件检察处检察官，研究方向为未成年人犯罪；吴乐乐，北京市海淀区人民检察院未成年人案件检察处检察官，研究方向为未成年人犯罪。

年人犯抢劫罪的51个案件82名涉罪未成年人入手,分析未成年人抢劫犯罪的特点,探寻未成年人实施抢劫犯罪的原因,并就防控这类犯罪提出对策建议。

表1 2010~2013年8月未成年人犯罪情况及犯抢劫罪情况

	2010年	2011年	2012年	2013年1~8月
未成年人犯抢劫罪件数/人数	14/22	17/30	14/18	6/12
未成年人犯罪件数/人数	146/179	230/303	193/257	106/141
未成年人犯抢劫罪人数占未成年人犯罪比例(%)	12.29	9.57	7.00	8.51
未成年人犯抢劫罪在未成年人犯罪中的排名情况	第3位	第3位	第4位	第4位

一 未成年人抢劫犯罪特征分析

(一)犯罪主体特征

1. 身份特征

从涉罪未成年人的身份看,无业人员占多数,学生占一定比例,打工子弟学校、职高、技校学生犯罪形势严峻。在涉案的82人中,54人为无业人员,占67%;学生为16人,占19%,其中大专、中专、职高10人,初中、高中6人;务工人员及农民12人,占14%(见图1)。未成年学生涉案的16人中,只有3人来自普通中学,其余全部来自打工子弟学校、职高、技校。

涉案未成年人中的无业人员,主要是指没有固定工作、没有就学、缺少监管的未成年人。从实际情况看,他们长期处于"失学、失业、失管"的状态,家庭相对贫困,法律意识比较淡薄,这些因素成为未成年人实施犯罪的重要原因。

2. 年龄、户籍特征

未成年人抢劫案件中,完全刑事责任能力人占大多数,已满16周岁不满18周岁59人,占总人数的71.95%。但是,抢劫犯罪也反映出一定的低龄化趋势。在82人中,已满14周岁不满16岁23人,占总人数的28.05%(见图2)。

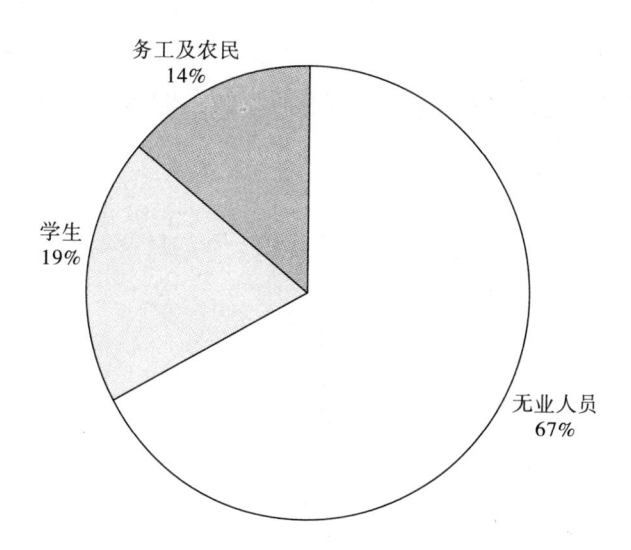

图1 未成年人犯抢劫罪身份情况

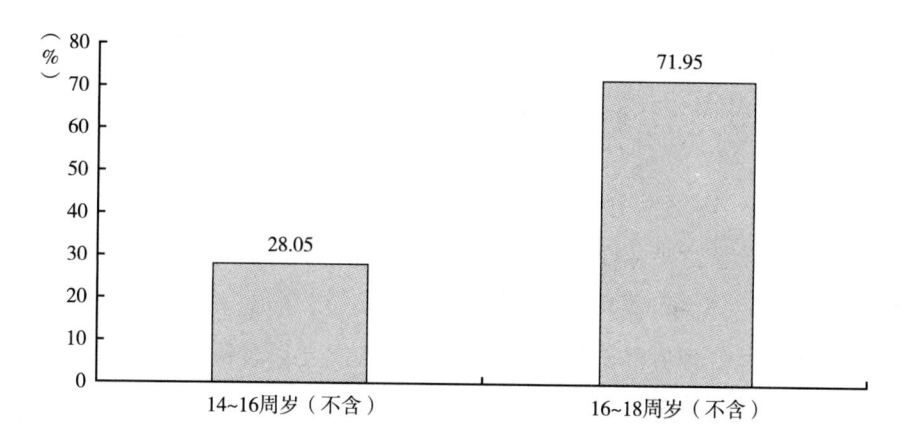

（务工及农民 14%；学生 19%；无业人员 67%）

图2 未成年人抢劫犯罪年龄情况

（14~16周岁（不含）：28.05%；16~18周岁（不含）：71.95%）

此外，在涉案未成年人中，非京籍61人，占74.39%。未成年人思想不够成熟，辨别是非能力不够强，缺乏自控能力，遇事容易冲动。尤其是外来未成年人，很多是刚刚脱离父母的监管，普遍缺乏社会经验，当生活环境发生较大变化后，社会网络支持的弱化会使他们在适应社会方面产生一定的压力，因而容易导致犯罪。

3. 文化程度

涉案未成年人文化程度较低。在全部82人中，小学、文盲12人，占

14.63%；初中60人，占73.17%；高中及以上10人，占10.98%。涉案未成年人文化程度整体较低，初中及以下文化程度约占87.80%（见图3）。

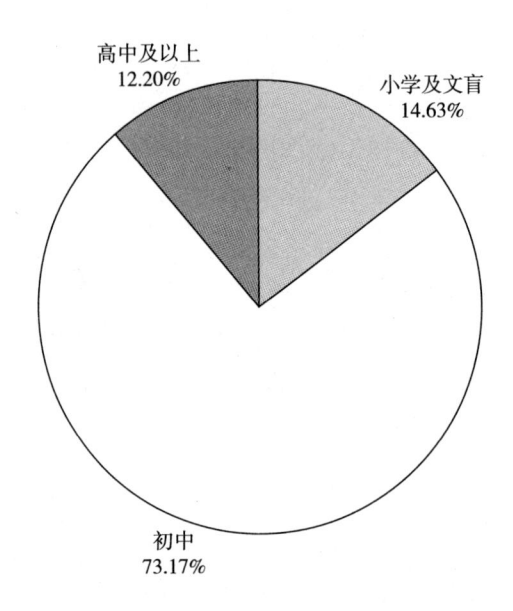

图3 未成年人犯抢劫罪文化程度情况

涉案未成年人之所以文化程度较低，一方面，是由于这一年龄段正处在初中、高中阶段，不太可能具备较高学历；另一方面，涉案未成年人多为来京务工人员或其子女，家庭经济状况一般，很多是在初中阶段辍学后外出务工或务农，因而受教育程度较低。

4. 前科劣迹

涉案未成年人中，具前科劣迹者占据一定比例。以前处罚结果基本为行政处罚不执行或者缓刑，且针对的多是无业未成年人。在全部82人中，4人曾因盗窃接受行政处罚不执行；1人曾因抢劫被判处有期徒刑缓刑；1人因犯职务侵占罪，在服刑期间发现漏罪。综上，共6人具有前科劣迹，比例为7.32%。6人中，4人为初中及以下文化程度，并且处于无业状态；2人是学生，且均为第二次涉嫌实施犯罪行为。另外，6人中有5人是非京籍。

对于接受行政处罚、治安处罚的未成年人，因年龄不够而不实际执行的，如果不及时加强干预，会增加其再犯的可能性。对于初次犯罪的未成年人，尤其是外来未成年人,长期处于"失学、失业、失管"的状态,如果没有得到及时的帮教,使其顺利回归社会,很可能再次走上犯罪道路。

5. 性别分布

涉案未成年人中,男性占绝大多数,在全部 82 人中,男性 79 人,约占 96.34%;涉案女性 3 人,仅占 3.66%,但需要注意的是,这 3 名女性未成年人均为伙同多名男性共同实施抢劫行为,其中 1 人多次实施抢劫行为,1 人以卖淫方式实施抢劫行为,并呈现出暴力性、手段多元性特征。由此可见,女性未成年人结伙暴力型犯罪不容忽视。

6. 家庭情况

绝大多数涉案未成年人的家庭经济条件较差,家庭结构不健全或家庭教育缺位的占一定比例。通过对随机抽取的 22 份涉案未成年人社会调查报告分析发现:家庭月收入在 5000 元以下的占 90.91%,相对于其他类型犯罪,抢劫罪的涉案未成年人实施犯罪绝大多数是因物质需求无法得到满足。此外,单亲家庭占 27.27%,家庭结构虽然健全,但因父母工作较忙或家庭关系紧张而导致家庭教育缺位的占 59.09%。

(二)案件特点分析

一是结伙作案态势严重,同乡情结明显,多属临时纠合,但某些共同犯罪呈现一定的组织性。二人以上共同犯抢劫罪共计 24 件 55 人,分别占抢劫案件总数的 47.06%、抢劫案人数的 67.07%。其中未成年人与成年人共同犯罪案件 17 件,占共同犯罪案件总数的 70.83%,涉案人员均为未成年人的共同犯罪案件为 7 件,占共同犯罪案件总数的 29.17%;共同犯罪案件中未成年人至少与一名同案犯系同乡关系的案件有 16 件,占共同犯罪案件的 66.67%。在多数共同犯罪案件中,犯罪嫌疑人之间的关系比较松散,多属于临时纠合在一起实施犯罪行为,但也有些共同犯罪案件,其共同犯罪人员较为固定,作案之前有较为周密的预谋,彼此之间分工明确。例如范某等 10 人抢劫案,范某等人在北京市海淀区哨子营村附近路边洞口小清河路边,多次使用暴力手段抢劫路人财物,他们实施犯罪前有预谋,个人分工明确,有人负责动手抢劫,有人负责望风,有人负责销赃。所得赃款全部在"夜店"挥霍。

二是犯罪手段以拳脚暴力为主,但持械抢劫不容忽视,且出现了一些非常规作案手段。在涉案的82名未成年犯罪嫌疑人中,有30人至少持械一次实施抢劫,占涉案总人数的36.59%,械具包括刀具、斧头、棍棒等。未成年人的自我控制能力较弱、易冲动、威胁能力相对不足,这使得相对于持械的成年人而言,持械抢劫的未成年犯罪嫌疑人危险性更高,造成严重危害后果的可能性更大。此外,未成年犯罪嫌疑人实施抢劫的手段也呈现多样化趋势,除了通常的作案手段外,还有3件4人是通过卖淫的方式实施抢劫,2件2人是通过投放安眠药的方式实施抢劫。虽然未成年人年龄较小、身心发育尚未完全成熟,绝大多数犯罪手段比较原始,但是随着网络等各种媒体的发展,未成年人接受信息的渠道越来越多,其犯罪手段也正在走向多元化。例如,在马某等人通过卖淫的方式抢劫案中,马某等人在共同犯罪中分工明确,有负责在宾馆发招嫖广告的,有负责卖淫的"小姐",有负责实施暴力行为的男性犯罪嫌疑人,还有负责接送的黑车司机。作案的基本手段是在卖淫女为嫖客服务完之后,几名在宾馆外等候的嫌疑人进入嫖客的房间,先是以"小姐"未成年要报警、打电话给嫖客的老婆等方式恐吓嫖客,进而通过暴力抢劫嫖客的钱财。他们抓住被害人不敢报警的心态,多次实施抢劫行为。

三是犯罪对象多为成年人,且以男性居多,作案时间及地点较为隐蔽,给被害人造成的人身及财产损失不是十分严重。被未成年犯罪嫌疑人抢劫的70名被害人中,成年人有64人,占被害人总数的91.43%;男性有41名,占被害人总数的58.57%。在51件抢劫案件中,有45件发生在夜晚,占案件总数的88.24%,案发地点均为人流量较少的城乡结合部、城区停车场、厕所等。在70名被害人中,经鉴定为轻微伤的16人、轻伤2人,共计18人,占被害人总数的25.71%,其他没有造成人身伤害;被害人所受的损失一般不大,绝大部分在500元以下。

(三)案件处理情况

第一,从采取强制措施情况看,未成年人审前羁押率较高,且外来未成年人羁押率高于本地未成年人羁押率。82名涉罪未成年人中,被逮捕的有76人,被取保候审的有6人,逮捕率为92.68%。其中非京籍未成年人的逮捕率为98.36%（60人/61人），京籍未成年人的逮捕率为76.19%（16人/21人），被取保候审的6人中，5人为京籍未成年人。无业人员的逮捕率为96.30%（52人/54人）。14周岁以上不满16周岁的逮捕率为78.26%（18人/23人），16周岁以上不满18周岁的逮捕率为96.61%（57人/59人）。

第二，从处理结果看，不起诉率、缓刑适用率较低，但还是以轻刑为主。在涉案的82名未成年犯罪嫌疑人中，已经有最终处理结果的为75人，其中法定不起诉2人，均为14周岁以上不满16周岁的未成年人在抢劫过程中为抗拒抓捕而实施暴力但并未造成被害人重伤或死亡结果的案件，公安机关以抢劫罪移送审查起诉，最终作法定不起诉处理；相对不起诉1人。总体不起诉率为4.00%。向法院移送起诉并被法院做有罪判决的有72人。其中，判处三年以下有期徒刑、拘役54人，占有最终处理结果人数的72.00%；判处缓刑5人，占有最终处理结果人数的6.67%；判处三年以上有期徒刑13人，占有最终处理结果人数的17.33%（见图4）。对未成年人的处理虽然不起诉率比较低，但法院判决除情节特别恶劣以外绝大部分适用了减轻情节，这一方面是贯彻未涉罪成年人"教育为主，惩罚为辅""宽严相济"的方针、政策，另一方面是因为涉罪未成年人犯罪后认罪悔罪态度较好以及家属赔偿、被害人谅解等原因。

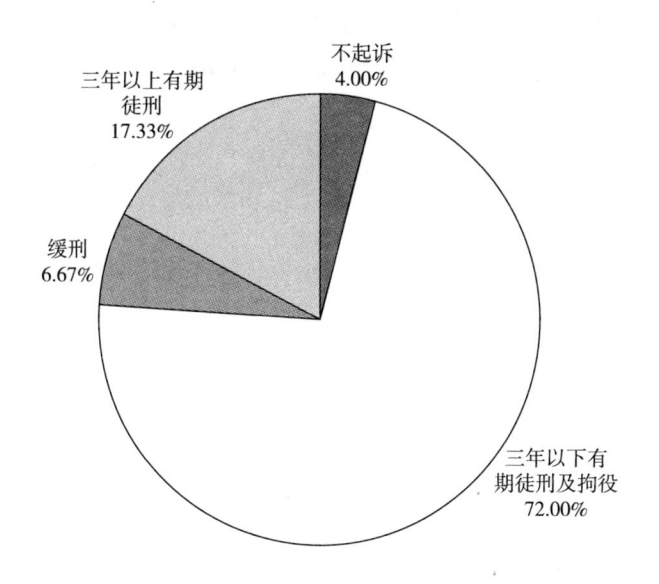

图4 未成年人犯抢劫罪处理结果

二 未成年人抢劫犯罪的成因探讨

抢劫罪在我国《刑法》中是重罪，足以起到对犯罪分子的威慑作用。那么，究竟是什么原因使这些在一般人看来处于弱者地位、尚需社会关爱的未成年人通过暴力等手段劫取他人财物，这是值得我们深思的。这里面既有未成年人犯罪的共同因素，也有未成年人犯抢劫罪的特殊原因。

一是物欲横流的社会环境对未成年人实施抢劫犯罪的影响。诚如有些学者所指出的："少年之所以走上违法犯罪的道路，与其个体的生活环境有密切的关系，不良环境的影响是他们违法犯罪的主要原因。"[①] 由于我国现阶段正处于政治、经济、社会剧烈而深刻的转型时期，特别是市场经济深入发展并广泛渗透于人们生活的各个角落，使得相当部分的社会群体过分夸大金钱的作用。未成年人的价值观念尚在形成和波动时期，很容易深受其害，突出表现在对物品的消费上因为虚荣心而盲目攀比，而当其个体需求长期处于不能被满足的状态，又无法通过合理合法的方式解决时，相对于能力要求较高并且需要一定社会经验和技能的各种经济类或财产类犯罪而言，抢劫或盗窃就是其为数不多的选择之一。如李某等人抢劫案，通过司法社工对李某的社会调查报告分析我们可以得知，李某之所以走上抢劫的道路，和他受金钱刺激、盲目攀比不无关系，因为李某在和司法社工交谈中多次提及自己认识的一些年轻的"老板"已经通过卖淫的方式抢劫而开上了奥迪车，这令他非常羡慕。

二是传媒暴力的泛滥以及家庭暴力的浸染。攻击性是人的本性，为了与大众融合，个人总是自觉或不自觉地抑制他的攻击本能。相对于成年人，未成年人的社会化程度较低，正处于思想观念、行为习惯和性格特点的形成时期，其抑制攻击本能的水平相对较低，对于外界传递的暴力模式容易产生强烈的认同感和亲近感。目前，我国未成年人接触传媒暴力的机会和条件越来越多，多数涉罪未成年人都在一定程度上被传媒暴力所侵染。而

---

① 于国旦、许身健：《少年司法制度理论与实务》，中国人民公安大学出版社，2012，第23页。

在一些家庭中，家庭成员之间经常争吵甚至施暴，父母教育孩子方法简单粗暴，这些经常萦绕在未成年人耳边的"传媒暴力""家庭暴力"很容易使他们在心理上形成毫无障碍地去实施暴力胁迫等活动的心理素质，在行为上形成随意使用暴力的习惯，在遇到经济问题不能得到解决或其他矛盾时，就很有可能采取暴力抢劫的方式来解决。根据美国的抽样调查，65%的未成年人暴力行为直接受到传媒不良信息，特别是暴力信息的影响。我国有关部门的抽样调查也显示，65%以上的工读学生，50%以上的未成年人犯罪，其违法犯罪之前均直接接触并受过各种不良信息的影响，主要媒介是录像、书刊、电影、电视、广播、游戏和多媒体等，这些传媒的暴力内容给未成年人的暴力犯罪提供了生动具体的例子，这其中就包括抢劫犯罪。[①] 通过对我们随机抽取的 22 份涉案未成年人的社会调查报告进行分析，也能对此予以印证：这些被调查的涉案未成年人在实施犯罪前无一例外受到传媒暴力或家庭暴力的严重影响。

三是家庭环境较差或教育不当。按照美国心理学家萨瑟兰的观点，个体行为方式的学习和模仿往往发生在与其关系最为密切的群体成员之间，往往与交往的密度和频率有关。[②] 家庭和未成年人的交往最为紧密，因此家庭环境好坏以及父母的教育方式对未成年人的思想道德、价值观念、行为方式的形成至关重要。目前对未成年人犯罪影响比较突出的问题主要是：家庭结构不健全，孩子缺乏家庭关爱，对家的依恋程度较低；父母管教过于严苛，暴力倾向明显；父母过于溺爱，对孩子的不当行为不予重视。

四是学校教育及管理不当。目前我国的中小学教育还是以应试教育为主，忽视了学生的心理、法制等素质教育。应试教育必然导致教师偏爱那些成绩较好的学生，而对成绩较差的学生关心不够甚至是厌恶，这会极大影响学生对学校的依恋程度，很有可能导致他们"惺惺相惜"以结成不良小团体，或是较早地离开学校而成为无业者。美国的一项研究表明，对学校的依恋对违法犯罪活动行为有着显著的抑制作用，糟糕的师生关系最终会破坏学生对学校的依恋程度，极大

---

① 向红：《未成年人暴力犯罪的社会成因及对策研究》，《经济师》2008 年第 6 期。
② 吉菊平：《青少年犯罪心理的形成、成因及心理预防》，《犯罪防控论丛》（第一辑），中国人民公安大学出版社，2008，第 282 页。

增加学生违法犯罪的可能性。① 从受理的这些案件来看，多数涉罪未成年人有无故旷课、逃课、结交社会闲散青少年等不良习气或由于辍学而成为无业者。

五是未成年人个体生理、心理因素对抢劫犯罪的影响。未成年人心理发育不成熟，情绪波动大，易急躁、冲动，好感情用事，思想带有较大的片面性和肤浅性，自我控制力较差，具有强烈的求同归属感，一旦遇到各种社会矛盾或不良社会因素时就会产生内心冲突，其心理发展或人格化过程中的脆弱一面也就很容易被外界不良因素所激发，从而诱发违法犯罪心理或反社会行为倾向。

三 未成年人抢劫犯罪的防控对策

对犯罪的治理，必须从消除犯罪原因、减少犯罪机会这一根本入手。通过前面的分析，我们可以看出，未成年人抢劫犯罪的成因是多方面的，既有社会环境因素，又有个体因素；既有一般犯罪的共性因素，又有抢劫犯罪的特殊因素。因此，在预防未成年人抢劫犯罪这一问题上，仅凭司法机关的力量，难以有效地遏制未成年人的抢劫犯罪。面对未成年人抢劫犯罪的严峻形势，必须多策并举，联合各种社会力量共同参与，充分发挥综合治理的作用，消除诱发未成年人抢劫犯罪的各种消极因素，堵塞其犯罪的源头，未成年人抢劫犯罪的防控工作才能取得良好效果。

第一，加强社会综合治理，为青少年的健康成长创造良好的社会环境。运用社会政策，改善社会环境，增强社会调节，加强社会防范，控制和减少社会环境中导致未成年人滋生实施抢劫犯罪的心理因素，是预防未成年人抢劫犯罪的基本环节。同时，政府要加大对无业未成年人的救助和管理工作。应当定期清查无业未成年人的人口情况，并建立相应档案，加强跟踪帮教，做好教育与管理工作。同时，应该联合一切社会力量为无业未成年人免费提供学习、技能培训等相关服务，帮助他们尽快入学或就业。

第二，控制传媒暴力，净化媒体环境。《中华人民共和国预防未成年人犯罪

---

① 〔美〕罗伯特·J.桑普森、约翰·H.劳布：《犯罪之形成——人生道路及其转折点》，汪明亮等译，北京大学出版社，2006，第120页。

法》第 32 条虽然规定了广播、电影、电视戏剧节目不得有渲染暴力、色情、赌博、恐怖活动等危害未成年人身心健康的内容，但是在实践中该规定操作性不强，急需制定具体的实施细则，以加强对传媒暴力的控制。而控制传媒暴力内容最关键的问题无疑是制定认定和区分传媒暴力的标准，因此，探索建立适合我国国情的"内容分级制"以限定青少年特别是儿童不易接触的暴力内容，是控制传媒暴力的有效途径。同时，为了避免不法商家利欲熏心而以身试法，一方面要开发新技术，依靠技术手段控制传媒暴力的恶性传播，另一方面政府要加大查处力度，对损害青少年身心健康的传媒暴力行为，予以严厉打击，绝不手软。

第三，家长、学校及其他监护人应加强和改善教育与监管。家长要加强和孩子的交流与沟通，平常要多关注孩子的学习、生活、娱乐活动和交友情况，发现问题要及时处理，不能置之不理，还要帮助孩子树立起正确的消费理念，注重培养孩子合理的消费习惯。同时，家长要认识到教育孩子是一门学问，必须不断加强学习，完善教育方法，不能简单地依靠"棍棒教育"或者过分溺爱孩子。同时，学校要经常关注学生的学习和生活，对所有学生一视同仁，及时制止学生的不良行为，并定期与家长沟通；另一方面，要设置常态化的法制教育、心理辅导课程，帮助学生培养法律意识，使其尊重法律、敬畏法律，帮助学生排除不良情绪、克制冲动，使其能更好地控制自己。

第四，司法机关应该联合社会力量形成合力，预防和减少未成年犯罪的发生。司法机关应联合相关机构共同开展法制宣传教育活动，积极与学校、家长及青少年进行互动交流，更广泛地向青少年传播法律知识，培养青少年的法律意识。比如，司法机关可以和所在辖区的学校合作，向每一所学校派一名法制校长，定期向学生讲解法律知识以及未成年人可能接触的刑事案件，防止他们因为对法律的无知以及漠视而走向犯罪。同时，加强对有违法行为未成年人的帮教工作，避免其再次实施违法行为甚或实施犯罪行为。

参考文献

于国旦、许身健：《少年司法制度理论与实务》，中国人民公安大学出版社，2012。

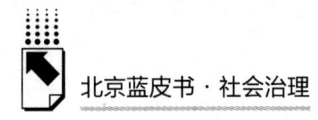

向红:《未成年人暴力犯罪的社会成因及对策研究》,《经济师》2008年第6期。

吉菊平:《青少年犯罪心理的形成、成因及心理预防》,《犯罪防控论丛》(第一辑),中国人民公安大学出版社,2008。

〔美〕罗伯特·J.桑普森、约翰·H.劳布:《犯罪之形成——人生道路及其转折点》,汪明亮等译,北京大学出版社,2006。

张鸿巍:《少年司法通论》(第二版),人民出版社,2011。

高中建:《当代青少年问题与对策研究》,中央编译出版社,2008。

网络管理篇

Network Management Report

B.20 国际社会化媒体中北京城市形象传播与管理[*]

徐 翔[**]

摘 要： 网络化、虚拟化时代，全球社会化媒体的崛起对城市形象的传播和管理带来新方式、新问题和新挑战。YouTube、Facebook、Twitter等典型的社会化媒体构成主要的国际社会性舆论领域和传播空间，对于城市适应当前的社会化媒体和虚拟空间的蓬勃发展具有迫切而重大的意义。本文通过对于YouTube热门视频的抽样分析，考察以YouTube为代表的国际社会化媒体中北京城市形象传播的现状、问题、态势，就新的社会化媒体时代北

---

[*] 本文系国家社科基金项目"中国文化对外社交媒体传播机制研究"（编号13CXW050）、北京对外文化交流与世界文化研究基地项目"首都对外社交媒体传播研究"（编号BWSK201309）的阶段成果。

[**] 徐翔，同济大学艺术与传媒学院副教授，博士，研究方向为社交媒体、文化传播。

京的城市形象管理提出对策建议。

关键词：

社会化媒体　北京　城市形象　国际传播

当今全球范围内强势崛起的社会化媒体（Social Media）对数字网络时代的社会文化范式带来深刻冲击和转变，不仅带来商业和"注意力经济"的巨大成功，其影响还波及社会文化各个方面，使得网络社会和虚拟社会出现不同于以往的社会化媒体特质。"社会化媒体"在概念起源阶段最受关注的特征是"互动性"和"用户贡献内容"，而后补充了其基于"关系网络"的重要特征。[①] 社会化媒体对于国际舆论的生成、传播营销的影响、社会关系的重构都具有显见性和深入性，其病毒式传播、爆炸式扩散、社会性关联等特征和效果是传统的网络媒体所难以企及的，也给虚拟社会的信息管理带来了更大的难度和挑战。YouTube等新型社会化媒体也因此在政治传播、"实时外交"、文化传播、城市管理、商务营销等领域发挥着日益重大的影响力。"阿拉伯之春"通过YouTube和Facebook等社交媒体得到迅速的爆发性蔓延，美、英等诸多国家纷纷把社交媒体作为其政治和外交的重要建构方向，一系列视听作品通过YouTube独特的视听平台和社会化媒体机制得到动辄数千万次乃至上亿次的点击。在Alexa的权威统计中，Facebook、YouTube、Twitter等典型网络社会化媒体长期占据全球网站流量的前十位乃至前三位，而其商业价值和规模也极其庞大。社会化媒体已经构成网络社会不可忽视的关键构成，是进入数字时代和虚拟时代的社会文化管理必须高度重视的战略问题。一些全球性社会化媒体由于主体构成、渠道环境、内容管理、规制条件等因素的复杂性，对于特定国家和地区的网络虚拟社会管理既带来新的冲击和发展机遇，又形成了具有管理引导难度的新的国际化领域和社会文化空间。

与数字网络化的浪潮相比，城市化和城市发展、城市竞争同样是世界范围内的一个重要的主题。尤其对于处在高速城市化历史进程中的中国而言，城市

---

① 田丽、胡璇：《社会化媒体概念的起源与发展》，《新闻与写作》2013年第9期。

的建设与管理同样是一个绕不开的中心议题。而城市形象的传播与管理，已成为关系到城市健康繁荣发展、增强城市竞争力、辐射与发挥城市"软实力"的重要构成。所谓城市形象，"是指城市以其公共设施（地理环境、经济贸易、建筑景观、商业、交通、教育、卫生等）、法律制度、政府治理、历史文化传统以及市民价值观念、生活质量和行为方式等要素集合下，使公众形成的对某城市认知的印象总和。"① 随着互联网和新媒体的发展，包括社会化媒体在内的各种新兴媒介在城市形象营销和管理中得到越来越多的重视，城市网络形象评价指标体系②、城市形象媒体监测系统③等研究和实践运用促进城市形象建设与管理在网络媒体时代的提升。北京是我国最为重要的中心城市之一，其城市形象的传播与管理不仅具有城市本身的意义，还具有作为国家首都和政治中心、文化中心的特殊意义。作为中国的"网都"和建设中的中国特色世界城市，北京的城市形象传播和管理必须有效面对数字网络化和国际化的浪潮和挑战，妥善应对全球性的社会化媒体给北京城市形象管理带来的转型和空间，在网络社会的背景下取得更为繁荣和科学持续的发展。

YouTube 创立于 2005 年，是具有鲜明的社交性、互动性、UGC 特征的社会化网络媒体和全球最大的视频分享网站。根据 BI Intelligence 的全球社交媒体普查年度报告，2013 年，YouTube 月独立用户数高达 10 亿，仅稍次于 facebook 的 11.6 亿高居全球社交媒体的第二位。④ YouTube 系统每天处理上千万个视频片段，为全球成千上万的用户提供高水平的视频上传、分发、展示、浏览服务。根据 2013 年 11 月的 alexa 统计数据，YouTube 网站流量仅次于 Google 和 facebook 高居全球网站第三位。2013 年 11 月起，YouTube 开始推出全新评论系统，整合了社交网络服务 Google+，使得 YouTube 社交媒体的特性

---

① 《借鉴国外经验做好城市形象网络营销》，http：//www.citure.net/info/2010818/201081894240.shtml。
② 《我国首份"城市网络形象排行榜"发布》，http：//news.xinhuanet.com/politics/2012-08/07/c_112650225.htm。
③ 孙江华、严威、周建新：《城市形象媒体监测系统的建设及应用》，《现代传播—中国传媒大学学报》2009 年第 4 期。
④ 《社交媒体下一个增长点在哪里？》，http：//digi.163.com/13/1125/09/9EH2SBT300162OUT.html。

更为突出和鲜明。本文以具有规模性和代表性的社会化媒体 YouTube 为对象，通过"Beijing"为标题的关键词，对 YouTube 中具有一定点击量和热门度的视听内容进行非随机抽样，截取时间为 2013 年 11 月 22 日。样本剔除了与北京城市形象无直接关系或关系不大的视频之后，选取的是观看次数由高到低居于前列的 301 个视频，使得考察对象更具集中性和与研究主题的相关性。所涉及的样本其观看次数从几百万次到几百次不等逐步降低，对低于千次观看量的内容仅依排序选取了很有限的几个样本，总体上看本文考察的绝大多数视频内容其观看次数都达到了 10 万次以上，观看量居末的样本已经降到仅数百次，相对于本样本库中的其他样本属于低点击量、低影响力的层级，对于抽样的代表性和典型性提供了较好的保障。样本的内容涉及北京在 YouTube 中的城市形象传播现状、问题、态势，包括与北京相关的主体、对象、活动、事件，涵括政治、经济、社会、文化等各个方面，并以此为基础对北京在社会化媒体新时代的城市形象建设和管理提出对策建议。

一 现状与特点

通过对 YouTube 中与北京相关的热门视频的分析，可以初步探究北京城市形象在以 YouTube 为代表的国际社交媒体中传播的现实特征与管理现状。

传播北京城市形象的视频，其点击收看频次的分化程度较大，呈现出较明显的梯度特征。以本研究的 301 个样本为例，点击量在 300 万次以上的高度热门内容仅有 5 例，占 1.66%；200 万～300 万次的有 8 个，占 2.66%；100 万～200 万次的有 20 个，占 6.64%；10 万～100 万次之间的有 257 个，占 85.38%；1 万～10 万次的为 0 个；1000～10000 次的为 4 个，占 1.33%；观看次数少于 1000 次的视频总体上点击量迅速下滑，从数百次快速降到数十次的收看次数规模。特别需要注意的是，在数百个点击过 10 万次的视频之后，YouTube 中的视频收看次数呈现出快速下降甚至"断层"，从十几万次的观看次数的内容跌落到数千次，而在数千次层级也快速跌落到几百次乃至数十次的层次，之后的海量信息片段都是观看次数寥寥数十次乃至数次的层级的"弱传播"。这种传播生态显现出一种长尾化效应，反映出大多数视频的点击收看次数较少，处于热门状态的精品力作、高热度的作品只是少数，尤其是对于传播城市形象有重要影响力的品牌作品更处于缺乏状态。实际上，尽管我们对于YouTube等社交媒体中传播的热门内容如《江南style》等耳熟能详，但是其海量数据信息中更多的还是处于"长尾"的底端。或者说，尽管社会化媒体具有web 2.0时代的"去中心化"的传播模式，但是其结果却是高度中心化和呈幂律分布的，而非正态或线性分布，具有显著的传播效应拐点或跃迁段。这也对于北京在国际社交媒体中的城市形象管理和引导提供了必要基础和有利条件，需要城市形象的建构过程中注重对于精品化的高热度的"经典"内容的建设和管理，避免传播的内容沦为"大数据"时代迅速湮灭的信息片段。

内容制作来源主要为国外的电视节目或纪实录像，国内来源以音乐、电影为主。这与YouTube作为一种全球化的媒介"公共领域"密不可分，再加上YouTube在国内社会化媒体中并不占据多大市场份额，因此其国内来源内容和视角相比于国外的相对缺乏也就不难理解。在本研究对于关于北京的热门视频的考察中，可以发现这些有一定影响力的作品内容主要是国外制作或播放的电视新闻、访谈节目、纪录片、现场录像，对于北京的社会事件、日常生活、城市建设、文化元素等进行报道和呈现。国内也有视频内容获得上传和关注，但处于少数。值得注意的是国内一些优秀影音内容在YouTube中被国外网众的二次传播和多级传播，例如歌曲《北京欢迎你》的多种版本的MTV得到YouTube受众的广泛观看和好评，对北京城市形象的优化起到利好作用。而国内一些与北京相关的影视作品也通过YouTube得到传播并走出国界。但是总体上，国内来源内容的缺乏和传播不力，还是显现出北京对于YouTube这种新型的国际社会性媒体在利用和引导上还需进一步加强。

YouTube中北京城市形象总体而言以中性、客观角度为主，文化方面的正面内容和积极反馈较多，负面形象多分布在社会生活、政治事件、基础设施建设等方面。尽管国外来源的视听内容占据主要比重，但是北京城市形象还是呈现出改良态势，其反映的内容和视角多保持一定中立性，偏见色彩并不浓厚。事实上，我们并不否认在这种复杂的国际社交媒体中出现对于北京的诸多负面声音，但是从客观传播效应来看，娱乐化、生活化、体育化、商业化等消费时代的信息特征还是更为显著，过多的政治化导向并未占据主流地位。以对北京奥运的报道为例，为了争夺受众和眼球，西方一些电视节目纷纷采取诙谐、调侃的表达方式，凸显了娱乐时代的特征。对北京形象加以偏见化乃至有意"抹黑"的内容也存在，但居于少数，其传播反响和点击观看规模也不如前者。关于北京文化的内容其正面性较高，北京的文化旅游景观、物质性和非物质性的文化遗产、饮食文化等易得到国外受众的认可；而交通、市民素质等成为国际社会对北京诟病的主要问题，影响到城市形象的建构。对于北京市民生活、日常生活的反映比较客观和中立，正面和负面内容都有，但比较客观，也有助于向西方社会和国际受众呈现一个比较真实的北京形象。例如国外制作的系列纪录片 Sexy Beijing 通过对北京市民群众的访谈，对其生活方式、思想观念、日常行为等进行了多角度和较为客观的呈现，在 YouTube 上的反响热烈，Sexy Beijing：Bad Boys of Beijing 的单个视频观看量达到了 620 多万次，系列视频中点击量过 10 万次的达到了 19 个。如何利用这种生活化、客观化的方式加强北京城市形象的推广和亲和力，也是北京需要进一步考虑的问题。

受众通过 YouTube 社交媒体平台对北京相关话题关注度分布较为广泛，体育、偶像、视听文化精品、猎奇景观、社会争议话题都容易引起关注和讨论。其中，体育类、偶像类、文艺表演类的内容更容易受到关注，其争议度也比较低。而一些盛大的事件、仪式、景观作为城市形象中的重要节点，容易引起关注和讨论，但其评价却并不一定都是正面和积极的，例如北京的奥运开幕式、高速铁路、首都国际机场建设等，在吸引国外网民关注时，其态度分歧和争议较多。在一些本身存在较多不确定性和容易引起争论的主题上，YouTube 中会带来众多的讨论乃至争议，例如对于一些思想观念和日常行为方式的评价和争议。负面信息一般容易引起大量涉入和讨论，但是在 YouTube 的热门视频抽样中这种现象虽然存在但并不显著，人们在海量信息面前，还是更倾向于观看和评价偶像化、奇观化、精品化的节目，这与纸媒、电视等传统媒体在议程和关注度上存在一定差异。对于北京而言，要提供更多的满足国外受众认知需求的内容和反映北京社会生活真实面貌的视觉奇观和审美作品，以更好吸引国际受众的眼球，促进城市形象传播和优化。

当前北京城市形象与北京奥运会关系密切，文化、社会生活具有一定的呈现度，政治议题的比重不显著。2008 年奥运会的举办作为一种重大的城市活动和事件，对于北京城市形象在国际的传播和建构的作用是很显著的，也彰显了"大事件营销"在城市营销中的价值。世界上有许多城市都因为某件重要的仪式或事件而使得其城市形象带上独特的标签，北京也由于奥运会而使得当前的城市形象依然带有较明显的"后奥运"阶段的特征。在本文依照点击次数对于具有一定影响力的 YouTube 视频的考察中，即使剔除相当多的与北京和奥运间接相关的内容，剩下的 301 个样本中与北京奥运直接相关的仍然超过 1/3，其中奥运开幕式和闭幕式、奥运相关的主题歌曲如"You and Me"、奥运相关的体育设施如鸟巢和水立方，从仪式、符号、景观等不同层面对于北京"奥运城市形象"的建构都起到比较显著的作用。除了以奥运为代表的"大事件"，北京作为文化古都的形象仍然是 YouTube 社会化媒体中的一个具有分量的议题，故宫、长城、烤鸭、京剧、武术等具有知名度的北京城市意象在 YouTube 中也得到较多呈现，并且其受众的评价态度也往往较好。而社会层面如北京居民的日常生活、行为方式、价值观也有一定的反映。政治类主题如北京作为中国首都的政治意蕴、政治事件和政治记忆，尽管是北京城市形象中较为敏感的一部分，但在样本中并无较多的传播，只有少部分的片段，这反映出北京城市形象在范式上的一定程度转变。

二 存在的主要问题

通过对于 YouTube 的抽样分析和综合研判，可以看到北京城市形象在特定的社会化媒体中的传播取得了一定成效，但是也存在一些需改进的问题。

缺乏有意识的国际社会化媒体城市形象管理。城市形象是一个城市软实力的重要的组成部分，北京作为一个国家性的中心城市和追求世界影响力的国际化城市，也注重城市的形象和软实力建设。但是由于社会化媒体在近年来的快速兴起和更新，尤其是 YouTube 等国际性的社会化媒体在崛起的同时也带来一定的管控风险，因此国内对于重要社会化媒体的管理还存在着较大的上升空间。事实上在 YouTube 中不乏北京一些媒体和机构的入驻，但是缺乏在城市战略层面的自觉整合和引导，也由此带来国际社交媒体中有意识的城市形象传播和管理效率尚显不足。

本地传播源的力作缺乏。由于YouTube中视频节目点击量的分化梯度较大，大量作品都处于低观看量、低评论数的状态。以韩国为例，《江南style》在YouTube已经数十亿次的轰动点击，网友评论不下数百万条，其戏仿作品更是不可胜数，对于韩国国家形象在国际社会的认知度和亲和力提升起到了十分显著的积极作用。以至于奥巴马以"鸟叔"朴载相为例的"韩流"冲击美国，肯定和夸赞韩国日益增长的"软实力"。2013年，挪威"神曲"《狐狸叫》在短短两个多月内YouTube点击已达两亿多次。比较而言，北京的城市形象中还缺乏这种具有标志性和重要影响力的经典力作，对于自身城市形象的呈现力度还不够。

本土节目在国际社交媒体平台中的对接管理和输出机制仍待加强。在对YouTube的考察中，关于北京城市形象的多数视听节目和作品都出自国外制作或视角，其语言、文化、心态等往往带着西方社会的烙印。部分优秀的本土内容由于语言差异以及语境背景等原因，在国际化的社交媒体公共领域中，其媒介"走出去"和国际影响力的生成、管理都有待加强。

城市形象还需进一步丰富其综合化和立体化程度。总体上看，尽管社交媒体中的内容是多样化的，具有"UGC"（用户生成内容）特征，但是就本研究的样本和案例中具有重要影响力的内容而言，与北京相关的城市形象仍主要集中在体育、音乐等大众文化方面。在北京社会生活、政治文明、城市建设、地域文化等方面虽然也有呈现，但其传播效应和影响力不如前者。尤其是在后奥运时代，"奥运北京"对北京的城市形象而言依然占据着十分重要的地位，这既是一种资源和优势，但也会给一个综合全面的城市形象的营销和管理带来一定的遮蔽。"随着步入'后奥运'时代，北京又将如何宣传和推广北京的城市形象，令世界的目光再次聚焦北京，已成为一个关系城市未来发展的战略任务。"①

三 对策建议

新兴社会化媒体对于北京的虚拟社会管理和城市发展具有机遇和挑战的双

---

① 谢语蔚：《多元媒体时代大都市城市形象的建构与传播》，西南政法大学硕士学位论文，2012，第37页。

重性质，对于北京在网络社会的城市形象管理战略和策略提出了新的要求。在国际化传播秩序中，如何管理好、利用好社会化媒体，使之成为北京在推进首都城市和世界城市建设中的有力平台和工具，加强北京城市形象的社会化媒体传播和管理，是具有迫切性和重要性的任务。

适应全球汹涌的社会化媒体浪潮，制定实施首都对外社交媒体传播与引导专项行动。在当前北京的对外传播和对国际传播秩序的参与中，社交媒体的应用实践还处于自发阶段，缺乏在政府、战略层面有意识的专项部署，在对外社会化媒体传播中的主体建设、渠道建设、内容建设等方面尚未落实具有针对性和系统性的行动计划方案。有必要在政府的媒体管理部门或宣传部门中通过相关的管理机制、控引平台的建设，及时推动首都的对外社交媒体传播和城市营销，加强北京城市形象在社会化媒体空间的发展和管理。

注重社会化媒体中城市形象建设的关联效应，借助国外社会文化名人、"意见领袖"加强北京城市形象的改善。社会化媒体是一个互动性、娱乐性很强的公共空间，其中尽管各种话语和声音纷繁芜杂，但是一些社会文化名人、文体娱乐明星依然具有焦点性和中心性，更容易得到受众的关注和认可。北京在对于这种媒介空间的介入和参与中，自身固有的资源和形象是一个方面，而有效的"城市营销"策略是另一个重要的方面。来自国外的流行文化明星、社会名人、意见领袖对于北京形象的积极传播或"二次传播"，具有本土直接传播难以企及的优势和效果。北京的城市形象管理要加强对于社交媒体中具有中心性的节点的利用和引导，增强城市形象管理的效果。

加强北京传媒的融合化与"社交化"发展，丰富国际社交媒体中的内容供给。YouTube等社交媒体平台对于传统媒体和新媒体具有很强的兼容性和"融媒体"特性，许多报刊、电视、广播等媒体纷纷入驻社交媒体平台，开辟新的传播空间。这对于政府的传媒管理、产业运营、内容管理也提出了新的要求。对于有目的的对外城市形象营销而言，也要注重传统媒体营销和社会化新媒体营销的结合。以中国的国家形象宣传片为例，其在国外传统媒体以及纽约时代广场等媒介节点的播放中，并未和社交媒体形成有效的整合互动和立体化攻势。北京应充分发挥自身作为中国传媒中心城市和文化中心城市的优势，促进影视节目、MV、微电影、纪录片等各种内容在社交媒体平台的转换，形成

各种媒体和内容的整合营销，构建首都社会化媒体城市形象管理的立体战线。

强化北京城市形象传播中的日常化、生活化形态，促进首都社会化媒体城市形象的深化拓展。社会化媒体中的城市形象管理要注重其多元化、全面性建构，对于北京来说尤其要注重一些日常社会文化生态的呈现，向国际社会展现真实而具有活力的城市形象。当前，体育、文化、旅游等构成了北京在YouTube中的主要城市形象向度，日常化、社会化、市民化的内容尽管也有呈现，但并非最具影响力的主要成分。但是事实上，这种日常社会生活的层面对于国外受众而言也具有相当程度的重要性和认知需求。例如国外制作的对于北京日常生活方式和思想观念的纪实节目 *sexy Beijing* 有较高的观看次数，并且在YouTube上也引起了较多的讨论。北京要通过社会化媒体的平民化、社会性的特征，加强对于北京城市形象的常态细节要素展现及其社会性的介入和讨论，增强城市形象的情感设计和感召力。

B.21
北京虚拟社会法律保护与法律规制研究

张 苏*

摘　要：
北京市有关虚拟社会法律保护与法律规制的法规数量少、层级低、系统性差，表现为基本法律规范过于原则，处罚漏洞较多；多头管理突出，过于照顾部门利益，许多规范性文件难以作为行政处罚的依据，影响了对虚拟社会的规制与保护水平。对此，应坚持规范管理与保护促进并重的原则、依法规范管理的原则，加大虚拟财产权益的法律保护，完善虚拟社会管理的制度规范，完善虚拟社会的信息准入和退出规则。

关键词：
虚拟社会　法律保护　法律规制

在我国，虚拟社会保护与管理的法律规范相对滞后，没有形成一个相互补充、拾遗补缺的法律体系。《立法法》对地方立法限制较多，北京市制定的有关虚拟社会法律保护与法律规制的规范性文件数量少、层级低、系统性差，难以满足管理实践的需要。本文将北京市虚拟社会法律问题为研究对象，提出加强虚拟社会保护与管理的法律对策。

一　加强虚拟社会法律保护与规范的必要性

"虚拟社会的管理是我们当前在社会管理创新中所面临的一项重要内容"[①]，

---

* 张苏，北京市社会科学院法学所助理研究员，法学博士，研究方向为刑法学。
① 王玉录、任晓刚：《论社会管理创新背景下虚拟社会的法律规制》，《河北法学》2012年第12期。

之所以将网络社会称之为"虚拟社会",在于以网络为纽带建立的"社会"虽然是现实社会的延伸,但作为一种新生的"社会"存在方式,有着自身独特的运行机制,有加强法律保护与规范的必要。

(一)主体的虚拟性导致行为失范

在现实法律关系中,行为主体是任何法律关系所必需的。在真实的社会中,主体具有两个特性,一个是人的物理属性,自然人是作为从事各种活动的行为主体,是客观存在的;一个是人的生物属性,人类通过感官可以感知客观事物的存在。与此不同,虚拟社会是以数字、信息、符号形式存在的。人的行为表达,意思表示,甚至高兴、愤怒等情绪只能通过数字化的符号去表达和感知。在虚拟空间中,行为主体可以根据自身的主观好恶来定义自己在虚拟社会中的网名、性别、年龄、职业等信息,这些信息与传统现实社会中的真实信息可以有联系,也可以没有联系,甚至可以完全相反,这就可能出现虚假身份,主体可以根据"需要"任意"创造"一个或几个并不存在的个体。一个人可以使用相同的身份出现在不同的虚拟空间,也可以使用不同身份登录同一个虚拟空间,这就容易产生欺诈,引起法律问题。

(二)虚拟社会的侵权行为大量存在

虚拟社会中的个体往往借助网络来达成自己的目标,一方面,网络带给人们便利和快捷,另一方面,网络侵权事件却有增无减,如通过论坛、微博来发布他人隐私以达到自己的目的。即使希望通过网络来实现反腐败等目的,行为也有法律边界。通过公布当事人私有财产,通过公开官员的"性爱日记"来实现反腐败的目的,事实上已经侵犯了他人的隐私权。如广东番禺"房叔"事件,就是未经当事人许可,私自公开当事人私人财产信息,虽然客观上为查处腐败官员起到了作用,但在法治社会,这种行为是不被许可的,如果听任这种事件重演,就会导致公民隐私没有安全感,有损社会的安定。此外,虚拟社会还存在大量的,利用语言文字对他人进行攻击、谩骂的行为,有的人在网上随意发表具有攻击性、侮辱性和煽动性的言论,对他人进行人身攻击;还有人通过"人肉搜索",引发媒体关注与炒作,使得当事人蒙受巨大的精神压力,正常生活受到影响。

(三)社会关系的虚拟性急需法律的介入

在现实社会中,人与人之间的关系是客观存在的,具有客观性。人在社会生活中的各种行为与言行都会留下"痕迹",通过这些"痕迹"能够对一个人的行为进行客观评判,正是因为这些言行的客观存在,使得人的行为得到规范,社会关系有章可循。可是,在网络虚拟社会当中,社会关系却具有不确定性和虚拟性,这是由虚拟空间中人际交往方式的特殊性所决定的。在虚拟空间中,论坛、聊天室、博客、微博、微信是人们"活动"的主要"场所",网民可能基于其自身的喜好,随意发表自己的言论,甚至任意改变自己曾经发表的言论,这也是虚拟社会关系所具有的虚拟性表现。所谓的"问题",经过网民的渲染、炒作,容易激化矛盾,引起大范围的连锁反应,使得简单问题复杂化,甚至一般问题政治化,这些都需要法律的积极介入,保护合法权益,规范网络失范行为。

二 虚拟社会法律保护与法律规制存在的问题

一方面,北京市对虚拟社会进行管理必须依据全国性的基本法律,但由于基本法律自身存在这样或那样问题,导致对虚拟社会的法律保护存在空白地带,同时,北京市的相关配套规定还不完善,在解决新问题时明显力不从心。另一方面,根据全国人大常委会和国务院颁布的相关法律法规,北京市结合本市情况,制定了相关的配套规定,但也存在立法规格较低、质量不高、规定滞后等问题。这些问题汇集起来,影响了对虚拟社会的保护力度,也影响了对虚拟社会的规制管理水平。

为了说明保护和规范虚拟社会的各种规范存在的问题,有必要对这些规范进行分类,并加以分析。截至2013年10月,北京市管理、规范虚拟社会适用的法律法规包括:《关于维护互联网安全的决定》《计算机信息网络国际联网安全保护管理办法》《电信网络运行监督管理办法》《互联网文化管理暂行规定》《计算机软件保护条例》《互联网出版管理暂行规定》《软件产品管理办法》《通信网络安全防护管理办法》《网络游戏管理暂行办法》《联网单位安全员管理办法（试行）》《中华人民共和国电信条例》《关于在京网站前往属地公安机关依法办理备案手续的通知》《互联网联网单位行政执法工作规范》《互联网站管理工作细则》《中华人民共和国计算机信息系统安全保护条例》《非经营性互联网信息服务备案管理办法》《互联网信息服务管理办法》《计算机信息网络国际联网安全保护管理办法》。[1]

按照法律法规的效力等级，可以将北京市适用的法律法规和规范性文件分为5类：其中国务院令占了50%以上，北京市自行制定的规范性文件仅6%（见图1）。

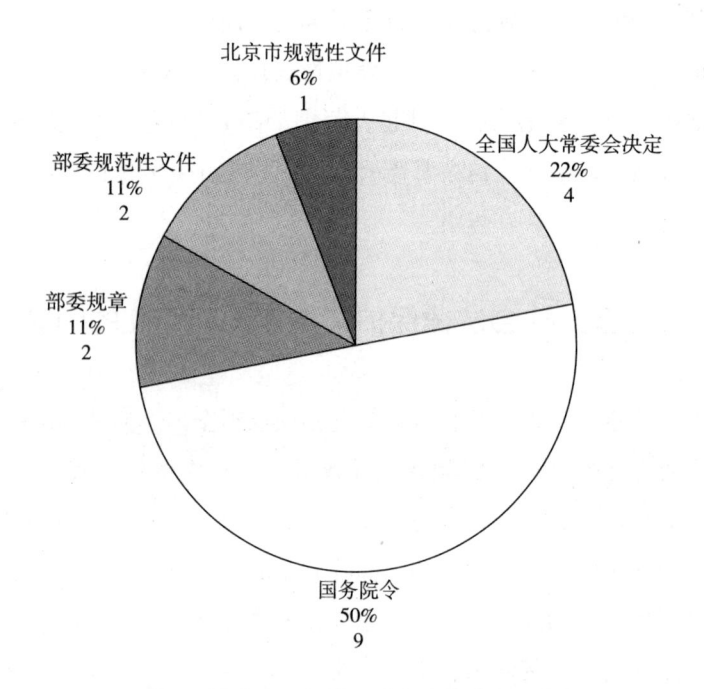

图1 北京市适用的互联网法律法规比例

---

[1] 需要说明的是，这里所统计的法律规范指的是与虚拟社会保护与管理直接相关的法律法规，不包括民法中具有普遍适用性的法律，例如《侵权责任法》，该法虽然可以用来规范虚拟空间行为，可以调整网络侵权行为法律关系，但是，在网络侵权调整对象、举证责任、法律后果等方面规定还不尽完善，因此本文没有将其纳入主要研究范围。

（一）基本法律存在的问题

1. 基本法律规定过于原则

北京市适用的维护网络安全最基本的法律是2000年12月28日全国人大常委会发布的《关于维护互联网安全的决定》（以下简称《决定》）。问题是，该《决定》只是对规范和禁止的行为进行了部分列举，没有具体规定应受《刑法》和《治安管理处罚法》处罚的行为类型，因此，如果发生了利用互联网实施的违法犯罪行为，便只能到《刑法》《治安管理处罚法》当中去寻找处罚依据。例如，《决定》以法律形式，明令禁止在网络虚拟社会中实施侵入计算机信息系统、故意传播计算机病毒、攻击计算机系统网络等危害互联网运行安全的行为。但该《决定》只规定了所禁止的行为类型，并没有规定相应的法定刑，因此，该《决定》的规定实际上并无实际意义，司法人员在运用法律时，并不能直接将该条款作为办理案件的依据，而只能到《刑法》第285条（非法侵入计算机信息系统罪、非法获取计算机信息系统数据、非法控制计算机信息系统罪）、第286条（破坏计算机信息系统罪）当中去寻找处罚依据。

2. 基本法律中处罚漏洞较多

基本法律规范中的指引性条款较多，无法直接适用该条文来解决实践中的问题。例如，《关于维护互联网安全的决定》禁止实施煽动颠覆国家政权、推翻社会主义制度、破坏国家统一，煽动民族仇恨、民族歧视，破坏民族团结等危害国家安全和社会稳定的行为。但问题是，一旦行为人在虚拟空间中实施了上述行为，只能依据《刑法》分则"危害国家安全罪"的具体罪名来认定。又如，《决定》规定，"利用互联网实施违法行为，违反社会治安管理，尚不构成犯罪的，由公安机关依照《治安管理处罚法》予以处罚。"① 但是，这条规定只是一个空洞的规定，一旦发生了上述违法行为，只能依据《治安管理处罚法》来认定相关违法行为，而《治安管理处罚法》是以传统社

---

① 参见《全国人民代表大会常务委员会关于维护互联网安全的决定》（2000年12月28日第九届全国人民代表大会常务委员会第十九次会议通过）第6条。

会为基础制定的，倘若没有针对虚拟社会的禁止性规定时，便造成了处罚上的漏洞。

（二）适用于北京市的行政法规、规章中存在的问题

在北京市管辖范围内，对虚拟社会保护与管理的主要规范是行政法规和行政规章，但这些法规也存在一些问题，不利于对虚拟社会的保护与规范管理。

第一，行政法规规定过于原则，授权性规范分布不均衡。在上述全国人大常委会颁布的法律之外，效力较高的当属国务院颁布的行政法规。然而，行政法规重保护、轻规范的问题比较突出，例如《计算机软件保护条例》《中华人民共和国电信条例》中规定了大量的保护性规定，对互联网行业的约束性条款明显不足。不但如此，《计算机软件保护条例》还授权信息产业部电信管理局进行解释，使得这样一部国务院的行政法规变成了部委业务主管局实施业务管理的规范性文件，对国务院其他行政主体的约束性与授权性大大降低。

第二，规章设定过于照顾部门利益，多头管理现象比较突出。公安机关在虚拟社会的规范管理中理应发挥重要作用，但其重要性不能被过于强调，更不能大包大揽，替代有关部门的管理作用。例如，《计算机信息系统安全保护条例》条文中9次提到公安机关，2次提到公安部，对公安机关授予了很大的权力。各部委在规章中凸显部门的权力，原本可以理解，但国务院在规章审查时，应当注重规章的协调性，对有关虚拟社会管理的权限在各部、委、局、办之间进行合理分配，提高各部门协同管理虚拟社会的积极性。

第三，部委规章不够具体，需要制定具体工作规范。为维护互联网秩序，公安部先后颁布了若干规章，如《计算机信息网络国际联网安全保护管理办法》（公安部第33号令）、《互联网安全保护技术措施规定》（公安部第82号令）、《关于执行计算机信息网络国际联网安全保护管理办法中有关问题的通知》（公信安〔2000〕21号）等，但上述规定也存在工作规范不具体、调整内容过于抽象等问题。这就影响了规章的执行效能。为了解决这一问题，北京市公安局于2010年专门研究制定了《互联网联网单位行政执法工作规范》，对执法主体、执法对象、执法程序进行了专门规定。

（三）北京市自行制定的规范性文件存在的问题

1. 数量少，层级低

在北京市适用的规范中，属于北京市自行制定的规范性文件不但数量少，而且由于制定主体的原因，规范性文件的层级较低，根据《立法法》的规定，不但不能被称作法规，连规章也算不上。到目前为止，北京市自行制定的管理虚拟社会的规范性文件包括：《互联网联网单位行政执法工作规范》（北京市公安局制定颁布）、《关于在京网站前往属地公安机关依法办理备案手续的通知》（北京市公安局网络安全保卫处制定）（以下简称《通知》）。后者的效力等级就更低了，该规定只是市公安局内设机构制定的规范，虽然也属于红头文件，但只能约束公安机关内部以及少数被管理对象，如果市公安局网络安全保卫处依据该《通知》做出了具体行政行为，不但相对人对该具体行政行为可以提起复议或者诉讼，对该《通知》还可以同时提起附带性审查，如果《通知》被证明与上位法相抵触，还存在被撤销的风险。

2. 规定内容许多是上位法的重复

由于北京市政府所属的部、委、局、办都没有制定规章的权限，但北京市所属的相关部、委、局、办实际上又在承担着虚拟社会管理的职能，这就形成一个矛盾，既要依据规定完成对虚拟社会的管理任务，又没有制定法规与规章的权限。与此同时，北京市人大常委会每届任期内都面临着繁重的立法任务，只有少部分议案才能纳入立法规划，许多立法议案被搁置。北京市政府的立法任务同样很繁重，使得有关虚拟社会的立法难以被提上日程，这就使得北京市有关部、委、局、办不得不自行制定规范性文件。来解决实践中的管理难题。一方面，要制定管理规范，另一反面，又要避免违反上位法，导致规范性文件的合法性遭到质疑，甚至有被撤销的风险，有关部、委、局、办在制定规范时便不得不极为慎重，有的内容只能重复法规、规章的规定。

3. 不能作为行政处罚的依据

根据《立法法》以及行政法的基本原理，有关虚拟社会管理的行政处罚，可以由公安部制定规章，设定行政处罚种类；可以由北京市人民政府制定规章，在规章中设定行政处罚种类；也可以由北京市人大常委会通过地方性法规,设定范围更广的处罚种类。但唯独北京市公安局无权设定行政处罚,所以,北京市公安局制定的《互联网联网单位行政执法工作规范》、北京市公安局网络安全保卫处制定《关于在京网站前往属地公安机关依法办理备案手续的通知》,都没有设定行政处罚的种类。如果行政管理相对方违犯了法律,北京市公安局也只能依据规章以上的规范进行处罚,而不可以将上述"工作规范""通知"作为处罚的根据,在行政处罚决定书中更不能引用上述规定。即使办理案件时的程序,也不能执行创设新的规范。例如,《互联网联网单位行政执法工作规范》专门设立了一节,规定办理网络案件的程序,但该程序未增设任何新规定,仅做了一个法规指引,规定"办案程序依照《北京市公安局办理行政案件程序规定》执行"。①

三 完善北京虚拟社会保护与规制法律对策

虚拟社会的法律主体虽然具有虚拟性,但并不妨碍这些"虚拟主体"成为现实社会中的法律关系主体,一方面,要把握虚拟社会法律关系的特征,有针对性地采取一些法律保护与管制措施;另一方面,要把握虚拟社会与真实社会的共性,将虚拟社会纳入法治的轨道。

(一)完善虚拟社会法律规范应把握的基本原则

1. 规范管理与保护促进并重原则

网络是一把双刃剑,虚拟社会的存在也具有两面性,一方面,随着网络的发展,虚拟社会的存在已经不可避免,要鼓励、引导其健康发展;另一方面,要严格控制虚拟社会中的失范行为,尤其对于虚拟社会中的新型违法、犯罪行为,要坚决予以打击,要善于运用法律的手段,对虚拟社会的新型犯罪行为进行惩处。换言之,就是要在保护过程中加强规范管理,在规范管理中加强保护,在加强规范规制的过程中促进虚拟社会建设的健康发展。确立本原则有以

---

① 参见《北京市公安局办理行政案件程序规定》(京公法字〔2008〕355号)第四节"办案程序"第2条。

下两个方面的原因：第一，虚拟社会还处在"幼年成长期"。1994年4月20日，北京中关村地区教育与科研示范网接入国际互联网，实现了与国际互联网的全功能连接，这是一个全新的起步，标志着互联网行业步入了全面、持续发展的道路，但也要注意到，随着互联网成长起来的虚拟社会尚处于发展初期，其结构不完整、功能不完备，新问题也不断出现。因此，必须加强引导，促使其健康发展，实现虚拟社会的良性运行与协调发展。第二，虚拟社会处于"问题"多发期。虚拟社会形成和发展初期的特点是不规范，虚拟社会与真实社会各种问题互相交织，真实社会中的问题"投射"到虚拟社会，加大了治理的难度。2013年5月，北京市公安局110指挥中心新增了网络犯罪分析、网络社会情况反映等虚拟社会内容。① 将治安管理渗透到虚拟社会当中，其目的在于既要推动虚拟社会的规范建设，又要在真实社会中形成规范的社会秩序与和谐的社会氛围。就当前来讲，一方面要加大虚拟社会的保护，促使其良性发展，另一方面要切实加强虚拟社会的规范管理，并使两者有机结合起来，以达到相互协调、相互促进的目的。

2. 依法规范管理原则

"社会管理的发展方向应当是与社会主义法治国家和法治政府建设相结合，始终将社会管理置于法治化轨道之下，以法治理念为指导，以法律程序和法律规范为支撑，依法管理。"② 在对虚拟社会管理过程中，可能会限制公民的部分言论，限制其表达权，但必须在法律的框架内进行，限制必须有度，即所有限制措施必须以维护虚拟社会的基本秩序为必要。尽管在虚拟社会的管理与控制中加强法治是必不可少的，但在执行中往往超越法律的限度，因为"良法不图以自行"，再好的法律也必须由人来实施。可是，法律本身是抽象的，是需要在适用中有法律适用者进行填补和解释的，所以，必须要提高执法、司法人员理解和解释法律的能力，使对法律的理解不偏离正义的轨道。

---

① 参见《北京110实现"虚拟与现实"社会一体化监管》，http：//news.xinhuanet.com/legal/2013－05/01/c_115604044.htm。
② 应松年：《社会管理创新引论》，《法学论坛》2010年第6期。

（二）完善虚拟社会法律规范的具体建议

1. 建议制定全国统一的《网络法》

在法治发达国家，网络法对于调整虚拟社会法律关系起到了至关重要的作用，就我国现阶段而言，一部统一的《网络法》能够解决多头立法的问题，可以在网络法中规定，网络侵权的行为方式、故意与过失、言论自由的边界、网络隐私权的保护、网络侵权的管辖、审判、区际法律冲突。在网络立法中要注意以下几个问题。①立法要符合我国现阶段虚拟社会发展的实际。要立足我国现阶段的国情，借鉴各国互联网的立法经验，严格控制虚拟社会中的失范行为，积极鼓励、支持虚拟社会中的合法行为，促进虚拟社会的健康发展。②要对现有法律法规进行系统梳理，明确虚拟社会法律主体的权利与义务，对政府、网络运营商、互联网企业、网络用户的责任进行详尽的规定。通过网络立法，理顺网络监管机制，加强对网络第三方交易平台的监管，方便公民对违法行为的投诉举报。③提高民众的立法参与度。和谐社会不但包括真实社会的和谐，还包括虚拟社会的和谐，一部法律，只有当它得到了民众的广泛认可，提高民众基础，才更能有利于它的实施与执行。

2. 加大对虚拟财产权益的法律保护

随着互联网的发展，网络虚拟财产保护问题也被提上议事日程，如《传奇》等网络游戏玩家积累的"头盔""腰带""宝刀""弓箭"等武器装备，是游戏玩家花了精力时间、花费了现实或虚拟的钱财而获得的，并且这些武器装备可以在网上进行交易，具有交换价值，在法律性性质上，虚拟财产属于可以用来交换的、具有使用价值的商品，属于法律所称的"财产"，理应受到法律保护。应加大对虚拟财产的法律保护力度，对虚拟财产的占有、使用、收益、分配加以规定。此外，还要加大《刑法》的立法力度，在《刑法修正案（九）》当中对财产进行立法解释，将具有价值与使用价值的网络虚拟财产解释为刑法第92条中的财产，和刑法中的有形财产、无形财产进行同样的保护。而过去，由于没有刑法的刚性规定，对虚拟财产性质的认定可谓五花八门，有的认定为刑法中的财物加以保护，有的没有认定为刑法中的财物，对其不予进行刑事保护，只能通过民事诉讼来解决，导致对犯罪处罚上的漏洞。

3. 完善虚拟社会管理的制度规范

第一，完善虚拟社会实名制。韩国从 2005 年开始推行实名制，2008 年韩国的主要网站已全部实施实名制。北京是全国最早推行实名制的城市，尽管在推行过程中遇到了这样那样的问题，例如隐私信息泄露等，但实名制是一种趋势，不能因噎废食，应当对实名制进行完善，通过立法，完善实名信息的管理与使用，防止个人信息泄露。第二，完善实名备案制。对于互联网业主或者网站方提交的基本信息应当在备案基础上进一步加强实名审查，确保其联系方式、网站域名、接入信息的真实性、准确性。市公安局网站备案部门要对网站创办者的身份信息进行严格核验。第三，建立和完善黑名单监管制。对于已经有虚拟社会违法违规"前科"的行为人，应当列入"黑名单"，禁止其进入或者从事有关虚拟空间经营的行业，对于已经实施了涉黄行为的违法者，在其申请域名时要严格审查，防止其"瞒天过海"，继续从事危害虚拟社会的行为。

4. 加大虚拟社会保护的技术规范立法

在现实中，不断发展的网络技术对防止虚拟社会违法违规行为起到了越来越重要的作用。各种网络防火墙、安全卫士、杀毒软件能够通过升级网络、打补丁、堵漏洞、增加防御黑客的技术手段，来实现对虚拟社会的保护。但与此同时，相应的法律法规必须跟进，"道高一尺魔高一丈"，如果没有法律的跟进，在虚拟社会中必然出现一个弱肉强食的混乱局面，掌握了计算机技术的"高手"就像武林中的"高人"，其他电脑操纵者在他的面前不堪一击，如果没有法律的约束，"电脑高手"可以随意侵入他人在虚拟社会中的私密空间，窃取他人的财物或者隐私信息，导致虚拟社会秩序的混乱。因此，应当加大虚拟社会技术保护规范的立法，使技术手段在规范与保护虚拟社会上起到应有的作用，用技术手段的进步来抵消技术给虚拟社会带来的可能威胁。

5. 完善虚拟社会的信息准入和退出规则

北京市已经开始实施虚拟社会信息的准入退出制度，要求经营网络的主体不得从事涉黄、涉毒以及其他有害的行业，并利用技术平台，过滤有害信息，对虚拟社会信息实行信息准入制，但这些制度有待完善。当前，应当做好以下工作。①对涉及意识形态安全和公共利益的网络信息必须经许可审批方可发

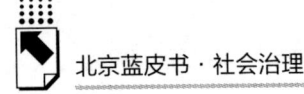

布。北京市信息产业主管部门和市公安局应当密切配合，对管理对象建立健全日常监管、年度审核等管理制度，市公安局网监部门应主动出击，及时处置有害信息，防范境外有害信息的渗透。②对违法信息及时删除。市政府有关部门在对虚拟社会信息进行监督与检查的过程中，发现网站中含有违法信息，应当通知网站予以删除，网站不删除的，市公安局网络监察部门有权删除。

B.22
北京虚拟社区管理实践与探索
——以北京市朝阳区双井街道为例

郭 斌 吴景刚 金 晶*

摘 要： 创新社会管理方式，提高社会管理科学化水平是社会建设的重要内容，重点加强网络虚拟社会管理是提高我国社会管理科学化水平的重要环节。朝阳区双井街道立足街道实际，以"健康向上、开放包容"的态度，以"双井文化符号"为聚集点，以微博、微信、网站、移动终端等网络介质为沟通手段，以网络社会组织、网络志愿队伍为载体，在12个实体社区基础上，建立了虚拟社区——"双井13社区"，将党的群众工作方法运用于虚拟社区管理的实践，取得了良好成效，为虚拟社会服务管理创新做出了新的尝试。

关键词： 社会管理 社区 网络虚拟社区 双井13社区

在人们逐渐由"单位人"变成"社会人"并向"社区人"发展的转型期，社区的生活方式也在从地缘聚集向信息化生存发展，虚拟社会呈现的问题在街区层面表现得更直接、更具体、更尖锐，因此必须将虚拟社会管理的重心

---

* 郭斌，北京市朝阳区人民政府双井街道办事处办公室副主任，中国农业科学院环境工程专业工学硕士，中级政工师；吴景刚，北京市朝阳区人民政府双井街道办事处主任，中央党校马克思主义哲学专业，研究生；金晶，北京市朝阳区人民政府双井街道办事处组织科科长，行政管理，本科学历。

落到基层,由点及面,使网络虚拟社会向着健康、有序方向发展,使社会服务管理创新更扎实、更有生命力。正是基于这样的理念,朝阳区双井街道以"健康向上、开放包容"的态度,以"双井文化符号"为聚集点,以微博、微信、网站等网络介质为沟通手段,以网络社会组织、网络志愿队伍为载体,在12个实体社区的基础上,建立了虚拟社区——"双井13社区",将党的群众工作方法运用于虚拟社区管理的实践,取得了良好的成效。

一 虚拟社区管理的进展和成效

经过认真分析研究,双井街道坚持用党的群众工作方法指导虚拟社区管理,通过"12+1"(12个实体社区加1个虚拟社区)工作载体"量"的增加,实现地区文化与价值观建设"质"的跨越。

(一)创新理念,探索虚拟社区"新平台"

双井虚拟13社区实现了四大突破。一是概念上的突破,通过"12+1"工作载体"量"的增加,实现地区文化与价值观建设"质"的跨越。二是构建上的突破,双井13社区没有时空限制,是通过共同理念、目标凝聚在一起的聚落,是"先有理念、后聚群体"的构建过程,它将吸纳更多心态年轻、关注双井的人群。目前已聚集了机关青年干部、社区工作者、辖区社会单位、网络爱好者等群体。三是格局上的突破,坚持"党委领导、政府负责、社会协同、公众参与、法治保障的社会管理格局"思路,培育网络社会组织和网络志愿者队伍,推进网络社区自治建设。四是沟通方式上的突破,在建立和完善"双井13社区网站"的基础上,充分发挥新兴媒体的作用,分别在新浪和人民微博上开通了"双井13社区微博、微信",采用"异站同文"的形式发布信息,实现政府性和大众性的双重介入,立足双井,以网络社会人的身份,聊周边的天、论身边的事、讲社会热点、议天下新闻,为双井地区虚拟社会管理做出了新的尝试,现已有近2400名粉丝。目前,在双井13社区的建设方面,采取线上线下相结合的方法,相继开展了社区Logo和理念的征集、调查问卷等活动,逐步形成社区文化和品牌。

（二）注重实效，构建内外融合"新系统"

建立了"内部控制＋外部驱动"的互动架构，提升了虚拟社会管理的效率、效果和效能。一是形成"1331"模式的内部控制系统，即"一个组织领导体系、三个工作机制、三个保障制度、一个网络志愿者队伍"。"1"指建立了一个组织领导体系，即"1＋1＋6＋12组织领导体系"，成立了以街道工委书记、办事处主任为组长，街道工委副书记为副组长，各处级领导为成员的1个领导小组；下设1个办公室；根据党群建设、社会建设、公共安全与稳定、城市建设与管理、社区建设与服务、民生保障等街道六大体系分工，设置6个专项工作组，主要负责网络宣传中涉及的各专项工作的落实；成立12个舆情小组，分别由社区书记（兼各社区新闻发言人）担任小组组长，副书记为副组长，设专门的网管员（可由社区信息员兼任），负责发动和建立各社区网络志愿队伍，推动本社区虚拟社会管理工作。"3"指三个工作机制，即舆情搜集机制、信息发布机制、舆情处置机制。"3"指三项保障制度，即网络媒体宣传审核制度、网络新闻发言人制度、队伍培育制度。"1"指一支网络志愿者队伍。实现有领导、有队伍、有机制、有保障的"四有"架构。二是形成有效发动整合地区资源的外部驱动系统。广泛发动地区志愿者队伍、网络爱好者、意见领袖、地区单位、社会组织等加入双井13社区，通过线上线下交流沟通、搭建共建平台等方法，确保外部资源有效统筹整合，保证街道虚拟社会管理工作有序推进。深化双井13社区网络平台建设，秉承12345的和谐策略，即一个唯一——建设唯一以街道为单元，视不同社区居民属性，进行定制化网络服务，真正符合中国人使用习惯以及心理需求的公益互动社区，打造中国"人情邻里"社交，并复制、推广到多个街道社区；两个进化——打造从陌生到相识、信任的进化，再到互助、亲情的进化；三个贴心——实施生活贴心、服务贴心、人情味贴心；四个特质——突出服务性、互动性、公益性、引导性；实现五化——即贴心化、亲情化、公益化、定制化、忠诚化。依托现代信息技术手段、借助开放的wifi网络，建立双井线上线下交流互动平台，最终达到中国最富有人情味的公益、互动社区。

（三）统筹整合，实现网络服务"全覆盖"

努力实现线上线下宣传引导和民生服务两个全覆盖。一是努力推进宣传引导网络化。在充分做强做大传统宣传教育工作基础上，按照贴近百姓、为民解忧的思路，统筹网络资源，建立了"主流网站和街道网站为主要宣传阵地、社区网站为补充、地区单位、社会组织网站和小区论坛为支撑、虚拟社区网站、微博、微信等新介质为延伸"的网络宣传架构，形成强大的线上线下宣传攻势，通过内容丰富、形式多样的网络宣传，在潜移默化、润物无声中达到广泛、深入影响的效果。二是努力推进民生服务网络化。加强"一刻钟社区服务圈"网站、街道和社区政府网站建设，广泛提供地区服务资源、办理事务流程等服务；开通社区微博，推进居干上网工程等，提供网上互动式解答问题、预约式办理业务等服务；开通政民互动、领导信箱等，问政于民、问需于民、问计于民；把日常工作任务、相关决策挂在网上，欢迎网友对工作"拍砖""灌水""围观"，形成一种在监督中开展工作的局面，增强政府公信力，赢得民心。

（四）疏堵结合，探索线上线下"全模式"

借鉴"全模式"社会服务管理的理念和形式，充分利用已有数字化的信息资源，努力实践虚拟社会管理"全模式"。一是形成网情每日搜集、每周分析、常态处置、应急处置制度。每天由街道、社区两个层面网络信息员，对微博、各大网站进行搜索，做好记录，并针对搜集和征集问题采取"两类双向"处理流程，即对百姓通过政民互动等渠道反映的问题、意见或建议方面的舆情信息，采取"及时发现、及时报告、责任落实、及时反馈"工作规范和流程；对突发网络负面舆情信息，建立"及时上报、及时处理、口径统一、及时发布"工作规范和流程。每周根据发现的舆情情况及问题处置情况，形成周网络舆情分析报告，并向网络领导小组通报。二是形成小区论坛"三进入"模式。探索三种身份社区、居民、社会组织共进小区论坛的模式，形成了社区进入提供服务、居干（以居民形式）进入共话家园、社会组织进入贴心百姓的良性互动局面，有效通过线上服务、互动，线下积极解困的模式，推进社区和谐建设。三是有效发挥网络作用，及时化解社会矛盾，为街道中心工作的顺利开展打下坚实基础。在文明城区创建期间，街道网络管理人员和相关科室成功地澄清了新浪微博用户为"Miss 杨阳"发的不实信息；街道垂东社区网络管理人员，在QQ群中发现有关拆迁集体上访的苗头，经过街道信访部门和社区的大量工作，有效地化解了群体性事件的发生；在人大换届期间，街道接到有一社会人士扬言要以自荐人身份参选，经过街道网络管理人员对其微博验证，将其信息上报区相关部门，为信息畅通、及时上传做出了努力，有力地化解了矛盾。

（五）共建共享，建立群众工作"新模式"

一是有力推进社会管理创新。按照"党委领导、政府主导、社会协同、公众参与"的工作格局引入虚拟社会管理，充分发挥党委在做好群众工作中总揽全局、协调各方的领导核心作用，转变重管制控制、轻协商协调的思想，树立统筹兼顾、协商协调的理念，转变重政府作用、轻多方参与的思想，树立多方参与、共同治理的理念，鼓励、发动和支持社会各界积极参与社会管理，形成齐抓共管、共建共享的良好局面。二是有效推进思想政治工作。打破固有思维方式，实现在管理上更加注重服务，在对象上更加注重个性，在教育上更加注重实效，在时空上更加注重全程，在范围上更加注重全员，以"无痕迹"的宣传艺术手法与"润物无声"的寓教于乐相结合的方式，培养人们积极的人生态度和科学的价值判断，努力使思想政治工作在"无形""无痕"中，达到净化灵魂、升华人格的目的。采取线上召集、线下活动的方式，将原有的政府组织开展活动转变为自觉自愿参与活动，变要我参加为我要参加。目前，双井13社区相继在社区自身建设方面，开展了社区Logo和理念的征集、问卷调查等活动；在聚集人气、构筑文化方面，网上发起了"身边感动"互动活动、"11·11光棍节活动"、"北京精神"线上线下讨论、双井13嘉年华等系列活动，逐步形成体现自己风格特色的网络社区文化和品牌。三是有意探索群众工作新模式。打破固有群众工作模式，利用网络手段，畅通群众利益表达渠道，真实体现民情民意；畅通干部深入群众渠道，排忧解难服务社会；畅通干部群众双向交流、互动渠道，互助互信互融，营造和谐融洽的发展氛围，实现"政策畅通、交流直通、心灵互通"。

二 虚拟社区管理的主要做法

双井街道认真领会新时期党的群众工作新要求,树立"开放包容、公众本位、社区共治"的三种管理理念,推进网络舆情由散到聚、管理方式从堵到疏、青年干部从网络爱好者到管理者,努力创新虚拟社会管理。

(一)加速网络舆情由散到聚的过程

一是抓规律、强频率,夯实收集环节。即正确把握由网络舆情因变事项,"意见领袖"参与,传统媒体与网络互动三个因素整体合力形成的网络舆情生成规律;建立网情日搜集制度,形成街道、社区两级检测层面。二是抓信息、剖内因,夯实分析环节。针对舆情具体内容、表达的人群结构和地区分布、传播主体等,深刻剖析内隐性情绪、态度和意见,及可能引发的趋势等,以便采取正确的处置方式。三是抓机制、重引导,夯实处置环节。注重讲究引导舆情方法和艺术,主动导贴、积极跟帖、善于劝帖、注意收帖、适时结帖,实现了散落的网络舆情通过分散式搜集后,集中处置、回复,成功地澄清了一些微博用户的不实信息,及时化解社会矛盾,为地区和谐社会建设做出了贡献。

(二)加速管理方式从"堵"到"疏"的过程

一是努力推进宣传工作网络化。按照贴近百姓、为民解忧的思路,通过建立"主流网站和街道网站为主要宣传阵地、社区网站为补充、小区论坛和网站为延伸"的网络宣传架构,形成强大的网络宣传攻势。二是努力推进网络活动社会化。通过街道、社区主办活动和街道主导、地区单位、社会组织筹办活动相结合的形式,利用网络招募参与者与传统活动网络化相结合的方式,先后与红黄蓝亲子园、"绿芽"公益文化交流中心、六艺工作室等地区单位或社会组织策划开展了"爱护地球母亲,争做环保卫士,文明双井我参与"母亲节大型公益活动,以低碳、环保、自然派为主题的"绿色兑换"小盆栽活动和垃圾减量垃圾分类等百余项活动,参与人次约3万人,达到了潜移默化、润物无声的宣传引导作用。三是努力推进干群联系常态化。要解决好网络舆情的引导问题，关键还要处理好"民生"问题，街道通过发挥线上线下相结合的方式，广泛搜集民情民意，扎实改善民生，先后开通了社区便民小巴士，推动绿色出行，解决了百姓最后一公里出行问题，建立为老服务街区，成立了为老服务联盟，为老人提供便捷、优质、便宜、周到的服务，建立残帮残特助服务队、"援障"服务队，为残疾人提供从生活、就业到心理全覆盖式服务等，地区和谐程度明显提升。

（三）加速青年干部从网络爱好者到管理者的过程

一是推进街道青年干部网络队伍建设。街道推出了青年网络社区项目培育平台，通过建立互助式学习制度、评价激励等制度，开展网情监控、网络宣传、发展网络队伍、筹划筹备活动等实践活动，特别是在北京市互联网信息办公室和朝阳区委宣传部的指导和帮助下，开展系列讲座，在内部控制系统中实现了由纯粹的网络业余爱好者组成的项目组队伍，向一支具有"团结、奉献、务实、争先"精神，能够承担起网情监控员、文明传递员、健康撒播员、信息通讯员的管理团队的转变。二是推进网络志愿者队伍建设。广泛发动地区网络爱好者、意见领袖、地区单位、社会组织等加入到地区网络志愿者队伍中，通过线上线下交流沟通机制、搭建活动平台、建立培训等合作关系，逐步形成了一支传递信息、播撒文明、共享生活、互相监督的网络志愿者管理队伍，努力建设秩序良好又富有活力的虚拟社区。

三　启示与思考

双井街道对虚拟社会管理的探索，较好地回答了为什么在街道层面推进虚拟社会管理的问题，及如何发挥群众工作的传统优势在虚拟社会管理中的作用问题。以"双井13社区"创设为龙头，推进一系列理念、形式、工作手法的创新，也值得进一步完善、提升与推广。同时，也引发了对虚拟社会管理工作的一些启示与思考。

启示一：坚持群众路线统领，是推进虚拟社会管理的力量源泉。双井街道虚拟社会管理用活群众工作的方法，一是打破固有社会管理理念，将"党委领导、政府主导、社会协同、公众参与"的工作格局引入虚拟社会管理，充分发挥基层党组织在做好群众工作中总揽全局、协调各方的领导核心作用，转变重管制控制、轻协商协调的思想，树立统筹兼顾、协商协调的理念，转变重政府作用、轻多方参与的思想，树立多方参与、共同治理的理念，鼓励、发动和支持社会各界积极参与社会管理，形成齐抓共管、共建共享的良好局面。二是打破固有思维方式。实现在管理上更加注重服务，在对象上更加注重个性，在教育上更加注重实效，在时空上更加注重全程，在范围上更加注重全员，以"无痕迹"的宣传艺术手法与"润物无声"的寓教于乐方法相结合的方式，培养人们积极的人生态度和科学的价值判断，努力使思想政治工作在"无形""无痕"中，达到净化灵魂、升华人格的目的。采取线上召集、线下活动的方式，将原有的政府组织开展活动转变为自觉自愿参与活动，变要我参加为我要参加。三是打破传统工作模式。凸显了"民生导向、系统设计、知行合一"的特点，形成用民生聚民心的思路，利用网络手段，搭建与群众沟通的桥梁，畅通群众利益表达渠道，真实体现民情民意，营造互助互信互融、和谐融洽的发展氛围，实现"政策畅通、交流直通、心灵互通"，拥有拜民为师的气度与"无痕迹"的宣传艺术手法相结合的管理方式，为虚拟社会管理的推进提供了力量。

启示二：坚持以人为本，扎实民生工作，是推进虚拟社会管理的保障。首先，网络社区的基础在现实。双井街道摆渡车、一刻钟便民服务圈等民生工作的有效落实，正为网络社区最初的构想打下了坚定的基石。其次，虚拟社会管理必须要转变观念，拥有共治、平等的理念。必须要转变以往社会管理中管理者、领导者的观念，成为网络社区中的一分子，才能够保证网络化社区得到网民的支持。此外，还要有让群众监督的雅量。开放性是虚拟社区的一个重要特点，必须要有扎实的民生工作，才能够有让网民、舆论监督的自信。

启示三：坚持统筹整合，是推进虚拟社会管理的有效手段。一是坚持内部力量的整合。进一步完善网络宣传工作"1331"模式，第一时间了解民意，解决困难，发挥虚拟社区便捷性的作用。二是坚持外部社会组织的整合。通过合作、协作、活动参与等方式，将社会组织纳入虚拟社区，进一步加强宣传和推动效果。三是坚持网络资源的整合。要充分挖掘、盘活地区网络社会资源，整合主流网站、论坛、公益组织等平台,通过信息的沟通和发布,营造良好的主流价值观氛围,推进虚拟社会管理的效果提升。

启示四:坚持解放思想、开拓创新,是推进虚拟社会管理的无限动力。一是要拓宽途径,强化线上线下活动的联合。要打通网络与现实社会之间的壁垒,通过开展公益、论坛、学习等活动,网络课程、主题聚会等方法,将虚拟社区融入到人们现实生活当中。二是要建立管理虚拟社区的常设机构。作为最接地气的政府派出机构,街道是了解民意、服务民生最直接的窗口,也是文化建设、价值观建设的根本阵地。在街道层面建立虚拟社区管理常设机构,有利于用新的机制、新的理念、新的平台和新的方式通达民意、弘扬正气、促进和谐,从思想舆论层面构建社区共有的精神家园,其必将会担负起地区文化及价值观建设的重要载体的功能。

B.23 网络问政的民意诉求与政府规制
——基于对北京"7·21"特大自然灾害网络问政的分析

刘 波*

摘 要: 网络问政是政府与公众互动沟通的一个重要桥梁,是我党实践群众路线的重要渠道,也正日益塑造和影响着我国政治社会生活的面貌。本文结合北京"7·21"特大自然灾害,探讨网络问政的运行特点、作用与存在的主要问题,借以寻求规范网络问政的对策建议。

关键词: 治理 网络问政 社会管理 利益诉求

网络问政是近年来随着互联网应用快速发展而形成的一种网络现象,且日益成为民意表达自身利益诉求和价值取向的重要舆论阵地。2011年,中央提出"要加强和创新社会管理",网络问政尽管实体是虚拟的,但在很大程度上反映出广大民众对党和政府在社会管理创新规制供给方面的需求。本文以北京"7·21"特大自然灾害为例,剖析当前网络问政的特点、作用、存在的问题以及规范网络问政的对策建议。

一 网络问政的概念及运行特点

目前,国内学术界有关网络问政的概念界定比较模糊。不少学者将网络民

---

* 刘波,北京市社会科学院外国问题研究所副所长、副研究员、博士,研究方向为国际关系、国际大城市比较。

主、网络舆情、网络参政与网络问政混为一谈，有的甚至对网络问政的内涵与外延进行无限制的增生放大。笔者认为，网络问政是现实政情与网络舆情互动的产物，本质上是一种主体间性的存在。从网络问政的主客体角度来解读，一方面它是网民以网络为载体，来反映问题、表达诉求和发表建议，充分行使作为一个公民"应有"和"实有"的知情权、参与权、表达权和监督权。在这里，网民发表言论的渠道主要是微博客、微信、论坛、新闻跟帖或一些网站开设的官民互动栏目、意见征集平台等。另一方面，它也是党政机关和领导干部通过网络，来倾听民意、汇集民智。与传统官民互动有别的是，网络上党政领导、人大代表、政协委员与公民的对话更趋平等性，并被赋予对话客体更多的权利，这种对话模式为实现科学决策、民主决策提供更多的可能性和可预期性，从而在政府治理的本身实现政府对社会公共事务与国家政治生活合理有效的治理。

网络问政因其自身具有的特有优势，近年的发展呈现以下特点。

首先是公众参与的低成本和直接互动性。网络本身的开放性和易操作性，既缩短了公民参与政治的距离成本，又缩短了公民参与政治的时间成本。网民只要拥有一台台式或者笔记本电脑，抑或一个多媒体手机，就能全方位参与网络问政的所有环节，不像传统的"民主投票""问卷调查""上访"等政治参与模式，网络问政的主体参与成本非常低廉，而且简单易操作。与此同时，网络的架构特征，使得参与其中的每一个网民都可以直接表达自己的政治观点和价值趋向，实现"一对一"的对话沟通模式。

其次是主体的平等性和内容的相对开放性。互联网赋予每个公民丰富的基本人权保障条件，诸如言论自由、集会虚拟、人身自由权等。公民在网络问政过程中，就某一个特定的议题展开问政时，其法律地位是一样的，政治机会也是橄榄型而非金字塔式，这种平等的虚拟世界参政议政权利，与我国现实政治体制与政治实践中的各方面等级限制与权力禁区有着巨大的差异性，体现出网络问政主体的对话平等性。与此同时，从技术层面来看，互联网还体现为内容文本及传播的自由开放性，任何形式的管控都面临诸多困难。每个网上参政议政主体可以根据自己的政治偏好和兴趣点，较为自由地查看国内国外网页，能轻松接触到信息点，自由传达自己对政治热点问题的看法认识，有的时候还可

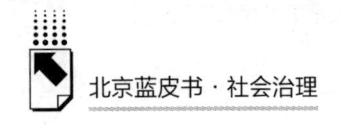

以参与政治生活。

再次是网络媒体与传统媒体的互动性越来越强。当前,新媒体蓬勃发展,传统媒体只有与新媒体相互交融才能获得新生。网络问政是网络新媒体与传统媒体互动的一个镜像。公民在现实政治世界里通过传统媒体的报道接受到信息源,消化后在网络媒体中反馈,即表达自己的政治观点与意愿,一旦网民的意见形成规模效应,又会输出给传统媒体,对传统媒体造成影响,这种活动模式是典型的"输入—反馈—输出"。如果考察近年来的诸多社会热点问题,大多是从网络上首先发起,网民广泛参与讨论,随后传统媒体介入,在网络媒体与传统媒体的互动中产生"1+1>2"的放大效应。

最后是网络问政的影响力越来越大。网络问政作为一个新事物,其聚集的能量呈井喷之势。一方面,网民的参与面越来越广,前几年的参与主体主要是知识分子和年轻人以博客为媒介传播,而当前各年龄段、各种职业、各利益群体都开始参与其中,尤其微信、微博的发展,使得网民参与的积极性和便捷性程度大大提高。另一方面,各级领导干部对网络问政的态度由"雾里看花"到"触网互动"。胡锦涛通过人民网与网友在线交流;温家宝在两会期间积极回答两会网友提问,这些都表明从中央到地方,领导干部对网络问政的重视程度越来越高。此外,网络问政已不仅仅局限于网上"说说就摆",已越来越多地影响到舆论态势及政府政策制定等。

二 网络问政的作用与功能

当下,随着互联网的应用越来越广泛,影响越来越巨大,网络问政是一面镜子,可以帮助领导干部正正衣冠,帮助党委政府部门发现自己工作中存在的不足,看到与民众的要求差距。可以说,网络问政已成为我国各级党和政府在新形势下走"群众路线",实践"中国梦"的新方式。

首先,丰富了我国民主协商的新形式,扩大了人民群众的政治参与。网络问政的出现有利于丰富我国社会主义制度的内容体系,健全社会主义民主形式。网络问政作为人民群众行使知情权、参与权、表达权、监督权的重要渠道,已成为我国社会主义民主政治发展的新体现。以全国两会为例,近年来网民积极参与"网上提案议案"征集活动；一些地方政府的工作报告还突出提到网络民意的重要性；一些法律法规的废止与出台也与网络民意密切相关。这些都从一个层面表明，网络问政把公民从间接参政议政过渡到时间与空间全方位的直接参政议政程序，使得我国的民主政治信息与参与获得更广泛的多元共享与直接互动。

其次，有利于促进政府理念和职能的转变，成为实现服务型政府的重要载体。政府与网络上的网民的直接沟通互动，既拉近了政府与民众的关系，方便政府了解民情，同时也提升了政府服务人民的形象。网络问政实际上是党政机关和领导干部以网络为平台同群众进行"零距离"接触。也就是说，政府可以通过网络问政吸收广大网民的各项建议，使政府的政策规划更加科学合理，更加贴近百姓，更加推动科学发展，这种互动是目前推动我国各级政府转型为服务型政府的重要催化剂。例如，北京"7·21"特大自然灾害中后期，北京市政府积极主动与网络互动，及时发布汛情灾情，迅速平息了网络上的各种流言蜚语，塑造了服务型政府的良好形象。

再次，汇聚民智，促进了科学民主决策。政府的科学决策离不开公众的及时参与。民主、平等、协商的公共政策环境需要各方面的参与才能实现，而网民作为新兴的力量，通过网络新平台参与公共决策制定的过程，将是政府决策科学民主的强有力的后盾。例如，全国假日办在决定国家法定节假日调整方案时，有近350万网民参与投票。中共十八大和国家"十二五"规划都通过互联网广泛征求意见建议。

最后，融洽党群干群关系，促进和谐社会建设。网络问政是在当前新形势下我党贴近百姓，坚持走"群众路线"、实践伟大"中国梦"的重要体现。近期从中央到地方，在广泛开展群众路线教育活动，网民也积极参与其中，对各地的"四风"问题积极建言献策，客观上舒缓了社会矛盾。此外，网络问政还有利于减少各式各样的非正常渠道的上访、维权等，通过网上信访工作的积极开展，使之成为名副其实的为老百姓排忧解难的高速快车道。例如，在北京"7·21"特大自然灾害中，北京市政府的一些官方微博，如"北京微博发布厅""平安北京""气象北京"等发布灾害信息、安全防范提示和工作动态，很多网民留言称"树立政府为人民服务的新形象""有人情味"等。

三 北京"7·21"特大自然灾害中微博网络问政的特点及问题

在北京"7·21"特大自然灾害中,微博网络问政除具有匿名性、开放性、互动性、便捷性等与其他互联网工具应用类似属性外,还呈现出以下特点:首先,网络问政是官民互动的重要平台。例如,官方收到的被困于房山的几十名学生的信息就来自新浪微博,而官方也在第一时间通过网络与受困师生进行互动,了解灾情及现场的实况。可以说,在"7·21"特大暴雨中微博,尤其是政府微博成为官民互动的新平台,快速便捷地实现了双方的交流沟通。其次,网民在微博上参与互动的议题多样。新浪、搜狐与腾讯等商业门户网站微博上有关"7·21"特大暴雨的议题既有官方采取的各种救灾措施,也不乏质疑政府救灾能力的声音。网民参与的议题多样性与网络的自由开放性密切相关。再次,网络问政的一些内容比较零碎,没有特定的中心目标。在北京"7·21"特大暴雨中,网络问政的内容较为零碎,其指导方针和组织目标模糊,符合当下自媒体的发展的特性。这从一个侧面表明,网民通过微博问政的信息源渠道的活动大多是网络上的"二手"甚至"多手"信息,一些有关暴雨的看法认知也与问政主体的生活习惯、学识背景以及政治倾向等有关。最后,微博网络问政的围观氛围浓厚。客观说,拘于网络的特殊性质,网络问政更偏爱质询。中国青年报社会调查中心2013年3月份的调查数据显示,中国网民更愿意发表负面评价。同样,在北京"7·21"特大暴雨中,批评性的意见也很多,尤其是质疑政府能力的声音此起彼伏。

从技术层面来说,任何先进的技术都是一把"双刃剑",网络问政由于产生的时间并不久远,其发展不可能一帆风顺,笔者结合北京"7·21"特大自然灾害,认为当前的网络问政建设存在以下一些问题。

首先,网络问政的总体战略发展方向模糊,缺少顶层设计。网络问政是我国步入全面建成小康社会新时期的一种新的政治民主协商模式,无论是中央机关政府还是地方政府大多是"摸着石头过河",在探寻适合本部门本地区的问政发展规律。到目前为止,由于我国政府对网络问政的未来发展方向没有明确给出整体清晰的规划，缺乏可持续的发展动力。网络问政方向不明确、定位不清晰，容易导致诸多问题的产生，比如，网络问政的政府服务不及时，激励保障措施缺乏，人力物力财力严重滞后等一系列问题。此外，由于网络问政的顶层设计缺失，网络问政的机制化进程受阻，一些网民的问题得不到及时回复，同时网民的一些宝贵建议也很难被反馈回政府吸收，从而导致问政的作用式微。在"7·21"特大自然灾害微博舆情管理中，有关部门的信息发布、互动回应的质量与公众的期待还有差距，在某些事件上引发了舆论热点，造成一定的压力。

其次，一些领导干部不熟悉网络舆论规律，导致应对不力。网络问政是信息时代的产物，本质是网络时代民主参与的诉求，是实现社会主义民主的有力渠道。但在现实情况下，"众多政府官员的眼中，只是把它当做适应政府转型的趋势，宣传政绩工程的手段。"① 可以说，近年来很多网络热点事实表明，不少领导干部对运用互联网了解民意、化解矛盾、改进决策存在明显的不适应。一些地方政府网站和政府官员对市民的问政工作敷衍了事，有很大的作秀成分，没把它当做一个工作来认真对待，消极怠慢，严重影响了网络问政的健康发展。

再次，网络民意存在片面性，泛政治化倾向明显。由于我国互联网发展存在区域和城乡发展不平衡等问题，使得网络上的各种民意往往带有地区尤其是城市偏好特性。虽然网络的平等性和开放性赋予网民具有平等的参政议政地位，但现实政治生活中由于受我国经济发展水平的差异，城市和农村、东部和中西部呈现出参与量的不平等特征。此外，网络谣言和网络非理性声音突出，容易形成一边倒。如"北京房山灾区伤情严重，死伤过千""市领导引咎辞职""《经济观察报》报社大门被贴封条，牌子被摘下"等，借用微博编造和散布谣言，造成社会混乱，引发公众对抗情绪，大大增加了社会运行成本。

最后，技术层面存在盲区，一些政府网站渠道不畅，难以成为网络问政的主渠道。网络黑客、数据鸿沟、宽带问题等技术上的缺陷制约了我国网络问政的进一步发展。而一些政府网站的不作为，更为网络问政设置了拦路虎。政府

---

① 章立：《切实提高舆论引领能力》，《共产党人》2010年第5期。

网站应是为广大公众提供更多交流与沟通的载体，发挥为民服务、解决问题的作用。但是从目前我国政府门户网站的版面设计来看，版面的很大部分都用在政府的公文和要闻发布方面，而真正用于与外部沟通和交流的版面很少，而且这些栏目大多还位于网站的不显眼地方，且大多为摆设。《中国青年报》调查显示，关于"青年通过网络参政议政的渠道"，59%的人首选各大论坛，26.1%的人选择各大新闻网站，仅有10.4%的人选择政府网站；40%的人几乎从未访问过政府网站，42%的人只是"偶尔访问"；只有10.3%的人反映"在政府网站上提交的询问能及时得到答复"。

四 规范网络问政的对策建议

首先，树立服务理念，制定政府网络问政平台建设规划，积极为网民提供平等的网络问政机会。从本质意义上来说，网络问政是互联网全媒体时代政府实现自我创新自我发展，更好地服务于公众的一个新的途径。我国各级党委政府只有把网络问政作为实现服务型政府的重要桥梁手段，作为落实信息化时代"群众路线"的重要法宝，作为实践"中国梦"聚集网络正能量的有效平台，才能使之实现健康发展。

基于服务型政府的目标导向，网络问政的平台建设需要不断探索与完善，要着眼于顶层设计，侧重于长远战略性思考。党和政府要适时依据最新的网络技术及社会发展情况，适时出台政策规范网络问政。在经济基础设施投资方向上，要加快城乡尤其是中西部地区的网络基础建设，有效推动我国网络资源的合理分配，降低互联网与远程通信费用，使信息技术的发展成果普遍共享。

其次，健全网络问政的管理体制机制，把握舆论引导的主动权。要做好网络问政工作，关键在人，尤其是政府需要建立一支热心服务公众的网络队伍。转型时期社会矛盾容易积聚爆发，应重点加强网络问政的引导，积极实践成立网络问政评论引导员队伍建设，不断聚集网上正能量。

再次，培养健康的网络问政环节，提升网民媒介素养。一方面，要全面平衡掌握议题的相关信息，充分了解政府政策出台的相关情况。另一方面，网民要尊重他人参政议政的权利，包容不同的声音。每个网民既要维护自己的问政权利，也要尊重他人的问政权利，只有这样才能形成一个更为健康的网络问政秩序环境。此外，网民还应遵守我国法律法规，培养公民意识，法律意识，处理好与他人与集体的关系，才能真正实现问政的价值所在。

最后，领导干部要提升与网络打交道的能力，积极发挥官方微博及各级领导人微博的作用。要紧密结合群众路线教育的开展，各级领导干部要了解网络传播规律，提高对网络舆情的分析和研判能力，通过网络问政平台，进一步深入基层，深入群众。要着实改变一些领导干部"躲网""怕网"的心态，主动知网、用网，要把网民在网络上的"问政""吐槽""质疑"甚至批评的声音看做是推动工作开展，改进工作不足的手段，把网络问政打造成为民服务的有效载体。

B.24 谣传活跃度与北京居民认知：潜在关联实证研究

熊 炎*

摘　要： 研究发现：首先，居民对谣传中的民生性、人物知名度、传者知名度、利他性的认知是传播意愿的显著预测因子。其次，居民对谣传中的领导级别、利己性的认知是传播与否的显著预测因子。再次，居民对谣言中的搞笑、领导层级、情色、专业、传者知名度、仇官、歧视、求证难度、反驳者专业、人物知名、恶心、指示、利他的认知是谣传知晓程度的显著预测因子。最后，居民对谣传中主体知名、价值性、危害性、敏感性的认知是谣言活跃度的显著预测因子。

关键词： 谣传活跃度　内容预测因子　谣言治理　实证研究

2013年，随着网络谣言越来越受重视，相关研究也越来越多。早在2011～2012年我们就开始着手做谣言知晓率的社会调查，以期获得影响谣言传播速度与广度的内容特征。① 2013年6～10月，为了从居民认知的角度进一步验证谣言内容与其活跃度内在关联，课题组在北京地区通过QQ、电子邮箱、面对面访谈、问卷调查等形式随机发放了400份问卷，有效问卷321份，有效率约为80.3%，现将调查结果公布如下。

---

* 熊炎，北京市社会科学院首都社会管理综合治理研究所副研究员，管理学博士，研究方向为社会治安与应急管理。
① 熊炎：《谣言研究新方法：内容活跃度预测因子探究》，《现代传播》（中国传媒大学学报）2012年第3期。

一 被调查者人口特征

性别方面，被调查者中女性多于男性。女性为164人，占有效样本的51.2%；男性为156人，占有效样本的48.8%。有1份有效问卷性别选项没有填写。职业方面，被调查者中社会人员多于学生。社会人员为232人，占总样本的72.3%；学生人数为89人，占总样本的27.7%。在年龄方面，被调查者以青年为主。18~39岁累计人数比例为93.1%，其中，18~29岁有175人，占有效样本的55.2%；30~39岁有120人，占有效样本的37.9%。中老年样本中，40~49岁有15人，占有效样本的4.7%；50~59岁有5人，占有效样本的1.6%；60岁以上有2人，占有效样本的0.6%。有4份有效问卷的年龄选项漏填。在收入方面，被调查者以中低收入人群为主。低收入有129人，占有效样本的41.3%；中下等收入样本有86人，占有效样本的27.6%；中等收入样本有81人，占有效样本的26%；中上等收入有11人，占有效样本的3.5%；高收入有5人，占有效样本的1.6%。有9份有效问卷收入项漏填，收入项是以被调查者主观感觉为填写依据。

二 谣传内容特征的居民认知

问卷请居民回忆一则最近听到或看到的谣传，即"尚未证实的报道、陈述、诠释、阐述或故事"，并对谣传的内容进行量化评价。谣传内容特征的问题选项采用11个刻度（0~10），[①]"0"表示谣传中不存在此项内容特征，如谣传中没有情色内容；"10"表示谣传中某项内容特征的表现形式达到了极致，如谣传极其情色。谣传类型的问题选项由"正面""中性""负面"三个选项组成。

在敏感性方面，被调查者所列谣传中包含负面恐惧内容的有219则/次，

[①] J. L. Esposito, *Subjective Factors and Rumor Transmission: A Field Investigation of the Influence of Anxiety, Importance, and Belief on Rumormongering*. Doctoral dissertation, Temple University, 1986/1987.

占 68.2%；包含正面希望内容的有 18 则，占 5.6%；包含中性内容的有 74 则，占 23.1%；无法辨别类型的有 10 则，占 3.1%。这与以往研究中负面谣言数量最多，正面谣言数量最少的结果相似。[1] 谣传样本中包含仇富内容的有 187 则/次，占 58.3%；包含仇官内容的有 204 则/次，占 63.6%；涉及党政领导的有 220 则/次，占 68.5%。包含民族、宗教、外来人口等歧视性内容的有 193 则/次，占 60.1%。涉及突发公共事件的有 226 则/次，占 70.4%。有求证难度的有 280 则/次，占 87.2%。可见，当前谣传普遍包含敏感内容。"敏感性"源自于"敏感词"，是指"带有敏感政治倾向（或反执政党倾向）、暴力倾向、不健康色彩的词或不文明语"。[2] 当然，这一解释并不完全，现实中诸如民族仇恨、恐怖袭击、邪教妖言等影响社会稳定的词汇也会被列为敏感词。如果一则谣传中带有敏感词，网络管理者将会及时检索该谣传，并对其进行审查和调控，甚至有时网络上根本就无法输入或显示敏感词，因此带有敏感词的谣传难以在网上传播。敏感词正是谣传敏感性特征在网络上的技术表现与产物。卡斯·桑斯坦认为，"动荡的环境会加速谣言的滋生与传播。"[3] 现实中人们将突发事件前后的一段时期称之为"敏感期"，因此将谣传相关事件的动荡程度纳入敏感特征来计量研究具有一定的合理性。此外，据法制网舆情中心统计："2012 年网络谣言事件中，超过一半的谣言与腐败话题相关，其中谣传官员非法敛财或冒充公职人员炫富的占 20.7%。"[4] 现实中人们对涉及高层官员腐败的谣传也定性为敏感类信息，因此将仇官仇富情节、高级别官员负面信息纳入谣传的敏感性特征进行考量，也具有一定的理论与现实依据。简而言之，敏感性越高，代表谣传的相关突发事件越动荡、仇官仇富情节越强烈、涉及官员级别越高等，谣传也就越不容易传播。表面上看，这一论断适用于以互联网为主要沟通渠道的人群或区域，现实中是否如此？喻国明认为，北京地区曾经发生的"抢盐事件"中谣传并不是主要依赖于网络这一渠道，而

---

[1] R. L. Rosnow, J. L. Esposito, L. Gibney, "Factors influencing rumor spreading: replication and extension," *Language and Communication* 1988 (8): 29 – 42.
[2] 百度百科，http://baike.baidu.com。
[3] 〔美〕卡斯·桑斯坦：《谣言》，中信出版社，2010，第 93 页。
[4] 法制日报社《政法舆情》编辑部：《2012 年网络谣言事件研究报告》（未出版）第 5 页。

更多的是依赖于40岁以上家庭妇女的口口相传。① 因此，在一个以口口相传为主要沟通渠道的人群中，这一论断是否依然有效，需要进一步通过数据来验证。

在生动性方面，被调查者列举的谣传中附带图片的有181则/次，占56.4%；附带视频的有70则/次，占21.8%。谣传中包含情色内容的有123则/次，占38.3%；包含暴力内容的有166则/次，占51.7%；包含恶心内容的有166则/次，占51.7%；包含搞笑内容的有151则/次，占47%；可见，当前相当一部分谣传充斥着情色、暴力、恶心与搞笑等情愫。关于生动的谣传更可能被传播的论断，斯坦福与杜克大学的教授们曾做过三次实证研究。第一次研究，由63个杜克大学本科生对112个网络城市传奇的情愫内容与传播意愿进行评级，结果发现：城市传奇导致的恶心、有趣、惊讶级别越高，人们对该传奇的传播意愿越高。第二次研究，将12则传奇编辑成低度、中度、高度恶心三组范本，由42名杜克大学的本科生对三组范本的情愫内容和传播意愿进行评级，结果发现：人们更愿意传播高度恶心的谣传，同时谣传导致的兴趣、愉悦、鄙视级别越高，人们对该传奇的传播意愿也越高。第三次研究，对76则传奇的7类恶心因子数量与登载网站数量进行统计，结果发现：谣传的恶心因子越多，传播意愿与登载网站数量越多，同时谣传越使人愉悦，人们越不愿意传播。② 那么在北京地区又有哪些生动性情愫可能会影响到谣传活跃度？近年来情色、暴力、搞笑、恶心等情愫充斥在各类谣传，是否它们也会显著影响谣传活跃度？

在价值性方面，被调查者列举的谣传中包含利他内容的有201则/次，占62.6%；包含利己内容的有170则/次，占53%。包含专业知识的有188则/次，占58.6%；包含指示和应对措施的有211则/次，占65.7%。可见，价值性是现实谣传的一种重要内容特征。关于价值高的谣传更容易传播的论断，迪方佐等人通过互联网就癌症谣言议题访谈了169名在线癌症论坛成员。受访者认为癌症谣言对他们有所帮助，恐惧谣言数量多于希望谣言。通过谣言进行感

---

① 喻国明：《中国社会舆情年度报告》(2011)，人民日报出版社，2011，第242页
② C. Heath, C. Bell, & E. Sternberg, "Emotional selection in memes: The case of urban legends", *Journal of Personality and Social Psychology*, 6, 2001, 81 (6): 1028–1041.

情控制的要多于行为控制。谣言内容集中在癌症的致命性、原因、苦难。谣言最初源于与家人和朋友面对面的交谈。受访者与医疗人士谈论谣言是为了寻求真相,但与非医疗人士谈论谣言是出于利他、感情处理、关系提升等动机。与不转播的人相比,传播的人认为谣言更重要、更令人焦虑,以及谣言对他们有所帮助,但他们对谣言并没有表现出更多的信任或不确定性。大多数受访者相信谣言;信心源自于对家人和朋友的信任,以及信仰、观念和经验偏好。[1] 可见,利他、利己、专业、指示等价值因素与谣言活跃度存在着关联。加之,有关转基因食品、辐射危害、垃圾焚烧污染的谣传曾在北京地区广为流传,为此,进一步通过北京数据验证谣传内容价值性与其活跃度之间的潜在关系显得必要。

在主体知名度方面,被调查者列举的谣传中包含知名来源主体的有233则/次,占72.6%;包含专业来源主体的有230则/次,占71.6%;包含知名人物或单位的有254则/次,占79.1%;包含知名反驳主体的有248则/次,占77.3%;包含专业反驳主体的有237则/次,占73.8%;可见,主体知名是谣传普遍包含的一种内容特征。关于主体知名或专业的谣传更容易传播的论断,Jaeger等人曾经通过实证研究发现:不可靠的信源会导致高焦虑组与低焦虑组的传播过谣言的人数百分比差异缩小,而焦虑一直被认为是提高谣言活跃度的主要因素,也就是说信源的不可靠将削弱焦虑与谣言传播之间的正向互动力。[2] Schachter等人也通过实验发现:如果谣言中的主人公为人所熟知,那么谣言会被更多地传播。[3] 笔者也曾在高校学生调查中发现:辟谣主体越知名,谣言知晓率越高。[4] Bordia等人做了一个有关机构改革谣言辟除主体适当性的实验。结果显示组织最高职位出面辟谣的效果并不是最有效的;

---

[1] N. DiFonzo, N. Robinson, J. Suls, C. Rini, Rumors About Cancer: Content, Sources, Coping, Transmission, and Belief. *Journal of Health Communication*, 2012, 17 (9): 1099 – 1115.

[2] Jaeger, M. E., Anthony, S., & Rosnow, R. L., Who hears what from whom and with what effect: A study of rumor. *Personality and Social Psychology Bulletin*, 1980 (6): 473 – 478.

[3] Schachter, S., Burdick, H., A field experiment on rumor transmission and distortion. Journal of Abnormal and Social Psychology, 1955 (50): 363 – 371.

[4] 熊炎:《谣言研究新方法:活跃度内容预测因子探究》,《现代传播》(中国传媒大学学报) 2013年第3期,第70~76页。

相反，与谣言传播范围相匹配的职位层次在减少焦虑与信谣度方面成效突出。① 可见，辟谣主体如果超过了匹配层级，那将出现辟谣知名度越高，谣言活跃度越高的现象；如果低于匹配层级，也会出现辟谣知名度越高，谣传越不活跃的现象。这些论断是否适用于北京？有待数据的进一步证实。此外，谣传主体的专业性是否与谣传活跃度存在着显著关联？也是一个问题。

在危害性方面，被调查者列举谣传中传播起来会有罪责感的有243则/次，占75.7%；包含民生内容的有222则/次，占69.2%。可见，危害性这一内容特征普遍存在于现实谣传中。关于危害性大的谣传不易传播的论断，奥尔波特等人曾指出："如果人们处于严密的监视之中……并且沉重的惩罚被强加到谣言传播行为之上，那么人们将更多或更少地限制自己。"② 如果一则谣言会给传播者带来危害，那么传播者是否还会将这则谣言传播下去？从历史上来看，1768年发生的"叫魂"妖言事件曾经震动过大半个中国，清朝政府所采用措施就是高压打击政策，因此还产生了许多冤假错案。③ 20世纪50年代发生的"毛人水怪""割蛋"等谣言也给中国社会造成过恐慌，新中国当时也是通过高压打击政策来压制谣言传播。④ 2012~2013年间，北京地区也开展了声势浩大的依法打击网络谣言行动。可见，自古以来执政者就认为增加传谣成本是抑制谣言的良方。换句话说，谣言内容对传播者危害性越大，人们就会越不愿意传播该谣言。然而，这一论断始终没有找到数据支持，对此一些研究者观察到前苏联越打击传谣，谣传越活跃的现象。还有一些研究者提出"反弹理论"，即对某一谣传的传播行为越是压制，人们越是对该谣传好奇至极。⑤ 对于这一争议，我们将进一步通过数据来验证孰是孰非。

---

① P. Bordia, N. DiFonzo, V. Travers, " Denying rumors of organizational change: A higher source is not always better." *Communication Research Reports*, 1998, 15（2）: 188 – 197.
② G. W. Allport, L. Postman, *The Psychology of Rumor*. New York : Holt, Rinehart and Winston, 1947: 35.
③ 孔飞力：《叫魂：1768年中国妖言大恐慌》，上海三联书店，2012。
④ 李若建：《虚实之间：20世纪50年代中国大陆谣言研究》，社会科学文献出版社，2011。
⑤ R. L. Rosnow, Psychology of rumor reconsidered. Psychological Bulletin, 1980, 87（3）: 578 – 591.

三 北京谣传的活跃度

"谣传活跃度"(Rumor Activity)一词曾经出现在美国学者迪方佐等人的一次谣传实证研究中,用于表示人们对某一谣传的"讨论热烈程度"与"传播频次"的主观印象。[①] 由于该词能够较好地涵盖人们对某一谣传的传播意愿与知晓率,为此,我们决定用"谣传活跃度"一词来总体表述被调查者对谣传的传播意愿与知晓率。

在谣传知晓率方面,被调查者所列举谣传既有鲜为人知的,也有人尽皆知的,与以往研究相比,本次研究收集的谣传样本更接近于现实情况,如图1所示。反观以往研究,多是以知名谣传或人造谣传为研究对象,要么知晓率过高,要么知晓率过低,这些异常情况都可能会影响到实证结果的科学性。

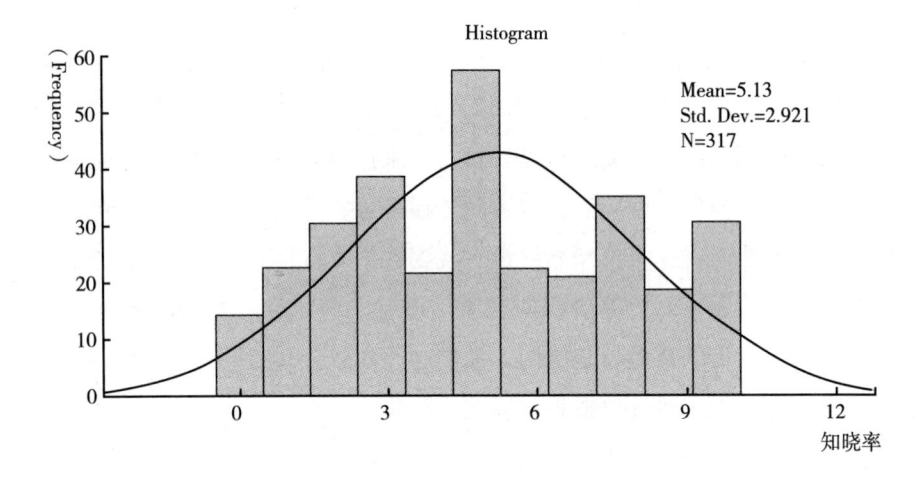

图1 谣言知晓程度频次分布

在传播意愿方面,被调查者列举的321则/次谣传中,有245则/次被调查者表示愿意与其他人讨论,占76.3%;有73则/次被调查者表示不愿

[①] N. DiFonzo, P. Bordia, "Corporate rumor activity, belief and accuracy." *Public Relations Review*, 2002, 28 (1): 1 - 19.

意与其他人讨论，占22.7%；有3人拒绝回答该项目，占0.9%。可见，现实中超过3/4的人会传播谣传，而只有将近1/4的人不会传播谣传，如图2所示。

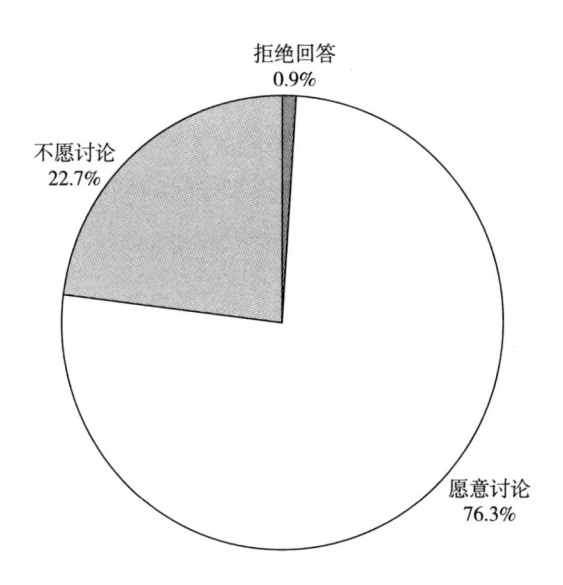

图2 谣言传播意愿分布

四 实证结果

实证研究运用了IBM SPSS 20.0、AMOS 17.0等统计工具，对可能影响谣传活跃度的人口统计特征、谣传内容特征进行了统计分析，获得以下实证结果。

（一）人口特征与谣传活跃度

第一，女性所关注的谣传较为小众化。男性被调查者传播谣传的意愿（M = 4.08，SD = 3.38）与女性被调查者（M = 3.71，SD = 3.31）的差异并不显著，t（315）= 0.98，p = 0.33。女性（76.4%）愿意讨论谣传的人数比例与男性（77.6%）相差不大。这一结果没有支持国外研究中男性传播谣传意愿低于或高于女性的论断,① 但与台湾一次相关研究的结论一致。② 男性被调查者（M=5.63，SD=2.8）所列举谣传的知晓率显著高于女性被调查者（M=4.61，SD=2.95），t（314）=3.16，$p<0.01$。由此类推，女性所列谣传要比男性所列举的生僻。

第二，30岁以下成年人所关注的谣传较为小众化。年龄对传播意愿的影响不显著。75.7%的18~29岁的被调查者表示愿意讨论谣传，79.4%的30岁以上的被调查者表示愿意讨论谣传。30岁以上的被调查者（M=5.6，SD=2.87）所列谣传的知晓率显著高于18~29岁的被调查者（M=4.84，SD=2.91），t（311）=2.32，$p<0.05$。可见，30岁以下的成年人所列举谣传要比30岁以上的人所列举的生僻。

第三，低收入者所关注的谣传较为小众化。收入对传播意愿的影响不显著。78%的低收入被调查者表示愿意讨论谣传，76%的中等以上收入的被调查者表示愿意讨论谣传。中等以上收入的被调查者（M=5.61，SD=2.83）所列谣传的知晓率要显著高于低收入的被调查者（M=4.44，SD=2.97），t（306）=3.5，$p<0.001$。可见，低收入者所列举谣传要比中等以上收入者所列举的生僻。

第四，学生所关注的谣传较为小众化。职业对传播意愿的影响不显著。75.8%的社会人员表示愿意讨论谣传，80.5%的学生表示愿意讨论谣传。学生（M=3.75，SD=2.71）所列谣传的知晓率要显著低于社会人员（M=5.67，SD=2.83），t（315）=-5.48，$p<0.001$。可见，学生所列举谣传要比社会人员所列举的生僻。

（二）居民认知与谣传活跃度

第一，居民讨论正面与负面谣传的意愿较高，讨论中性谣传的意愿较低。正面谣传的传播概率为94.4%，概率最高；负面谣传的传播概率为78%，概

---

① Walker, C. J. & Blaine, B., "The virulence of dread rumors: A field experiment." *Language & Communication*, 1991, 11 (4), pp. 291-297. Anthony, S. & Gibbons, S., "Believability and importance as determinants of rumor among deaf college students," *American Annals of the Deaf*, 1995, 140, pp. 271-278.

② 钟宏彬：《影响网络谣言传播的因素及扩散模式》，台湾政治大学硕士学位论文，2002年，第6章第4页。

率其次；中性谣传的传播概率为72.2%，概率最低。这一结果与国外以往研究结果相同。[①] 由谣传类型的变化引起的传播意愿的变化，$F(2, 305) = 4.75$，$p<0.01$，$\eta^2 = 0.03$。Dunnett T3 的事后检验程序表明正面谣传（$M = 5.50$，$SD = 3.75$）和负面谣传（$M = 4.10$，$SD = 3.42$）的传播意愿显著高于中性谣传（$M = 3.07$，$SD = 2.8$）的传播意愿，正面谣传与负面谣传的传播意愿没有显著差异。由谣传类型变化引起的谣传知晓率的变化，$F(2, 304) = 4.14$，$p<0.05$，$\eta^2 = 0.02$。Tukey 的事后检验程序表明负面谣传（$M = 5.48$，$SD = 2.73$）的知晓率显著高于中性谣传（$M = 4.41$，$SD = 3.27$）的知晓率，正面谣传与负面谣传、正面谣传与中性谣传的知晓率没有显著差异。

第二，谣传中的民生性越强、人物越知名、来源越知名、利他性越强，居民讨论该谣传的意愿越强烈。通过逐步回归法，用24个谣传内容特征的居民认知变量建立一个多元回归模型来预测居民对谣传的传播意愿，总的来说这个回归模型是显著的，$F(6, 265) = 11.95$，$p<0.001$，$adj. R^2 = 0.20$。在被调查的预测变量中，民生性 [$B = 0.19$, $t(265) = 3.36$, $p<0.01$]、人物知名度 [$B = 0.19$, $t(265) = 3.00$, $p<0.01$]、来源主体知名度 [$B = 0.18$, $t(265) = 2.94$, $p<0.01$]、利他性 [$B = 0.15$, $t(265) = 2.55$, $p<0.05$] 是显著预测变量，情色 [$B = -0.10$, $t(265) = -1.84$, $p<0.1$] 与利己 [$B = 0.11$, $t(265) = 1.88$, $p<0.1$] 是不显著的预测变量。

第三，谣传中领导级别越高、利己性越强，居民讨论该谣传的几率越大。通过强制进入法，用24个谣传内容特征的居民认知变量建立一个二元 Logistic 回归模型来预测居民对某一谣传传播与否，总体来说这个回归模型显著区别于零模型，$X^2(24, N = 272) = 36.83$，$p<0.05$，Nagelkerke $R^2 = 0.19$。模型正确率从零变量模型的77.6%提升到80.1%，能够准确判断97.2%的传播行为与21.3%的不传播行为。在被调查的预测变量中，只有领导层级（$B = 0.16$, $SE = 0.07$, $wald = 5.14$, $p<0.05$）与利己性（$B = 0.18$, $SE = 0.08$, $wald = 5.47$, $p<0.05$）是显著预测变量。具体来说，谣传内容中的党政领导

---

① R. L. Rosnow, J. L. Esposito, L. Gibney, "Factors influencing rumor spreading: replication and extension," *Language and Communication*, 1988, 8, 29–42.

级别每增高一个单位，该谣传被传播的发生比（传的百分比/不传的百分比）会增加17.5%（$e^{0.161}-1≈0.175$）；同样谣传内容中的利己程度每增加一个单位，该谣传被传播的发生比会上升20.2%（$e^{0.184}-1≈0.202$）。

第四，谣传中情节越搞笑、领导层级越高、越情色、越专业，该谣传知晓率越低；同时，谣传中传者越知名、情节越仇官、内容越歧视异类、求证难度越高、反驳者越专业、人物越知名、情节越恶心、指示越明确、利他性越强，该谣传知晓率越高。通过逐步回归法，用24个谣传内容特征的居民认知变量建立一个多元回归模型来预测谣传知晓率，总的来说这个回归模型是显著的，在被调查的预测变量中，搞笑、领导层级、情色、专业，传者知名、仇官、排外、求证难度、反驳者专业、人物知名、恶心、指示、利他是显著预测变量，图片是不显著的预测变量，具体数据如表1所示。

表1 谣传知晓率多元线性回归模型

方法：向后逐步回归	非标准系数		标准化系数	t	Sig.
	B	标准误	Beta		
（Constant）	1.756	0.333		5.278	0.000
图片	0.539	0.281	0.092	1.917	0.056
情色*	-0.144	0.060	-0.135	-2.411	0.017
恶心*	0.131	0.054	0.138	2.419	0.016
搞笑*	-0.259	0.057	-0.228	-4.559	0.000
仇官	0.148	0.046	0.188	3.179	0.002
求证	0.130	0.043	0.152	3.000	0.003
传者知名度*	0.238	0.046	0.277	5.153	0.000
人物知名度*	0.114	0.045	0.145	2.529	0.012
反驳者专业性*	0.129	0.045	0.147	2.854	0.005
涉谣领导层级*	-0.118	0.051	-0.141	-2.314	0.021
指示*	0.109	0.052	0.112	2.083	0.038
利他*	0.099	0.048	0.108	2.067	0.040
专业*	-0.120	0.055	-0.112	-2.161	0.032
排他*	0.159	0.050	0.181	3.173	0.002

注1. 被调查者数量=271，$F(14, 256)=16.11$，$p<0.001$，adj. $R^2=0.44$。
2. "*"代表$p<0.05$，统计学意义上的显著。

第五，只有当恶心、情色、暴力、搞笑等生动性因素出现在敏感事件或人物的谣传中，生动性因素才能显著提高该谣传的活跃度。研究将24个内容特征认知变量归纳为 5 个主要内容特征认知变量，将谣传传播意愿与知晓率合并为谣传活跃度，通过 AMOS 统计分析居民认知与谣传活跃度的内在关联性。在信效度检验中，除了生动性的 6 个显变量的总体 Cronbach's-α 值为 0.67 外，其他 5 个潜变量的总体 Cronbach's-α 值都在 0.7 以上，表示问卷设计具有较高的信度，且 5 个潜变量内部一致度可获接受。初始模型总体拟合效果没有达到可以接受的标准，生动性对谣传活跃度的影响没有达到显著水平。为此，笔者根据修正指数对结构模型进行了修改。修正以后的结构模型基本上达到了可以接受的标准，但模型中生动性不再直接影响谣传活跃度，而是通过敏感性对谣传活跃度产生间接影响。也就是说，生动性的提高并不直接导致谣传活跃度的提高，而是通过提高敏感性来间接提高谣传活跃度。例如，只有当恶心、情色、暴力、搞笑等生动性因素出现在敏感事件或人物的谣传中时，生动性因素才能显著提高该谣传的活跃度。从整个结构方程模型看，谣传的主体越知名、价值性越高、危害性越强、敏感性越高，谣传越活跃（如图 3 所示）。

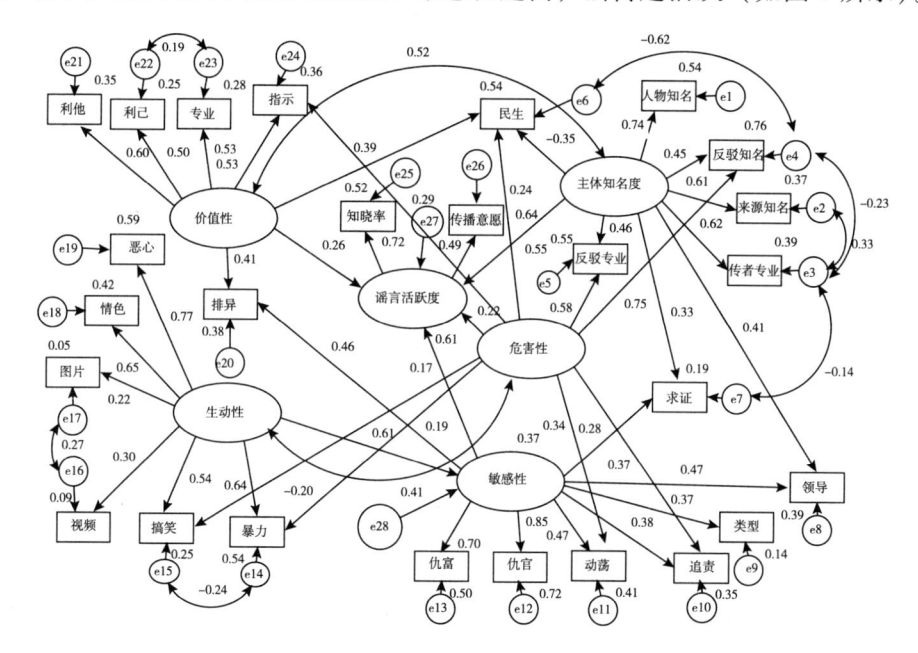

图 3 谣传活跃度结构方程修正模型

Chi-square = 634.832；Degrees of Freedom = 273；p = 0.000（样本量超过 200，p 值无需大于 0.1）。

CFI = 0.86 ≈ 0.9（大于 0.9 拟合较好）；RMSEA = 0.064（0.05~0.08 拟合较好）。

例如,敏感性每提升 1 个标准差,那么谣传活跃度将提升 0.17 个标准差。值得一提的是,居民认为谣传越敏感、对传播者危害越大,该谣传反而越活跃。

表 2 初始模型与修正模型估计结果比较

	初始模型			修正模型		
	未标准化	标准化	p 值	未标准化	标准化	p 值
生动性→敏感性	—	—	—	0.877	0.605	***
危害性→活跃度	0.515	0.264	***	0.454	0.223	0.002
价值性→活跃度	0.568	0.291	***	0.533	0.262	0.006
主体知名度→活跃度	0.460	0.623	***	1.110	0.546	***
敏感性→活跃度	0.301	0.215	0.003	0.242	0.172	0.017
生动性→活跃度	-0.107	-0.055	0.444	**0.212**	**0.104**	—

注:"***"表示 p 值 <0.001,即估计值在 1‰的统计水平上高度显著;黑体数据为间接影响系数。

组织管理篇

Organizations Management Report

B.25 北京市社会组织建设管理现状与问题

侯新毅 任国锋 张 哲*

摘 要： 北京市社会组织建设与管理工作经过20多年的发展，已经初具规模，门类基本齐全。近年来，以深化登记管理制度改革为切入点，以加大扶持力度、强化监督管理、创新动员体系、加强社会组织文化建设为重点，推出了社会组织建设与管理工作的一系列改革举措，取得了可喜成绩。但与新的形势任务及建立现代社会组织体制要求相比，还有较大的提升空间。

关键词： 社会组织 建设管理 现代社会组织体制

---

* 侯新毅，工学博士，北京市社会团体管理办公室秘书处副处长，主要从事社会组织建设与管理方面的政策理论研究工作；任国锋，法学硕士，北京市社会团体管理办公室秘书处干部，主要从事中外非政府组织比较研究；张哲，法律硕士，北京市社会团体管理办公室秘书处主任科员，主要从事社会组织建设与管理方面的政策理论研究工作。

一 北京市社会组织建设管理基本情况

（一）北京市社会组织的数量和类型

1. 北京社会组织的数量

截至2013年9月，全市社会组织登记总量达到8438个，万人拥有登记社会组织达到6.6个[①]。其中，市级组织1998个；区县级社会组织6440个。从社会组织的类别看，社会团体3536个、民办非企业单位4642个、基金会260个。全市共备案社区社会组织14653个，其中，社区服务福利类2898个，社区治安民调类1923个，社区医疗计生类727个，社区文体科教类7202个，社区环境物业类929个，社区共建发展类974个。

2. 北京社会组织的类型

北京市社会组织广泛活跃在经济、科技、教育、文化、卫生、体育、社会福利等各个领域，其中数量最多的是教育类，为2716个；其次为社会服务类，为981个；第三是文化类，为577个。

（二）北京市社会组织人力资源情况

2012年度年检显示，北京市社会组织共吸纳从业人员14.5万人，占全市从业人员总量的1.36%[②]，社会组织工作人员以全职为主（见表1）。

表1 2012年北京社会组织从业人员情况

	数量（人）	占比（%）	同比增长（%）
从业人员	144900	100	9.0
占全市从业人员的比重	1.36%	—	9.7
全 职	95322	65.8	13.0
兼 职	49578	34.2	2.0

[①] 万人社会组织拥有量＝社会组织数（家）/北京市户籍人口数（万人）；2012年北京市户籍人口为1277.9万人。数据来源：《北京统计年鉴》（2012）。

[②] 从业人员占全市从业人员的比重＝社会组织从业人员/北京全市年末从业人员，2011年北京市年末从业人员为1069.7万人。数据来源：《北京市统计年鉴》（2012）。

社会组织从业人员的学历以本科和大专为主，合计占社会组织从业人员总数的 60% 以上（见表 2）。

表 2　2012 年北京市社会组织从业人员学历情况

学历类型	人数	占比(%)	同比增长(%)
博士及以上	3441	2.4	4.4
硕士（或在职研究生）	14006	9.7	10.8
本科	56509	39.0	10.0
大专	35732	24.7	7.6
中专	13634	9.4	2.9
高中及以下	21578	14.9	12.9

北京社会组织从业人员以无职称人员居多，2012 年达到 8 万人，占社会组织从业人员的 56%，其次分别为高级职称、中级职称和初级职称（见表 3）。

表 3　2012 年北京市社会组织从业人员职称情况

职称类型	人数	占比(%)	同比增长(%)
高级职称	22559	15.6	2.5
中级职称	21199	14.6	3.9
初级职称	19585	13.5	16.1
无职称	81557	56.3	10.8

北京社会组织从业人员以 35 岁以下的人员居多，2012 年达到 6.2 万人，占社会组织从业人员的 42.8%，66 岁以上的有 2250 人（见表 4）。

表 4　2012 年北京市社会组织从业人员年龄情况

年龄结构	人数	占比(%)	同比增长(%)
35 岁以下	62028	42.8	6.7
36~45 岁	32135	22.2	13.3
46~55 岁	28510	19.7	8.1
56~60 岁	12433	8.6	20.3
61~65 岁	7544	5.2	44.4
66 岁以上	2250	1.6	-49.7

（三）北京市社会组织资产及财务状况

1. 资产

北京市社会组织的经济规模不断扩大，2012年度参加年检的社会组织总资产达到424.8亿元。其中，净资产198.1亿元，总负债226.7亿元（见表5）。

表5　2012年北京市社会组织资产情况

	合计(亿元)	同比增长(%)	社团(亿元)	民非(亿元)	基金会(亿元)
总资产	424.75	5.63	137.69	253.98	33.08
净资产	198.08	5.59	55.69	111.00	31.39
总负债	226.67	5.66	82.00	142.98	1.69

2. 收入

2012年，全市社会组织总收入达到219.4亿元，总收入占北京地区生产总值的1.35%[①]（见表6）。

表6　2012年北京市社会组织收入情况

	收入(亿元)	占比(%)	同比增长(%)
社会组织	219.35	100	-35.7
占国内生产总值的比重	1.35	—	-0.75
社团	29.4	13.4	17.7
民非	173.27	79.0	-42.5
基金会	16.68	7.6	15.1

近年来，北京市社会组织收入来源呈现多样化趋势，提供服务成为社会组织收入的主要来源，2012年达161亿元，占总收入的73.4%；其次为捐赠收入，占10.7%；政府补助收入达到8.5亿元，占总收入的3.9%（见图1）。

---

① 总收入占北京市国内生产总值的比重=社会组织的总收入/北京市国内生产总值，2011年北京市国内生产总值为16251.9亿元。数据来源：《北京市统计年鉴》（2012）。

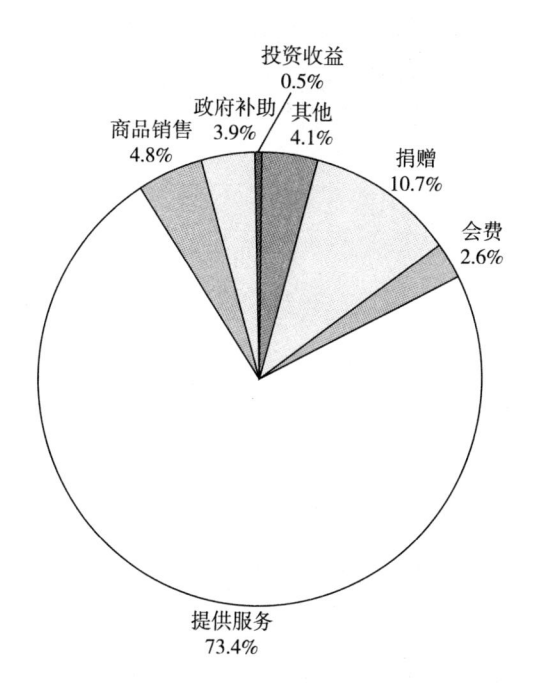

图1　2012年北京市社会组织收入来源构成

3. 支出

2012年，北京市社会组织费用支出总额为208.9亿元，同比增长7.2%，收支基本平衡（见表7）。

表7　2012年北京市社会组织费用支出情况

	支出（亿元）	占比（%）	同比增长（%）
社会组织	208.89	100	7.2
社团	24.34	11.7	6.8
民非	175.05	83.8	8.4
基金会	9.5	4.5	-9.9

从支出类型看，业务活动成本支出是北京市社会组织费用支出的主要部分，2012年达134亿元；其次为管理费用支出，达51.1亿元，占社会组织费用总支出的33%（见图2）。

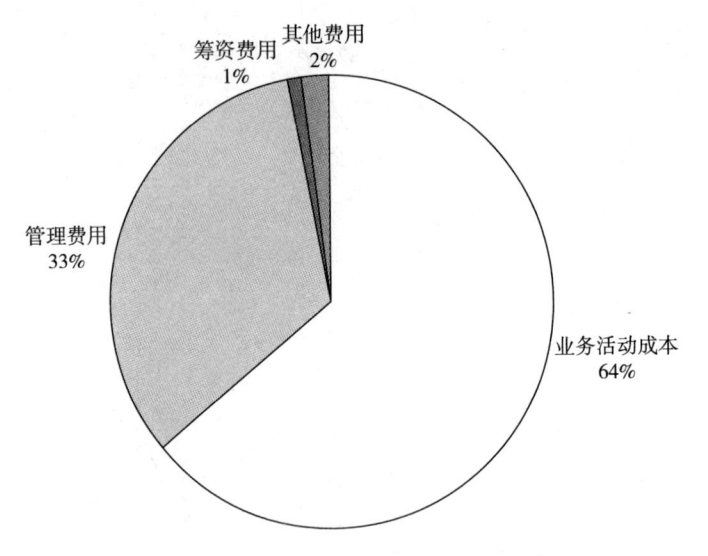

图2 2012年北京市社会组织费用支出情况

（四）北京市社会组织的制度与机制建设

1. 规章制度管理更加规范

2012年，北京市社会组织内部管理制度建设进一步加快，组织运行更加科学规范（见表8）。

表8 2012年北京市社会组织内部制度建设情况

制度类别	数量（个）	占比（%）	同比增长（%）
建立分支（代表）管理机构制度	682	8.6	-2.3
证书保管、使用制度	5440	68.3	17.3
印章保管、使用制度	5528	69.4	17.2
财务管理制度	5568	69.9	17.3
重大事项报告制度	5168	64.9	18.9
固定资产管理制度	5202	65.3	18.5
有专职财会人员的组织	4240	53.2	128.7

2. 各项保障激励机制逐步健全

2012年，北京市社会组织工作人员中签订劳动合同和参加各种保险的人数有较大比例增长（见表9）。

表9 2012年北京市社会组织人员参加各项社会保障情况

	人数	占社会组织从业人员的比重(%)	同比增长(%)
签订劳动合同	86396	59.6	14.8
参加失业保险	72403	50.0	26.5
参加住房公积金	34827	24.0	32.9
参加补充医疗保险	22337	15.4	108.2
参加商业保险	9970	6.9	31.4

(五)北京市社会组织的党建情况

1. 党组织队伍稳中有增

2012年,北京市社会组织党的建设覆盖面有所增长,党员人数有所增加(见表10)。

表10 2012年北京市社会组织党组织及党员情况

	数量	同比增长(%)
建有党组织的社会组织(个)	772	3.9
党员总数(人)	38386	7.2
全职人员党员	18749	2.7
当年发展党员	1296	-3.4

2. 党组织建设形式多样

目前,北京市社会组织建立的党组织类型多种多样,有基层党委、党组、党总支、党支部、临时党支部、联合党支部和党小组等形式(见表11)。

表11 2012年北京市社会组织党组织类型

	数量(人)	占比(%)	同比增长(%)
党委	31	4.0	24.0
党组	13	1.7	-7.1
党总支	69	8.9	1.5
党支部	390	50.5	0.0
临时党支部	51	6.6	18.6
联合党支部	45	5.8	-2.2
党小组	173	22.4	10.2

党组织隶属关系以在原工作单位和属地居多，分别占建有党组织社会组织数的48.4%和15.9%（见表12）。

表12 2012年北京市社会组织党组织隶属关系

	数量(人)	占比(%)	同比增长(%)
在社会组织党组织	5077	13.2	10.2
在业务主管单位党组织	4825	12.6	-4.6
在挂靠单位党组织	2342	6.1	20.5
在属地党组织	6115	15.9	10.4
在原工作单位党组织	18595	48.4	9.4
在其他党组织	1432	3.7	-14.6

3. 党组织活动丰富多彩

2012年，全市社会组织开展了形式多样的党组织活动（见表13）。

表13 2012年北京市社会组织党组织活动情况

有活动经费的党组织(个)	590
有党员活动场所的社会组织(个)	697
党员大会(次)	2477
支委会(次)	3515
民主生活会(次)	2813
党课(次)	2655

二 北京市社会组织建设管理工作的主要举措

（一）积极推进社会组织登记体制改革

一是实行四类社会组织直接登记。2011年2月28日，率先对工商经济类、公益慈善类、社会福利类、社会服务类社会组织实行民政部门直接登记的基础上，北京市于2013年4月1日，率先对行业协会商会类、科技类、公益慈善类、城乡社区服务类"四类组织"实行民政部门直接登记。实施直接登记以来，北京市登记咨询1231人次，同比增长45.4%；新成立市级社会组织98个，同比增长38%；直接登记办理52个，占新成立社会组织的62.8%，其中行业协会商会类9个、科技类6个、公益慈善类30个、城乡社区服务类17个。区县完成社会组织直接登记22个。

二是推进中关村社会组织管理体制改革。2010年，推进部市合作，将社会组织直接登记、中关村冠名和跨区域吸收会员开展活动等创新措施写入《中关村国家自主创新示范区条例》，把改革措施以地方性法规的形式固定下来。印发《中关村国家自主创新示范区社会组织登记管理办法》，出台了《北京市促进产业技术创新战略联盟加快发展的意见》，为各类产业技术创新联盟进行法人登记和扶持培育发展提供政策依据。目前已有72家中关村社会组织进行了直接登记，32家产业联盟办理了备案手续，中关村示范区社会组织建设管理工作体系逐步形成。

三是树立建设型登记理念。简化登记程序，公开向社会组织做出"自受理登记申请之日起，10个工作日内办结所有审批程序"的承诺。寓管理于服务之中，健全和完善首问负责、一次性告知、咨询登记事项定期跟踪制度，加强登记咨询事项台账管理，增设便民服务岗位，在咨询阶段即对社会组织发展目标、资金规模、办公场所、运作方式、队伍建设、资源配置、党的建设等进行指导。

（二）加大社会组织培育扶持力度

一是建立政府购买服务长效机制。2012年，北京市民政局以中央财政首次出资2亿元专项资金购买社会组织服务为契机，组织社会组织申报项目27个。其中，"北京瓷娃娃罕见病关爱中心扶助瓷娃娃罕见病自立生活"等8个项目被民政部立项，共获得中央财政支持资金430万元。2013年，再次获得中央财政支持资金430万元，继续利用福彩资金348万元重点购买扶老助老、扶残助残等五大领域28个优秀公益项目。

二是有效落实社会组织税收优惠政策。落实《关于公益性捐赠税前扣除有关问题的通知》《关于非营利组织免税资格认定管理有关问题的通知》要求，2012年共授予179家社会组织公益性捐赠税前扣除资格，累计为社会组织捐赠人减少税收1.5亿元。2013年前三季度，216家基金会和10家公益性社团获得了公益性捐赠税前扣除资格，同比增加47家，增幅达26.3%，为历年最多。

三是扎实推进向社会组织转移职能。开展了具备承接政府职能转移的社会组织调研，向评估等级在3A以上的706家社会组织下发了《具备承接政府转移职能社会组织基本情况表》，初步拟定了第一批具备承接政府转移职能资质的社会组织目录。

（三）创新社会组织社会动员体系

2013年，北京社会组织累计申报服务民生项目6086个。社会组织服务民生行动的成功开展，建立起新型的社会动员体制、社会组织公益项目计划性管理体制、社会组织组团活动机制、社会组织资源配置机制和社会组织公益项目动态化监管机制，取得了一系列体制机制性成果。

（四）加强社会组织监督管理

一是强化年检功能。把年检作为监督管理的重要刚性手段，创新年检工作模式，丰富年检内容，采取网上年检与实地检查相结合的方式，重点检查社会组织法人条件、履职情况、内部规范化建设和财务管理状况。2012年，全市5706家社会组织进行了年检，同比提高6.95个百分点。市级社会组织应检1819家，实检1492家，年检率达83%。区县社会组织应检6035家，实检4214家，年检率达70%。

二是开展社会组织评估。坚持"政府指导、社会参与、独立运作"的指导思想，出台了《北京市社会组织评估管理实施办法》，逐步形成了市民政局负责顶层设计、制订工作方案，第三方机构接受委托独立开展评估，专家委员会集中研讨、对比评分，市民政局最终认定结果的社会组织评估模式。截至目前，全市累计评估社会组织1998家（含正在评估805家），市级社会组织参评率超过60%，已评出5A级160家，4A级374家。

三是率先建立重大事项报告制度。要求社会组织将要开展的重要活动、出现的重点业务、发生的重大事件及时向登记管理机关和业务主管单位报告，对社会组织监管由静态向动态转变。

四是启动社会组织退出机制。对社会组织存在的不参加年检、连续年检不合格、不接受管理，以及其他违法违规行为进行处罚。共移送查处违法违规社会组织47个，管理手段得到强化，形成了有进有出、依法管理的工作局面。

（五）加强社会组织思想文化建设

一是创新党建工作模式。创新源头党建，将新成立社会组织中所有党员纳入组织管理；创新分类党建，根据社会组织实际成立党的基层组织或联合党支部；创新属地党建，将社会组织党员纳入街道、社区、楼宇党组织管理；创新活动党建，在组团形式开展的公益活动项目中，成立项目临时党支部，赋予其项目指导、协调、管理、监督、资源配置和联系活动地党组织等职能。

二是推进社会组织创先争优。持续开展社会组织"四服务四促进"和"为民服务创先争优"活动，激发党员参与活力。东城等六个区民政局，被评为全国社会组织创先争优优秀指导单位。与北京市人力社保局联合开展全市社团系统先进集体和先进个人的表彰工作，评出先进集体100个，先进个人150名，涌现出一大批先进典型。

三是拓宽社会组织文化建设思路。开展社会组织文化建设研究，凝练出"公益志愿、自律规范、诚实守信、协同参与"的社会组织文化核心理念，明确了"凝聚共识、激发活力、发挥作用、塑造形象"的社会组织文化建设目标，确定了"加强规制建设、工作体系建设、人才队伍建设、传播载体建设"的社会组织文化建设路径。启动社会组织示范基地建设，精心选取100家可学、可看、可复制的优秀社会组织，建立示范基地，形成文化品牌，积极引导发挥其在提供接待与咨询服务、项目培训服务、资源配置服务方面的积极作用。

三 北京社会组织建设管理存在问题及下一步工作建议

随着社会建设的不断推进，北京社会组织呈现出一系列新的发展趋势，同时也面临着一些急需解决的问题，需要进一步健全和完善社会组织管理制度。

（一）社会组织政策法规体系不完善，亟须修订

一是社会发展形势急需新的法制规范。原有条例不能满足社会组织建设与管理体制改革创新的要求，需要系统化的政策体系支持。二是缺乏独立的非营利税收政策体系。社会组织税费政策缺乏与公办机构、中小企业同等的政策支持，现有的社会组织税费减免政策在实践中存在落实困难。三是社会组织在社会建制中不能与其他体系有效衔接。社会组织缺乏适合自身特点的薪酬体系，缺乏与体制内公办机构职称评定对接、互认的方式和渠道。

建议加快社会组织立法进程，尽快出台新修订的三个"条例"，特别是对非营利税收体系进行明确规定。

（二）社会组织监管体系效能不够强，亟须强化

一是直接登记后的社会组织监管体系缺乏制度化安排，登记管理机关、业务主管单位、行业主管部门、政府职能部门的监管职责不明确，执法依据操作性不强、刚性不足，监管和处罚方式、手段不具体。二是社会组织年检的刚性不足，年检结果的法律效力不强。三是社会组织评估仍然停留在初级的资质评估阶段，评估结果的应用不充分、与扶持政策的结合不紧密，统一的、一体化的、多手段综合发挥作用的监管体系还没有形成。

建议加快建立法律监督、行政监督、行业监督、社会监督、自我监督相结合的综合监管体系，进一步明确部门监管职责，出台有关年检、执法等方面的部门规章、规范性文件，增强监管刚性。

（三）社会组织能力建设相对薄弱，亟须增强

一是社会组织数量较少、规模较小。按户籍人口统计，北京市万人拥有登记社会组织6.6个，距离发达国家标准还有差距。3500余家社会团体中，平均专职人员仅1.5人。二是社会组织内部治理不规范。机构设置不健全，理事会、监事会、秘书处职责定位不明晰，选举、人事、财务等制度不完善，缺乏

内部约束手段和效力,违反章程情况时有发生。三是社会组织整合配置资源的能力较为薄弱。社会组织募集资源的渠道单一,缺乏劝募手段和形式,社会资源动员能力不足。四是社会组织专业性不足,社会组织工作人员专业化职业化程度不高,负责人兼职比例高达65.4%,影响和制约社会组织的运营和发展。五是社会组织公信力不足。社会组织财务管理制度不健全,信息披露不及时,运转不透明、不公开的现象仍然存在,公众缺乏对社会组织文化以及发展理念的认同。

建议从培育扶持、规范治理等多角度,对社会组织能力建设进行制度化安排,实现社会组织有质量的发展。

(四)社会组织协同参与机制不健全,亟须明确

社会组织缺乏协同政府、协同社会,充分发挥作用的途径和方式。一是在提供公共服务方面,缺乏与公办机构、事业单位相对等的支持,没有建立经常性合作机制。二是在开展行业管理、行业自律方面,政府对行业协会自我管理的相关权力缺乏明确界定和赋予。三是心理咨询、矛盾化解、社区服务等与民生相关的社会组织,在服务社区、深入基层方面,缺乏进入的途径和方式。

建议明确社会组织社会建设主体地位,明确社会组织参与社会建设与管理的权责体系,对社会组织协同参与机制作出制度化安排,以利于其发挥积极作用。

参考文献

王名主编《社会组织概论》,中国社会出版社,2011。
马庆钰:《社会组织能力建设》,中国社会出版社,2011。
World Bank, 2000, *World Development Report on 2000/ 2001: At Tacking Poverty*, Oxford University.
陈冬东主编《中国社会团体组织大全》,专利文献出版社,1998。
邓国胜:《非营利性机构在人口控制与扶贫中的作用》,《人口研究》1999年第6期。
国务院:《中华人民共和国国务院令第250号:社会团体登记管理条例》,1998a。

国务院:《中华人民共和国国务院令第 251 号:民办非企业单位登记管理暂行条例》,1998b。

黄浩明主编《国际民间组织合作实务和管理》,对外经济贸易大学出版社,2000。

王颖等:《社会中间层—改革与中国社团组织》,中国发展出版社,1993。

毛寿龙:《政治社会学》,中国社会科学出版社,2001。

B.26
北京市社会组织服务管理创新的实践与思考

汤道刚*

摘 要: 通过探讨近年来北京社会组织的发展态势,对北京社会组织服务管理改革创新的具体数据与措施进行分析,总结了北京社会组织发展的特点。针对北京社会组织服务管理面临的形势与挑战,提出了初步解决思路与对策。

关键词: 社会组织 服务管理创新 社会建设

党的十八大对深化行政体制改革提出了明确要求。根据党的十八大精神,《国务院机构改革和职能转变方案》明确提出了"更好发挥社会力量在管理社会事务中的作用"的要求。2013年7月13日,国务院常务会议指出,要放开市场准入,释放改革红利,凡社会能办好的,尽可能交给社会力量承担,加快形成改善公共服务的合力,有效解决一些领域公共服务产品短缺、质量和效率不高等问题,使群众得到更多便利和实惠①。从中可以看出党中央、国务院推动社会组织体制改革的坚定决心。北京市委市政府在成功举办奥运会和残奥

---

* 汤道刚,北京市社会科学院首都综治研究所特邀研究员,法学博士,北京市社会建设工作办公室干部。中国政法大学研究生院柳安然、余丽同学参与本文图表和部分数据收集整理工作,在此致谢。

① 《李克强:凡社会能办好的尽可能交给社会力量承担》,中国社会组织网,http://www.chinanpo.gov.cn/3201/67897/index.html。

会、圆满完成国庆60周年庆典活动后，提出了建设中国特色世界城市，推进社会建设和加强社会服务管理创新的决策①。随着我国"十二五"规划纲要首次专门设立单章阐述未来五年我国加强社会组织建设的工作思路，首都各界对社会组织的关注日益升温，推动社会组织发展成为共识。

一 当前北京市社会组织发展态势

（一）社会组织规模不断扩大

截至2013年9月底，北京市登记注册的社会组织8438家，其中，社会团体3536家，民办非企业单位4642家，基金会260家。除此之外，还有社区社会组织14653家，以备案制等形式存在着的高校社团组织3682家，驻京国际非政府组织247家，以及大量的"草根组织"。综合计算，全市社会组织累计超过3万家（参见图1）。2012年底，全国依法登记的社会组织49.2万个②，依此计算，北京市社会组织所占比例估计超过1.72%。

从组织质量上看，北京社会组织的整体素质有待提高。具体表现在三方面：一是与发达国家社会组织相比，社会组织数量总体偏少，发达国家每万人拥有社会组织的数量一般超过50个③，而北京市目前2000余万的常住人口，拥有的社会组织数量仅为3万多个，每万人拥有社会组织15个，这一水平虽然高于全国每万人3.8个社会组织的平均水平，但是远远低于发达国家，甚至低于某些发展中国家。二是社会组织总收入来自政府财政投入的比例偏低，以官方统计的全国财政投入比为参照，2012年占比仅为5.2%左右，远远低于德国的65%、英国的45%、美国的40%、印度的36%④。三是经费紧张、人才

---

① 岳金柱、宋珊、曹昊：《建设世界城市背景下推进北京社会组织培育发展和服务管理的思考》，《社团管理研究》2013年第3期。
② 刘奕湛、田野：《白皮书：全国依法登记的社会组织近50万个》，新华网，2013年10月23日，http://news.xinhuanet.com/politics/2013-05/14/c_115761559.htm。
③ 孙伟林：《让社会组织有钱做事》，《人民日报》，http://cpc.people.com.cn/GB/64093/82429/83083/14174423.html。
④ 南方日报评论员：《去行政化是社会组织改革方向》，《南方日报》，http://news.hexun.com/2013-10-28/159123803.html。

北京市社会组织服务管理创新的实践与思考

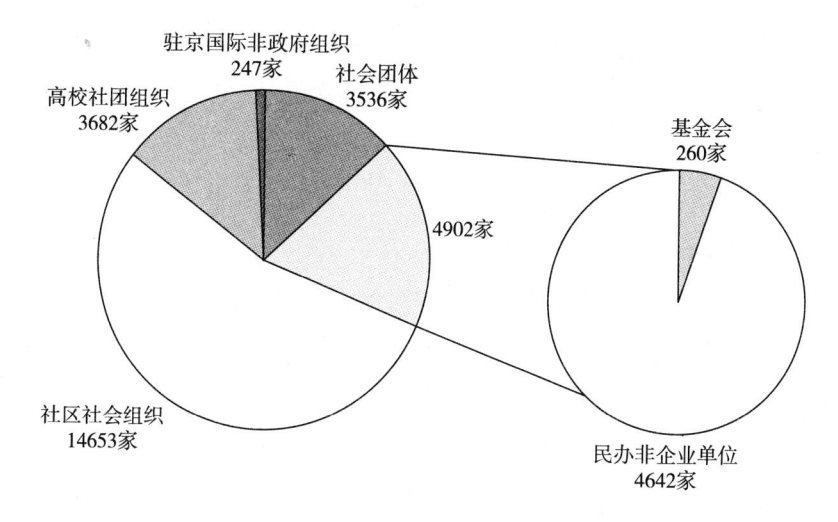

```
高校社团组织          驻京国际非政府
3682家               组织247家
                              社会团体
                              3536家
                                            基金会
                                            260家

                          4902家

社区社会组织                   民办非企业单位
14653家                      4642家
```

图1 截至2013年9月北京社会组织发展基本情况

缺乏、能力较弱的现状没得到有效缓解。同期，美国社会组织的慈善捐赠总量是我国的近24倍，可以看出当前北京社会组织的发展规模、社会创造力和经济贡献程度与西方国家仍有一定的差距①。

（二）社会组织规范化程度不断提高

随着社会组织规模的不断扩大，对社会组织进行规范化建设不仅是优化政府监督管理的需要，更是推进社会组织自身发展的要求。"市场能办的，多放给市场。社会可以做好的，就交给社会"，年初通过的《国务院机构改革和职能转变方案》明确提出到2017年基本形成"政社分开、权责明确、依法自治的现代社会组织体制"②。具体如下：

首先，北京市先后印发了《关于构建市级"枢纽型"社会组织工作体系的暂行办法》《关于落实〈首都社会服务管理创新行动方案〉进一步发挥"枢纽型"社会组织作用的通知》《关于推进"枢纽型"社会组织规范

---

① 黄玥：《〈2012年度中国慈善捐助报告〉发布捐赠总额连续2年下降》，http：//www.baidu.com/link？url = UZudmkwEMg60LJVCG9iuM6VAT2bL4oROPC7ZE4RkKk28dJfWZw4Gs5nnvoOYodiRSoe99oDdQFUqbXUsJ9w9Q － WImBwRBbW5e5MWf8EWTgm。
② 宋晓梧：《用改革激发社会组织活力》，http：//www.tianjinwe.com/hotnews/gn/djt/201310/t20131029_465433.html。

化建设的工作意见》，健全完善了"枢纽型"社会组织运行机制，进一步加快政社分开，使社会组织体现专业作用和服务特色，真正实现自主发展。

其次，健全工作网络，扩大工作覆盖面。北京市妇联于2011年在全国率先成立了社会工作部，将全市933家妇女组织纳入信息化管理系统，进行分类指导，制定了《北京市妇联组织关于参与社会管理创新推进社会建设的工作意见》，建立完善北京市妇联社会组织联席会议等制度，建立社会组织服务基地，充分发挥枢纽型社会组织的作用[①]。

最后，推出民主选举、会员大会、理事会、监事会、重大活动备案报告、信息披露等一系列管理制度，指导社会组织建立和完善内部规章制度，优化组织运行机制；推行等级评估制度，对社会组织工作实行全面客观评估，及时淘汰不合格社会组织，以达到优化社会组织管理的目的。

（三）社会组织品牌效应和社会影响力不断增强

北京市社会组织已经形成遍布城乡，覆盖政治、经济、文化、教育、劳动、科技、体育、卫生、民政、中介服务等多个领域，社会组织在区域经济建设和社会服务等方面所形成的巨大品牌效应和社会影响力，使其成为社会经济发展中的一支不可忽视的力量。仅2012年，北京社会组织就开展社会公益活动7.7万次，受益人达2055万人次，公益活动支出10.4亿元，显示出较强的社会服务能力[②]。

在品牌建设方面，为创建名牌社会团体，提高社会公信力和影响力，社会组织开展活动更加注重自身特色和品牌效应，具有相当程度的公开性、透明度、诚信度。以北京青少年发展基金会为例，北京青少年发展基金会重点实施"希望工程"品牌再生产，先后推出了"北京市希望之星（1+1）奖

---

① 刘乐：《北京市妇联：创一流组织 建首善妇联》，http://china.cnr.cn/gdgg/201310/t20131027_513949066.shtml。
② 北京市社会团体管理办公室：《建立政府购买社会组织公益服务长效机制 充分发挥社会组织在服务民生行动中的作用》，http://www.bjsstb.gov.cn/wssb/wssb/xxfb/showBulltetin.do?id=28482&dictionid=8002&websitId=100&netTypeId=2。

学金""学子阳光——首都高校家庭经济困难优秀大学生扶助工作""希望电脑教室""希望阅览室"等教育资助项目,成功地打造了"北京希望工程"品牌,实现了由公益项目品牌向机构品牌的转化,扩大了机构的社会认知度和号召力[①]。

二 北京市社会组织服务管理的改革与创新

我国对社会组织的管理上一直采用双重管理体制,双重管理体制指"由业务主管单位和登记管理机关分别行使对社会组织的监督管理职能"[②]。但在实践中双重管理体制已成为社会组织改革的瓶颈,必须予以突破。北京市在社会组织管理体制改革中,创新运用多种方式,取得了较好的效果。

(一)进一步加强"枢纽型"社会组织建设,从市级到区县、街道(乡镇)逐步完善市区街三级"枢纽型"社会组织党建工作体系

"枢纽型社会组织"首次在2008年9月北京市委社会工作委员会出台的《关于加快推进社会组织改革与发展的意见》提出。截至目前,北京市已经初步形成较为完整的分类管理、分级负责的"枢纽型"社会组织服务管理和工作网络。2013年,北京市开启了枢纽型社会组织服务的新模式——"枢纽型社会组织信息枢纽共建共享"项目,该模式是北京市社会建设专项资金支持项目。这一现代化信息服务管理模式的引入将提高社会组织管理服务的科学化水平,实现"信息互通、资源共享、合作共赢"[③]。2013年3月15日,北京民办教育协会等10家市级"枢纽型"社会组织党建工作委员会成立,至此全市27家市级"枢纽型"社会组织党建工作委员会实现了全覆盖。"枢纽型"社会组织建立的党建"3+1"工作机制,即在"枢纽型"社会组织建立党建工

---

① 陈淑惠:《理念与实践》,http://www.bjydf.cn/neweb/index/indnews72c26bd4 - c0b2 - 102b - 9389 - 001e4f39a804.html。
② 战建华:《我国社会组织管理体制改革的实践分析》,《学会》2009年第7期。
③ 《枢纽型社会组织服务新模式亮相北京》,《团结报》2013.9.3,http://epaper.idoican.com.cn/bjtjb/html/2013 - 09/03/content_ 4958182.htm? div = - 1。

作委员会、联合党组织、党建工作部门和工作例会制度，在实践中取得了积极成效，并被全国其他多个省市关注和借鉴①。

（二）进一步放开社会组织管理限制

北京市按照"宽审批、严监管"的指导方针，通过降低登记门槛、政府购买服务等方式，进一步开放对社会组织的管理限制。从2011年开始，北京对社会组织登记实行宽松的审批政策，全部开放对工商经济类、公益慈善类、社会福利类、社会服务类四项社会组织的成立审批，实行民政部门直接登记。为贯彻落实国务院关于改革社会组织管理体制的要求，北京市从2013年4月1日起成立的行业协会商会类、科技类、公益慈善类、城乡社区服务类社会组织实行民政部门直接登记，这"四类"社会组织的成立，不再需要业务主管单位同意的文件，彻底解决社会组织找业务主管单位难、登记门槛高的问题②。在放开对社会组织的管理限制上，北京走在了全国的前列。

（三）大力发展和培育社区社会组织

根据2009年印发的《关于加快推进社会组织改革与发展的意见》，北京市各区县结合自身社区建设，大力发展社区志愿服务类、慈善公益类、生活服务类、社区事务类、文体活动类社会组织。市、区（县）、街（乡）三级探索建立了不同形式的社会组织"孵化器"或服务基地，提供能力建设和专业化服务，重点培育、引导符合首都经济社会发展需要的慈善公益类社会组织。目前，东城、西城、朝阳、丰台、顺义、房山等区县建立了区级社会组织服务中心，朝外、香河园、德胜、太平桥、月坛等街道办事处建立了相应社会组织服务机构。西城区根据民众需要孵化出大量服务民生的社会组织，如街道空竹协会、首都市民学习品牌萱草苑纸艺社、夕阳茶座等，极大丰富了社区民众的日

---

① 《民教协等10家市级枢纽型社会组织党建工委成立》，北京社会建设网，http://www.bjshjs.gov.cn/412/2013/03/20/69@10869.htm。
② 参见北京市社会组织公共服务平台，2013年10月30日，http://bjmjzz.bjmzj.gov.cn/wssb/wssb/xxfb/showBulltetin.do?id=39982&dictionid=864&websiteId=100&netTypeId=2。

常生活，已使10万余居民因此受益。对于适合市场化方式提供的其他公共服务内容将逐步通过政府购买方式，将政府职能向社会组织转移[①]。

（四）组织社会组织开展公益系列活动

各种公益性社会组织，如慈善协会、扶贫基金会、老年协会、志愿者协会等，通过开展各种公益性服务，扶助弱势群体。2013年，由北京市社会建设工作领导小组办公室主办的"2013北京社会组织公益行"活动在国家会议中心启动。活动以"践行公益、服务社会"为主题，27家市级"枢纽型"社会组织和16个区县一共开展1200余项活动，约1.2万家各级各类社会组织参与，活动涉及扶老助残、支教助学、就业帮扶、法律维权等多个领域[②]。在"2013年社会组织公益行"活动中，市级"枢纽型"社会组织同街道（乡镇）首次签约公益服务项目，这一举措将有力促进社会组织公益的基层发展[③]。

三 北京市社会组织发展特点

（一）专业服务与内部建设并重

社会组织作为连接政府与民众的重要纽带，是保证政府与民众良好沟通的重要途径，社会组织的专业服务发挥着越来越重要的作用。因此，必须引导社会组织按照其宗旨和业务范围开展活动，加强与其他组织的交流互动，提供更全面、更专业的公共服务和公益支持，广泛开展多种形式的有益于民众的服务，举办展览会、交流会、研讨会等活动，适应提高社会组织专业服务能力的要求。

当前，社会组织管理改革的方向就是去行政化，尤须割除"二政府"这

---

① 巩峥：《北京西城孵化社会组织解民需》，http：//www.chinanpo.gov.cn/1921/70789/index.html。
② 《2013年"北京社会组织公益行"系列活动正式启动》，北京社会建设网，http：//www.bjshjs.gov.cn/412/2013/04/26/2@11031.htm。
③ 《市级"枢纽型"社会组织同街道（乡镇）首次签约公益服务项目》，北京社会建设网，http：//www.bjshjs.gov.cn/412/2013/05/08/69@11071.htm。

一"毒瘤",切断政府机关与社会组织之间的"隐性利益链"[1]。然而,有相当一部分社会组织不是独立发展起来的,而是自上而下建立并发展起来的。这些社会组织在各方面都严重依赖于政府,甚至成为政府的附属机构。因此,在提高社会组织专业服务能力的基础上,必须加强其内部建设,保障社会组织的民间性及独立性。着力推进政会分开,将社会组织与政府有关部门办公分开,减少社会组织的行政化色彩和倾向,实现自主发展、自主运行、自我管理、自我约束。

(二)服务经济发展与服务民生并重

改革开放至今,社会组织整体影响力日益增强。近年来,北京着眼构建社会主义和谐社会,不断推进公共服务的建设,社会组织服务社会的能力不断增强,改革从经济发展领域延伸到社会服务领域,全方位、多层次地直接参与公共事务和公益事业。各类社会组织在抗击"非典"、汶川抗震救灾和北京奥运会期间,提供志愿服务,开展社会工作,获得社会各界的广泛关注和一致好评。

(三)积极引导发展与严格依法管理并重

政府通过购买服务方式给予社会组织扶持,还可以通过整合社会组织内部资源,提供资金、智力、专业等支持,提高服务民生行动的质量和效果。2012年,中央财政安排2亿元专项资金,用于支持社会组织参与社会服务,项目共带动社会资金3.2亿元,185万群众直接受益[2]。2013年,北京市社会建设专项资金安排8000万元购买由社会组织提供的500个公共服务项目,再加上市政府其他部门用于购买社会组织服务的资金,总额将超过亿元,努力培育和扶持各类社会组织发展壮大[3],形成了社会组织与政府之间资源共享、相辅相

---

[1] 南方日报评论员:《去行政化是社会组织改革方向》,《南方日报》,http://news.hexun.com/2013-10-28/159123803.html。

[2] 卫敏丽:《2012年中央财政安排2亿元专项资金支持社会组织》,http://news.xinhuanet.com/politics/2013-02/12/c_114670738.htm。

[3] 《北京8000万购买社会组织服务》,《新京报》2013年1月28日。

成、共同发展的良好局面。但与当前社会建设发展的需要相比，社会组织建设和管理还存在差距，仍存在着制度不完善，管理不规范等问题。因此，必须要严格依法管理，切实改变实践中存在的种种陋习，健全相关管理制度，提高应对突发事件的能力；要改进监管方式，完善执法程序，按照公开、公平、公正的原则，对社会组织违法违规活动和非法组织坚决予以查处，体现出有法必依、执法必严、违法必究的法律精神。在依法监管的基础上，同时引入社会监督，充分发挥新闻媒体的舆论监督作用，从而达到政府积极引导和依法管理双管齐下的目的。

四 北京市社会组织服务管理面临的形势与挑战

长期以来，北京市委市政府高度重视社会建设工作，成立社会建设工作机构，出台社会建设法规政策，开展社会服务管理创新实践活动等。全市社会组织服务管理工作依法有序开展，取得明显成效，但也同样面临新的形势与挑战。

（一）北京社会组织服务管理的发展形势

首先，北京社会组织服务管理处在社会建设的大潮中。伴随社会建设的大力推动，社会组织逐渐成为重要的社会力量。国务院、民政部以及各地方政府都对社会组织管理制度进行改革探索。国务院机构改革和职能转变，开启了现代社会组织发展的新篇章：一方面，改革社会组织登记管理体制，降低了社会组织准入"门槛"，职能转变，简政放权，为社会组织发展提供了广阔空间；另一方面，公平对待社会力量，加大政府购买服务力度，将促进社会力量提升社会服务水平[①]。

其次，北京社会组织服务管理发展处在新的历史阶段。2012 年，全市已实现地区生产总值 17801 亿元，人均地区生产总值达到 87091 元，折合 13797

---

① 崔静：《简政放权开启社会组织改革大幕——专访民政部民间组织管理局负责人》，http://www.chinanpo.gov.cn/1938/70906/index.html。

美元,全市常住人口达到2069.3万人。首都经济社会快速发展,为北京社会组织的发展提供了物质、人员、资金等基础条件,为北京社会组织服务管理进入新一轮科学发展提供了坚实的基础和肥沃的土壤。

再次,北京社会组织服务管理创新基础日益坚实。社会组织承载着社会服务管理功能,党的十七大以来,北京社会组织数量增加、规模扩大、活动领域深化、社会影响力加大,已进入黄金发展期。另外,对于"枢纽型"社会组织的建构与完善,社会组织孵化培育工作的开展,社会组织管理岗位购买等工作的推进,扎实有效地推动了社会组织的培育工作,为社会组织服务管理创新积累了有益经验。

最后,北京社会组织服务管理有创新动力。北京拥有丰厚的文化底蕴,北京居民素质涵养、文化层次高,对于社会发展以及自身生活的追求在提高,自身需要也在增长,这是推动社会组织服务管理创新的动力。

(二)北京社会组织服务管理面临的挑战

当前和今后一段时期,"既是建设中国特色世界城市、推进首都经济社会新一轮快速发展的重要战略机遇期,也是深化重点领域改革的攻坚期,也是各种利益冲突和社会矛盾的凸显期"[1]。当前,北京市社会组织取得很大发展,社会组织服务管理得到很大完善,但发展依然相对滞后,北京市社会组织服务管理面临严峻挑战。

第一,社会组织登记审批制度有待完善。近年来,虽然北京社会组织登记机关一直推行"直接登记"的社会组织登记制度改革,简化了社会组织登记程序,优化了工作流程。但在实际推行过程中,重入门登记轻日常管理,严进宽出等倾向普遍存在[2],审批登记的手续还非常繁琐,社会组织登记成立难问题仍然存在。

第二,社会组织服务管理体制机制有待优化。"枢纽型"社会组织作为联

---

[1] 岳金柱、李薇:《加快推进北京社会组织发展建设的若干思考》,《社团管理研究》2011年第2期。
[2] 宗君:《首都社会组织管理创新的实践与思考》,《首都社会管理发展报告》(2012-2013),社会科学文献出版社,2013。

系政府与社会组织的体制平台，应更着眼于政府需求和社会需求满足的动态平衡，过于偏重任何一方，都将使这场改革失去意义[①]。近年来，北京创新探索"枢纽型"社会组织管理体制建设，明确"枢纽型"社会组织的职责定位，但仍需在把握政府和社会需求的同时，平衡好政府与社会组织的关系。

第三，社会组织的培育扶持力度有待平衡。北京社会组织的数量增加，规模扩大，活动领域遍及多个领域。但全市社会组织管理仍存在较为分散、缺乏交流和服务力量薄弱的状况，北京社会组织的生存发展还有很多提升空间。因此，还需要进一步积极创造条件，支持社会组织发展，加快社会组织培育发展步伐。

第四，社区社会组织培育发展程度有待均衡。社会组织是群众的组织，应该扎根于社区。虽然北京的社区社会组织规模扩大，但是在整体分布上还有待进一步均衡。应当加大培育和发展基层社会组织，争取覆盖科技、卫生、体育、慈善公益、对外交往、民族宗教等多个领域，满足慈善类、公益类、文体类、兴趣类等多样需求。

五 进一步加强和创新北京社会组织服务管理的思考

近年来，北京社会组织取得了长足的发展，但是面临新时代带来的发展机遇与挑战，登记制度不完善、监管体系不健全等问题仍然存在，需要进一步加强和创新北京社会组织服务管理。

（一）深化社会组织登记审批制度改革

社会组织是社会服务管理的重要载体，要提高社会服务质量，推动社会建设实践，必须完善社会组织登记审批制度。北京应在对工商经济、公益慈善、社会福利、社会服务四类社会组织实行直接登记的基础上，加快登记审批制度改革创新，进一步扩大直接登记范围，最终实现社会组织登记审批规范化目标。

[①] 战建华：《我国社会组织管理体制改革的实践分析——基于北京、上海、深圳等地社会组织体制改革的思考》，《学会》2009年第7期。

（二）完善社会组织服务的"枢纽型"工作网络

北京"市－区－街"三级"枢纽型"社会组织工作体系上扩大了各级各类社会组织的覆盖面。不过，社会组织所提供的服务管理内容应当是全方位的，应当扩展社会组织的类型，加快构建完善"一个中心、多基地"的孵化网络。应当按照结构合理、布局科学的要求，积极发展有利于改善民生、参与公共服务、促进社会和谐的社会组织，积极扶持符合首都产业发展方向、适应市场化进程的行业组织，加快发展教育、科技、文化、卫生、体育、社会福利等公益性社会组织，不断满足人民群众的需求[①]。

（三）推动社会组织服务进一步精细化和科学化

为更好发挥社会组织作用，必须让社会组织服务进一步精细化、科学化。应大力鼓励社会力量在教、科、文、卫、体、劳动培训、社会福利、法律援助等领域开展工作，给居民提供全方位服务。建立社会组织服务科学体系，提升社会组织工作人员的职业技能，完善服务队伍，提高服务质量，加强社会组织党建工作，充分激发党组织和广大党员参与社会服务的积极性和创造性，充分发挥社会组织党组织和党员的先锋模范作用[②]。

（四）进一步完善社会组织监管政策法规

在支持和促进社会组织发展的同时，也要注意做好对社会组织的监管工作，更好提高社会组织建设质量。建议开展对社会组织的考评工作，通过规范的考核机制，监管和鼓励社会组织的发展；以法人地位明确、治理结构完善、筹资渠道稳定、制约机制健全、管理运行规范的现代社会组织治理结构[③]的标准加强对社会组织日常工作的监管；建立健全社会组织执法政策体系和相关配

---

① 岳金柱、李薇：《加快推进北京社会组织发展建设的若干思考》，《社团管理研究》2011年第2期。
② 罗俊杰：《加快培育发展社会组织的思考》，《清远日报》2013年7月29日，第A6版。
③ 岳金柱、李薇：《加快推进北京社会组织发展建设的若干思考》，《社团管理研究》2011年第2期。

套机制。建议成立"北京市社会组织工作局"或类似机构,设立社会组织监管执法工作机构,从执行层面负责全市社会组织的监管等工作。

参考文献

马凯:《关于国务院机构改革和职能转变方案的说明》,载 2013 年 3 月 12 日新华网。
殷星辰等:《首都社会管理发展报告》(2012 – 2013),社会科学文献出版社,2013。
北京市委社会工委、市社会办:《北京社会建设年鉴》(2012),北京出版社,2012。
戴建中:《加快北京新经济组织与新社会组织的培育与发展》,《北京社会科学》2009 第 4 期。
朱巍巍:《建立现代社会组织体制:社会建设和社会体制改革的重要目标》,《中国民政》2013 年第 1 期。
岳金柱、宋珊、曹昊:《建设世界城市背景下推进北京社会组织培育发展和服务管理的思考》,《社团管理研究》2013 年第 3 期。
温庆云:《提升社会动员能力推进社会管理创新充分发挥社会组织社会建设的主体作用》,《社团管理研究》2010 年第 9 期。
高勇:《治理主体的改变与治理方式的改进》,《北京社会科学》2013 年第 2 期。
战建华:《我国社会组织管理体制改革的实践分析——基于北京、上海、深圳等地社会组织体制改革的思考》,《学会》2009 年第 7 期。
罗俊杰:《加快培育发展社会组织的思考》,《清远日报》2013 年 7 月 29 日。

B.27
北京市朝阳区社会组织综合服务中心培育实践与探索

黄 锂*

摘 要： 如何提升社会组织培育工作的效率与规模，朝阳区有关部门、以项目合作形式委托北京恩派非营利组织发展中心运营朝阳区社会组织综合服务中心探索实践"政府兴办民间运营的社会组织培育平台"模式，取得了良好效果，并形成一定特色。

关键词： 社会组织培育 政府购买 社会组织

社会组织培育是近些年在社会建设领域普遍运用的一个概念，基本含义是通过对社会组织提供支持性服务，达到促进社会组织能力提升的目的。在实际操作中，社会组织培育工作有两个路径：一是来自政府的社会组织培育工作，二是发起于民间的社会组织培育工作。就政府发起的社会组织培育工作而言，从全国各地培育扶持社会组织发展创新实践看，采取多种政策工具扶持社会组织已经成为经济社会发达地区的重要政策目标[①]，其政策工具主要有：政社分开、政府职能转移、政府购买服务、公益招投标和公益创投、资金扶持、凭单制、社会组织孵化、税收优惠、人才建设；对民间发起的社会组织培育来说，有学者将2001年第一家支持型社会组织——北京恩玖信息咨询中心的诞生作

---

* 黄锂，北京市朝阳区民和社会工作事务所执行主任，高级企业培训师、中级社工师。
① 蔡礼强：《培育扶持民间组织的效果与措施：基于政策工具的比较分析》，《中国民间组织报告》（2013），社会科学文献出版社，2013，第73页。

为开端，并将2005年"NPO孵化器"概念的提出以及2007年上海恩派孵化器的诞生作为重要的时间节点[①]。

朝阳区社会工作委员会（以下简称社会工委）、社会办工作办公室（以下简称社会办）为培育扶持社会组织，采取政府兴办，专业机构承接服务的方式，成立了服务社会组织的朝阳区社会组织综合服务中心（以下简称"中心"），以项目承接形式委托北京市恩派非营利组织发展中心运营。本文围绕中心工作，探讨政府兴办民间运营的非实体服务平台的社会组织培育模式。

一 朝阳区社会组织综合服务中心发展历程

2011年6月建立的朝阳区社会组织培育基地以"六位一体"支持平台为社会组织提供专业化、规范化、科学化和集约化服务。

"六位一体"支持平台包括社会组织培育、公益人才培养、服务项目管理、工作标准化研发、社会资源整合和社会组织信息交流六个平台，单一的社会组织孵化和能力建设培训功能更加完善。

但是，面对朝阳区复杂、多样的社会需求，现有注册社会组织无法满足日益增长的专业社会服务需求，特别是社区服务需求。因此，为进一步完善功能，2012年8月，朝阳区社会组织培育基地进行升级，在全市率先建设社会组织综合服务中心。

朝阳区社会组织综合服务中心在原有"六位一体"的综合服务基础上，进一步探索建立区、街乡、社区三级联动体系，在试点街乡先行推进实施，取得了一定成效。

二 朝阳区社会组织综合服务中心工作机制与服务成效

通过一年多的工作，朝阳区社会组织综合服务中心的区级服务中心建设基

[①] 吴津、毛力熊：《公益组织培育新机制——公益组织孵化器研究》，《兰州学刊》2011年第6期。

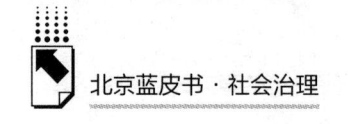

本完成，主要工作围绕两条主线：一条是社会组织培育；一条是政府购买社会组织服务项目管理。

（一）朝阳区社会组织综合服务中心的社会组织培育

1. 区级中心与街乡培育基地联动，发挥传帮带作用

通过区级服务中心对街乡枢纽型社会组织提供社会组织服务规划辅导，有针对性地为街乡社会组织综合服务基地提供规划咨询，实现区级社会组织综合服务中心的指导作用。

目前中心已与东湖、建外、朝外、亚运村、香河园、安贞、将台、南磨房等六个街道、两个乡以及朝阳区团委、妇联等两个区级枢纽型组织初步达成试点意向，上述单位已经为街乡社会组织综合服务基地做好场地准备，初步完成了"一中心、多基地、N空间"试点工作筹备工作。其中朝外、香河园两个街道已经先期完成社会组织综合服务基地的建设与社会组织引入工作，基地已经进入试运行阶段。

在帮助街乡社会组织培育基地规划的同时，依据引入一批、提升一批、培养一批社会组织的原则，充分发挥中心运营机构的优势，引入北京市社会组织孵化中心培育的服务型社会组织及全市优秀社会组织与街乡社会组织综合服务基地培育的组织进行一帮一结对子，使他们在工作中相互学习，通过实践相互促进，共同发展。

2. 培育两类组织，促进互助成长

中心的社会组织培育工作的出发点是从朝阳区社会建设需求出发，对于大量的社区服务需求，采取培育具有创新性解决方案的初创组织，完善规划、提升能力、创立团队、对接服务社区，促进其发展。而对于领域、群域等组织需求，通过培育平台型组织，整合更多的社会资源，在专业领域产生聚合作用，为更多的社会组织提供服务。

3. 社工服务站启动多元化社区公益空间

朝阳区12家社会工作事务所建立伊始即本着为社区服务的宗旨，逐步开展与社区、街乡的合作。中心根据社工事务所的项目工作开展需要，通过组织社工事务所交流会、项目展示会、街乡需求对接会等形式，对社会工作事务所进行推荐、对接。目前，各个社工事务所在社区、街乡逐步建立社工服务站点，并以此为依托辐射周边残障人家庭和老年人。这样的服务站点某种意义上已经开始趋向或成为"一中心、多基地、N空间"试点工作设定的社区公益空间。

4. 打造人才培养链

中心面向全区的社会组织提供能力建设培训，组织专家团针对区内组织的需求开发了初、中、高三个层面的辅导课程，通过三个层级的培训体系，为社会组织人才培养服务，使之成为社会组织人才培养的链条。

5. 多样化信息传播手段覆盖多元目标人群

在信息方面，中心通过网络、平面媒体等手段，采用网站、飞信、邮件、印刷品等形式传播社会组织的活动、发展状况。

6. 适时总结完善规范化建设

通过对中心运营工作的总结、修订，规范社会组织运营研发：编写《朝阳区政府购买社会组织服务项目管理文件汇编》《朝阳区政府购买社会组织服务项目实施制定手册》《朝阳区社会组织综合服务基地标准制定手册》等一系列规范性文件和手册。

（二）实施市、区、街乡三级购买，促进社会组织服务能力提升

中心在政府购买社会组织服务项目的运营管理上，打破单一渠道的支持方式，创造性实行市级社会财政专项资金、区级财政专项资金购买的同时，由区财政专项资金、街乡根据项目的服务范围，提供一定比例的配备资金，为项目的有效实施提供保障。

政府购买社会组织服务项目也相应地分为三个层级，即市级购买项目、区级购买项目与街乡配比购买项目，并根据各个层级的政府购买社会组织服务项目制定了管理机制。

1. 第三方评审与监测评估

朝阳区政府购买社会组织服务项目采用第三方评审、监测、评估的形式，由中心承担立项评审、过程监测到中期、结题评估的全过程执行，在立项评审及中期、终期评估节点上聘请行业专家参与评审、评估工作，并将评审、评估

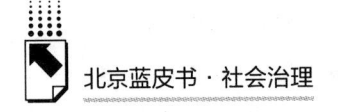

结果通过网站进行公示，有效保障了评审、评估工作的公开、公平、公正。

2. "三三监测"工作法提升了项目效率

中心独创了"三三监测"工作法：在项目实施过程中侧重三个重点监测指标——项目目标的达成情况、项目计划的实施情况、项目成果的实现情况，以及三个检查要点——项目档案的完整性、规范性，项目活动的有效性和项目财务的合规情况。通过"三三监测"工作法，既突出项目管理的严谨原则，让规范化管理贯穿项目始终，也使项目承担方在项目实施过程中遇到的问题与风险得到及时的解决与化解，保障了项目的保质保量完成，促进了社会组织承担项目能力的提升。

3. 大项目包服务方式发挥了整合功能

中心在项目管理的过程中，充分发挥其联系社会组织的作用，针对综合性、复杂性社会问题，综合社会组织优秀项目方案、整合社会组织资源，开发综合性社会服务项目，集合多家社会组织集群式承担项目，在项目实施过程中建立项目承担方联席会制度，对项目实施中遇到的问题、困难及时沟通和协调，使项目产生了很好的社会效应。

4. 注重项目社会成效的传播与展示

政府购买社会组织服务项目的成果，不仅仅停留在项目实施地，也关注项目与实施团队的经验积累和总结，通过优秀项目案例集形式，使社会组织从众多的项目案例中获取更多的经验，促进社会组织间在项目管理方面相互学习。同时在年度的项目结题新项目发包阶段，组织项目成果展示会，展示项目成果、动员社会资源，对社会组织的项目起到了推荐作用。

三 政府兴办、民间运营非实体服务平台的特色

（一）政府有效协调了各部门关系

民间的支持型社会组织在社会组织培育工作中比较困难的一个环节在于如何协调社会组织管理部门和社会组织提供服务所在地的相关部门的关系，其中涉及培育过程中的协助注册、服务场地、资金支持等问题。

对于政府兴办民间运营的培育平台来说，通过建立合作关系，由主管部门进行协调和提供信用保证，降低了沟通协调的成本，提升了社会组织培育中与各个部门的协调效率。

（二）具有区别于体制内的相对独立性

政府主办的社会组织培育机构或平台，带有较浓厚的行政工作色彩，与政府主办部门具有割裂不开的行政关系，很难做到社会组织培育工作的独立。而政府兴办民间运营的社会组织培育平台，运营上相对独立，使社会组织培育工作更有计划性、客观性。

（三）具有社会动员功能的专业机构成为政府的有力助手

专业的民间社会组织支持型机构，具有较强的社会动员能力。对于初创期社会组织孵化已形成成熟的培育模式，公益创投的项目管理摸索出较为成熟的标准化操作流程，并开发了初创期组织培训课程，也积累了较成熟的经验与相应的社会资源，形成了民间社会组织培育链条。这样的资源和经验对于朝阳区社会工委、社会办来说，无疑是一个有力的社会动员的助手。

四 社会组织培育工作存在的不足与改进建议

朝阳区社会组织综合服务中心自成立以来，在社会组织培育工作上取得了一定成绩，但存在着一定的不足。

（一）信息平台功能问题

信息平台功能尚停留在信息传播阶段，在管理信息化方面则停留在培育工作本身的日常管理工作。对此，必须加强区内社会组织的信息化管理，对社会组织活动信息、项目管理等信息流按服务人群、服务地域、专业领域分类管理，形成区内社会组织管理信息化，将成为中心下一步拓展工作的重点之一。

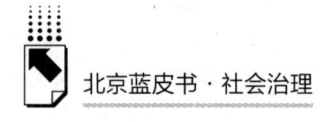

（二）资金来源问题

目前中心社会组织培育的重要抓手——政府购买社会组织服务项目资金主要来源于各级政府财政专项资金，社会组织在实施政府购买社会组织服务项目时，会引入一定的社会资源，但缺乏一个有效的、统一的输入端口。一方面使社会组织培育依赖于政府资金，另一方面也不利于社会资金的吸纳。

中心考虑通过基金会的形式向社会募集更多的社会资金补充到项目支持上来，统一募集、统一管理，使更多的社会资源进入社会项目，变政府购买社会组织服务项目为基金会项目管理，以政府购买服务的资金作为种子，统筹社会资源支持社会组织服务项目，充分发挥中心社会动员的作用。

（三）中心扮演角色问题

中心作为社会组织培育的平台，负责操作政府购买社会组织服务项目的评审、监测、评估流程，在一定程度上既承担教练员工作，又担当裁判员工作，在实际运营中会有一定的角色错乱。如何将两种角色区分，是下一步工作需要解决的问题。

结语：民间支持型社会组织承接政府兴办的社会组织培育工作，使政府关系协调、资金不足等问题得到一定程度的改善，并且避免了政府主办社会组织培育机构的行政工作色彩问题。朝阳区社会组织综合服务中心在实践"政府兴办民间运营的社会组织培育平台"模式工作方面，取得了良好效果，并形成一定特色，对探索提升社会组织培育工作的效率与规模提供了实践路径。

B.28
北京市海淀区社会组织发展：
现状、问题及对策*

杨丽 蓝煜昕**

摘 要： 围绕党的十八大"加快形成政社分开、权责明确、依法自治的现代社会组织体制"的战略目标，运用统计分析、调查问卷与深度访谈等方法，深入梳理海淀区社会组织发展的现状、特点及问题，提出要推进海淀区社会组织发展，需要一手抓培育发展，一手抓监督管理，从政府、社会、社会组织三个层面进行科学设计和布局。

关键词： 社会组织 培育发展 监督管理 现代社会组织体制

党的十八大首次提出"现代社会组织体制"概念，确立"加快形成政社分开、权责明确、依法自治的现代社会组织体制"的战略部署，不仅明确了我国社会组织改革、发展的目标，而且勾勒出实现这一目标的原则、路径。本文围绕这一战略部署，从战略和全局高度，通过对海淀区社会组织基本情况的统计分析，对主管区长、部门领导、街道负责人、社会组织领袖进行深度访谈，以及对120余家社会组织进行问卷调查（回收101份，其中有效问卷90

---

* 本文为教育部哲学社会科学研究重大课题攻关项目"社会管理体制创新研究"（11JZD026-7）、中央高校基本科研业务专项资金资助项目"现代社会组织体制研究以北京市海淀区为例"（SKZZX2013054）的阶段性研究成果。感谢协调、参与、支持深度访谈、调查问卷以及提供宝贵建议或资料的各位领导、专家与朋友。

** 杨丽，北京师范大学中国社会管理研究院副教授，博士，研究领域为国际非政府组织、社会组织法、社会管理与社会创新。蓝煜昕，清华大学公共管理学院博士后。

份），深入梳理海淀区社会组织发展的现状、特点及问题，提出推进海淀区社会组织发展的对策建议。

一 海淀区社会组织发展现状

海淀区位于北京市区西北部，区域面积430.77平方公里，约占北京市总面积的2.6%。海淀的行政区划经过多次变动，现下辖22个街道、7个镇，564个居委会、84个村委会。截至2012年底，全区户籍人口230.7万人，常住人口348.4万人[①]。

（一）海淀区社会组织发展的基础数据

1. 注册社会组织

海淀区社会组织保持稳定增长态势（如图1），截至2013年9月30日，在海淀区民政局登记注册的社会组织786家（2013年净增37家），其中民办非企业单位（民非）599家，社会团体187家，数量居各区县首位。

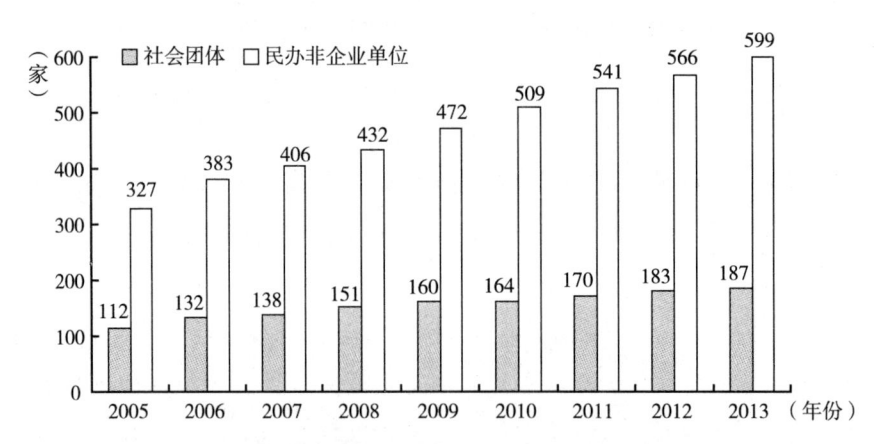

图 海淀区社会组织发展情况（2005~2013）
（截至2013年9月30日）

资料来源：北京市海淀区民政局社团办。

---

① 海淀统计局：《海淀概况》（2013年8月29日修改），海淀统计信息网，http://www.hdtjj.gov.cn/HDTJJWEB/S_40540.html，访问时间：2013年10月3日。

2. 备案社区社会组织

截至2013年10月30日，海淀区备案社区社会组织为1909家（各街、镇分布如图2）①，占全市总数的16.5%，居全市第二。同期，北京市共有备案社区社会组织11562家，城六区分布如图3。

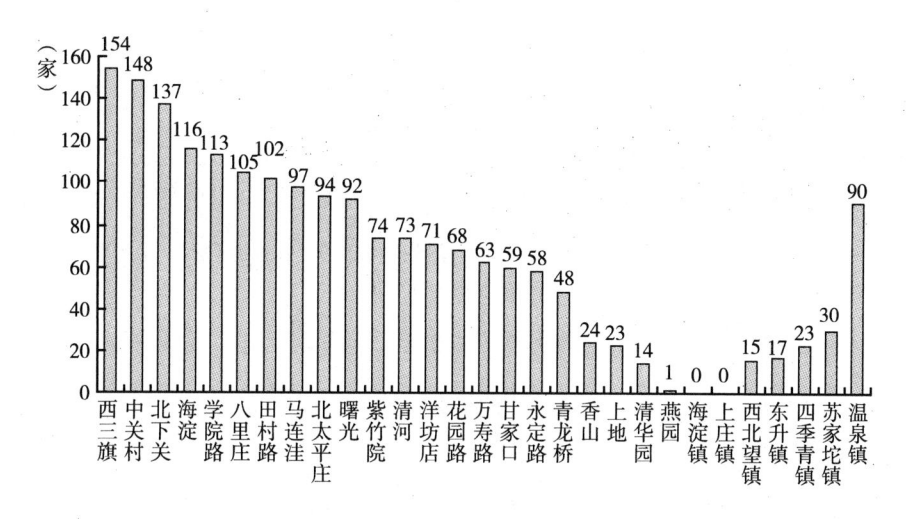

图2　海淀区备案社区社会组织在各街道、镇的分布情况
（截至2013年10月30日）

资料来源：根据北京市社会组织公共服务平台数据整理。

3. 国际组织驻京机构

全国性社会组织在京总部。据海淀区不完全统计，截至2012年底，海淀区有国际组织驻京机构、全国性社会组织在京总部共181家，其中国际组织驻京机构123家，全国性社会组织在京总部58家。

此外，在民政部或者北京市民政局登记注册，在海淀进行税务登记的社会组织414家（含58家全国性社会组织在京总部），数量居全市各区县前列。

（二）海淀区社会组织特点

第一，社会组织总量居全市前列，万人社会组织拥有量较低。如上文所

---

① 根据北京市社会组织公共服务平台数据整理，http：//www.bjsstb.gov.cn/wssb/wssb/dc/shehuizuzhiList.jsp？websitId=100&netTypeId=2，2013年10月30日访问。

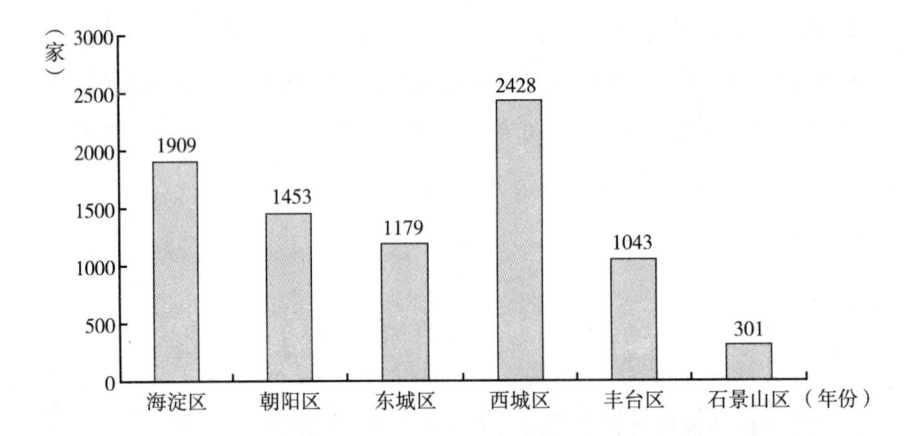

图 3　北京市备案社区社会组织在城六区的分布情况
（截至 2013 年 10 月 30 日）

资料来源：根据北京市社会组织公共服务平台数据整理。

述，海淀区注册社会组织、备案社区社会组织、国际组织驻京机构与全国性社会组织在京总部等数量均居全市前列。但户籍人口万人注册社会组织拥有量为 3.41 家，常住人口万人注册社会组织拥有量为 2.26 家，不及北京市截至 2012 年底的平均水平（分别为 6.1 家、3.83 家）。①就备案社区社会组织的万人拥有量而言，海淀区户籍人口万人备案社区社会组织拥有量为 8.27 家，常住人口万人拥有量为 5.48 家，也不及同期北京市的平均水平（分别为 8.91 家、5.59 家）。

第二，社会组织门类比较齐全，六成从事教育行业。海淀区社会组织覆盖面广，空间上遍布城乡，门类涉及教育、科研、文化、体育、社会服务、工商业服务等各个领域，基本形成门类比较齐全、层次不同、覆盖广泛的社会组织体系。其中，教育类社会组织占全区社会组织总数的 62%，且约 97% 的教育类具有法人资格。各类注册社会组织的活动范围以北京市或海淀区为主，也有

---

① 户籍人口万人社会组织拥有量 = 社会组织数（家）/北京市户籍人口数（万人），2012 年末，北京市户籍人口为 1297.5 万；常住人口万人社会组织拥有量 = 社会组织数（家）/北京市常住人口数（万人），2012 年末，北京市常住人口 2069.3 万人。数据来源：北京市统计局、国家统计局北京调查总队：《北京市 2012 年国民经济和社会发展统计公报》，2013 年 2 月 7 日发布，北京统计信息网，http://www.bjstats.gov.cn/xwgb/tjgb/ndgb/201302/t20130207_243837.htm，2013 年 10 月 3 日访问。

近20%的组织在全国或世界范围内活动。

第三，社会组织专职规模总体较小，人员构成差异性大。根据调查问卷统计，以专职人员数量作为社会组织规模的衡量标准，海淀区社会组织规模总体较小，组织之间不均衡。约1/3社会组织无专职工作人员，另1/3社会组织专职工作人员在5人以内（图4）。同时，也有8%社会组织专职工作人员超过20人，这部分社会组织主要是民非。社会组织平均拥有兼职工作人员5.5人，志愿者29.7人，各组织极不均衡，其中5家志愿者超过300人，半数无志愿者。人员构成方面，海淀区社会组织从业人员女性（61%）多于男性，年龄结构较为合理，但学历层次偏低（本科以上仅占34%）、专业社工比例偏低（3%）。从业人员流动性较强，近一半从业人员目前工作年限在2年以内。

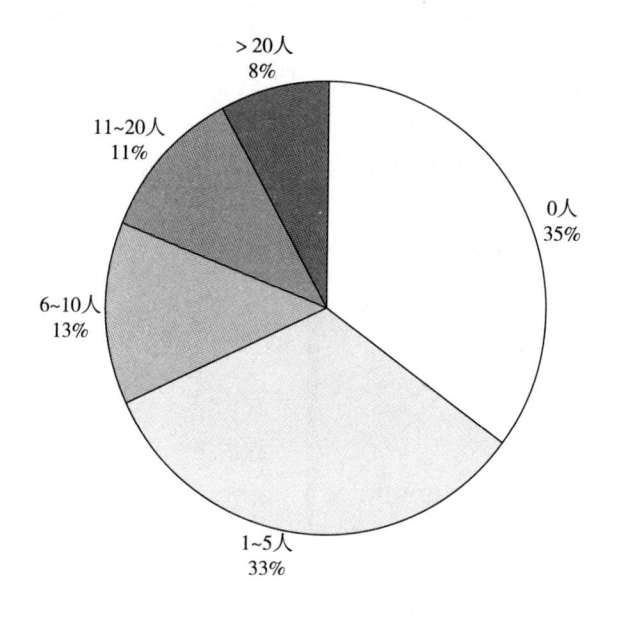

图4 海淀区社会组织专职工作人员规模

资料来源：本研究调查问卷。

第四，社会组织大多由政府发起成立，自下而上的社会组织不到1/3。就产生背景而言，调查问卷显示（如表1），海淀区社会组织多由政府发起或在政府支持下成立，自下而上产生的社会组织只占26%。大约有26%的社会组织由退休领导干部担任负责人。在一定程度上表明海淀区社会组织与政府关系比较紧密,或者说,有官方背景社会组织较多,这与深度访谈的结果一致。一般而言,有官方背景的社会组织,体制性优势资源多,纯民间性质社会组织,资源较少,发展较难。

表1 海淀区社会组织的发起与退休领导干部任负责人情况

内容	是(人)	否(人)	"是"的百分比(%)
是否为政府发起或在政府支持下成立?	67	22	74
是否退休领导干部担任贵组织负责人?	23	58	26

资料来源:本研究调查问卷。

第五,社会组织收入—支出规模总体偏小,资金来源比较局限,财务管理规范性不足。海淀区社会组织的收入—支出规模总体偏小,超过半数社会组织年度收入支出规模集中在20万元以内。所调研的海淀区社会组织平均年度收入、支出规模分布如图5、图6所示,年度收入和支出在10万元以内的组织最多,而个别组织收入—支出规模特别大,在1000万元以上。

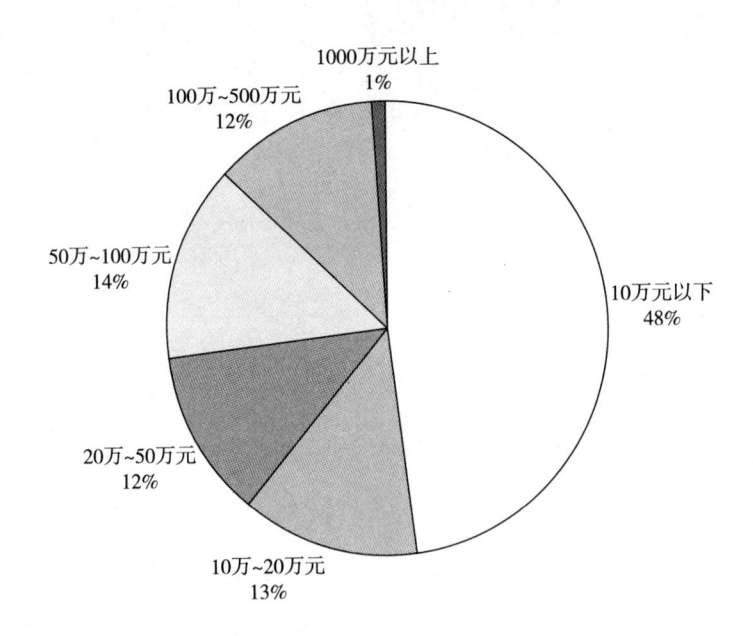

图5 海淀区社会组织年度收入规模分布

- 1000万元以上 1%
- 100万~500万元 12%
- 50万~100万元 14%
- 20万~50万元 12%
- 10万~20万元 13%
- 10万元以下 48%

资料来源:本研究调查问卷。

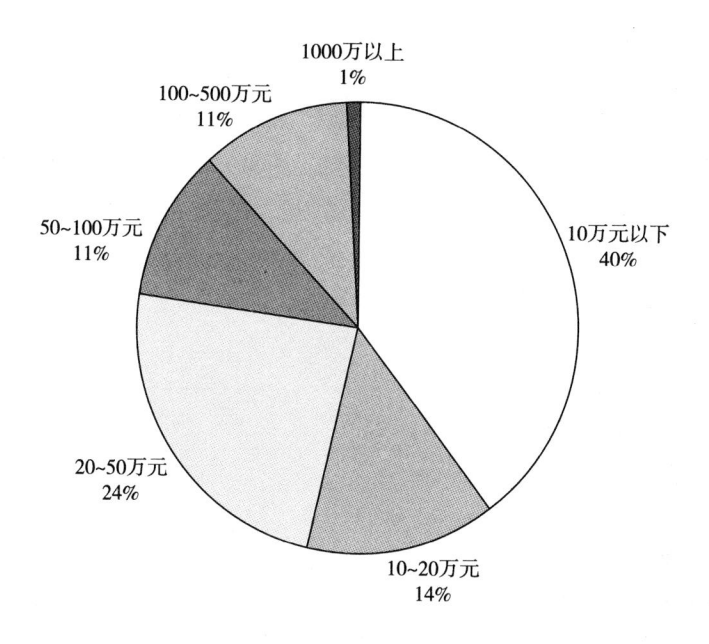

饼图数据：
- 1000万以上 1%
- 100~500万元 11%
- 50~100万元 11%
- 20~50万元 24%
- 10~20万元 14%
- 10万元以下 40%

图6　海淀区社会组织年度支出规模分布

资料来源：本研究调查问卷。

资金来源方面，政府支持、会员费、业务活动收入为海淀区社会组织最重要的三项资金来源（图7），此外各类捐赠在社会组织收入中也占一定比例。

在资金来源中，政府资金在社会组织中分配不均匀，约42%组织未获得任何政府资金，28%组织中政府资金占总资金来源80%（见图8）。在年度财务管理方面，整体规范性程度还不足，约41%社会组织选择第三方独立审计机构进行财务审计，但16%社会组织没有正式年度财务审计。在项目财务管理方面，有近50%社会组织没有正式、独立的项目审计，而是内部自我掌握，项目由第三方独立审计的社会组织仅占40%。

第六，社会组织功能与作用日渐显现，发展水平参差不齐。近年来，海淀区社会组织发展较快，从2001年前仅有近百家社会组织，发展到2013年9月786家注册社会组织、1909家备案社区社会组织，在搭建平台、维护权益、反映诉求、化解矛盾、提供服务、促进发展等方面发挥的功能和作用日渐显现。例如文化创意产业协会在自身机制建设、行业信息服务、企业对外拓展、产业

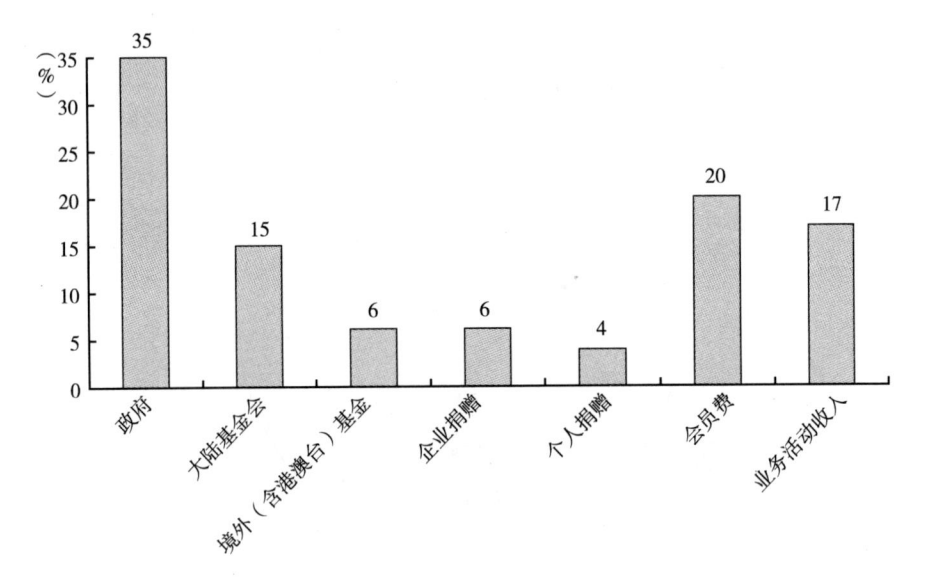

图7 海淀区社会组织反馈的"最重要的三项资金来源"分布 *

＊本项调查反馈情况不完整，只有47家组织反馈了这一信息。
资料来源：本研究调查问卷。

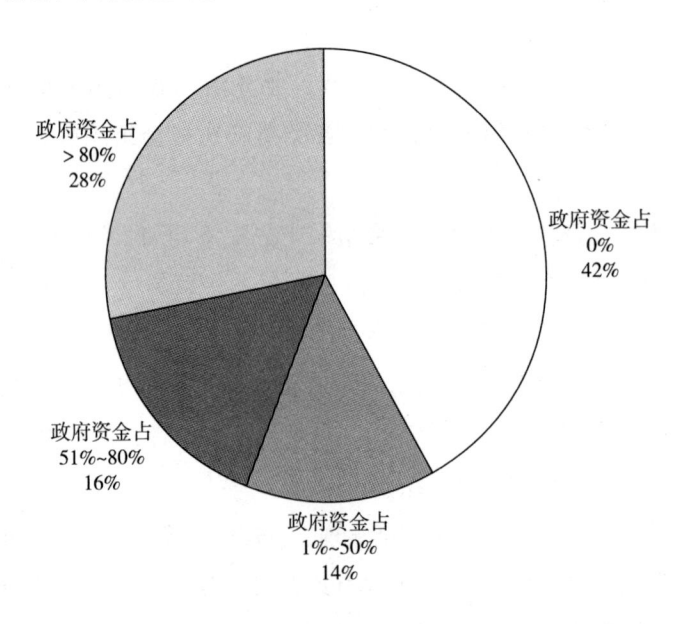

图8 海淀区社会组织来源于政府的资金比例分布（n=50） *

注：＊反馈情况不完整，n=50。
资料来源：本研究调查问卷。

推进等方面开展系列工作；软件协会开展行业诚信体系建设和百强企业联合践行北京精神活动等；中关村国际软件孵化协会、民营科技实业家协会等引起中央和市级领导及部门的重视。但不同性质、行业、领域社会组织发展水平参差不齐，导致面临机遇、挑战及存在问题各不相同，具有差异性、复杂性，这对社会组织发挥作用的有效性与广泛性产生影响。

二 海淀区社会组织发展中的问题

根据调研访谈与问卷分析，海淀区社会组织发展主要存在如下问题，其中诸多问题并非海淀区独有，也是各地尤其是北京市社会组织发展中的共性问题。

（一）理念与制度

1. 信任不够，放权不足

一些政府领导与职能部门对社会组织建设认识滞后，存在信任不够、放权不足的现象。一方面，"不稳定根源推定"根深蒂固，基本是形式上、口头上、"台上"肯定其作用，实质上、行动上、"台下"抱有成见，将社会组织（特别是民办类）视为不稳定的根源之一，防范、谨慎发展，入口严格控制；另一方面，业务主管单位忙于内部干预，登记管理部门忽视"入口"后管理，结果双重管理演变为无人负责，造成内部放权不足、外部监管乏力。

2. 政策法规不完善，职能转移不明确

现行法律法规不适应社会发展需求，不能满足社会组织建设与管理体制改革创新需要，社会组织发展亟须新的法制规范与系统化的政策体系支持，然而，作为上位法的三大条例修订案"千呼万唤不出来"，这使得地方政府多持等待、观望态度，海淀区也不例外。政府职能转移制度设计、规范化建设不足，无论是政府职能转移的步骤、方式，还是政府职能转移的范围和内容，都缺乏整体制度性安排。

（二）沟通与协同

1. 政府部门与社会组织之间缺乏有效沟通、协同机制

关于海淀区政府培育和发展社会组织工作，仅有约26%组织比较了解（如图9），高达44.32%社会组织仅对相关工作了解一点，不太了解与很不了解的约为30%左右，而且有的社会组织明确提到政府有关文件看不到或很少看到、获取信息途径少，政府部门与社会组织之间虽然有海淀社会组织联合会的尝试，但尚缺乏多渠道有效沟通机制。

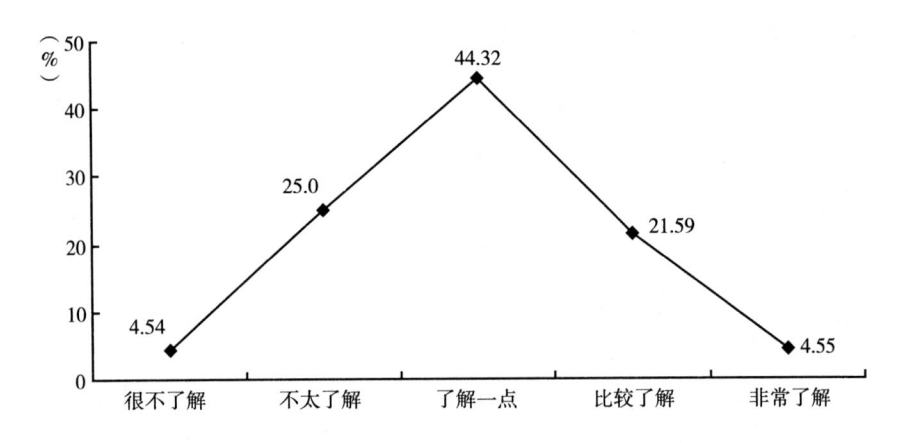

图9　海淀区社会组织对政府相关培育发展工作的了解程度

资料来源：本研究调查问卷。

2. 政府部门之间缺乏有效协调、联动机制

尽管海淀设有联席会议制度，但由于会议举办频率不够以及没有深入联动，没有完全形成业务主管单位、财政、税收和社团办、社工委社会办等之间的有效联动机制。区社团办与市社团办、中关村社会组织登记管理处、辖区街（镇）也缺乏互动协调。

3. 社会组织之间、社会组织与企业之间缺乏有效交流、合作机制

据调查问卷统计（如图10），约34%社会组织在运作中从未与其他社会组织有过合作，而仅约43%社会组织的合作组织个数等于或超过3个。但问卷开放性调查显示，很多社会组织希望建立促进组织之间整合、互助、共享的平台。其中，社会组织的合作动机主要涉及：同一或相关工作领域的社会组织信息共享、资源整合；提升社会组织整体参与能力、扩大影响；提高社会组织整体与政府部门沟通、合作的能力；提升组织的公信力。另外，仅2.4%社会组织反馈与境外非政府组织有合作，6.7%社会组织接收过境外基金会资金。社会组织、企业两种主体之间理念、资源互动不足，没有形成有效的供需对接。

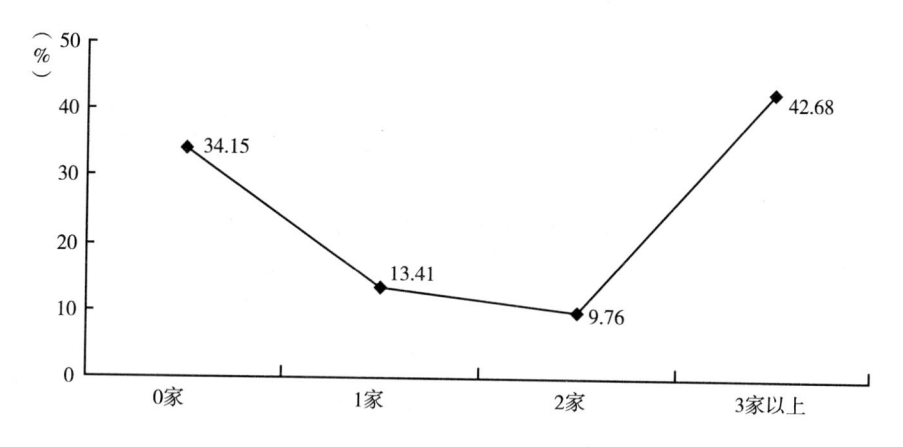

图10 海淀区社会组织之间合作情况

资料来源：本研究调查问卷。

（三）结构与资源募集

1. 结构不合理，规模不均衡

据统计，关于社团，官办社团多，民办社团少；关于民非，教育培训领域多，解决社区居民多元化、个性化需求的其他领域民非数量少；关于社区社会组织，文体类多，社区服务类少，活动场地有限，辐射人群有限；关于社会组织活动地域范围，以北京市或海淀区为主，只有约15.56%与4.4%的社会组织分别在全国与世界范围内活动（如图11）。

同时，以专职人员、兼职人员、志愿者数量作为社会组织规模的衡量标准，拥有专职工作人员情况参差不齐，拥有兼职工作人员和志愿者情况极其不均衡，与本区社会发展、居民需求之间有较大差距。

2. 资源募集渠道单一，社会资源动员不足

问卷结果显示，超过半数社会组织的年度收入—支出规模集中在20万元

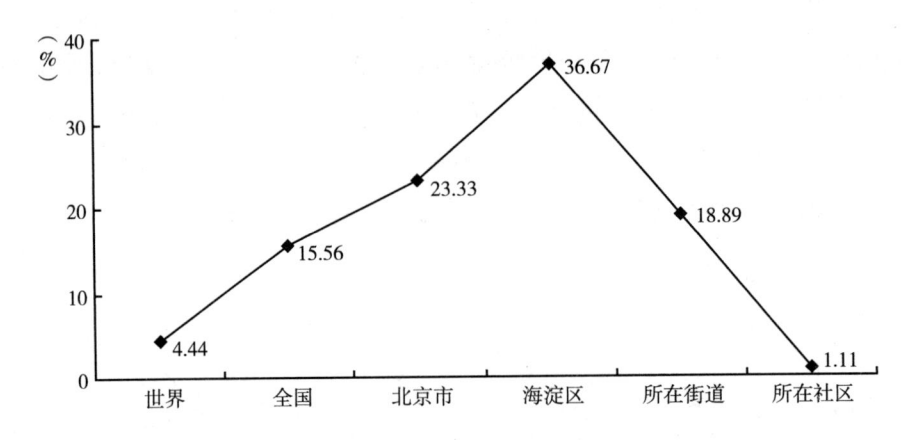

图11 海淀区社会组织活动范围分布（n=90）

资料来源：本研究调查问卷。

以内，年度收入和支出在10万元以内的组织最多，资源募集渠道比较单一，政府支持、会员费、业务活动收入为海淀区社会组织最重要的三项资金来源。虽然各类捐赠在社会组织收入中也占一定比例，但缺乏劝募手段和形式，社会资源动员不足，企业与个人捐赠比重都非常小，而且每个社会组织志愿者拥有量仅29.7名，约1/3社会组织对志愿者服务评价为一般、不太满意、很不满意。这既反映了《公益事业捐赠法》的局限性，说明企业与公众参与尚有较大提升空间，也说明社会组织的劝募、志愿者管理与激励尚有较大发展空间。

（四）专业化与自治性

1. 专业化职业化程度低，缺乏公信力

调查问卷显示，社会组织工作人员专业化职业化程度不高，专职工作人员少，其中1/3无专职工作人员，1/3专职工作人员5人以内；社会组织平均拥有兼职工作人员5.5人，但实际差距很大，其中社团兼职工作人员比较多；有的社区社会组织联合会没有一名专职工作人员。同时，离退休领导干部担任负责人比例较高，达26%；专业社工比例偏低，仅为3%；财务管理制度不健全，信息披露不及时，运转不透明、不公开现象大量存在，公众缺乏对社会组织文化以及发展理念的认同。

2. 自治性弱，对政府依赖性强

多数社会组织在人员、经费、办公场所等基本资源方面对政府特别是对业务主管单位的依赖程度比较高。调查问卷统计，关于社会组织产生，社会组织大多由政府发起或在政府支持下成立，自下而上的社会组织只占26%；关于资金来源，约有58%社会组织使用政府资金，50%以上社会组织政府资金占总资金比例44%，28%社会组织政府资金占总资金80%以上；关于对政府依赖性自评，约55%社会组织对政府较强依赖，仅约14.7%对政府依赖性弱（图12）。其中，多数社团由政府主管部门发起成立，目的是协助进行管理工作，结果是追求行政级别、待遇及管理权，导致自治程度较低，行政化浓厚；而且很多社会组织的运营也由政府主管单位推动，无论是思想政治工作、领导班子建设，还是人事管理、财务管理、外事活动，都直接管理，这使社团等社会组织在很大程度上依附于相关政府主管单位。

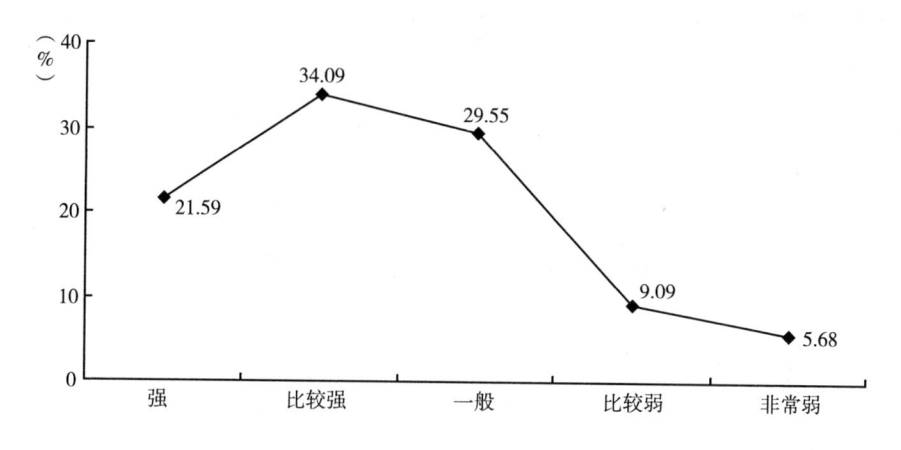

图12　社会组织对政府资源的依赖性自评

资料来源：本研究调查问卷。

（五）社区的社会组织能力与自治性

1. 活动场地有限

社区社会组织活动场所主要依托社区居委会和社区服务站的服务用房，大多是一房多用，活动场地有限，使用时间有限。如某街道社区人民调解组织调解室，同时又是文化活动室、社区图书馆、社区党员活动室，群众还要在这里练书法、练合唱等。场地总量有限导致不能完全满足各种活动需要，并影响活动规模。

2. 活动资金有限

目前，社区社会组织活动多不愿也自称没有能力自行筹集社会资金，主要使用社区公益补助资金。从某种程度而言，与其说是社区社会组织开展活动，倒不如说是政府花钱请群众来活动。

3. 自身能力有限

社区社会组织缺乏规范管理，缺乏资源动员能力，尤其缺少代际接班人才，缺乏创新精神。

4. "被"活动，参与低

目前社区建设模式主要以政府动员参与为主，行政色彩浓厚，社区社会组织的活动事实上都由社区居委会组织、实施。社区居委会把替代社区社会组织开展各种活动当成主要工作内容，热衷于搞活动、发奖品。各种活动的参与者，也主要是社区居民中为数不多的"积极分子"，社区尚没有搭建切实激发社区社会组织自主发挥作用的平台。

三 推进海淀区社会组织发展的政策建议

围绕党的十八大"加快形成政社分开、权责明确、依法自治的现代社会组织体制"的战略目标，推进海淀区社会组织发展，需要一手抓培育发展，一手抓监督管理，从政府、社会、社会组织三个层面进行科学设计和布局。

（一）政府层面

1. 加强顶层设计

改变观念，尊重社会组织的社会主体地位，将社会组织视为合作伙伴，而不是将其视为管理对象与不稳定根源之一。完善社会建设工作领导小组职能，将社会组织改革、发展作为关系全局的战略任务，每年列入区委常委会、区长办公会年度议题。优化、加强社会组织发展、管理工作力量。规划社会组织改革、发展愿景等,以政策与制度引导、规范社会组织发展。

2. 推进政社分开

以推动行业协会商会改革为突破口,引入竞争机制,探索一业多会,推进与行政机关脱钩,实现去垄断化。按照政社分开、管办分离原则,分类推进社会组织在机构、人员、财务、资产等方面与政府机关脱钩,从行业协会商会到所有社会组织,逐步实现去行政化。通过出台扶持政策及配套措施等,帮助脱钩后的社会组织渡过"断奶期"。突出社会组织法人主体地位,引导社会组织完善法人治理结构、提升服务能力与水平。在政社分开的基础上明确权利(力)与责任,推动政社合作。

3. 搭建协作平台

搭建政府部门之间、政府与社会组织之间的协作平台,建立共享、沟通与合作机制。支持搭建社会组织之间,以及社会组织与企业、媒体、公众之间等各类各级民间平台,推动社会组织领域内外的交流与合作,通过社会协同与公众参与,提升政府、企业、媒体、公众等对社会组织的认同与尊重。

(二)社会组织层面

1. 完善以章程为核心的法人治理结构

建立健全以章程为核心的各项规章制度,完善会员大会(代表大会)、理事会、监事会、财务管理与法人代表离任审计制度,规范换届选举,推动法人治理结构从形式走向实质,加强能力建设,形成更多品牌组织,开展更多品牌活动。

2. 制定行业行为准则并有效实施

各级各类行业协会、联合会等组织,可以联合本领域的其他组织,或者联合海淀区域范围内的活跃型组织,共同制定民间版的行业行为准则,各社会组织自愿承诺遵守。依法自治,依规自律。

3. 推动公开透明的信息披露

与政府联合搭建信息披露平台,建立信息披露机制,将社会组织年检、评估、考核、行政执法、购买服务、诚信自律、评比表彰等内容向社会公示。探索"社会组织三务公开制",将社会组织的政务、事务、财务向社会和公众公开,接受服务对象和社会舆论等的监督,提升公信力。

(三)社会层面

1. 倡导公众志愿参与

志愿者是社会组织发展的重要人力与智力资源。以制度推动公民教育,弘扬志愿者精神,引导、规范、激励各类正式、非正式志愿服务与活动。盘活志愿资源,建立公众的志愿参与与社会组织之间的有效对接机制,建立公众问责机制。

2. 倡导企业社会责任

鼓励企业以企业基金会、企业志愿者、企业捐赠、企社合作等多种方式参与社会事务、社会服务及公益活动等,履行社会责任。建立企业与社会组织之间的合作机制,推动企业与社会组织之间的资源与信息互动,供应与需求对接。

3. 倡导媒体参与监督

社会组织发展需要媒体的引导、参与及监督,记协、新闻工作者协会等本身就是社会组织。然而,媒体是一柄双刃剑,可以是正能量,推动社会组织的发展,也可以是负能量,成为社会组织发展的一种阻碍甚至毁灭力量。建立媒体与社会组织之间的合作机制,推动媒体资源与社会组织的互动与对接,发挥媒体的正能量作用。

Abstract

Beijing social governance development report is a annual report series compiled by Institute of Comprehensive Management of Capital Social Security, Beijing Academy of Social Sciences. It is a results of social governance development research about Beijing, which was wrote by experts from ICMCSS, BASS, government departments of Beijing, capital colleges and universities, scientific research institutions and social organization.

The book is divided into general report, population management report, local governance report, security management report, network management report, organizations management report, all which introduced and analyzed development situation, problems and causes in the areas of 2013 social governance of Beijing comprehensively, and predicted development trend in 2014 by qualitative and quantitative method.

It is an important year for Beijing to implement the spirit of 18th National Congress of CPC during 2013. According to overall layout of "five in one" and plan of refined social governance and modern social governance, Beijing government started actual population management and service by practicing "four real" concept in Chaoyang, Haidian and other districts; impelled system reform of social organization management by expanding scale of purchasing public service from social organization; promoted services of special groups by rising care level steadily; made society more safe by reinforcing control network, controlled amount of social contradictions by operating multi service and resolve system; cleared Internet space by carrying out management of virtual society, and so on.

Beijing social governance got significant progress, created many good experiences, and achieved good social effect, but undeniable, Beijing social governance is still facing pressure from increase of population, difficult from social differentiation and pressure from environment pollution, social expectations rising.

Further improve level of modern and refined in social governance of Beijing, need according to requirements about deepening the reform of the Third Plenary Session of 18th Central Committee of CPC, improve Beijing social governance constantly, promote institutional innovation of social system, and speed up the formation of a scientific and effective social governance system, make society of Beijing to become more safe, orderly and active.

Keywords: Beijing; social governance; population management; local governance; security management; network management; organizations management

Contents

B I General Report

B.1 The Social Governance Development Report in Beijing
in 2013: Progress, Situation and Countermeasures

        Yuan Zhenlong, Yin Xingchen, Yao Bing and Ma Xiaoyan / 001

1. The new progress of the development of social governance in
Beijing in 2013 / 002
2. The main current situation facing social governance development
work in Beijing / 014
3. Further advance the countermeasures and suggestions of the
development of social governance in Beijing / 017

Abstract: In 2013, according to refined idea, Beijing carried our social governance steadily, and made significant progress in service and governance of actual population, system reform of social organization management, helping and care of special groups, social security, diversified solutions of social contradictions, and virtual social management etc. On the basis of analysis of social governance situation Beijing facing, put forward some countermeasures and suggestions to Further Strengthen and innovate social governance in Beijing.

Keywords: Beijing; Social Governance; New Progress and Situation

B Ⅱ Population Management Report

B.2 The Recent Escalation of Beijing's Population: Analyses and Suggestions for Policy　　　　　　　　　　*Han Xiuji* / 021

Abstract: In recent years, Beijing's long-term residents' population has risen rapidly, with variations across locale, age, occupation, and level of educational attainment. This uneven population surge has led to governance challenges for an already bloated city. Policy intervention intended to dampen the population rise has shown modest effect. I propose that the solution to population problem lies in drawing in the reins of government administration and specifying market institutions that provide appropriate population governance; hasten societal building, and reform and innovate existing forms of municipal governance.

Keywords: Population Boom; Market Institution; Societal Building

B.3 Innovation of the Model of Actual Population Management in Beijing
　　—Based on Haidian district's Practice　　　　　　*Ma Xiaoyan* / 036

Abstract: The model of population management is an important issue of the government. With profound changes of economic and social structures, the traditional population management system is faced serious challenges. Haidian district of Beijing has taken the management system, the working mechanism and the job content into considerations and further explore new modes and effective ways of actual population management.

Keywords: Actual Population Management; Innovation of the Model; Public Service; Social Management

B. 4 Social integration of floating population in Beijing

Jin Yongai / 047

Abstract: Based on Floating Population Survey in Beijing in 2012 and other specific surveys on floating population, this paper studies the social integration of Beijing's floating population from five aspects, including institution segregation, economic integration, behavioral adjustment, cultural acceptance and psychological feelings. The results show that the floating population in Beijing has a low degree of social integration. Further, we analyze the causes that affect the process and results of social integration for Beijing's floating population and propose some policy suggestions to improve the conditions of this group's social integration.

Keywords: Floating Population; Social Integration; Causes; Policy Suggestions

B. 5 Current Situation and Suggestion on Legislation of
Management of Psychopaths of Beijing   *Zuo Xiuyang* / 064

Abstract: Recent incidents of psychopaths in Beijing reflected the problems of vacancy of control of psychopaths without Beijing hukou and dysfunction of control of some with Beijing hukou. The setup of legal liability is inadequate to foster the guardians of psychopath to carry out their full responsibility. To improve the legislation, contents such as management of categorization, adjustment of sphere of guardians and requirements compulsory of medication shall be added.

Keywords: psychopath; legislative improvements; liability status

B. 6 Current Situation, Mode and Improvement of Prevention of
Abuse of Drugs of Juveniles in Beijing   *Bao Han* / 073

Abstract: Drug abuse of juveniles is a serious society problem. The mind and body of the juveniles couldn't immobilize at a moment. Social pluralism and diversification of drug involved the category and scale of drug abuse of juveniles. The juveniles are supposed to be rescued from drug abuse, the law and policy should emphasize education and correct. So the strategy of preventing drug abuse of juveniles could trend to "precaution drug use". Contrapose the situation of the group of juveniles, we'd differ the subjects, constitutions and methods of publicity and education from other group of drug abuse to reach more achievements.

Keywords: Juveniles; Drug abuse; prevention and education; Methods of publicity

B.7 New Population Dual Structure and Social Stability of Capital
—*Reflections from "Jing Wen mall incident"*   *Yao Bing* / 084

Abstract: After thirty years of development, the population in Beijing has formed a new dualistic structure, which gives rise to a negative impact on social stability. It is necessary to strengthen service and management innovation to solve the new dualistic structure of population and maintain social harmony and stability.

Keywords: new dualistic structure of population; social stability; social service and management innovation

₿ Ⅲ   Local Governance Report

B.8   The Characteristics and Tendency of Labor Disputes in Beijing in 2013   *Huang Leping, Han Xu* / 095

Abstract: According to the data of labor disputes from Beijing arbitrations and courts and Beijing Yilian Legal Aid and Research Center of Labor (hereinafter referred to as Yilian), we find that the labor disputes of Beijing have the following characteristics: the labor compensation dispute toping the list, the labor relation dispute standing out, the social security of migrant workers and the problems of work-related injury being serious and the collective labor dispute sustaining at a high frequency. In the settlement of labor dispute, there are many problems, such as the lack of evidence, the high cost of arbitration and lawsuit, the difficulty in the safeguard of social security and so on. In the future, on one hand, the labor disputes are affected by the amendment of the Labor Contract Law and Civil Procedural Law, and the issue of the Tourism Law; on the other hand, the labor disputes present the tendency as follows: the workers' awareness of rights strengthening, labor disputes sustaining at a higher number and displaying a great diversification, the collective labor rights protection having a noticeable trend and there coexisting diversified labor dispute resolutions.

Keywords: The characteristics of Beijing labor disputes; Problems; Prediction

B.9 The Main Styles of Property Disputes In Beijing By Cai Ruoyan
Director in the Consulting Center of Beijing Happiness Orientation Owners' Congress / 109

Abstract: Explore the reasons for property disputes from the perspectives of history and development, law and reality, system and culture as well as administration and market for the purpose of seeking breakthrough for the proper settlement of property dispute, easing conflicts and alleviating contradictions. Analyzes and explores the styles of property disputes and their reasons from the perspectives of history and reality, law and society as well as system and culture and makes an elementary study to the behaviors involving to various parties in the disputes so as to identify the unbalanced rings and provide suggestion for proper settlement of these diputes.

Keywords: Property management; Disputes; Conflicts

B.10 The Research about Implementation of the "Full Response" Social Service Management Model in Beijing Xicheng District
Sun Jing, Yue Zhanju and Wang Hui / 121

Abstract: In the face of the complicated social circumstances, Xicheng District of Beijing city has implemented the "full response" social service and management model, which is based on public participation, informationization and multi subject positively responding to social demands. Under this informationization working model, the Government staff of the City-District-subdistricts-communities are united together trying to visit the civilian, listen to the public, solut their difficulties, and constantly improve the social service and management level.

Keywords: "full response"; social management; grid system

B. 11 Practice and thinking of the full-mode Social Service management system　　　　　　　　　　*Pi Dingjun* / 130

Abstract: Through eight years of practice, Chaoyang district gradually improve and perfect government-led, society as the main, social credit system to support, quantitative, intelligent and scientific full-mode Social Service management system to explore new direction of the intelligent society. Based on the background, exploration of theory and practice of Chaoyang district social management innovation, discussed in detail of the development stage, running processes, core content and key achievements of the full-mode Social Service management system which as the core of the intelligent society.

Keywords: social service management innovation; intelligent society; full-mode

B. 12 Investigation and Reflection on Improve Village Community Management Mode
　　　—*Beijing Daxing District as a sample*　　　*Yin Xingchen* / 141

Abstract: Daxing district of Beijing is the first district to take city community management concept in countryside and try to operate community management pilot in villages on the Ministry areas of urban and rural, on this basis, classifiably guiding and implementing community management in all villages, which is a beneficial exploration on rural grass-roots governance.

Keywords: innovation of social management; community management in village; Ministry areas of urban and rural

B.13 Research on Grid Social Service Management Pattern of Dongcheng District　　　　　　　　　　*Xu Shanshan* / 151

Abstract: As a new urban social management pattern, grid management has many advantages, such as regularity, clarity, high efficiency, creativity, comprehension and unification. From 2010 on, Dongcheng District, Beijing City began to practise grid social service management across the district, and Dongzhimen Street is one of the earliest streets to practise grid social service management in Dongcheng District. This essay tends to summarize the rough practice and methods of Dongzhimen Street grid social service management, analyse the problems confronted with by pushing on grid social service management pattern further, and thus present some thoughts about how to deepen Dongzhimen Street grid social service management pattern on the basis of a field work and case study on the practice of Dongzhimen Street grid social service management.

Keywords: Social service management; Grid management; Grid social service management

B.14 An Analysis on the Situation and Characteristics of Civil Disputes in Xicheng District of Beijing City
　　　　　　　　　　Liu Yuexin, Liu Yanyun and Niu Yanyan / 160

Abstract: As Xicheng District being one of the central parts of the capital of China, Bureau of Justice of Xicheng District made corresponding changes and modifications in connection with the work of People's Association for Mediation in an attempt to adapt to new circumstances under which civil disputes should be solved especially after the establishment of new Xicheng District. The aforementioned changes and modifications set up objectives and guidelines regarding transformation of the People's Association for Mediation into the new form of working pattern with the trinity of functions including "Dispute mediation, Professional training, and Research on complex and difficult issues". This article intends to analyze the circumstances and features of current civil disputes, means and effects of dispute resolutions conducted by Xicheng District through organization and conclusion of the work completed by People's Association for Mediation dated from the establishment of the association in order to provide references for future civil disputes.

Keywords: Civil Disputes; Circumstances; Mediation

B Ⅳ   Security Management Report

B.15   An Analysis and Strategies of Revenge-on-Society Crimes in Beijing in 2013　　　　　*Cao Hongjun* / 174

Abstract: In 2013, there were several shocking criminal cases of revenge-on-society has happened in Beijing, which brings to more and more attention of the society. Through systematic analysis, we found that the importance of Beijing leading some criminal cases of revenge -on-society transfer from the local authorities to Beijing, which is seriously harmful to Beijing's public security and China's international image. Therefore, after an objective assessment of current system and defusing mechanism for social contradictions in China, to explore the fundamental causes and the multi-pronged countermeasures, such as the system construction, management innovation, of this kind of crime actively is imminent.

Keywords: Revenge-on-Society Crimes; Non-Specific Object; Public Places; Social Contra -dictions; Beijing's Public Security

B. 16　Problems and Suggestions on Working Mechanism of Release from Prison or Education through Labor

Wu Zhaomei / 183

Abstract: Working mechanism of release from prison or education through labor is of importance to improve efficiency, prevent committing crime again and ensure to return to the society smoothly. However, there are some problems in the mechanism of communication, coordination, verification, file placement, help and education supervision and safeguard. We should perfect from legislation, construction of information database, construction of security system, improvement of the communication and coordination mechanism, and expanding employment channels.

Keywords: Working mechanism of release from prison or education through labor; Prevention of Repeated Crimes; legislation improvement

B. 17　Research on Fundamental Issues of Procedures of Social Correction of Beijing

Si Shaohan / 191

Abstract: Community correction is included in the criminal law and criminal procedural law in 2011 and 2012. In the long practice, Beijing has concluded its own mode by making implementing regulations and other related systems. It is worthy of further study in the field of investigation procedure, applying fields and contents of investigation.

Keywords: community correction; pre-investigation; procedure of community correction

B. 18　Research of Regional Police Cooperation around capital

Liu Weijun / 204

Abstract: There are some reasons for the vigorous development of regional police cooperation: the economic and social development running deep, the demonstration effect of cooperation practice, the security requirement of center city and police cooperation experience of international and regional. At present, free and unconditional for cooperation, local protectionism and lack of responsibility mechanism and so on, are the main factors to hinder the further development of regional police cooperation. It is necessary to build standard system of regional police cooperation, continue to promote the construction of police cooperation zone and "point" to "point" cooperation for intensive areas, establish benefit compensation mechanism, incentive mechanism, effective supervision mechanism, accountability mechanism and dispute resolution mechanism of regional police cooperation to constantly improve the regional police cooperation.

Keywords: regional police cooperation; police cooperation around capital; improvement strategy

B. 19　Empirical Study on Robbery of Minor in HaiDian

Yang Xin'e, Liu Sha and Lu Lele / 215

Abstract: The robbery has become an important role in minor crime. There are some influence on the minors to commit the crime of robbery from the society、family、school、media、physiology and psychology. We should strengthen the comprehensive management to effectively control of minor crime of robbery. We should control of media violence and improve the education and supervision of the family and school. In the same time, we should give full play to the judicial organ and other social forces.

Keywords: Minor; Robbery; Empirical Study

B V Network Management Report

B.20 Communication and Management of Beijing's Urban
Image in Global Social Media   *Xu Xiang / 227*

Abstract: In the age of Internet, the rise of global social media takes new pattern, new problem and new challenge to the management of urban image. The main global social public opinion and communication space which is constructed by typical social media such as YouTube, Facebook and Twitter is important for cities to adapt to the booming of social media and virtual space. The paper focuses on the Beijing's urban image in international social media represented by YouTube, and puts forward countermeasures to the management of Beijing's urban image in the new age of social media.

Keywords: social media; Beijing; urban image; international communication

B.21 Legal protection and legal regulation of the virtual
society in Beijing   *Zhang Su / 237*

Abstract: The number of protection and legal regulation of virtual social legal regulations in Beijing city are less、low level、poor system, as principle in the law too basic, loopholes; long outstanding management, too much to take care of the departmental interests, many normative documents difficult as the administrative punishment basis. Effect of the regulation and the level of protection of the virtual society is serious. In this regard, we should adhere to standardized management and protection to promote the equal principle, standardize management principles, we should strengthen the legal protection of virtual property rights, to perfect the system of standardized management of virtual society, to perfect the virtual social information access and exit rules.

Keywords: virtual society; legal protection; legal regulation

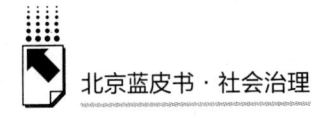

B. 22　Practice and Exploration of Virtual Community
　　　　Management in Beijing
　　　　——A Case Study of Shuangjing street in Chaoyang District, Beijing
　　　　　　　　　　　　　　　　Guo Bin, Wu Jinggang and Jin Jing / 249

Abstract: Innovating social management and improving the scientific level of the social management are important contents of the comprehensive social construction. However, strengthening management of the virtual society of the networks serves as an essential segment of improving the scientific level of our social management. Shuangjing street of the Chaoyang district has established a virtual community, namely "Shuangjing 13 community" based on 12 real communities and by performing some specific actions, which include having a healthy, positive, open and tolerant attitude; taking Shuangjing culturure as the focus, making use of some communication means (such as microblogging, WeChat, websites, mobile terminals, etc), taking network society and network volunteers as the embodiments. These initiatives applied the methods of Party's mass work to the practices of virtual community management and achieved good results, which can be considered as a new attempt for the innovation of the virtual social service management.

Keywords: social management; community; virtual community of network; Shuangjing 13 community

B. 23　Public Opinions and Government Regulation of Political
　　　　Participation through Internet
　　　　——Applying Beijing "7·21" Natural Disasters Analysis　　Liu Bo / 258

Abstract: Political participation through internet is an important link between the government and the public and is a channel for our current practice of the mass line, which is increasingly shaping and affecting the face of China's political and social life. This paper analyze the character、role and the problem of Political participation through internet with Beijing "7 · 21" natural disasters, which is to enhance the coping capacity of government.

Keywords: Govern; Political Participation through Internet; Social Management; Interest Expression

B. 24　Rumor Activity and Beijing Residents' Cognitions:
　　　　Empirical Study of Potential Relation

Xiong Yan / 266

Abstract: Studies explore a rumor need what content characteristics to spread in the residents by gathering residents' cognition of content characteristics of all kinds of rumors and rumor activity data in Beijing, through these content characteristics to identify the object of rumor management. Study found: First of all, residents' cognitions of livelihood, popularity of figures, popularity of source and altruism in a rumor are significant predictors to intention of spread the rumor. Secondly, residents' cognitions of leadership level and self-interest in a rumor are significant predictors to spreading the rumor or not. Thirdly, residents' cognitions of funny, leadership level, pornography, profession, popularity of source, officer-hostile, discrimination, difficulty of confirm, profession of deny, popularity of figures, disgust, instruction, altruism in a rumor are significant predictors of awareness rate of the rumor. Finally, residents' cognitions of popularity of subjects, value, risk, sensibility are significant predictors of rumor activity.

Keywords: rumor activity; content predictor; rumor management; empirical study

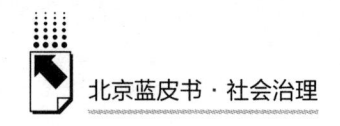

B VI Organizations Management Report

B. 25 Practice and Problem of the Social Organizations Development in Beijing

Hou Xinyi, Ren Guofeng and Zhang Zhe / 279

Abstract: After more than 20 years' development, Beijing's Social orgamizations has grown to over eight thousand and begin to take shape. In recent years, taking registration reform as a breakthrough, Beijing municipality put forward a series of measures, such as increasing support and cultivation, strengthening supervision and management, innovating motivation mode and enhancing culture construction, to push Social organizations development, and has made a great progress. But compare with requirements from modern Social organizations system and Beijing's world city construction, Beijing's Social organizations still have a long way to go.

Keywords: Social organizations; development and administration; Modern social organization system

B. 26 Practice and Thoughts of Service and Management Innovation in Social Organization in Beijing *Tang Daogang* / 293

Abstract: This article analyzes the trend of development of social organizations in Beijing from 2012 to 2013, and summarizes the characteristics of the development of social organization in Beijing through the analysis on the specific data and the reform measures. Meanwhile, this article proposes some ways to solve the problems in the service and management for challenges facing in the practice.

Keywords: social organization; service and management innovation; social construction

B. 27　The Practice and Exploration of The Social Organizations Comprehensive Service Center in Chao Yang District

Huang Li / 306

Abstract: Non-government Support Organizations tend to been the low working efficiency and limited scales as the result of coordinating the relations with government and scarcity in capitals in the process of fostering social organizations. Nevertheless the support organizations hold by government has always been covered by administration, which can hardly separated from government and growing independently. How to improve the efficiency and scales of social organizations? Therefore Social Work Committee of Chao Yang and Social Work Office have entrusted Beijing NPI Non-profit Organization by the form of cooperation to operate The Social Organizations Comprehensive service Center of Chao Yang District in order that achieving a pattern which organizations established by government-based and operated by society with non entity platform.

Keywords: Social Organizations Fostering; Government Procurement; Social Organizations

B. 28　The Social organizations in Haidian District: Current situation, Problems and Proposals　　*Yang Li, Lan Yuxin* / 313

Abstract: According to strategic target of building modern Social organizations system quickly which separate Social organizations from governments, right and responsibility are distinct, self-governing by laws stated in the 18th National Party Congress of CPC Report, the paper analyze the current situation, features and problems of Social organizations in Haidian District, taking use of statistics, questionnaires and in-depth interviews. Furthermore, the paper proposed to have scientific top-level design and accelerate Social organizations development by government, society and Social organizations themselves, emphasizing both support and supervision.

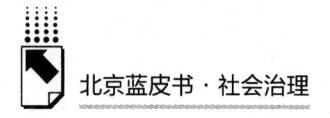

Keywords: Social organizations; cultivation and development; supervision and management; modern Social organizations system

权威报告 热点资讯 海量资源
当代中国与世界发展的高端智库平台

皮书数据库　www.pishu.com.cn

皮书数据库是专业的人文社会科学综合学术资源总库，以大型连续性图书——皮书系列为基础，整合国内外相关资讯构建而成。该数据库包含七大子库，涵盖两百多个主题，囊括了近十几年间中国与世界经济社会发展报告，覆盖经济、社会、政治、文化、教育、国际问题等多个领域。

皮书数据库以篇章为基本单位，方便用户对皮书内容的阅读需求。用户可进行全文检索，也可对文献题目、内容提要、作者名称、作者单位、关键字等基本信息进行检索，还可对检索到的篇章再作二次筛选，进行在线阅读或下载阅读。智能多维度导航，可使用户根据自己熟知的分类标准进行分类导航筛选，使查找和检索更高效、便捷。

权威的研究报告、独特的调研数据、前沿的热点资讯，皮书数据库已发展成为国内最具影响力的关于中国与世界现实问题研究的成果库和资讯库。

皮书俱乐部会员服务指南

1. 谁能成为皮书俱乐部成员？
- 皮书作者自动成为俱乐部会员
- 购买了皮书产品（纸质皮书、电子书）的个人用户

2. 会员可以享受的增值服务
- 加入皮书俱乐部，免费获赠该纸质图书的电子书
- 免费获赠皮书数据库100元充值卡
- 免费定期获赠皮书电子期刊
- 优先参与各类皮书学术活动
- 优先享受皮书产品的最新优惠

卡号：4338306105577648
密码：

3. 如何享受增值服务？

（1）加入皮书俱乐部，获赠该书的电子书

第1步 登录我社官网（www.ssap.com.cn），注册账号；

第2步 登录并进入"会员中心"—"皮书俱乐部"，提交加入皮书俱乐部申请；

第3步 审核通过后，自动进入俱乐部服务环节，填写相关购书信息即可自动兑换相应电子书。

（2）免费获赠皮书数据库100元充值卡

100元充值卡只能在皮书数据库中充值和使用

第1步 刮开附赠充值的涂层（左下）；

第2步 登录皮书数据库网站（www.pishu.com.cn），注册账号；

第3步 登录并进入"会员中心"—"在线充值"—"充值卡充值"，充值成功后即可使用。

4. 声明

解释权归社会科学文献出版社所有

皮书俱乐部会员可享受社会科学文献出版社其他相关免费增值服务，有任何疑问，均可与我们联系
联系电话：010-59367227　企业QQ：800045692　邮箱：pishuclub@ssap.cn
欢迎登录社会科学文献出版社官网（www.ssap.com.cn）和中国皮书网（www.pishu.cn）了解更多信息

法 律 声 明

"皮书系列"(含蓝皮书、绿皮书、黄皮书)由社会科学文献出版社最早使用并对外推广,现已成为中国图书市场上流行的品牌,是社会科学文献出版社的品牌图书。社会科学文献出版社拥有该系列图书的专有出版权和网络传播权,其LOGO( )与"经济蓝皮书"、"社会蓝皮书"等皮书名称已在中华人民共和国工商行政管理总局商标局登记注册,社会科学文献出版社合法拥有其商标专用权。

未经社会科学文献出版社的授权和许可,任何复制、模仿或以其他方式侵害"皮书系列"和LOGO( )、"经济蓝皮书"、"社会蓝皮书"等皮书名称商标专用权的行为均属于侵权行为,社会科学文献出版社将采取法律手段追究其法律责任,维护合法权益。

欢迎社会各界人士对侵犯社会科学文献出版社上述权利的违法行为进行举报。电话:010-59367121,电子邮箱:fawubu@ssap.cn。

社会科学文献出版社